北京市哲学社会科学规划项目
北京市教育委员会专项资助

北京市哲学社会科学研究基地成果选编 2011

上

beijingshizhexueshehuikexue
yanjiujidichengguoxuanbian

北京市哲学社会科学规划办公室
北京市教育委员会
北京市哲学社会科学研究基地
编

首都师范大学出版社
CAPITAL NORMAL UNIVERSITY PRESS

图书在版编目(CIP)数据

北京市哲学社会科学研究基地成果选编.2011/北京市哲学社会科学规划办公室，北京市教育委员会，北京市哲学社会科学研究基地编.—北京：首都师范大学出版社，2011.5

ISBN 978-7-5656-0360-0

Ⅰ.①北… Ⅱ.①北… ②北… ③北… Ⅲ.①哲学社会科学－科技成果－汇编－北京市－2011 Ⅳ.①C121

中国版本图书馆CIP数据核字(2011)第075913号

BEIJINGSHI ZHEXUE SHEHUI KEXUE YANJIU JIDI ČHENGGUO XUANBIAN 2011(SHANG)

北京市哲学社会科学研究基地成果选编2011(上)

北京市哲学社会科学规划办公室
北京市教育委员会　　　　　　编
北京市哲学社会科学研究基地

首都师范大学出版社出版发行
地　址　北京西三环北路105号
邮　编　100048
电　话　68418523(总编室)　68982468(发行部)
网　址　www.cnupn.com.cn
三河市富华印装厂　　印刷
全国新华书店发行
版　次　2011年5月第1版
印　次　2011年5月第1次印刷
开　本　787mm×1092mm　1/16
印　张　28.25
字　数　510千
定　价　110.00元（全二册）

前　言

截至2010年底，北京市哲学社会科学规划办公室和北京市教育委员会共在首都高校建立了37个北京市哲学社会科学研究基地，市社科规划办单独在市属单位建立了11个研究基地，研究基地的规模已发展至48个。七年来，研究基地充分借助依托单位的学科优势，整合学术资源，搭建科研平台，开展理论研究，产生了一大批有影响的成果。

为加大成果宣传推广力度，展示各研究基地在开展项目研究过程中产生的研究成果，促进研究成果及时为首都经济社会发展提供理论支撑和智力支持，市社科规划办和市教委每年编辑出版《北京市哲学社会科学研究基地成果选编》，至今已坚持4年。

今年，本书共收录了40个研究基地的69篇研究成果。其中包括研究基地承担的国家级项目8篇；市属规划项目30篇；基地自设项目24篇；横向课题7篇。这些研究成果内容基本涵盖了北京政治、经济、文化、社会建设以及生态文明建设和党的建设等各主要领域，集中反映了当前社会的重大理论和现实问题，既有理论性，又有实践性，其中有的成果已经发表于核心期刊，引起了政府和决策部门的重视；有的研究成果获得了不同层级的奖励，产生了良好的社会反响。

我们希望各研究基地在今后的科研工作中，能紧紧围绕国家和北京市“十二五”规划纲要中提出的各项任务和目标，从首都经济社会发展的实践中提炼研究题材，创造出更多的精品力作，为党和政府决策服务，为首都科学发展发挥理论支撑和智力支持作用。

本书在编辑出版过程中得到了提交研究成果的社科研究工作者和各研究基地的大力支持与配合，尤其是得到了首都师范大学出版社的大力支持，在此表示衷心感谢！

编　者
2011年3月

目　录

中国都市经济研究基地（北京大学）

我国货币政策最终目标框架的现实选择 …… /3

北京市产业结构高度化进程中的主导产业驱动机制 …… /13

人文北京研究基地（中国人民大学）

从奥运城市到世界城市 …… /31

应急管理研究基地（清华大学）

中国应急管理系统的演变 …… /47

北京现代制造业发展研究基地（北京工业大学）

复杂网络理论在物流网络研究中的应用 …… /53

一种保证服务可用性的服务发现模型研究 …… /61

首都服饰文化与服装产业研究基地（北京服装学院）

服装品牌个性维度构建 …… /71

北京回族服饰文化研究 …… /84

北京文化发展研究基地（北京师范大学）

世界城市建设对北京文化生态发展的新要求 …… /99

北京地区文学奖励的现状调研及思考 …… /109

北京创新研究基地（首都师范大学）

论马克思主义大众化与民族精神教育相结合的五个维度 …… /125

关于公民教育的马克思主义解读 …… /132

北京体育赛事管理与营销研究基地（首都体育学院）

社区草根体育组织：生存境遇及未来发展 …………………………… /141
北京奥运传播与国家文化软实力的研究 …………………………… /151

北京旅游发展研究基地（北京第二外国语学院）

基于利益相关者识别的中国饭店企业社会责任实现机制研究 ……… /163
2009 年度“北京市国民时间使用调查”（BTUS）年度锁链报告 … /175

首都传媒经济研究基地（中国传媒大学）

精准广告政策准入研究 …………………………………………… /201
CMMB 手持电视用户行为研究 …………………………………… /217

北京财经研究基地（中央财经大学）

北京市民生服务财政支持问题研究 ………………………………… /239
北京市发展碳金融的策略建议 …………………………………… /250

北京企业国际化经营研究基地（对外经济贸易大学）

全球港机龙头振华重工国际化快速发展研究 ……………………… /263
2009 年我国企业出口 100 强排行榜评析报告……………………… /280

北京现代物流研究基地（北京物资学院）

京津冀物流体系构建的经济环境研究 ……………………………… /295

CBD 发展研究基地（首都经济贸易大学）

楼宇经济：特点、成因与发展模式 ………………………………… /309

首都社会安全研究基地（中国人民公安大学）

诉讼证明标准研究 ………………………………………………… /321
城市农民工与市民社会距离的实证研究 …………………………… /329

北京影视艺术研究基地（北京电影学院）

2009 年度中国电影声音艺术创作回眸 …………………………… /345

北京学研究基地（北京联合大学）

加强地方文化中的文化态度层面研究
——以永定河文化研究为例 …………………………………………… /361
基于租金的北京城市办公活动经济空间结构解析 ………………… /367

北京党建研究基地（中共北京市委党校）

论党的建设科学化：理论、制度、方法 …………………………… /379
中国多党合作制度的成功实践 ……………………………………… /386

北京交通发展研究基地（北京交通大学）

北京市轨道交通司机安全性评价与管理研究 ……………………… /397

首都高等教育发展研究基地（北京航空航天大学）

青少年科技活动中的学生兴趣培养
——基于全国 8 个省市中学的调研与比较分析 ………………… /413
基于内容分析法的北京高校定位研究 ……………………………… /425

中国都市经济研究基地

（北京大学）

基地名称：中国都市经济研究基地
依托单位：北京大学
项目类别：教育部哲学社会科学研究重大课题攻关项目

我国货币政策最终目标框架的现实选择[①]

长期以来，新凯恩斯主义和新古典经济学家们对于货币政策的有效性问题始终存在分歧。双方既坚持各自的基本立场，又相互借鉴对方的分析方法。尽管卢卡斯(Robert E. Lucas, Jr.)和巴罗(Robert J. Barro)等新古典主义经济学家始终质疑新凯恩斯主义关于政府干预政策(包括财政政策和货币政策)的有效性，并在理论界获得很大程度的认可，但在实践中，新凯恩斯主义货币政策主张的运用不仅没有减少，反而逐渐成为各国金融宏观调控体系中最重要的政策依据。为进一步巩固货币政策有效性的根本论点，新凯恩斯主义学者也接纳了“卢卡斯批评”(Lucas critique)的观点，不断完善开放经济条件下货币政策最终目标的微观理论基础。

深入研究开放经济条件下货币政策的最终目标框架，对我国经济的长期平稳较快发展具有重要的现实意义。本文运用新凯恩斯主义一般均衡模型，选取更具有代表意义的效用函数形式，并结合我国当前的现实情况，对我国货币政策最终目标框架设计进行了论证，提出了相应的政策建议。

一、货币政策最终目标分析框架的形成

各国学者对货币政策的理解一直分歧较大。新古典学派对于货币政策的有效性始终抱有怀疑态度。首先，20 世纪 60 年代和 70 年代，他们就对预期自我实现(self-fulfilling)条件下货币政策的实施效果提出疑问。Sargent 和 Wallace(1975)等人从多重均衡和价格决定的不唯一性等角度，论证了货币政策的无效性。其次，卢卡斯(1972)发现，只有未被预期到的货币政策才会对实际经济产生短期的影响。另外，真实经济周期理论也认为，实际经济波动与名义变量之间几乎没有关系，因此，货币政策对实际经济基本上没有影响(Kydland & Prescott, 1982; Long & Plosser, 1983)。上述理论的支持者都认为不要对货币政策的收效过于乐观，因而也无需讨论货币政策最终目标。

① 本文是《我国货币政策体系与传导机制研究》项目的阶段成果，项目编号：08JZD0015。

新凯恩斯主义经济学家们通过价格粘性模型等，深入分析货币政策的微观经济基础，并运用一般动态均衡理论等，论证了货币政策的有效性，提出了货币政策最终目标的基本框架。但是，长期以来，宏观经济学界对产出(就业)、通胀以及汇率在货币政策最终目标中的作用意见不一。直到近 10 年来，西方发达国家对通货膨胀目标制的认可度才逐渐提高。根据纯粹的通货膨胀目标制，一国货币政策的唯一目标是使通胀率与目标通胀率之差最小；灵活的通胀目标制则在通胀目标之外，加上产出缺口，货币政策既要使通胀率与其目标之差最小，也要使产出缺口与其目标之差最小，通常将通胀项前的权重设定得大于产出缺口项前的权重。在通胀目标制下，仅考虑通胀和产出缺口，其他经济变量(比如，汇率、资产价格、消费、贸易条件等)不作为货币政策最终目标单列，货币政策对这些变量的反应仅限于这些变量对通胀和产出缺口的影响范围之内；如果汇率和资产价格等变量的变化没有影响到当前或未来的通胀和产出缺口，按照通货膨胀目标制理论，则可以任其波动，货币政策不必做出反应。在货币政策实践中，英国、瑞典、新西兰等国家的货币当局已宣布正式采用通货膨胀目标制。

近年来，新凯恩斯主义学者对货币政策最终目标的论证作了进一步完善，分析脉络逐步清晰。突出地体现在以下几个方面：一是将货币政策最终目标的理论建立在对企业生产定价和消费者决策行为的微观分析基础之上。二是在论证货币政策对实体经济的影响时，强调模型与数据的动态拟合效果。例如，基于对宏观经济时间序列数据的向量自回归(VAR)分析表明，美国联邦基金利率对名义总支出具有非常显著的影响。即使是在半年前已经被预期到的情况下，利率变化的影响仍会在未来持续几个季度。三是在一般均衡的分析框架内，将代表代理人(Representative Agent)的效用最大化作为评判政策目标合理性的依据，使得代表代理人经济福利最大化的货币政策目标函数，就是货币政策的最终目标。四是在推导货币政策最终目标时对代表代理人效用函数进行恰当的二次化，即对代表代理人的效用函数进行二次逼近。这种近似方法与 Linear-Quadratic(LQ)优化控制框架相一致，易于与文献中大量有关最优货币政策的研究进行比较。

二、开放经济货币政策最终目标微观基础分析及其所涉及的经济关系

本文对上述新凯恩斯主义理论的结构和模型进行了重新梳理和推导。采用完全竞争劳动力市场假设，并选取与 Woodford(2003)和 CGG(Clarida, Gali & Gertler, 2002)不同的更具代表性的代表代理人效用函数，结论更有广泛意义。

(一)模型分析

在两国经济模型中，本国(H)和外国(F)的家庭数量分别为$1-\gamma$和γ，家庭用z代表，两国的偏好和技术都相同，在国内外金融市场上可交易所有必要的 Arrow-Debreu 证券。本国消费指数C_t包含国内产品消费C_{Ht}和国外产品消费C_{Ft}，$C_t \equiv C_{Ht}^{1-\gamma} C_{Ft}^{\gamma}$。消费物价指数$P_t = k^{-1} P_{Ht}^{1-\gamma} P_{Ft}^{\gamma}$，其中$P_{Ht}$和$P_{Ft}$分别是国内和国外商品的本币价格，$k=(1-\gamma)^{1-\gamma}\gamma^{\gamma}$。用$P_{Ht}^*$和$P_{Ft}^*$分别代表国内和国外商品的外币价格，用$C_{Ht}^*$和$C_{Ft}^*$分别代表国内和国外商品的国外消费。商品的生产包括中间产品和最终产品两个环节，中间产品生产企业分布在[0，1]之间，用j表示，即$j \in [0, 1]$。按照 Dixit & Stiglitz(1977)，企业j的劳动投入是$H(j)$与各家庭所提供的劳动$H(z)$之间的关系是：

$$H_t(j) = \left(\frac{1}{1-\gamma}\int_{z=0}^{1-\gamma} H_t(z)^{\frac{\vartheta-1}{\vartheta}} dz\right)^{\vartheta/(\vartheta-1)}$$

中间产品企业j产出是$Y(j)$，产出与投入之间的生产函数是：

$$Y_t(j) = A_t\,(H_t(j))^{\chi^{-1}}$$

最终商品生产企业采用CES技术，生产所需的投入是分布于[0，1]的中间产品企业所生产的中间产品，产出是最终产品Y，投入产出之间的生产函数是：

$$Y_t = \left[\int_{j=0}^{1} Y_t(j)^{\frac{\theta-1}{\theta}} dj\right]^{\theta/(\theta-1)}$$

代表代理人的效用函数为：

$$E_t\left\{\sum_{s=t}^{\infty}\beta^{s-t}\left[u(C_s;\xi_s) - \int_{j=0}^{1} v(H_s(j);\eta_s)\,dj\right]\right\}$$

效用最大化的跨期收入约束条件为：

$$\sum_{s=t}^{\infty} E_t Q_{t,s}\left[P_s C_s + \frac{i_s - i_s^m}{1+i_s} M_s\right]$$

$$= W_t + \sum_{s=t}^{\infty} E_t Q_{t,s}\left[\int_{j=0}^{1} w_s(j) H_s(j)\,dj + \int_{j=0}^{1} \Pi_s(j)\,dj - T_s\right]$$

其中，$H_s(j)$是中间企业j的劳动投入，ξ_s和η_s分别是对消费偏好和劳动付出偏好的随机干扰，M_s是第s期末的货币持有量，W_s是第s期初的金融资产持有量(满足 No Ponzi Schemes 条件)，$\int_{j=0}^{1} w_s(j) H_s(j)\,dj$是第$s$期工资收入，$\int_{j=0}^{1} \Pi_s(j)\,dj$是第$s$期利润分红收入，$T_s$是第$s$期缴纳的税金，$P_s C_s$是第$s$期的实际消费与价格水平之乘积，$Q_{s,s+1}$是随机贴现因子。无风险利率$i_s$和持有货币的利率$i_s^m$满足无套利条件。由效用最大化的一阶条件、一价定律、市场均衡条件和贸易条件的定义$S_t = P_{Ft}/P_{Ht}$，可推出$C_t = P_{Ht} Y_t / P_t = k S_t^{-\gamma} Y_t$。在相关均衡状态逼近展开后，效用函数的形式变为：

$$U_t = -\frac{k\bar{Y}u_c}{2}\{(\sigma^{-1}+\omega)(\hat{Y}_t-\hat{Y}_t^n)^2+(\theta^{-1}+\omega)var_j\hat{Y}_t(j)\}+t.i.p.+O(\|\hat{Y},\xi,\eta\|^3) \quad (1)$$

其中，$\bar{Y}$ 由 $v_y(\bar{Y};0)/[u_c(k\bar{Y};0)k]=1$ 决定，

$$\omega=\frac{\partial\ \log v_y}{\partial\ \log y}\Big|_{y=\bar{Y},\eta=0},\quad q_t=-\frac{v_{y\eta}\eta}{\bar{Y}v_{yy}}\Big|_{y=\bar{Y},\eta=0},$$

$$\hat{Y}_t^n=\log(Y_t^n/\bar{Y})=(g_t\sigma^{-1}+q_t\omega)/(\omega+\sigma^{-1})-\gamma\hat{S}_t(1-\sigma^{-1})/(\omega+\sigma^{-1}),$$

$\hat{Y}_t=\log(Y_t/\bar{Y})$，$\hat{S}_t=\log S_t$。

由最终商品生产企业对中间商品 j 的需求关系得出以下关系：

$$\text{var}_j\hat{Y}_t(j)=\theta^2\ \text{var}_j\log P_{Ht}(j)\equiv\theta^2\Omega_{Ht} \quad (2)$$

推导 *Phillips* 曲线的企业粘性定价模型来自 Calvo(1983)。生产中间产品的企业每期一部分产品价格不变，这部分产品的数量占产品总数的 $0<\alpha<1$；另外一部分产品价格会被调整，这部分产品的数量占产品总数的 $0<1-\alpha<1$。根据 Woodford(2003)，推导出价格方差与本国物价通胀率的关系：

$$\sum_{t=0}^{\infty}\beta^t\Omega_{Ht}=\frac{\alpha}{(1-\alpha)(1-\alpha\beta)}\sum_{t=0}^{\infty}\beta^t\pi_{Ht}^2+t.i.p.+O(\|\Omega_{H,-1}^{1/2},\xi,\eta\|^3)$$

将上式代入(1)，效用函数与通胀率（本国商品价格变化率）和产出缺口的关系为：

$$\sum_{t=0}^{\infty}\beta^tU_t=-\Xi\sum_{t=0}^{\infty}\beta^tL_t+t.i.p.+O(\|\Omega_{H,-1}^{1/2},\hat{Y},\xi,\eta\|^3)$$

其中，货币政策的损失函数 L_t 为：

$$\pi_{Ht}^2+(\kappa/\theta)(\hat{Y}_t-\hat{Y}_t^n)^2 \quad (3)$$

$\kappa=(1-\alpha)(1-\alpha\beta)(\omega+\sigma^{-1})/[(1+\theta\omega)\alpha]$。

由此可见，货币政策最终目标包括国内商品价格的变化率和产出缺口两部分并分别赋予特定的权重，这一目标与代表代理人效用最大化一致。

以上分析有两项不同于以往研究的发现：

一是得出了产出缺口在企业边际成本之外与部门企业间资源配置扭曲之间的联系。产出缺口除了与企业边际成本有联系以外，还与企业间资源配置的扭曲程度相关，即：

$$\hat{Y}_t-\hat{Y}_t^n=\frac{E_j logmc_t(j)}{\omega+\sigma^{-1}}+\frac{\omega(\theta-1)}{2(\omega+\sigma^{-1})\theta}var_j\hat{Y}_t(j) \quad (4)$$

产出缺口既包括了经济总量的内容，也包括了经济结构的内容；前者体现为等式(4)中的边际成本项，后者表现为等式(4)中企业产出的方差项。

二是给出了贸易条件与本国产出之间的替代关系，体现了国际经济竞

争中各国之间的利益对抗性对本国货币政策的影响。开放经济条件下，贸易条件集中体现了本国居民福利受国外因素的影响。贸易条件是国外产品的本币价格与国内产品的本币价格之比，贸易条件恶化意味着国外产品相对本国产品变贵了。关于贸易条件的结论来自(3)，在其他状况不变的情况下，贸易条件恶化相当于本国产出下降，两者之间的替代关系是：

$$d\hat{Y}_t = -\frac{(1-\sigma^{-1})\gamma}{\omega+\sigma^{-1}}d\hat{S}_t \tag{5}$$

(二)微观基础分析及其所涉及的经济关系

通过模型的推导，我们发现了一些重要宏观经济变量之间的关系。主要包括以下四个方面：

第一，消费总量和劳动总量与福利的关系。对福利影响最直接的总量是消费和劳动。我们发现，货币政策将产出缺口作为目标，缩小产出缺口实际上协调了消费和劳动的关系，由此增加福利。在本文特定的模型环境中，等式(4)将产出缺口分解，其中 $E_j \log mc_t(j)k$ 对应的企业的真实(*real*)边际成本；企业真实边际成本与劳动边际负效用绝对值和消费边际效用之比正相关。若产出缺口为零，企业的真实边际成本在福利最大化的均衡状态为1(其对数为零)，消费的边际效用和劳动的边际负效用满足福利最大化的条件 $v_y = u_c kS^{-\gamma}$。这也许是静态经济中最重要的总量关系，这一最优化条件与价格机制(或者其他任何市场或非市场的激励机制)无关，直接从福利最大化得出。如果劳动总量和消费总量都不足，消费所带来的边际效用大而劳动的边际负效用小，真实边际成本低于1，增加劳动和消费导致福利提高。相反，如果劳动和消费都过度，消费所带来的边际效用小而劳动的边际负效用大，真实边际成本大于1，减少劳动和消费可以进一步改善福利。

第二，企业间的资源配置与福利的关系。货币政策缩小产出缺口和通胀(本国商品价格变化率)缺口，实际上也是在调整企业间资源配置的结构性扭曲，由此增加福利。我们发现，通胀(本国商品价格变化率)(见等式(3))和产出缺口的一部分(见等式(4))都对应企业产出之间的方差 $Var_j\hat{Y}_t(j)$。在本文特定的模型环境中，企业的技术和面对的市场条件相同，在福利最大化状态下，企业的产出水平相等。由于企业价格调整存在粘性，不同的企业可能定价和产出水平不同，带来企业和部门之间的资源配置偏离最优状态。

第三，贸易条件与福利的关系。货币政策将产出缺口作为目标，协调消费和劳动的关系以增加福利，是在一定的贸易条件下进行的。在福利最大化状态下，产出缺口为零，企业的真实边际成本为1(其对数为零)，贸易条件是福利最大化条件 $v_y = u_c kS^{-\gamma}$ 的一部分。外国商品价格上升带来的贸易条件恶化使本国企业边际成本上升，均衡产出和就业下降。我们发现，在全球化背景下国家之间的利益冲突，集中体现在贸易条件方面。在其他状况不变的情况下，贸易条件恶化相当于本国产出下降，两者之间呈现负相关的线性关系(见等式(5))。贸易条件恶化给本国福利带来的负面影响，相当于本国产出一定程度的减少所带来的负面影响。相反，本国贸易条件恶化意味着外国贸易条件改善，这相当于外国产出一定程度的增加对外国福利所带来的正面影响。

第四，当期目标与未来目标的关系。货币政策的最终目标不仅包含当期的目标，而且包含未来的目标，货币政策的实施是在对当前目标和未来目标不断权衡过程中逐步完成的。在宏观变量(通胀和产出缺口)层面，货币政策的选择既在当期通胀和当期产出缺口之间，又在当期通胀产出目标与未来通胀产出目标之间。短期的通胀和产出水平与中长期的通胀和产出水平相关；由于货币传导机制的时滞性，货币政策对短期和中长期通胀和产出目标的影响程度不同。在总量和结构性变量层面，我们认为，货币政策关注当前的总量失衡，需要兼顾中长期的结构平衡。

三、对近期我国货币政策取向的建议

我国货币政策最终目标分析既要有微观理论基础，又要结合我国的具体情况。与上述微观基础分析相联系，我们提出短期内我国货币政策取向的政策建议。

(一)我国货币政策最终目标分析的独特性

我国货币政策最终目标分析的独特性可从总量、结构、外部因素和动态性四个方面加以描述。在金融危机爆发的背景之下，这四个方面体现了我国现阶段经济发展的一些基本特征。

总量方面：在金融危机的背景下，我国经济短期内迫切需要解决的是在总量方面的矛盾，迫切需要突破的是在总量方面面临的制约。短期内货币政策最终目标当中直接反映经济总量与福利关系的目标更为重要。具体来说，我国每年新增就业人口数量庞大(2008 年城镇就业人员新增加 1113 万人)，必须保持一定的经济增长速度才能避免出现大量的失业(2008 年当年的经济增速为 9.0%)。理论上讲，增加劳务和消费可以增加福利，劳动者劳务付出增加导致边际负效用上升，消费增加使边际效用下降，这些因素导致均衡的实际工资水平提高。但实际上，在劳动和消费之间有生产—交换—分配等环节。在金融危机以前，外需对我国经济十分重要，2003—2007 年经济增长速度一直在 11% 以上。随着金融危机的爆发，外需的迅速消退使依靠国外市场需求获得较高经济增长速度的做法难以持续。要进一步提高经济增长速度，投资依然是内需增加的主要支撑。2009 年 1—10 月份，城镇固定资产投资 150710 亿元，同比增长 33.1%，比上年同期加快

5.9个百分点。在当前许多行业产能过剩现象突出的情况下，投资不谨慎可能会加重产能过剩的严重程度。我国经济能否在总量上发展得快一些，关键不是生产能力，主要是市场对最终产品的持续需求。突破了市场总规模方面的制约，我国经济就能在不过度依赖投资的情况下增长得快一些。

结构方面：我国经济当中的结构性问题虽已积累到难以被忽视的程度，但面对金融危机所带来的经济衰退，短期内解决总量问题的迫切性更大，更何况结构性问题很大程度上也是由总量问题带来的。短期内我国货币政策最终目标中反映结构性问题与福利关系的目标权重可以小些。在我们所面临的结构性问题中，最突出的是产业结构不合理问题。某些产业存在和发展的理由主要不是商业上的考虑，而是社会效益和就业方面的考虑。由于存在就业压力，不合理的产能暂时还难以全部淘汰。不改变我国过度依赖投资的经济增长模式，产业调整就难以完全按照商业化原则进行。在来自就业方面的持续压力之下，结构性问题的解决将是一个较长的过程。

外部因素方面：开放经济条件下，我国货币政策有效实施的前提是平稳合理的贸易条件。贸易条件综合反映了我国经济发展的外部制约因素，这些因素包括：外部市场萎缩、贸易保护主义抬头、外商直接投资减少、能源和原材料价格波动加剧、全球气候变化和知识产权保护等。金融危机爆发以来，我国贸易条件恶化的趋势有所缓解，短期内未必构成最严重的问题；但是，贸易条件恶化的中长期趋势并没有根本扭转。2003年以来，我国贸易条件整体趋于恶化，其中工业制成品的贸易条件逐步趋于平稳，但初级产品进口的价格大幅上涨，导致整体贸易条件的明显恶化。根据国家海关总署的数据，2008年我国初级产品进口推动进口价格总指数上涨超过40%，对进口价格总指数上涨的贡献度大于70%。贸易条件恶化增加了我国企业生产的边际成本，伴随而来的是企业生产和就业的规模受到限制。贸易条件恶化挤压了我国经济增长和实现充分就业的潜在空间，可以完全抵消甚至大于货币政策优化对社会福利的贡献。

动态方面：金融危机爆发以来，外部经济环境迅速向不利方向转变，而国内消费尚不足以成为内需增长的引擎。在短期反周期任务加重、政策实施的空间被挤压的情况下，货币政策的重心不得不向短期目标倾斜，同时兼顾中长期目标。具体说，一方面，尽可能采用有利于中长期经济增长的措施来解决短期问题，避免出台不利于解决结构性问题的措施；另一方面，致力于中长期目标的各项政策须尽可能缓解短期面临的反周期任务，有利于提高短期政策的有效性。

西方发达国家与我国情况不同。在消费总量和劳动总量之间关系基本平衡的情况下，西方发达国家面临的主要是短期的结构性问题，比如，来自价格粘性的结构性问题。与此相适应，这些国家的货币政策最终目标框架赋予产出缺口较小权重，而将较大的权重赋予通胀缺口。我们认为，这一目标框架当前未必适应我国的实际情况。我国经济当前面临的总量问题较结构性问题更为紧迫，增加就业依然是最亟待解决的问题，而结构性问题（与发达国家不同）主要不是短期问题，要在中长期内逐步解决。产出缺口相比通胀率（国内商品价格的变化率）更多地反映总量问题，而两者背后都体现结构性问题。我国经济中现实存在的结构性问题比模型中的价格粘性问题复杂，基于价格粘性所推出的菲利普斯曲线有可能高估了物价与产出之间的替代关系。再有，我国居民储蓄行为对实际利率不敏感，但劳动供给对工资增长却比较敏感，用模型的语言，这意味着较大的消费跨期替代弹性 σ 和较小的劳动替代弹性 ω。根据（3）和（4），不难得出产出缺口前权重较大的结论。

（二）我国货币政策最终目标的现实选择

面对后危机和危机后的经济形势，我国货币政策最终目标的合理抉择尤其须在以下四方面具体结合我国的实际情况：

第一，前面结合我国情况得出的赋予产出缺口更大权重的结论，在当前形势下，具体体现在货币政策未来的取向上，就是在今后两三年内我国货币政策促增长的任务依然重于反通胀的任务。为更好地实现金融危机背景下反周期的金融宏观调控目标，短期内我们不得不优先解决更为迫切的问题。只要存在可持续的需求，短期内提高产出水平、拉动就业仍是政策目标的重点。自 2008 年 9 月份以来，我国央行适当调减公开市场操作力度，四次有区别地下调存款准备金率，合计调减 2—4 个百分点。五次下调存贷款基准利率，一年期存贷款利率分别累计下调 1.62 和 1.89 个百分点，我国经济已开始出现企稳回暖迹象，但基础尚不牢固。适度宽松货币政策趋向短期内不宜改变。

第二，货币政策在以产出缺口为重要目标的同时，不能过高估计潜在的经济增长和在资源有效配置条件下能够提供的就业岗位。尽管增加就业对福利的贡献是最为直接的，但一味增加就业并非没有代价；随着经济逐渐复苏，货币政策决策者越来越需要考虑为增加就业所付出的代价。美国 20 世纪“大萧条”之后长期执行促进就业的经济政策，将失业率目标定得过低，最终导致对经济的刺激政策效力降低，通货膨胀上升，出现了 70 年代的滞胀。以美国市场经济的规模、体制和战后在全球经济中的地位，尚不足以完全实现理想的就业目标。长期实施过高的就业增加计划，可能导致未来失业的增加。目前我国每年城镇新超过千万个就业岗位，是在一种特定的体制背景下实现的，存在一定的隐患，具体包括：一是地方政府财政收支的软约束；二是货币政策的财政化；三是企业缺乏可持续发展的理念；四是制度性歧视现象突出。总之，将就业和经济增长目标定得过高，短期内虽然有可能实现，但在微观机制没有理顺的情况下，代价却是资源配置被扭曲，不可持续的投资项目增加，将来为恢复资源的有效配置而进行调整可能要付出昂贵的成本。

第三，我国货币政策当前处于特殊时期，既不能进一步扩张信贷，又不能在经济回暖基础不巩固情况下实行紧缩政策。结合我国的具体情况，实现经济平稳较快增长和拉动就业，货币政策提供充裕的流动性只是必要条件，还需要将货币政策传导到实体经济中去，调动对资源的合理利用，增加实体经济对货币信贷的需求。金融危机爆发以来，美国和中国在这方面所面对的形势截然不同。中国的金融部门受危机直接影响不大，主要是通过受到冲击的实体经济间接地对金融部门产生了不利影响。中国问题的关键是实体经济出现了对货币信贷需求下降的现象。如果这一趋势没有得到扭转，实体经济部门对货币信贷需求没有增加，单单为金融部门提供流动性，从货币和信贷的供应方面做文章，解决不了我国当前的问题。与我国情况不同，美国的金融危机起源于金融部门，由金融部门蔓延到实体经济。美国流动性短缺并非由于实体经济对货币的需求减少，而是由于金融系统对货币的供给下降。因此，美国出台的政策主要是向金融机构注入资本和流动性，增加对实体经济的货币供给。

第四，我国货币政策的传导机制主要依靠信贷渠道，利率市场化尚未实现，大多数企业的利率融资成本自金融危机爆发以来下降有限。信贷总量扩张通过金融机构的配给和行政部门对项目的审核而实现。在行政化而非市场化的货币政策实施过程中，对民营经济部门的制度性歧视被强化了，中小企业融资难的问题没有得到改善。相反，结构性的问题却被进一步突出了，重复建设、盲目投资和由此带来的产能过剩现象难以根除。为此，我们须积极推进金融体系的市场化改革，完善和强化市场化的货币传导机制——以利率作为主要操作工具，通过金融市场传导货币政策，切实解决货币传导机制过程中存在的微观问题。通过降低融资成本刺激实体经济对资本积累的合理需求，将行政性的因素排除在外，逐步消除非理性投资冲动所带来的结构性问题。

四、结论

本文运用新凯恩斯主义模型，结合我国当前情况，对我国货币政策最终目标设计进行了论证。为在金融危机背景下实现就业目标，我们建议，我国货币政策最终目标短期内使产出缺口目标的权重大于通胀的权重。这不同于西方各国赋予通胀较大权重的做法。

在分析金融危机对中美两国实体经济和金融部门不同影响的基础上，我们发现，为加快经济回暖、拉动就业和缩小产出缺口，我国货币政策当前的现实选择既不是进一步扩张信贷，也不是在经济回暖基础不巩固情况下实行紧缩政策，而是在保持货币信贷供给平稳增长的情况下，加强对实体经济部门的支持，使实体经济部门对货币和信贷的需求增加。

我们建议加快经济金融体制改革的步伐，为逐步解决经济运行存在的深层次问题和提高货币政策有效性创造更好的条件，化解由于投资行政化、信贷投放财政化和货币政策传导的非市场化所带来的问题，消除对民营经济部门的制度性歧视，使得民营经济部门(尤其是中小企业)能在拉动就业和促进经济增长方面发挥更大的作用。

最后，考虑外部经济环境的变化(尤其是外需的萎缩)，我们建议避免将就业目标和潜在经济增长目标定得过高。追求过高的就业目标和经济增速，或许能够在短期内得以实现，但是实现这些过高的目标可能带来结构性扭曲，将资源集中在一些不该集中的领域和行业，将以资源配置使用的长期无效率为代价，短期的就业增加可能以未来调整时的大量失业为代价。综合考虑福利得失的动态特征，我们建议始终将就业目标和潜在经济增长目标定在可持续的合理水平上。

参考文献

1. Calvo, G. Staggered Prices in a Utility-Maximizing Framework. Journal of Monetary Economics, 1983, 12.
2. Clarida, R. , Gali, J. , & Gertler, M. A Simple Framework for International Monetary Policy Analysis. Journal of Monetary Economics, 2002, 49.
3. Dixit, A. K. , & Stiglitz, J. E. Monopolistic Competition and Optimum Product Diversity. American Economic Review, 1977, No. 67.
4. Friedman, M. B. The Role of Monetary Policy. American Econonic Review, 1968, 58(1).
5. Kydland, E. F. , & Prescott, E. C. Time to Build and Aggregate Fluctuations. Econometrica, 1982, 50.
6. Long, J. B. , & Plosser, C. I. Real Business Cycles. Journal of Political Economy, 1983, 91.
7. Lucas, R. E. Expectation and Money Neutrality. Journal of Monetary Economics, 1972, 4.
8. Lucas, R. Econometric Policy Evaluation: A Critique. In K. Brunner, & A. H. Meltzer, The Phillips Curve and Labor Markets. Amsterdam: North-Holland, 1976.
9. Sargent, T. J. , & Wallace, N. Rational Expectations, the Optimal Monetary Instrument, and the Optimal Money Supply Rule. Journal of Political Economy, 1975, 83.
10. Woodford, M. Interest and Prices: Foundations of a Theory of Monetary Policy. Princeton University Press, 2003.

（作者：刘　伟　中国都市经济研究基地首席专家　教　授
李连发　中国都市经济研究基地研究人员　副教授）

基地名称：中国都市经济研究基地
依托单位：北京大学
项目类别：北京市哲学社会科学“十一五”规划研究基地项目

北京市产业结构高度化进程中的主导产业驱动机制①

从产业结构高度的视角来审视中国工业化的进程，我国在2007年整体产业结构高度为0.453，即已经完成了工业化进程45.3%的任务，距离工业化完成还有54.7%的历程需要完成。从全国各省市自治区来看，到2007年也只有上海、北京等少数省市产业结构高度大于1，即完成了工业化进程。与上海市相比，虽然北京市于2006年按照总产业结构高度来看，已经完成工业化，但第二产业的产业结构高度距离完成工业化水平还有一定距离，第一产业的产业结构高度则距离完成工业化水平更远。及至2007年，北京的第一产业和第二产业的产业结构高度也没有达到工业化完成时的水平。与钱纳里等所描述的一般工业化进程不同的是，从1987年以来，即北京市进入工业化起步阶段后，第三产业一直是引领北京市总体产业结构高度提升的主要力量，而且第三产业的产业结构高度的波动直接影响着总体产业结构高度的波动。北京市第一产业和第二产业的产业结构高度不但严重滞后于总体产业结构高度，而且与上海和天津相比，北京第二产业的产业结构高度也明显偏低。

为了阐释北京市这一独特的地方工业化进程，本文主要通过研究驱动地方产业结构高度化进程的主导产业变迁轨迹来阐释北京市产业结构高度演化进程的微观产业基础及其特殊性。虽然各个产业对国民经济的健康持续发展都十分重要，但是只有主导产业才是国民经济发展的核心，其直接决定着国民经济的发展方向、速度、性质和规模。

一、驱动地方产业结构高度化的主导产业集界定

产业的关联效应指标是一国或地区选取和界定主导产业的一项关键原则。例如，罗斯托认为就应该选择具有扩散效应（前向、后向和旁侧）的部门作为主导产业部门，将主导产业的产业优势辐射传递到产业链的各产业

---

① 本文是《北京产业结构优化调整路径研究》项目的阶段成果，项目编号：10AbJG365。

中，以带动和促进区域经济的全面发展；美国经济学家艾伯特·赫希曼在《经济发展战略》一书中，主张不均衡发展战略，提出将产业关联效应作为主导产业选择的基准，即产业关联基准，发展政策的目标应挑选和集中力量发展那些在技术上相互依赖、产业关联效应强烈的“战略部门”，即主导产业部门，这种产业才是前向和后向联系的有机结合。

本文首先从产业关联角度找到相关的可以作为北京市主导产业考虑范畴的行业集，然后再对该行业集按主导作用大小排序。主导产业应该是有辐射效应的，对国民经济有带动力，具有市场扩张作用，因此我们从1987—2005 年北京投入产出表分析得到可以作为主导产业考虑范畴的行业集，这些行业应该不但在关联度总量指标上，而且在关联度结构指标上都比较突出。

关联度的总量指标：①对国民经济有强大的拉动力，即影响力系数(F_i)要高，该指标反映了该行业对国民经济的发展有强大的拉动作用；②对国民经济有强大的推动力，即感应度系数(E_i)要高，该指标反映了该行业对国民经济具有比较厚实的支撑面，对国民经济有强大的推动作用。

$$F_i = \frac{\sum_{j=1}^{n} b_{ji}}{\frac{1}{n}\sum_{i=1}^{n}\sum_{j=1}^{n} b_{ji}} \tag{1}$$

其中，b_{ji}是第 i 部门对第 j 部门的完全消耗系数，$\sum_{j=1}^{n} b_{ji}$ 为完全消耗系数矩阵的第 i 列之和，即第 i 部门对国民经济各部门的影响力，$\frac{1}{n}\sum_{i=1}^{n}\sum_{j=1}^{n} b_{ji}$ 为完全消耗系数矩阵的列和的平均值。

$$E_i = \frac{\sum_{j=1}^{n} w_{ij}}{\frac{1}{n}\sum_{i=1}^{n}\sum_{j=1}^{n} w_{ij}} \tag{2}$$

其中 w_{ij}是第 i 部门对第 j 部门的完全分配系数，$\sum_{j=1}^{n} w_{ij}$ 为完全分配系数矩阵的第 i 行之和，即第 i 部门对国民经济各部门的感应度，$\frac{1}{n}\sum_{i=1}^{n}\sum_{j=1}^{n} w_{ij}$ 为完全分配系数矩阵的行和的平均值。

关联度的结构指标：该指标反映该行业对国民经济的影响范围比较广，也可称为影响范围指标。该指标要求选取的行业对国民经济影响范围广，对各个行业都有带动作用(拉动力和推动力)，本研究中选取完全消耗系数和完全分配系数均大于平均值的行业所占的产量百分比来衡量。

之所以采用上述主导产业集的研究思路，主要在于：将这三个关联指标从各类指标分析指标中凸现出来，有助于把主导产业最关键的市场辐射带动作用凸现了出来；此外，部分产量、人均产值等指标较高，但是产业关联度小的行业，会在原有分析方法下成为“伪主导产业”，毕竟这些行业的发展并没有给国民经济带来比较广泛的辐射扩张作用，特别是其影响范围一般仅限于行业内部；最后，选取主导产业集的方法有利于在不损失行业各项信息的情况下比较该产业集内各行业的一些特征。

北京市主导产业集，选取采用投入产出分析中影响力系数，感应度系数和影响范围三项指标。其中影响范围系数 η_j 表示 j 行业的影响范围。

$$\eta_j = \frac{\sum_i X_i}{\sum_{k=1}^{n} X_k} \tag{3}$$

其中 i 满足：$B_{ij} > \underset{k=1:n}{average}(B_{kj}) \& W_{ij} > \underset{k=1:n}{average}(W_{jk})$

X_i 为 i 产业的总产量

按照以往依据多变量对行业分层的方法，一般采用聚类分析等，然而仅仅依据这三个变量对 42 个行业（投入产出表行业分类）聚类的结果并不理想，因此改用选取影响力系数 + 感应度系数 > 2 的或者影响范围大于平均的行业为主导产业集。也就是说这两类行业将被列入主导产业集：①对国民经济的推动或拉动力较大（如石油和天然气开采业）；②对国民经济的影响范围较大（如房地产业）。

本研究囿于 2002 年以前的第三产业在统计年鉴上的分类与投入产出表难以匹配，所以本研究仅较全面地研究 2003—2007 年北京市主导产业变迁轨迹。当然，2003 年、2004 年也有类似交叉问题，但由于数量较少，本文尝试采用从业人数比例将多个行业的总产值拆分出来。基于此分析思路，依托北京市 2002 年和 2005 年投入产出表，分析结果如下：表 1 为北京市 2005—2007 年主导产业集；表 2 为北京市 2003—2004 年主导产业集。①

表 1　北京市 2005—2007 年主导产业集

行　业	代码	行　业	代码	行　业	代码
煤炭开采和洗选业	02	通用、专用设备制造业	16	信息传输、计算机服务和软件业	29
石油和天然气开采业	03	交通运输设备制造业	17	批发和零售贸易业	30

① 北京市 2005—2007 年主导产业集（表 1）通过 2005 年北京市投入产出延长表计算；北京市 2003—2004 年主导产业集（表 2）通过 2002 北京市投入产出表计算。

续表

行　　业	代码	行　　业	代码	行　　业	代码
金属矿采选业	04	电气、机械及器材制造业	18	住宿和餐饮业	31
非金属矿采选业	05	通信设备、计算机及其他电子设备制造业	19	金融保险业	32
纺织业	07	仪器仪表及文化办公用机械制造业	20	房地产业	33
服装皮革羽绒及其制品业	08	其他制造业	21	租赁和商务服务业	34
木材加工及家具制造业	09	电力、热力的生产和供应业	23	旅游业	35
造纸印刷及文教用品制造业	10	燃气生产和供应业	24	综合技术服务业	37
石油加工、炼焦及核燃料加工业	11	水的生产和供应业	25	其他社会服务业	38
化学工业	12	建筑业	26	教育事业	39
非金属矿物制品业	13	交通运输及仓储业	27	公共管理和社会组织	42
金属制品业	15	邮政业	28		

表 2　北京市 2003—2004 年主导产业集

行　　业	代码	行　　业	代码	行　　业	代码
煤炭开采和洗选业	02	金属制品业	15	信息传输、计算机服务和软件业	29
石油和天然气开采业	03	通用、专用设备制造业	16	住宿和餐饮业	31
金属矿采选业	04	交通运输设备制造业	17	金融保险业	32
非金属矿采选业	05	电气、机械及器材制造业	18	房地产业	33
纺织业	07	通信设备、计算机及其他电子设备制造业	19	租赁和商务服务业	34
服装皮革羽绒及其制品业	08	仪器仪表及文化办公用机械制造业	20	旅游业	35
木材加工及家具制造业	09	电力、热力的生产和供应业	23	科学研究事业	36
造纸印刷及文教用品制造业	10	燃气生产和供应业	24	综合技术服务业	37
石油加工、炼焦及核燃料加工业	11	水的生产和供应业	25	其他社会服务业	38

续表

行业	代码	行业	代码	行业	代码
化学工业	12	建筑业	26	教育事业	39
非金属矿物制品业	13	交通运输及仓储业	27	文化、体育和娱乐业	41
金属冶炼及压延加工业	14	邮政业	28	公共管理和社会组织	42

在确定好主导产业集（表1、表2）后，我们将对主导产业集内的行业进行主导产业综合分析。这里选择了17个主导产业判断指标（表3），采用多变量分析方法，对北京市各产业的产业关联、规模、技术指标等做全面的评估。主要结合因子分析等方法来判定2003年以来北京市主导产业群落的基本构成和变迁轨迹。

表3　北京市2003—2007年主导产业群选择指标①

类型	指标名称	说明
产业关联指标	1 感应度	依据2002及2005年投入产出表
	2 影响力	依据2002及2005年投入产出表
	3 影响范围	依据2002及2005年投入产出表
规模指标	4 产值规模	国民生产总值（工业为增加值）
	5 利税规模	利税总额
	6 就业规模	城镇从业人数
	7 固定资产规模	固定资产原值
发展指标	8 新增固定资产投资	全社会新增固定资产投资（不含农户投资）
	9 资本形成直接分配系数	2002及2005年投入产出表中存货和资本形成
	10 产值增速	产值（增加值）的增速
	11 就业增速	城镇从业人数的增速
比较劳动生产率	12 比较劳动生产率	以城镇从业人数表征劳动人数
技术指标	13 专业技术人员数	城镇单位每万从业人员拥有专业技术人员
经济效益指标	14 总资产贡献率	利税总额/总资产
	15 产值利税率	利税总额/产值（工业增加值）
需求弹性指标	16 需求弹性	投入产出表计算得到该行业总需求增速/所有行业总产出增速
专业化指标	17 区位熵	按投入产出表的总产出计算（北京、全国）

① 没有特殊说明的指标中统计数据来源于北京市当年的统计年鉴。

二、北京 2003—2007 年主导产业排序

(一)北京 2003—2007 年主导产业排序

本文主要以北京市 2007 年为例介绍在主导产业集的基础上，如何从中选出北京市的主导产业，以及各产业的主导性排序。

1. 因子分析过程

第一，测度主要指标之间的相关性(参见表 4)。

表 4　主要指标之间相关性

类别	感应度	影响力	影响范围	产值规模	利税规模	就业规模	固定资产规模	新增固定资产投资	资本形成直接分配系数	产值增速
感应度	1.000	-.065	-.549	-.393	-.177	-.591	-.151	-.289	-.411	-.474
影响力	-.065	1.000	.035	-.309	-.351	-.127	-.062	-.256	.030	-.272
影响范围	-.549	.035	1.000	.364	.304	.445	.217	.144	.120	.539
产值规模	-.393	-.309	.364	1.000	.815	.699	.622	.275	.253	.651
利税规模	-.177	-.351	.304	.815	1.000	.383	.338	.127	.049	.462
就业规模	-.591	-.127	.445	.699	.383	1.000	.524	.213	.247	.777
固定资产规模	-.151	-.062	.217	.622	.338	.524	1.000	.321	.153	.429
新增固定资产投资	-.289	-.256	.144	.275	.127	.213	.321	1.000	.560	.261
资本形成直接分配系数	-.411	.030	.120	.253	.049	.247	.153	.560	1.000	.176
产值增速	-.474	-.272	.539	.651	.462	.777	.429	.261	.176	1.000

从表 4 分析，可以简要看出，各个变量之间存在明显的相关性，因此传统的主导产业选择模型简单的对其使用最大特征值的特征向量加权各个指标并不能很好地综合表现指标的意义。因此我们考虑通过因子分析，求出公因子，并以此为依托建立指标分析的综合框架。通过 KMO 检验和 Bartlett 检验表明适合进行因子分析。

第二，提取因子，分析因子分析法是否适用，结果因子旋转后较主成分分析法更显著。通过比较旋转前后的因子荷载矩阵，发现旋转后的系数的绝对值 >0.5，并且旋转前的矩阵并没有表现出明显的向 0，1 靠近趋势，也就是说，使用因子分析法较主成分分析法更为有效，更能将相应的变量归类分析。

第三，使用 SPSS 中 Analyze - >Data Reduction - >Factor 工具进行因子分析。这里使用 Principal Components(主成分法)的方法进行公因子提取，并采用 Varimax 旋转，使得每个因子上具有最高载荷的变量数最小，以方便对

各个变量进行归类。选择了特征值大于1的相应公因子，记为fac_ 1，fac_ 2，fac_ 3，fac_ 4，fac_ 5和fac_ 6，方差总和达到76%，从而具有较高的解释力(参见表5)。并由此获得旋转后的因子荷载矩阵，确定每个变量对应的公因子。(参见表6，加粗数据为对应的公因子)

表5 总体方差解释(部分)

Component	Initial Eigenvalues			Rotation Sums of Squared Loadings		
	Total	% of Variance	Cumulative %	Total	% of Variance	Cumulative %
1	5. 277	31. 042	31. 042	3. 455	20. 322	20. 322
2	2. 643	15. 549	46. 591	2. 923	17. 195	37. 517
3	1. 560	9. 177	55. 769	2. 265	13. 322	50. 839
4	1. 335	7. 851	63. 619	1. 658	9. 754	60. 593
5	1. 197	7. 044	70. 663	1. 445	8. 502	69. 095
6	1. 043	6. 132	76. 796	1. 309	7. 701	76. 796
7	. 862	5. 068	81. 864			

表6 旋转主成分矩阵

指标	Component					
	1	2	3	4	5	6
感应度	-. 827	. 122	. 075	-. 257	. 211	. 144
影响力	. 195	-. 613	-. 085	-. 180	. 308	-. 148
影响范围	. 708	. 104	-. 051	-. 019	-. 118	. 282
产值规模	. 552	. 611	. 465	. 121	-. 124	-. 055
利税规模	. 348	. 854	. 164	-. 068	-. 095	-. 025
就业规模	. 796	. 209	. 211	. 166	. 012	. 061
固定资产规模	. 293	. 175	. 732	. 225	. 069	. 103
新增固定资产投资	. 076	. 143	. 088	. 893	-. 079	. 151
资本形成直接分配系数	. 259	-. 063	. 071	. 778	-. 083	-. 258
产值增速	. 708	. 278	. 205	. 138	. 022	. 447
就业增速	-. 076	. 182	. 850	. 033	. 022	. 232
比较劳动生产率	-. 310	. 642	. 547	-. 036	. 066	-. 132
专业技术人员数	. 381	. 053	. 501	-. 106	-. 378	-. 334
总资产贡献率	-. 385	. 059	-. 189	-. 015	. 653	-. 105
产值利税率	. 243	. 880	. 071	. 039	. 173	-. 059
需求弹性	. 020	-. 099	. 167	-. 132	. 800	. 010
区位熵	. 238	-. 087	. 172	-. 079	-. 067	. 827

注：提取方法：主成分分析法。旋转方法：最大方差与凯瑟标准化。9阶迭代次数旋转收敛。

根据表6分析情况，对各指标或变量主要划分为六大对应因子。因子一：感应度、影响范围、就业规模、产值增速；因子二：影响力、产值规模、利税规模、比较劳动生产率、产值利税率；因子三：固定资产规模、就业增速、专业技术人员数；因子四：新增固定资产投资、资本形成直接分配系数；因子五：总资产贡献率、需求弹性；因子六：区位熵。

2. 综合得分排名

通过Regression法得到了各个因子的得分函数，相应的矩阵如表7所示。

表7　主成分得分系数矩阵

指标	Component					
	1	2	3	4	5	6
感应度	-.293	.099	.072	-.053	.024	.194
影响力	.202	-.281	.102	-.121	.256	-.187
影响范围	.226	.029	-.129	-.091	-.006	.158
产值规模	.121	.134	.102	-.029	-.011	-.115
利税规模	.070	.336	-.122	-.118	-.031	-.042
就业规模	.257	-.002	.012	.006	.127	-.047
固定资产规模	.022	-.112	.371	.092	.104	.003
新增固定资产投资	-.125	.035	-.041	.599	.012	.172
资本形成直接分配系数	.024	-.083	.027	.475	.041	-.201
产值增速	.177	.053	-.035	.022	.106	.283
就业增速	-.129	-.107	.466	.005	-.003	.134
比较劳动生产率	-.169	.181	.219	-.024	.009	-.097
专业技术人员数	.114	-.132	.307	-.195	-.236	-.356
总资产贡献率	-.037	.092	-.098	.090	.453	-.046
产值利税率	.062	.374	-.182	-.008	.170	-.052
需求弹性	.127	-.086	.128	-.037	.607	-.052
区位熵	-.013	-.061	.042	-.045	-.058	.630

注：提取方法：主成分分析法。旋转方法：最大方差与凯瑟标准化。

根据上述分析结果，这里计算各个行业得到的每个因子的得分如表8所示。

表8　因子综合得分排序(由高到低)

分类	编号	fac_ 1	fac_ 2	fac_ 3	fac_ 4	fac_ 5	fac_ 6	综合得分
金融保险业	32	0.82	4.53	0.40	-1.28	-1.05	-0.42	0.75
房地产业	33	0.20	0.99	0.01	5.16	-0.56	0.54	0.71
租赁和商务服务业	34	1.87	1.37	-0.63	-0.55	0.65	0.84	0.60
批发和零售贸易业	30	1.56	0.91	0.06	-0.20	0.64	-0.13	0.51
交通运输及仓储业	27	0.84	-0.14	1.09	0.59	0.85	0.73	0.48
信息传输、计算机服务和软件业	29	0.66	-0.80	3.99	-0.19	-0.65	0.23	0.47
旅游业	35	1.12	-0.79	0.46	-0.49	2.71	0.49	0.37
电力、热力的生产和供应业	23	-0.91	0.39	2.71	-0.38	0.61	-0.32	0.23
公共管理和社会组织	42	1.07	0.20	-0.82	0.09	0.10	0.53	0.20
建筑业	26	1.70	-0.63	-0.08	1.12	-0.28	-1.59	0.19
综合技术服务业	37	0.12	-0.84	-0.31	-0.39	-0.86	4.30	0.06
邮政业	28	-0.49	0.11	-0.26	-0.08	0.10	2.07	0.04
住宿和餐饮业	31	0.35	-0.19	-0.39	-0.02	-0.06	0.64	0.03
教育事业	39	1.40	-0.52	0.54	-0.74	-1.41	-0.79	0.01
金属矿采选业	04	-1.58	0.57	-0.09	0.10	2.97	-0.37	0.00
其他社会服务业	38	0.61	-0.47	-0.94	-0.47	0.59	0.48	-0.04
通用、专用设备制造业	16	0.32	-0.55	-0.34	1.08	0.00	-1.15	-0.06
其他制造业	21	-0.17	-0.59	0.20	0.03	0.67	-0.57	-0.09
煤炭开采和洗选业	02	-1.35	0.39	-0.45	0.07	1.96	-0.11	-0.10
通信设备、计算机及其他电子设备制造业	19	-0.17	-0.71	0.86	-0.20	-0.11	-0.65	-0.12
交通运输设备制造业	17	-0.20	-0.53	0.02	0.03	0.55	-0.79	-0.14
仪器仪表及文化办公用机械制造业	20	-0.33	-0.09	-0.35	-0.34	0.12	-0.08	-0.16
电气、机械及器材制造业	18	-0.16	-0.18	-0.43	-0.21	-0.04	-0.41	-0.18
化学工业	12	-0.12	-0.21	-0.32	-0.15	-0.43	-0.47	-0.19
燃气生产和供应业	24	-0.75	0.60	-0.53	-0.20	-0.77	-0.26	-0.22
石油加工、炼焦及核燃料加工业	11	-0.65	0.50	-0.99	-0.33	-0.13	-0.34	-0.25

续表

分类	编号	fac_ 1	fac_ 2	fac_ 3	fac_ 4	fac_ 5	fac_ 6	综合得分
服装皮革羽绒及其制品业	08	0. 60	-0. 78	-0. 94	-0. 41	-0. 43	-0. 56	-0. 26
造纸印刷及文教用品制造业	10	-0. 28	-0. 20	-0. 75	-0. 23	-0. 30	-0. 32	-0. 26
金属制品业	15	-0. 28	-0. 34	-0. 64	-0. 24	-0. 47	-0. 26	-0. 28
木材加工及家具制造业	09	-0. 20	-0. 70	-0. 44	-0. 16	-0. 55	-0. 49	-0. 32
石油和天然气开采业	03	-3. 01	1. 01	0. 82	0. 24	-0. 98	0. 44	-0. 36
非金属矿物制品业	13	-0. 64	-0. 33	-0. 48	-0. 34	-0. 59	-0. 51	-0. 37
纺织业	07	-0. 25	-0. 56	-0. 84	-0. 32	-0. 69	-0. 66	-0. 40
非金属矿采选业	05	-1. 21	-0. 27	-0. 35	-0. 11	-0. 54	-0. 10	-0. 40
水的生产和供应业	25	-0. 50	-1. 15	0. 20	-0. 49	-1. 62	0. 05	-0. 45

从表 8 可以看出 2007 年北京市前十位的主导性产业分别为：金融保险业，房地产业，租赁和商务服务业，批发和零售贸易业，交通运输及仓储业，信息传输、计算机服务和软件业，旅游业，电力、热力的生产和供应业，公共管理和社会组织，建筑业；此外 2007 年排名靠后的后十位产业分别为：石油加工、炼焦及核燃料加工业，服装皮革羽绒及其制品业，造纸印刷及文教用品制造业，金属制品业，木材加工及家具制造业，石油和天然气开采业，非金属矿物制品业，纺织业，非金属矿采选业，水的生产和供应业。

下面使用同样的方法对北京市 2003—2006 年的主导产业集中的产业进行主导产业排序(篇幅有限，部分统计表格未一一列出)，由此得到 2003—2007 年北京市主导产业排序表(参见表 9)。

表 9　2003—2007 年北京市产业主导位次变化情况

分类	编号	2007 年排名	2006 年排名	2005 年排名	2004 年排名	2003 年排名	2003 - 2007 位次变化
金融保险业	32	1	15	12	9	12	11
房地产业	33	2	7	15	22	13	11
租赁和商务服务业	34	3	6	1	3	18	15
批发和零售贸易业	30	4	12	9	~	~	5*
交通运输及仓储业	27	5	1	35	14	28	23
信息传输、计算机服务和软件业	29	6	3	4	2	2	-4
旅游业	35	7	8	2	8	25	18

续表

分类	编号	2007年排名	2006年排名	2005年排名	2004年排名	2003年排名	2003-2007位次变化
电力、热力的生产和供应业	23	8	2	5	10	26	18
公共管理和社会组织	42	9	16	21	20	17	8
建筑业	26	10	11	7	5	1	-9
综合技术服务业	37	11	20	25	12	4	-7
邮政业	28	12	29	26	36	29	17
住宿和餐饮业	31	13	17	30	29	24	11
教育事业	39	14	27	17	26	16	2
金属矿采选业	04	15	18	18	1	35	20
其他社会服务业	38	16	26	19	31	8	-8
通用、专用设备制造业	16	17	9	8	16	10	-7
其他制造业	21	18	13	3	~	~	-15*
煤炭开采和洗选业	02	19	21	29	15	19	0
通信设备、计算机及其他电子设备制造业	19	20	5	6	11	6	-14
交通运输设备制造业	17	21	10	11	7	5	-16
仪器仪表及文化办公用机械制造业	20	22	23	14	19	15	-7
电气、机械及器材制造业	18	23	30	16	18	14	-9
化学工业	12	24	22	20	4	7	-17
燃气生产和供应业	24	25	28	32	24	31	6
石油加工、炼焦及核燃料加工业	11	26	34	10	17	11	-15
服装皮革羽绒及其制品业	08	27	32	13	33	30	3
造纸印刷及文教用品制造业	10	28	25	24	25	21	-7
金属制品业	15	29	31	22	23	20	-9
木材加工及家具制造业	09	30	19	23	32	27	-3
石油和天然气开采业	03	31	4	34	35	36	5
非金属矿物制品业	13	32	24	31	27	32	0
纺织业	07	33	33	28	30	33	0
非金属矿采选业	05	34	14	33	28	34	0
水的生产和供应业	25	35	35	27	34	22	-13

注：*数值为2005—2007年排名变化情况；2005—2007与2003—2004由于产业集选取略有差异，以致产业排位上有所差别，2003—2004年产业分类中科学研究事业(36)，金属冶炼及压延加工业(14)，文化、体育和娱乐业(41)未入选2005—2007产业集。

(二) 北京 2003—2007 年前六位主导产业因子分析

我们可以根据需要选择主导产业的数量，按照排名的先后为各项指标综合考虑的结果。这里通过图 1，详细地分析一下 2007 年前六个行业的各项指标情况。由此可以看出金融保险业在 fac_ 2 经济辐射拉动和经济效益等方面较为突出；房地产业在 fac_ 4 新增资本投资方面较为突出；信息传输、计算机服务和软件业在 fac_ 3 专业技术人员、就业增速上较为突出。

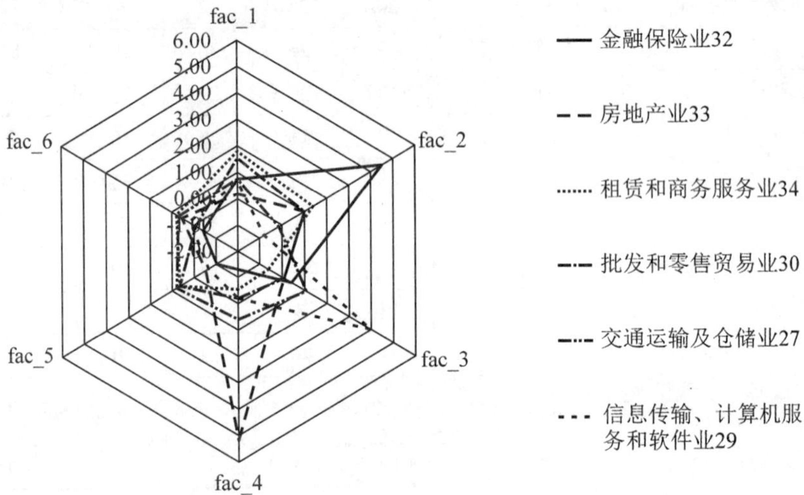

图 1　北京市 2007 前六位主导产业 6 因子分析

根据 2006 年的情况，同样选择了 6 个公因子，方差综合达到 74.5%。各变量对应的因子如下。因子一：利税规模、就业规模、固定资产规模、产值利税率；因子二：影响力、影响范围、产值增速、就业增速；因子三：产值规模、比较劳动生产率；因子四：新增固定资产投资、区位熵；因子五：感应度、资本形成直接分配系数；因子六：专业技术人员数、总资产贡献率、需求弹性。按照上述步骤得到各行业的主导产业排名，具体位次见表 9。

下面根据需要选择主导产业的数量，按照排名的先后为各项指标综合考虑的结果。这里详细地分析一下 2006 年前六个行业的各项指标情况。由此可以看出租赁和商务服务业，信息传输、计算机服务和软件业在 fac_ 1 利税等经济效益方面比较突出；石油和天然气开采业在 fac_ 2 经济辐射拉动等方面比较突出；电力、热力的生产和供应业，通信设备、计算机及其他电子设备制造业在 fac_ 3 劳动力比较优势等方面比较突出。

根据 2005 年的情况，同样选择了 6 个公因子，方差综合达到 73.9%。各变量对应的因子如下。因子一：利税规模、专业技术人员数；因子二：产值规模、产值增速、就业增速、比较劳动生产率；因子三：感应度、就业规模、资本形成直接分配系数；因子四：固定资产规模、新增固定资产投资；因子五：影响力、影响范围、区位熵；因子六：产值利税率、需求弹性。按照上述步骤得到各行业的主导产业排名，具体位次见表9。

下面根据需要选择主导产业的数量，按照排名的先后为各项指标综合考虑的结果。这里详细地分析一下2005年前六个行业的各项指标情况。由此可以看出租赁和商务服务业，信息传输、计算机服务和软件业在fac_ 1利税规模和专业技术人员等方面比较突出；电力、热力的生产和供应业，通信设备、计算机及其他电子设备制造业在fac_ 2产值规模、就业增速等方面比较突出；旅游业在fac_ 6需求弹性等方面比较突出。

根据2004年的情况，同样选择了6个公因子，方差综合达到75.2%。各变量对应的因子如下。因子一：感应度、总资产贡献率、产值利税率、需求弹性；因子二：影响范围、固定资产规模、新增固定资产投资；因子三：利税规模、就业规模；因子四：影响力、资本形成直接分配系数、就业增速；因子五：产值增速、区位熵；因子六：产值规模、比较劳动生产率、专业技术人员数。按照上述步骤得到各行业的主导产业排名，具体位次见表9。

下面根据需要选择主导产业的数量，按照排名的先后为各项指标综合考虑的结果。这里详细地分析一下2004年前六个行业的各项指标情况。由此可以看出金属矿采选业在fac_ 1感应度等经济推动力方面较为突出；租赁和商务服务业在fac_ 3就业规模等方面较为突出；建筑业在fac_ 4影响力等经济拉动力方面较为突出。

根据2003年的情况，同样选择了6个公因子，方差综合达到77.2%。各变量对应的因子如下。因子一：新增固定资产投资；因子二：感应度、影响范围；因子三：利税规模、就业规模、固定资产规模、就业增速；因子四：产值规模、比较劳动生产率、总资产贡献率；因子五：影响力；因子六：专业技术人员数、需求弹性。按照上述步骤得到各行业的主导产业排名，具体位次见表9。

2003年北京市前十位的主导性产业分别为：建筑业，信息传输、计算机服务和软件业，科学研究事业，综合技术服务业，交通运输设备制造业，通信设备、计算机及其他电子设备制造业，化学工业，其他社会服务业，文化、体育和娱乐业，通用、专用设备制造业。此外，2003年排名靠后的后十位产业分别为：木材加工及家具制造业，交通运输及仓储业，邮政业，服装皮革羽绒及其制品业，燃气生产和供应业，非金属矿物制品业，纺织业，非金属矿采选业，金属矿采选业，石油和天然气开采业。

下面根据需要选择主导产业的数量，按照排名的先后为各项指标综合考虑的结果。这里详细地分析一下2003年前六个行业的各项指标情况。由此可以看出综合技术服务业在 fac_ 1 新增固定资产投资等方面较为突出；建筑业、科学研究事业在 fac_ 3 就业等方面较为突出。

三、结论

北京市 2007 年按主导性排名前十位的产业分别为：金融保险业，房地产业，租赁和商务服务业，批发和零售贸易业，交通运输及仓储业，信息传输、计算机服务和软件业，旅游业，电力、热力的生产和供应业，公共管理和社会组织，建筑业；排名后十位的产业分别为：石油加工、炼焦及核燃料加工业，服装皮革羽绒及其制品业，造纸印刷及文教用品制造业，金属制品业，木材加工及家具制造业，石油和天然气开采业，非金属矿物制品业，纺织业，非金属矿采选业，水的生产和供应业。由此可见，北京社会经济的发展主要依赖于第三产业，特别是以金融保险业为代表的现代服务业，而服装、家具等传统制造业和石油加工等重化产业在北京都已经处于比较弱势的地位。

进一步从表 9 的分析结果来看，北京市从 2003 年以来，新兴的或获得长足发展的行业主要也是以现代服务业为代表的第三产业，而第二产业，无论是轻工业还是重化工业都处于不断削弱的过程中，相对地位都不断下降，由此表明北京市从社会经济发展阶段上来看已经明显地进入了后工业化社会阶段。例如，从 2003 年到 2007 年，北京主要产业主导位次上升前十位的分别是：交通运输及仓储业，金属矿采选业，旅游业，电力、热力的生产和供应业，邮政业，租赁和商务服务业，金融保险业，房地产业，住宿和餐饮业，公共管理和社会组织；主导位次下降最严重的十位产业分别是：化学工业，交通运输设备制造业，石油加工、炼焦及核燃料加工业，其他制造业，通信设备、计算机及其他电子设备制造业，水的生产和供应业，金属制品业，电气、机械及器材制造业，建筑业，其他社会服务业。

北京从 2003 年以来，一方面第三产业对地方经济引领和辐射带动作用呈现不断增强的趋势；另外一方面，第二产业无论轻工业还是重化工业都处于弱化的趋势。与此对应，天津市则基本呈现出与其相反的产业发展趋势。如此一来，北京的地方工业化进程不但迥异于世界一般规律，而且也会有别于上海市的工业化进程。本研究认为北京和天津只有走一体化发展的道路，才能最终克服双方第二产业和第三产业不平衡发展的窘境，天津通过借助北京第三产业发展的绝对优势来弥补自身第三产业发育不足的问题，而北京则可通过借助天津第二产业不断增强的发展优势来弥补自身第三产业缺乏二产有效支撑的问题。也就是说，京津双头联动发展模式下，主要由天津来完成钱纳里等所界定的工业化内容，而由北京来完成后工业化以致现代化阶段的主要内容。更进一步从空间发展形态来看，以京津为核心的环渤海经济圈，将走出一条有别于长江三角洲上海单核驱动的大都市连绵区模式。未来北京必须在与天津紧密分工合作中，加强区域整合力度，通过这种“双头驱动模式”努力打造北方经济中心以致世界性的大都市连绵区。

参考文献

1. [美]艾伯特·赫希曼：《经济发展战略》，经济科学出版社，1991年。
2. 陈和、隋广军：《产业结构演变与三次产业发展的关联度》，《改革》，2010年第3期。
3. 刘伟、张辉：《中国经济增长中的产业结构变迁和技术进步》，《经济研究》，2008年第11期。
4. 刘伟、张辉、黄泽华：《中国产业结构高度与工业化进程和地区差异的考察》，《经济学动态》，2008年第11期。
5. [美]沃西里·里昂惕夫：《投入产出经济学》，中国统计出版社，1990年。
6. [美]W. W. 罗斯托：《从起飞进入持续增长的经济学》，四川人民出版社，1988年。
7. 魏后凯：《现代区域经济学》，经济管理出版社，2006年。
8. 张辉：《北京市工业化进程中的产业结构高度》，《北京社会科学》，2009年第3期。
9. 张辉：《中国都市经济研究报告2008——改革开放以来北京市产业结构高度演化的现状、问题和对策》，北京大学出版社，2010年。
10. Chenery H. B., Robinson S., Syrquin M.. Industrialization and Growth: A Comparative Study, Oxford University Press, 1986.
11. Chenery H. B., Syrquin M.. Patterns of Development: 1955—1975, Oxford University Press, 1977.
12. Kumar S., Russell R. Technological Change, Technological Catch - up and Capital Deepening: Relative Contributions to Growth and Convergence, American Economic Review, 2002, Volume 92, No3.

（作者：张　辉　中国都市经济研究基地研究人员　副教授
任抒杨　中国都市经济研究基地研究人员　助理研究员）

人文北京研究基地

（中国人民大学）

基地名称：人文北京研究基地
依托单位：中国人民大学
项目类别：北京市哲学社会科学“十一五”规划研究基地项目

从奥运城市到世界城市[①]

2008年北京奥运会、残奥会的成功举办，对于面临崭新发展战略机遇的北京具有尤为重要的历史和现实意义。北京奥运向世界充分彰显了中华文明的魅力和意韵，极大地提升了北京城市建设的国际化和现代化水平，进一步增强了北京的知名度和美誉度，在世界上产生了深刻而广泛的影响，是北京城市发展历史进程中的重要里程碑。它推动了北京文化、经济、社会的全面高层次发展，标志着北京城市发展进入一个全新的阶段。在充分汲取奥运先进理念的基础上，北京市委适时提出以“人文北京、科技北京、绿色北京”为精神指引和发展理念，以建设有中国特色的世界城市为努力目标，不断提高北京在世界城市体系中的地位和作用，不断增强北京在全球经济、文化和政治上的综合辐射和引导能力。有中国特色世界城市建设目标的提出，具有重大的战略意义，既是北京谋求城市长远发展的主动权和话语权的内在要求，更是中华民族伟大复兴的重要体现和象征。

奥运会成功举办留给北京巨大而丰富的奥运遗产，对在更高水平上推动北京新一轮科学发展、谋求北京城市发展的国际高端形态具有重大的战略价值，也为北京建设中国特色世界城市积累了丰厚的资源，奠定了坚实的基础。系统总结和归纳奥运成功举办的经验和意义，挖掘并进一步充分发挥奥运辉煌遗产，以更高的标准推进“人文北京、科技北京、绿色北京”建设，从而推动北京向有中国特色世界城市建设目标不断迈进，是现阶段北京城市建设所面临的核心任务。

基于以上认识，我们首先系统总结和归纳奥运的辉煌遗产，并分析其对北京建设世界城市的基础价值；接下来探讨如何加强对奥运遗产的管理和规划，实现从奥运城市到世界城市成功对接的路径选择；最后，梳理奥运城市、“三个北京”与世界城市之间的逻辑理路，理论探讨“三个北京”对于从奥运城市到世界城市转型的重大意义。

---

① 本文是《从奥运城市到世界城市》项目的最终成果摘要，项目编号：10BaZH182。

一、奥运辉煌遗产：世界城市建设的根基与源泉

奥运辉煌遗产是北京城市发展的力量源泉和基础，系统总结和归纳奥运辉煌遗产与成功经验，并有效地实现转换与对接，对北京建设有中国特色的世界城市具有重大意义。

综合考量奥运遗产对北京建设中国特色世界城市所具有的特定价值和意义，我们认为可以从软遗产和硬遗产两个方面来对北京奥运遗产进行系统梳理和归纳。

(一) 软遗产

软实力作为一个国家或者城市综合能力的重要构成要素，强调一个国家或城市所具有的文化吸引力、价值感召力、形象亲和力以及广泛的国际影响力和辐射力。正如约瑟夫·奈所言"软实力和硬实力同样重要，但是在信息时代，软实力变得比以往更为突出"。2008 年奥运会给北京留下了丰厚的软遗产，无论是"绿色北京、人文北京、科技北京"三大城市发展理念的践行，还是城市文明程度和国际化水平的大幅提升，都为北京城市建设奠定了坚实的文化软实力。

1. 城市发展理念

奥运城市发展三大理念全面集中地反映了当今世界普遍公认的价值理念，引领城市未来发展的新风向，这三大理念不仅对奥运成功举办做出了巨大贡献，也值得成为北京城市发展的核心理念和文化基础。北京市藉此为契机，在充分汲取奥运先进理念和成功经验的前提下，进一步丰富、升华、发展绿色、科技、人文三大理念，明确提出并开始实施"人文北京、科技北京、绿色北京"发展战略，以更高的标准推动首都经济社会发展。从"三个奥运"到"三个北京"的成功转化，鲜明地表明了奥运辉煌遗产与北京城市发展不可割舍的内在联系，它将成为北京建设世界城市的力量源泉和理念皈依。

2. 城市文明水平

"文明"一词的含义异常丰富，落实到一个城市的文明水平，文明则主要指城市市民的思想道德素质、身心健康素质和城市开放程度与包容性。北京奥运会极大地提高了北京城市发展的文明水平，主要表现在以下几个方面：

(1) 市民思想道德素质；

(2) 市民身心健康素质；

(3) 城市开放与包容。

3. 城市文化魅力

通过奥运会的筹办和举办，北京各类文化体制改革进一步深化，历史

文化遗产得到有效保护，公共文化服务体系不断完善，各项文化事业进一步发展；文化创意产业不断壮大，产业发展政策和融资服务体系不断完善，文化市场更加繁荣有序，文化特色更加鲜明，文化影响力更加凸显。为建设有中国特色的世界城市奠定了坚实的文化基础。

(1)文化交流中心。

在奥运强势宣传效应的带动下，北京加快了迈入国际文化大都会行列的步伐，逐步成为国际文化交流的中心纽带，在国际文化交流、艺术之都、文化创意等方面取得了持续的成就。作为具有悠久历史文化传统的首都城市，北京一直是中国国际交流和对外文化贸易的主阵地，北京是传统文化与现代文化、中国文化与世界文化的交汇处，多元文化的交流与融合也形成了北京独特的文化特色，北京既肩负着中国对外国际交流中心和窗口的重任，也代表着对外交流的最高水平。随着世界文化重心的东移，北京国际影响力的进一步扩大，世界艺术已经开始在北京集中。北京已经成为一个巨大的国际化艺术馆，一个世界各国艺术进行交流对话的平台逐渐形成，一大批国际顶级的表演团队和艺术家开始聚集北京，北京以奥运会开闭幕式为代表的重大文艺作品创作初具规模、日趋成熟，北京正在成为东方艺术之都。

(2)多元文化融合。

奥运会在推动奥林匹克精神和运动更大范围普及的同时，也有力地促进了不同文化的交流和融合。北京作为奥运会的举办城市，其文化更加开放，世界各国的文化差异在北京得到了最大程度的尊重。来自创纪录的204个国家和地区的运动员参加了北京奥运会，不论国度、民族、宗教、肤色以及政治立场，每位参赛运动员和来宾都受到了北京最高规格的礼遇。北京以一种广博浩大、兼容并蓄的伟大情怀热情迎接世界。“同一个世界、同一个梦想”，北京奥运会真正成为全世界超种族、超文化、超地域以及超越政治立场和意识形态的人类盛典。它推动了世界各民族文化的交流、对话和沟通。在这样一个多元文化交汇的历史舞台上，北京创造了世界文化多元创造、对话交往、和谐共荣的新起点，北京向世界展示了开放包容的风貌，而开放包容的气度也进一步彰显了北京的自信与进取。

(3)历史文化遗产保护。

北京有3000多年的建城史，800多年建都史，拥有6处世界文化遗产和3500处历史文物，代表着我国高度发达的民族历史文化，是城市发展和北京建设世界城市不可或缺的宝贵财富。申奥成功后，为最大限度地保护好北京历史文化遗产，全面挖掘北京深厚的文化内涵，完整而充分地展示北京历史文化与现代化建设相协调的古都风貌，2002年北京正式批准并在全市实施“人文奥运”文物保护工程，取得了显著成效。截止2007年，完成

139 项文物保护单位的修缮保护工作，包括皇宫御苑类、王府宅第类、坛庙寺观类、名人故居类等，完成了故宫外围环境的整治和规划，完成了天坛祈年殿的维修保护和西坛墙以及神乐署建筑群的修复工作，完成了颐和园西部单位的搬迁与遗址环境恢复工程，完成了周口店周边环境整理，完成了长城十八处抢险维修和十三陵各陵区的环境治理。先后完成了圆明园、历代帝王庙、普度寺、先农坛神厨、东岳庙、天坛、月坛等文化单位修缮保护工作。整治了“两线”环境，恢复中轴线的风貌，再现北京传统古都景观，包括重建中轴线标志性南端建筑永定门城楼，整治中轴线北端标志性建筑钟鼓楼周边环境，并对中轴线周边历史古迹和区域进行了彻底整修。通过古城保护和修缮工程，北京有效地整治了两线景观，恢复了五区风貌，重现了京郊六景。借助奥运契机，北京文化保护和历史名城保护取得了历史性进展，促进和提高了北京历史文化发展的整体水平，全面提升了北京古都历史风貌的魅力。

4. 城市管理效率

作为一个大型的国际赛事和活动，奥运会工程庞杂、环境复杂、头绪纷繁，对赛事的组织和管理提出了极高的要求。2008 年奥运会的成功举办，离不开全国人民和各级政府的全力支持，更得益于高水平的运营和组织管理。赛事组织者高效地完成了复杂的筹备任务并提供了优质的设施、服务和运行，奉献给世界一届无与伦比的奥运会。奥运会带给北京的不仅仅是一次规模空前的城市建设和文化展示，更是一次城市管理理念和方式的深刻变革，在城市管理理念与管理水平、公务员素质、安保、交通、政策法规完善、危机处理与应对、城市规划与管理等方面取得了卓著成效，并为北京城市发展和建设提供了丰厚的管理遗产。

(1)赛事组织与管理。

北京奥运赛事卓越的组织与管理无疑获得了来自社会各界最广泛的赞誉。奥运会期间，开辟了奥运专用通道，实施车辆单双号限行，完善城市公交和轨道交通系统和智能交通指挥系统，从而确保了交通顺畅；实施科学、规范、有效的奥运场馆管理措施，制定相应的人员与车辆疏导机制，确保奥运场馆和赛场井然有序；气势恢宏、精彩绝伦的开闭幕式不仅向世界展示了 5000 年深厚底蕴的中华文明，更凝聚了举办方高水准的组织和协调能力，为北京积累了举办大型文化活动的宝贵经验和管理遗产。从奥运场馆建设到各类设施的匹配以及各项管理措施的出台，从调研、预案制定到“好运北京”的测试和演练，从管理信息平台的构建到对各项技术、标准和质量的持续改进，都为北京提供高效的奥运场馆运行和服务作出了积极贡献，也为北京城市管理水平的提升提供了良好的契机和宝贵的经验。

(2)公务员素质与行政效率。

公务员素质和政府行政效率是一个城市管理水平的基本体现，以奥运会为契机，北京以培养具有现代管理水平和国际视野的公务员为目标，加大对各级政府公务员的培训力度，通过多种途径提高公务员的专业技能、服务意识、道德素养、外语水平，极大地提升了北京公务员系统的管理水平。与此同时，以创建高效廉洁的政府为目标，加强制度建设，提高各项工作的制度化和规范化水平，推进政府办公信息化建设，完善各类城市信息化管理体系，加大组织机构调整力度，优化行政办公流程，有效地提升了政府行政效率。另一个方面，公共服务水平体现了一个城市的文明程度，通过奥运会的筹办和举办，北京旅游、邮政、商务、宾馆饭店等 11 个窗口行业超过 100 万人接受奥运培训，培训率达到 93%，培训内容包括奥运知识、职业道德、服务礼仪、服务技能、外语手语等项目，大大提高了北京整体的服务素质和水平。任何一个具有重大国际影响力的国际大都市，都具备高素养的公务员系统、高水平的行政效率以及公共服务，北京借助奥运会的举办在上述方面的大幅改善，为北京迈入世界城市奠定了基础。

(3)安保与危机应对。

平安奥运堪称一流，百万市民、志愿者和军警筑起最严密的“全民防线”，奥运安保万无一失，反恐措施严密周全。“有安全，更精彩”，“平安奥运”是全球对北京奥运会最美好的祝福，也是奥运成功的标志。围绕平安奥运，北京在筹办过程中集中了世界最新科技成果，为奥运会提供全方位的、万无一失的安全防护。奥运期间，从水、电、气到吃、住、行，几乎所有的管理部门都成了确保奥运安全的组织管理机构，制定了管理方案和应急预案，出台了应对突发事件的相关法规。以北京市建立的卫生应急指挥系统为例，不仅有两个针对突发公共卫生事件、突发公共事件医疗卫生救援的专项应预案，还有应对流感和食物中毒事件、控制鼠疫等 30 个部门的应急预案；以奥运现场管理为例，在每个奥运场馆都组建了一支精干的管理团队，细分场馆内各类人群，提供相应的规范服务，科学进行注册和分区，赛时严格实行分区管理，周密的项目管理和计划安排为平安奥运提供了保障。奥运期间的管理措施和危机应对预案，不仅使一大批高新技术、新产品应用到城市管理中来，而且这样的经验作为宝贵的管理遗产已经融入到北京城市建设和管理中去，它们将在今后的城市管理领域继续发挥重大作用。

(4)“折子工程”。

“折子工程”是北京在积极探索举办大型活动管理模式过程中总结出来的宝贵管理经验，成为北京城市管理和建设的重要管理手段。“折子工程”重视加强组织领导、完善各项法规政策、贯彻公众参与机制，并将“折子工程”纳入各级党委、政府年度工作中，明确责任、细化分工、抓好各项任务的组织落实工作，从而确保行动计划和“折子工程”得到全面有效地落实。在筹办和举办奥运会期间，北京颁布和实施了《人文奥运行动计划》、《绿色奥运行动计划》、《科技奥运行动计划》、《北京市学校奥林匹克教育行动计划》等，通过贯彻落实上述行动计划和“折子工程”，北京举办了一届高水平的“绿色北京、科技北京、人文北京”奥运会。“折子工程”具有任务明确、责任到位、实施高效、执行力强等优点，成为北京城市管理和建设的关键手段，2009—2010 年度出台的《人文北京行动计划》、《绿色北京行动计划》、《科技北京行动计划》等都是对奥运“折子工程”管理经验的继承和发扬，这一管理模式对北京建设世界城市具有重要的参考价值。

（二）硬遗产

通过申办与举办奥运会，北京的硬实力得到了极大地改善和提高，无论是场馆建设、道路交通、环境治理，还是古城保护、信息化建设、科技战略，都取得了令人瞩目的成就。奥运会留下来的硬遗产为北京建设有中国特色的世界城市奠定了良好的基础。

1. 体育场馆

一大批高水准的奥运场馆落成，极大地提升了北京体育赛事基础设施水平，使得北京一跃成为世界上体育赛事设施最完备的城市之一，为大型国际体育赛事和活动在北京举办奠定了基础，这也有效地提升了北京城市的现代化和国际化水平。鸟巢、水立方等奥运场馆以及应奥运而建的国家大剧院、首都机场三号航站楼等成为北京新的国际性地标建筑；许多奥运场馆落户或紧邻大学校园，目前正在被高校学生有效利用；大部分奥运文化广场在奥运结束后得以保留并向社区公众开放，成为市民运动健身场所；奥运场馆赛后得到有效开发和利用，例如改造后的水立方不仅保持其原有举行国际赛事和表演的功能，同时按照设计之初的设想，目前已成为室内多功能的体育娱乐中心，可以为游客提供包括水上康乐运动、体育、旅游和零售等服务。

2. 道路交通

自申奥成功以来，北京着力改善交通环境，加大道路交通的规划与建设工作，发展和完善智能化交通管理系统，集中力量攻克北京建设高速铁路、轻轨交通和地铁的技术难题，基本形成了四通八达的现代化立体式交通网络系统。为奥运会而建的四条地铁线路奥运会后继续在公共交通中发挥重要作用，北京的地铁客流量持续增加。公共交通运力的增长既保障了北京交通畅通，又有效地保护了环境。以此为契机，北京市坚持公共交通的公益性和优先发展原则，不断改善乘车环境，为市民提供快捷、安全、方便、舒适的公共交通服务。

首都机场三号航站楼是世界上最大的单体航站楼，三号航站楼的投入使用，使得首都机场于2009年成为亚洲第一、世界第四大机场，三号航站楼采用国际最先进的自动分拣和高速行李传输系统，大大减少了旅客等待行李的时间。优质的服务与乘候机环境，为北京赢得了广泛的国际声誉。北京五环、六环及多条高速公路的全线贯通，市区道路的重新规划与改善，使得北京的交通迈上了新台阶。北京完善的轨道交通、机场建设、公交系统、环线快速、无障碍设施极大地提升了北京城市基础建设水平与国际化程度，也为北京建设世界城市奠定了坚实的基础。

3. 环境治理

筹办奥运以来，北京的环境得到了极为显著地改善。为将2008年奥运会办成真正的“绿色奥运会”，北京进一步提高全民环境保护意识，建立健全环境保护公众参与机制，采取一系列的严格治理和改善措施，推动城市可持续发展水平迈上了新台阶。通过加大力度治理机动车排污问题、淘汰黄标车、外迁和关闭污染企业、实施“煤改电”工程、优化污水处理、发展公共交通系统、倡导公共交通出行、加强生态环境建设等一系列措施，切实改善了城区的空气质量。2007年空气质量达标天数为246天，从申请到举办奥运会的九年期间，北京市区污水处理率达到92%，再生水回用率达到50%，垃圾分类收集率实现了从2001年的0%到52%，垃圾资源化率达到35%，无害化处理率达到97%。“绿色奥运”引领的公众价值观改变、公众环保意识的提高为北京未来可持续发展铺平了道路。公众环保意识与参与意识是“绿色奥运”留给北京丰厚的遗产，绿色出行、绿色生活、绿色消费等观念深入人心，成为北京城市发展环境治理的永恒动力。

4. 信息基础设施建设

奥运信息基础设施建设推动北京城市信息化体系的完善。借助北京奥运筹办，实现了移动通信、多语言综合信息服务等领域关键技术的突破，建设了各种信息基础设施和信息应用系统，营造了良好的信息化环境，使北京城市的信息化水平实现了跨越式发展。为举办一届较高水平的奥运会，北京制定了《数字奥运建设专项规划》，围绕奥运信息化需求与城市信息基础设施建设开展了大量工作，并实施了八项具体行动：奥运数据库工程，高新数字化管理系统，实时奥运网络工程，数字奥运村工程，北京奥运卡工程，电子商务行动，金盾工程和智能交通系统，将信息技术深入广泛地运用到奥运会的策划设计、组织管理和信息发布与转播等活动中去，建立了包括卫星通讯、系统通讯和光纤通讯在内的现代化立体通讯系统，以及高清晰度的数字电视转播系统。通过上述工作，北京信息基础设施日趋完善，电子政务工作全面顺利开展，信息技术在社会生活各领域得到广泛运用，信息产业成为全市支柱产业，信息化法规和标准工作体系完备。截止到2008年，北京基本建成了具有国际水平的高速、大容量、多媒体信息网络系统，包括电子商务系统、电子政务系统、电子金融系统，以及直接为奥运会服务的各种信息网络系统、售票系统及相关的信息服务系统，极大地提升了管理水平和工作效率，城市信息基础设施达到国际先进水平。以举办奥运为契机，北京通过奥运会大幅度地提高了城市信息化水平，建成了完善的首都信息基础设施，构建了先进的现代化城市管理平台，为北京建设世界城市提供了良好的城市信息化基础。

5. 城市科技含量

在科技奥运理念的推动下，科技对北京产业发展、城市建设、社会管理、生态文明以及民生改善等方面的支撑能力显著提高，有力地推动了北京经济社会的可持续发展。北京万元地区生产总值能耗、水耗以及污染物排放水平处在全国领先水平，产业结构发生重大调整，高新技术产业成为北京经济增长的发动机；在城市建设特别是奥运场馆建设上，积极推广新材料、新建筑战略，运用包括信息技术、生物识别技术、绿色建材等在内的建筑科技，建设具有国际先进水平的智能化环保奥林匹克公园和场馆；在社会管理方面，构建起具有国际水平的各类信息化管理平台，大幅提高了管理水平和工作效率；通过环保科技战略，大力发展燃气汽车和电动汽车，大力开发清洁能源技术、清洁生产技术、水污染治理技术、水再生和循环利用技术、大气污染治理技术、固体废弃物无害化和资源化控制技术、绿色生物技术、绿色能源技术等，大幅地改善了北京的生态文明和人居环境；采用生物医药科技手段，运用食品质量和安全监控技术，食品质量和安全达到国际先进水平；有力推进了学习型城市建设，深入开展科普工作，科学知识、科学方法、科学思想和科学精神广为传播，科学人才大量涌现，科技奥运带动的全社会科学素养显著提升，产业结构的有效调整，社会各项工作科技含量的大幅增加，为北京转变经济增长方式、建设世界城市奠定了坚实的科技基础。

二、奥运遗产的规划管理与世界城市建设的推进

奥运场馆的赛后利用以及奥运遗产的规划管理，一直是历届奥运举办城市所面临的难题。国际奥委会倡导在奥运会申办之初，就必须事先规划好切实可行的奥运遗产准备和管理，强调将奥运遗产小心谨慎地融入到主办城市和地区的机构中，让奥运真正成为城市建设和发展的催化剂和推动者。毋庸讳言，有很多历史上举办过奥运会的城市出现过“奥运低谷”，在奥运会结束后城市发展和经济增长速度放慢甚至倒退。1976 年的蒙特利尔奥运会举办奢华，却在奥运会后背负巨债；2000 年悉尼奥运会后经济出现滑坡，赛后场馆大量闲置；雅典奥运会后留下的经济负担制约着城市可持续发展；巴塞罗那奥运会后，简单成立了个基金会，缺乏对奥运遗产的规

划和管理……以上这些实例无不告诫我们，对奥运遗产进行精心地规划和管理对城市可持续发展具有异常重要的价值和意义。

因此，我们要通过科学研究和经验总结，结合世界奥运城市发展的一般规律与北京特定的历史背景，从多维向度入手(包括世界性与民族性、传统性与现代性、普遍性与特殊性、物质形态与精神形态、科学维度与人文维度、软实力与硬实力等的协同)，深入挖掘北京奥运遗产管理的内在规律和特征，系统把握从奥运城市到世界城市转型和对接的核心环节和关键要素，积极探索奥运遗产管理的“北京模式”，为北京城市发展做出贡献的同时，也为国际奥林匹克运动提供经验借鉴。综合来讲，我们认为，奥运遗产的规划和管理需要从组织结构、长效机制以及相关保障工作几方面进行。

(一)成立专门的遗产管理和推进机构

要对奥运遗产进行精心规划和管理，首先需要成立专门的管理和推进机构。北京奥运城市发展促进会的成立，正是北京市政府为了广泛动员社会力量，进一步弘扬奥运精神，充分继承和发挥奥运丰厚遗产采取的积极举措，北京奥运城市发展促进会既是国际奥运史上的创举，同时也是实现奥运城市与世界城市对接的重要协调机构。作为一个全新的组织，奥促会肩负着奥运遗产规划与管理的重任，国际上可供借鉴的经验很少，北京奥促会需要在制度建设、规律总结、队伍建设等方面进行持续创新。首先要加强奥促会的制度建设，建立健全奥促会的工作制度、责权制度以及反馈与评价体系，提高各项工作的制度化和规范化水平，使得奥运遗产管理和推进工作能够有序、规范、高效展开；其次是要总结奥运遗产管理和推进工作的内在规律，充分研究和总结其他奥运城市发展的规律、经验、困境与教训，扬长避短，结合北京奥运遗产的实际情况，挖掘北京奥运遗产管理工作的特点、规律与内在要求；第三要加强奥促会的队伍建设，吸纳一批既有专业知识又有国际视野的高素质人才，加大人员培训投入与力度，打造一支高素质专业队伍，为奥促会工作的顺利开展奠定人才基础。

(二)系统挖掘和总结奥运辉煌遗产

2008 年奥运会留给北京丰富的精神和物质遗产，系统挖掘和总结奥运辉煌遗产，既是我们对奥运遗产规划和管理的前提条件，同时对推动北京新一轮的城市发展具有重要的意义。一般而言，奥运遗产包括硬件和软件两方面(例如，前文提到的城市基础建设、城市文明提升、城市开放与国际化水平、公务员素养与行政效率等)，我们对奥运辉煌遗产的总结和归纳，不仅需要充分汲取奥运期间各项活动成功举办的经验和具体形态，更要超越这些具体的内容和形态，挖掘因奥运而召唤、激发、构建的城市精神，进一步丰富北京城市发展的理念和灵魂，成为北京未来发展的源泉和精神动力。

(三) 建立健全利用奥运遗产的长效机制

奥运遗产极为丰富，弘扬奥运遗产，充分利用奥运成果，对在更高水平上推动北京新一轮科学发展具有重要意义，也是北京建设世界城市的重要资源和宝贵财富。为切实落实和发挥奥运遗产对北京城市发展的促进作用，实现从奥运城市到世界城市的成功对接与转型，需要按照中央对运用好北京奥运遗产工作的最新指示精神，建立健全利用奥运遗产的长效机制并积极贯彻到日常工作中去。

一是要建立健全长效的组织协调机制。组织协调机制直接关涉到奥运遗产是否能得到充分的继承和利用；二是要建立健全长效的宣传引导机制；继续加大对奥运遗产和成果的宣传力度，建立完善的宣传引导机制，巩固和进一步扩大奥运成果对北京城市建设的影响力；三是要建立健全长效的活动平台机制。组织开展各种高水平的活动和交流工作，既是奥运遗产利用的载体，又是打造城市品牌的渠道。学习借鉴往届奥运会举办城市的经验做法，发挥奥运遗产的整体效应，继续拓展与国际奥委会等国际体育组织的交往，参与国际奥委会、世界体育组织举办的各种会议和活动；利用北京奥运会的组织经验和硬件设施，积极申办、承办大型国际会议、活动和体育赛事；围绕世界性话题，结合北京实际情况，创办、举办世界性或区域性会议和体育文化活动；以奥运遗产为依托，继续举办绿色出行、志愿者服务、低碳生活、同心结、奥林匹克教育等活动，推进奥运遗产利用；创办具有北京特色的文化活动与品牌，开展对外体育文化高端交流平台和群众乐于参加的奥运城市品牌项目。从建设世界城市的目标出发，充分发挥奥促会等奥运机构在国际上的联系和桥梁纽带作用，进一步加强国际交流与合作，积极申办各类国际体育赛事和文化活动，吸纳各类国际组织总部落户北京。通过建立健全长效的活动平台机制，提升首都城市软实力，进一步扩大北京国际影响力，推动北京建设世界城市进程；四是要建立健全长效的科学研究机制。整合社会各界科研力量，建立长效的科学研究机制，围绕奥运遗产管理与世界城市建设开展深入、系统的科学研究；五是要建立健全长效的监督落实机制。保证奥运遗产管理与利用的各项工作真正落到实处、取得实效。

三、“三个北京”：世界城市建设的奠基与起点

从奥运城市到有中国特色世界城市的转型，我们需要对“三个奥运”、“三个北京”以及“世界城市”三者之间的逻辑关系有清晰的认识和理解。综合来讲，“三个北京”是对“三个奥运”的继承和创新，“世界城市”是“三个北京”的目标与方向，“三个北京”是“世界城市”建设的起点与途径。“人文北京、科技北京、绿色北京”发展理念的切实推进开启了北京有中国特色世

界城市建设的新篇章。

(一)从“三个奥运”到“三个北京”

“绿色奥运、科技奥运、人文奥运”为北京举办一届成功的奥运会提供了最为根本的理念基础和力量源泉，“绿色、科技、人文”三大理念深入人心，并成为北京奥运会对奥林匹克运动独特的贡献。在“三个奥运”精神指引下，北京不仅成功举办了一届有特色、高水准的奥运会，更给北京整个城市发展带来了难以估量的深远影响。通过践行“三个奥运”，北京留下了丰厚的硬遗产和软遗产，为北京建设有中国特色世界城市奠定了良好的根基：首先，公共产品的供给得到有效改善，包括公共服务水平得到有效提高、公共服务设施进一步完善、公共服务覆盖面显著扩大；其次，城市文明程度进一步提高，包括市民的思想道德素质、科学文化素质、身心健康素质显著提升，在公共环境、公共行为、公共秩序、社会风尚等方面的文明程度得到进一步提升；第三，城市文化魅力进一步彰显，历史文化遗产得到进一步保护，公共文化服务体系和城市文化设施得到有效完善，市民文化生活进一步丰富；第四，国际影响力进一步凸显，城市现代化程度得到有效提升，对外开放程度进一步加深，国际交流与合作领域得到有效拓展，国际影响力和国际化水平得到显著提升。从“三个奥运”到“三个北京”是富有逻辑的理念转化，也是包含文化自觉和城市文明的新理念开启，还是践行科学发展观、升华城市内在精神、建设首善之区的首都社会历史性抉择。任何一个社会和时代皆有其核心价值体系，它表征了人们的共同理想和普遍尺度。“三个北京”所应构筑的城市品格和灵魂，正是社会主义核心价值体系在首都的具体化，而其内在精神则反映了人们心向往之、自觉追求的社会理想。这个理想所指引的城市发展境界，当是关心人、爱护人，珍视美好生活、尊重人的基本权利，维系人与人、人与社会、人与自然亲善关系的和谐图景。“三个奥运”到“三个北京”的转化既紧扣城市发展的内在逻辑，又开创新的城市发展理念，为北京城市未来发展指明方向。

(二)“三个北京”的战略价值

“三个北京”是首都实践科学发展观、推动首都发展的新思路，它将在更高水平上推动首都新一轮科学发展。以人为本、科技创新、生态文明成为北京城市发展的重心，必将开创北京经济、文化、政治、社会、生态文明建设的新局面，推动北京全面协调可持续发展，为建设繁荣、文明、和谐、宜居的首善之区，建成具有中国特色和国际影响力的世界城市奠定坚实的基础。

建设“人文北京”就是要在首都各项工作中全面落实“以人为本”的要求，尊重人民主体地位，发挥人民首创精神，真正做到发展为了人民、发展依靠人民、发展成果由人民共享；就是要切实保障人民群众的经济、政治、文化和社会权益，完善民生保障体系；就是要不断提高市民的思想道德素质、科学文化素质和健康素质，提升城市文明程度；就是要深入发掘首都丰厚的文化资源，大力发展文化事业和文化产业，推进城市文化繁荣；就是要妥善协调各方面利益关系，推动社会公共服务均等化，构建和谐宜居城市。建设“科技北京”就是要使北京成为国家重要的创新城市，成为科技成果交易的中心，自主创新能力居国内前列，科技创新成为结构调整的中心环节，建设中关村国家自主创新示范区，大幅提高自主创新能力；通过大力实施科技振兴产业工程，加快发展高新技术产业，推动首都产业结构优化升级；通过加强企业技术创新能力建设，完善企业技术创新服务平台，增强企业综合竞争力；通过提升民生科技在首都城市建设、社会管理、教育文化、医疗卫生、公共安全、生态文明、新农村建设等领域的服务水平。建设“绿色北京”就是要建设以资源环境承载能力为基础，以自然规律为准则，以可持续发展为目标的资源节约型、环境友好型社会，全力打造绿色生产体系，积极创建绿色消费体系，进一步完善绿色环境体系，将北京建设成为生产清洁化、消费友好化、环境优美化、资源高效化的绿色现代化世界城市。

“人文北京、绿色北京、科技北京”开启了北京城市建设和发展的新理念，它们是科学发展的有机整体，对北京城市发展具有重大的导向意义，为北京可持续发展和建设世界城市奠定了理念基础。

（三）“三个北京”与世界城市

世界城市是国际城市的高端形态，是在国际政治、经济和文化生活中具有全球影响力和控制力的中心城市。有中国特色世界城市建设目标的提出，是北京顺应历史潮流、把握发展机遇、谋求更高发展水平的重大战略抉择。建设中国特色的世界城市涉及面极广、工程庞杂、任务艰巨，需要有一个明确的统领思想和发展理念。“人文北京、绿色北京、科技北京”城市发展理念的确立，就是瞄准世界城市的建设目标，大力推进北京城市全面协调可持续发展。“三个北京”与世界城市有着紧密的内在逻辑关系：中国特色的世界城市是“三个北京”建设的最终目标，“三个北京”是中国特色世界城市建设的基础和途径。进一步讲，中国特色的世界城市既为“三个北京”的发展指明了方向，有中国特色世界城市目标的实现也是“三个北京”切实贯彻落实的必然结果，而“三个北京”开启了北京建设有中国特色世界城市的新起点，是实现中国特色世界城市的重要途径，并为北京建设中国特色世界城市奠定了基础。

参考文献

1. 刘淇：《加快经济发展方式转变　推进世界城市建设》，人民网，2010 年 5 月 17 日。
2. 刘淇：《使奥运五种精神成为建设世界城市不竭动力》，《北京日报》，2010 年 4 月 15 日。
3. 刘淇：《以世界城市标准推动首都建设》，《北京日报》，2009 年 12 月 18 日。
4. 刘淇：《从建设世界城市的高度努力提高首都科学发展水平》，《前线》，2010 年 1 月 27 日。
5. 刘淇：《在北京奥运城市发展促进会第二届会员大会上的讲话》，北京奥促会内部资料，2010 年 2 月 26 日。
6. 北京奥运城市发展促进会：《传承奥运 促进发展——北京奥运城市发展促进会工作介绍》，http：//www. beijing2008. cn/boda-intro。
7. 北京奥运城市发展促进会：《北京奥运城市发展促进会简介》，http：//www. beijing 2008. cn/ boda －intro。
8.《“人文北京”行动计划(2010—2012)》，《北京日报》2010 年 4 月 7 日。
9.《“绿色北京”行动计划(2010—2012)》，《北京日报》，2010 年 3 月 6 日。
10.《“科技北京”行动计划(2009—2012)》，《北京日报》，2009 年 4 月 4 日。
11. 冯惠玲：《“人文北京”：城市的品格与灵魂》，北京社科规划办网页。
12. 冯惠玲、胡百精：《北京奥运会与文化中国国家形象构建》，《中国人民大学学报》，2008 年第 4 期。
13. 金元浦：《北京：走向世界城市》，北京科学技术出版社，2010 年。
14. 杨洁篪：《奥运后的中国外交》，《学习时报》，2008 年 10 月 6 日。
15. 朱虹：《主体清晰 创意新颖 制作精良 国际视野——从北京奥运会开闭幕式看大型活动的组织运营》，《光明日报》，2008 年 9 月 20 日。
16. 国际奥委会协调委员会：《北京 2008 年第 29 届奥林匹克运动会国际奥委会协调委员会最终报告》，北京奥促会内部资料，2010 年 4 月。
17. 北京市奥林匹克教育工作领导小组办公室：《北京奥林匹克教育工作报告》，北京体育大学出版社，2010 年。
18. 北京奥运会志愿者工作成果转化课题组：《经验 · 价值 · 影响——2008 北京奥运会、残奥会志愿者工作成果转化研究报告》，2009 年。
19. 张宝森、王红旗：《绿色奥运改变生活》，新华出版社，2010 年。
20. 耿申、张蕾、任海、郭兆霞：《国家奥林匹克教育中的“北京模式”研究》，北京体育大学出版社，2009 年。
21. 金大鹏：《奥运会的健康遗产：成功与建议》，世界卫生组织出版社，2010 年。
22. 孔繁峙：《保护北京古都的神韵，彰显人文奥运理念》，《前线》，2008 年第 6 期。
23. 北京国际城市发展研究院：《世界城市建设的国际借鉴》，2010 年世界城市建设国际论坛。

24. 北京国际城市发展研究院：《世界城市建设的理论探索》，2010 年世界城市建设国际论坛。

25. 连玉明：《世界城市的本质与北京建设世界城市的战略定位》，《朝阳发展研究》，2010 年第 2 期。

（作者：冯惠玲　人文北京研究基地负责人　教授、博导

郝立新　人文北京研究基地首席专家　教授、博导

徐尚昆　人文北京研究基地研究人员　讲师）

应急管理研究基地

（清华大学）

基地名称：应急管理研究基地
依托单位：清华大学
项目类别：研究基地自设项目

中国应急管理系统的演变①

用一个系统性的视角来看中国应急管理系统的演变，可以更加清晰地看到我国应急管理系统的历史进程及未来的发展趋势。

一、基本概念

中国应急管理系统是一个由政府和其他各类社会组织构成的一个应对突发事件的整合网络。它包括法律法规、体制机构（包括公共和私人的部门）、机制与规则、能力与技术、环境与文化。所有这些都是一个系统的因素，而这样的一个系统也是可以实行在一个国家或一个地区的。可以说，应急管理系统的活动和演变决定了一个国家应对突发事件的能力和效率。

二、历史演变及其分期

从 1949 年新中国成立之后，根据我国实际发展情况，可以把应急管理系统的发展分为两个阶段：即第一代应急管理系统和第二代应急管理系统。

（一）第一代应急管理系统的特点（新中国成立后至 2003 年非典事件）

第一代的应急管理系统，是从新中国成立以后到 2003 年这样的一个阶段。这一代应急管理系统经历了逐渐积累的过程，其特点可以总结为：

——从体制与机构来说，它是一个高度集中的治理体系，其关键是政治动员，而且在部门之间有很细的分工。

——从机制与规则来说，如何应对不同的事件，危机管理与日常管理之间并不是一个绝对的对立，前者是后者在危机状态下的延伸。危机事件发生后经常会成立一个应急管理指挥部，就是这样的一个模式。

——从能力和技术看，与当时时代发展的水平相适应。

——从环境与文化看，有很鲜明的时代特色，主要是简朴稳定、纪律性强，而且大家都认为公共利益是压倒一切。

在那个年代，中国也经历了一些非常重大的突发事件。比如说洪水，

① 本文曾发表于 2010 年第 8 期《行政管理改革》。

这里有一个数字，中国60%的GDP、40%的人口、35%的耕地和600多座城市，还有主要的基础设施，都受到洪水灾害的威胁。比如说公共事件，高中课本的《为了61个阶级弟兄》写的就是60年代的一次公共卫生事件，描写了整个社会如何团结起来统一行动来提供一种特殊的药物帮助救活中毒的工人，很有典型性。

进入80年代后，中国处在一个改革和开放的时代，社会整体出现了巨大的变化。第一是经济系统的转变。中国从计划经济体制转向市场经济体制，结果就是经济的持续增长；第二是工业结构的转变。我们的产业结构从以农业为主到制造业的大国，同时也是服务业大国；第三是社会转变。中国的社会已经越来越城镇化了，从农业社会转向城镇社会。现在城镇化已经达到了45%，而且每年还在以1%的速度增长。与此同时，中国社会从一个相对封闭的社会转变为一个开放的社会。几年前有一个数据，从旅行来说，2001年的时候有800万中国人跨出国门，现在旅行国外的人更多；第四是治理体系发生了转变。依靠个人权威和魅力的传统治理方式转变为主要依靠依法治国的方式，这些都是具有非常积极意义的。然而，任何一个社会经历这样的转变，都会面临各种各样的挑战，其中一个挑战就是应急管理。

各种公共突发事件、自然灾害、公共卫生事件、生产和安全方面的事故在不断增加，而我们应对这些突发事件的方法和体制已经不那么有效了，有的已经失灵了，2003年非典事件就明显体现了这一点。这是一个非常典型的事例，反映出第一代应急管理系统的薄弱环节：首先，风险意识不强，而且反应也很迟钝；其次，中国政治动员的能力很强，但自下而上的社会组织能力相对来说不足；再次，不同部门、不同地方缺乏协调，综合协调能力不够，这带来了非常糟糕的后果；最后，沟通交流方面，信息公开的步伐迈得不够……我们从非典危机当中受到很多的痛苦，但也从中学习到了一些教训来提升我们的应急体系。今天我们所取得的成果是从2003年非典危机之后全国上下所做的努力所取得的。

（二）第二代应急管理系统的发展（2003年非典事件之后）

非典之后，党和国家领导高度重视应急体系建设，经过自上而下几年持续的努力，形成了以"一案三制"为代表的第二代应急管理系统。这个"一案"叫预案，国家以及地区层面都设置了不同的预案。目前，国家层面上有1个国家总体预案、26个专项预案、87个部门预案，地方和企事业分别有地方应急预案、企事业应急预案。据不完全统计，全国已有240多万个预案。这个"三制"就是指"法制、体制和机制"。法制方面，我国已有相关法律35件、行政法规36件、部门规章55件。2007年8月31日，全国人大通过《突发事件应对法》，并于2007年11月1日正式实施。体制方面，2003

年之后，我国在中央层面成立了应急管理办公室，在不同的省和地方，也成立了相应的应急管理办公室。这些机构包括应急管理委员会、应急管理办公室、专家组等。机制方面，中国也建立了预测预警、信息报告、应急响应、应急处置、恢复重建、调查评估等针对不同环节的运行机制，有效地提升了整个体系的效率。

2003 年之后，可以说，中国应急管理系统实现了历史性的跨越：提高了各级领导和全社会对应急管理工作的认识；构建了国家应急管理系统的整体框架；提高了整个国家应对各种突发事件的能力；降低了各种灾害给人民生命财产带来的损失……然而，2008 年之后我们又遭遇了一些新的突发事件，从这些事件中又看到新的问题。比如 2008 年的雨雪冰冻灾害，我们的应急反应并不是人们想象的那样迅速。2008 年发生的汶川大地震，除了政府的应急之外，整个社会也都动员起来，志愿者、其他的社会组织也成为抢险救灾的主要力量。所有这些新的突发事件并不仅仅带来了新的挑战。2008 年后第二代应急管理系统面临的挑战是什么？具体而言，主要有：

(1)应急预案方面。2003 年非典之后，预案工作成为应急管理系统建设的主要抓手。现在全国已经有几百万个这样的预案，但是很多这样的预案并不是根据具体的事件所编写的，而是照抄国家预案或者是上一级政府的预案，这样的做法我觉得是有问题的。而且，我们怎么样去看这些预案，预案到底能有什么样的作用，是不是说，问题出现了以后就必须按照预案去做，还是说，有一些原则是我们都必须遵守的，而一些具体的做法是我们根据具体情况可以采取的？根据一个具体的事件来确定遵守的原则，确定具体的措施，能够使得这些预案更加有效，更有操作性。

(2)体制机制方面。中国是一个单一体制的国家，“下方看上方，地方看中央”，各地政府都会看中央一级机构是怎么样设定的。目前，应急管理办公室在政府中的定位并不是很清楚，应急管理办公室的作用受到了限制。而且应急管理办公室也缺乏人力和资源，没有办法发挥他们应有的作用。综合地看，机构定位不清、资源和技术不足、功能和作用仍需进一步清晰，这是我国第二代应急管理系统面临的新的挑战。

三、超越现有系统——未来的改革方向

如何超越现有的系统，未来我们应该怎么做？我觉得应该考虑以下几个关键的因素。

一是如何从被动应急到主要防范。从被动到主动，主要是如何将应急管理与风险管理有机结合起来。现在我们意识到了危机，我们要找到那些风险所在，并且要做好准备。如何对不同风险进行排序，从而使得资源更加有效地使用，如何更有效地去使用应急资源，这些都是我们应该探索的

方向。

二是如何挑战一些不利于应急管理的潜规则。我们一些过去的做法中存在着一些潜规则，有些是有效的，但有些是有问题的，需要进一步加以分析，看它们是否有效，看老的做法能不能做一些改进。比如说现在几乎成为“黄金法则”的领导人是否一定要马上抵达现场的问题？还有事故发生后是否一定要有领导人下台的问题？其实都是值得再商榷的。

三是如何推进应急管理系统与公共治理体系的改革。应急管理仅仅是公共治理的一小部分，所以，应急管理系统从某种程度上来说是有效的，但政府体制改革是更基础性的一个工作。比如说，加强问责、加强社会信任、让规章制度更有效、加大行政体系改革，这些是我们应该更系统地去考虑的问题。只有解决好这些问题，我们应对公共突发事件才能更有效。

（作者：薛澜　应急管理研究基地首席专家　教授）

北京现代制造业发展研究基地（北京工业大学）

基地名称：北京现代制造业发展研究基地
依托单位：北京工业大学
项目类别：北京市哲学社会科学“十一五”规划研究基地项目

复杂网络理论在物流网络研究中的应用①

一、复杂网络的理论概述及其统计特征

到目前为止，学界还没有给出复杂网络精准的定义，从其研究成果来看，之所以将其称为复杂网络，包含以下几层含义：首先，它是现实网络的拓扑抽象；其次，它既不是规则网络，也不是随机网络，它具有与二者不同的统计特征，也没有一种方法能够生成与真实网络完全相同的复杂网络；最后，复杂网络是大量的真实复杂系统得以被研究的拓扑基础，可以将其认为是开启“复杂系统之所以复杂”的密钥。公认的事实是，复杂网络由节点和连接节点的边组成。这些网络所具备的特征表现在：(1)网络内节点之间连接有机，并按非线性方式进行转化。边所代表的内容亦具备多样性，其连接方式亦呈现立体动态结构；(2)网络具有动态演进特征，又导致网络结构和功能的实时变化，并通过涌现和自组织产生复杂效应；(3)网络内节点相互影响，并逐步扩大为不同复杂网络相互连接且相互作用，以复杂的耦合方式推动各个网络不断演进。

如前所述，复杂网络具有与规则网络和随机网络不同的统计特征，其中最重要的是小世界效应(small-world effect)和无标度属性(scale-free property)，用来分析复杂网络的稳定性、柔性及演化特征。以结构特征和非线性动态机理为研究主线，便构成了复杂网络的研究框架，具体表现如下：

(一)复杂网络的统计特征

复杂网络的统计特征是网络的静态统计指标，它是通过现实网络进行拓扑抽象、实证研究后通过统计计算而得出的统计指标，主要包括度(degree)和度分布(degree distribution)、簇系数(clustering coefficient)、平均路径长度(average path length)、介数(betweenness)、度秩函数和社团(community structure)等。众多学者的研究结论总结如下：(1)根据统计特征进而可

---

① 本文是《北京先进制造业核心企业结构供应链体系运作模式仿真研究》项目的阶段成果，项目编号：09AbJG285。

以将复杂网络分为规则网络、随机网络、小世界网络和无标度网络（见表1）。(2)很多真实的网络如因特网、新陈代谢网、性接触网、航空运输网等网络度分布都服从近似幂率分布被称作无标度网络。度分布呈现幂率分布的只是其中的一种代表，大多数网络都具有较小的平均距离和较大的集散系数即小世界特性，如，线性蠕虫的神经网络、美国西部的电力网络、电影演员的合作网络等都是小世界网络。(3)网络的无标度性可以归结为增长性和优先连接性。

表1　各种网络的拓扑性质

	平均距离	集聚系数	度分布
规则网络	大	小	δ分布
随机网络	小	小	泊松分布
小世界网络	小	大	指数分布
无标度网络	小	小	幂率分布
很多真实网络	小	大	近似幂率分布

(二)复杂网络的稳定性

网络结构稳定性的研究一般从平均最短距离、平均集聚程度、最大团的相对大小以及团的规模分布模式这四个方面进行讨论。复杂网络的稳定性通常是针对网络的抗毁性的研究展开的，如对一般网络的攻击对象可以选择取点与取边两种方式，从攻击的方式上分为随机攻击和选择性攻击两种类型。复杂网络抗毁性研究最早始于2000年Albert等的工作。Jeong等研究了蛋白质网络，Dunne等研究了食物链网络，Newman等研究了电子邮件网络，Magoni等研究了因特网，Samant等研究了P2P网络。有关复杂网络抗毁性的仿真研究，特别全面的要数Holme等所做的工作。他们不仅考虑了节点删除的情况，还考虑了边删除的情况，此外还考虑了基于的介数的攻击策略。大量的抗毁性研究表明，对于随机网络与规则网络，采取随机攻击和选择式攻击，其效果相当；无标度网络对于随机攻击表现出较强的鲁棒性，但是对于基于度和介数的选择性攻击就可以造成很大的结构性破坏。对于有益的网络，例如因特网、电力网、交通网，希望其抗毁性越强越好；对于有害的网络，例如恐怖物流网络、病毒传播网络，希望其抗毁性越弱越好。

(三)复杂网络的演化动力学特征

网络动力学性质的基本研究对象是动力学模型在不同网络上的性质与相应网络的静态统计性质的联系，包括已知和未知的静态几何量。如果发现了某个模型在某一网络上有某种特殊的表现，那么可以认为是这一网络的某种静态特征影响了这个模型的表现。这种特征有可能是已经得到研究的这种网络的几何特性，也有可能是没有被发现的几何特征，那么前者将印证网络上这些几何量的重要性，而后者将会推动网络本身研究的发展。已有的主要研究成果主要有：Goh 等人以及 Barthélemy 利用介数来定义节点或边上的流量，研究了不同度分布指数的无标度网络上的流量分布，发现其具有幂率分布的特性，除了度分布指数趋于无穷的情况。Holme 利用粒子跳动模型研究网络上的流量特性。复杂网络的混沌以及复杂网络的混沌同步是当今网络动力学研究的热点问题之一。

二、物流网络的复杂网络行为模式和复杂网络的嵌入机理

近年来，伴随着复杂性理论、复杂网络理论以及物流网络理论的蓬勃发展，物流网络的研究已经成为供应链管理领域一个新的研究热点。当今网络技术的普及更为物流服务的网络化提供了良好的外部环境，物流网络化趋势不可阻挡。

本文所提及物流网络既不是企业内部物流网络亦不是单纯企业外部网络，而是一个综合体，是基于互联网开放性、资源共享性，运用网络组织理论建立起来的互动的物流服务系统。将物流网络中的企业抽象为节点，将节点之间的物流业务抽象为边。其中，企业既可以是企业内部物流服务部门(包括仓储、采购等)，也包括外部物流服务提供企业(包括仓储企业、运输企业、加工企业、第三/四方物流企业、配送企业等)；同时，既可以是一个企业、也可以是一个组织或城市。物流业务是指采购、运输、加工、包装、配送等服务。网络中边的链接可以是单向的，也可以是双向的。物流网络在本质上具备这样一些特点：(1)物流网络由若干个有限的节点组成，并通过节点之间边的互动推动网络整体涌现出复杂特征并凸显出网络的分布特征；(2)构成网络的节点既具有自身的自律、自适应和自我调节的功能，又具备与外界环境进行信息、能量和物质交换的功能；(3)整个物流网络是动态的、柔性的和有序的，通过内部节点之间的相互作用和与外界环境进行交换而不断调整网络结构和功能；(4)网络中存在一些关键活性节点或者由活性节点组成的局部网络在网络占据重要位置，对网络的结构或功能的实现发挥重要作用。如果这些节点退出或被破坏，整体网络有可能毁于一旦(见图1)。基于上述物流网络特征，提出基于多核的物流网络空间模型来深入剖析物流网络及复杂网络的嵌入机理。

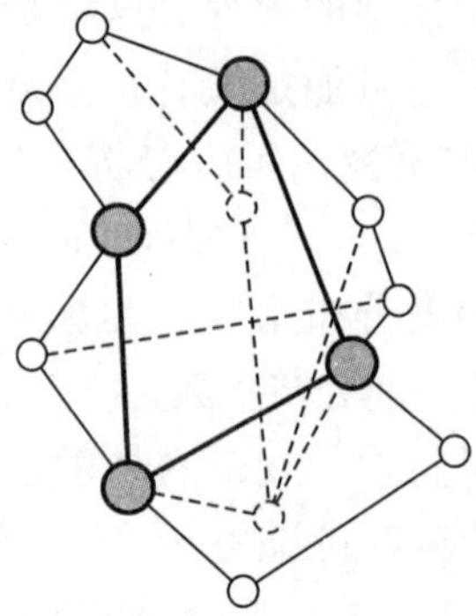

图 1　多核物流网络空间模型

图 1 给出了具有普适性的物流网络空间模型，其中●代表网络中的一些关键节点，即核心节点，在网络中起着关键作用。网络中的节点进行着知识的传递、信息的交流、物质的交换和资金的运转等活动，能够完成网络上节点绩效的追求更可以实现网络整体的效益提升。

在充满多变和动态的商业环境中，物流网络以多核的结构处理节点之间的交换关系并协同完成各种任务，促成网络内节点日益频繁的互动，从而使网络呈现复杂的网络结构，并逐渐表现与大量复杂网络共有的特征和性质。因此，将复杂网络理论引入到物流网络的研究中来，必将大大促进物流网络的研究进展，并大大丰富复杂网络理论。由于物流网络所呈现出的动态非线性特征，具有的与复杂网络相同的行为模式，把复杂网络现有研究成果引入进物流网络研究领域，将对物流网络的组织设计和运作规律的把握起到至关重要的作用。

三、复杂网络理论在物流网络领域内亟待解决的问题

(一) 建立物流网络表示方法与分析手段之间相互关系的桥梁

迄今为止，大量工具和方法已经给物流网络的表示方法和复杂的结构特征提供了丰厚的理论土壤，但是怎样跨越表示与分析的鸿沟是摆在研究者面前的一个难题。无论是从经济学视角、计算机角度还是社会网络的模式进行研究，研究者们都试图给出物流网络明确而清晰的架构，以探清物流网络这块“黑大陆”。将物流网络表示得过于繁琐，更易遇到 NP 问题；表示得过于简单，容易将物流网络的关键特性给滤掉了。这两种情况都不利于研究者认清物流网络的本质和特征。另外，具有普适性的物流网络空间模型的建立已经成为物流网络研究的另一个亟待解决的难题。

(二) 考察局部互动关系及程度与物流网络的鲁棒性和适应性之间的关系

物流网络若想获得持续稳定发展，必须与外界环境进行动态匹配，这就要求网络本身能够处理一定范围内的所有任务或者建立一种能够适应特

定任务的状态，以便能够战略性的适应环境，使网络立于不败之地。前者具有鲁棒性，即能够在保持整体结构不变的情况下维持较高绩效；后者具有较强的适应性，能够根据环境变化进行结构重组维持较高绩效。具有鲁棒性的网络常常是在动荡的环境和组织决策失误的情况下使网络内的节点企业通过超负荷来维持运转的，这种网络内节点之间的互动关系逐渐加强，亦会导致组织内部环境的不确定性。为削减这种不确定性，需要确定网络中哪些节点是冗余的，并且需要确定节点之间互动达到何种程度才能够保持网络整体配置状态的稳定。因此，一个物流网络若想在充满不确定性的环境中保持动态稳定，单单调整其自身结构和流程是不够的，必须科学的测度网络中局部互动关系的优劣、互动程度的大小。唯有这样，才能建构具备鲁棒性和适应性的网络。

（三）分析物流网络的内部协调机制，局部互动与全局演化之间的关系

在既定规模条件下，物流网络中的各节点之间通过局部互动来处理任务，而任务处理的效率和有效性取决于信息交流和知识共享的效率和程度。由于网络组织中多重联结关系的存在，使得必须具有一种合理的协调机制来调节信息交流与知识共享的渠道选择，特别是在有关键节点存在的情况下，关键节点将发挥什么样的作用，如何设计协调机制或诱导协调机制的自主更替等也是需要解决的问题。同时，由于各节点组织间存在着大量的局部互动关系，这就使网络组织产生显著的协同效应。但是，网络组织与协同效应之间并不是一个简单的线性关系。各节点组织状态的转移和变化，只有在一定规则的诱导下，通过某种复杂的耦合机制才能引致网络组织整体状态的改变，从而显现出网络的进化动力学特性。因此解决网络局部互动与全局演化的关键在于探寻由局部互动产生的协同效应的内在耦合机理，以及诱导网络组织整体进化动力学的规则及其演化特点。由于物流网络的复杂性、多模块化特征，使得物流网络呈现出与复杂网络共同的行为模式，在基于这一发现的前提下，将复杂网络理论引入到物流网络的研究中来，就可以探讨困扰物流网络研究的一些基本问题，如物流网络的鲁棒性与适应性问题、物流网络内在的协调机理以及物流网络中存在的局部互动与全局演化的动力学特性等。对这些问题的分析，将有利于我们深入地透析物流网络的“黑箱 ”及其复杂网络的内在嵌入机理。

四、结语

本文通过分析复杂网络的特征，回顾了复杂网络理论在其统计特性、稳定性以及演化动力学特征等方面的研究成果。在此基础上，分析了在复杂多变的环境下，物流网络日益彰显的复杂性、非线性、多模块特征，并发现了物流网络与复杂网络共同的行为模式，因此，将复杂网络的理论和思想应用于物流网络的研究。本文分别从物流网络的表示方法与分析手段之间地有效结合、局部互动关系与物流网络的有效性，以及局部互动与全局演化的动力学特性三个方面，给出了应用复杂网络理论解决物流网络中的相关问题的一些方向。当然，本文只是尝试性地对如何将复杂网络的理论应用到物流网络的研究中进行了分析，而更为具体的研究方法与结果，将留待进一步的深入探索。

参考文献

1. P Erdös, A Rényi. On the Evaluation of Random Graphs. Publ Math Inst Hungar Acad Sci, 1960, 5.
2. 马俊、唐方成、郭菊娥、席酉民等:《复杂网络理论在组织网络研究中的应用》,《科学学研究》, 2005 年第 2 期。
3. D. J. Watts et al. Collective dynamics of "small-world networks". Nature, 1998, 393.
4. A. – L. Barabási et al. Emergence of scaling in random networks. Science, 1999, 286.
5. Boccaletti S, Lotora V, Monero Y, et al. Complex networks structure and dynamics. Phys Rep, 2006, 424.
6. Hethcote H W. The Mathematics of infectious disease. SIAM Review 2000, 42.
7. Jeong H, Tombor B, Albert R, et al. The Large-scale Organization of Metabolic Networks. Nature, 2000, 407.
8. Crucitti Paolo, Vito Latora and Sergio Porta. Centrality in networks of Chaos, 2006, 16.
9. Crucitti Paolo, Latora Vito and Porta Sergio. Centrality measures in spatial networks of urban streets. Physical Review E, 2006, 73.
10. Jiang B. and Claramunt C. . Topological analysis of urban streets networks. Environment and Planning B: Planning and Design, 2003, 31(1).
11. Jiang B. and Claramunt C. . A Structural Approach to the model generalization of an urban street networks. Geoinformatica, 2004, 8(2).
12. Jiang B. . A topological of urban street networks: Universality and Peculiarity. Physical A, 2007, 384.
13. Li W, Cai X. Statistics Analysis of airport networks of China. Phys Rev, 2004, 69.
14. Wang Ru, Cai Xu. Hierarchical Structure Properties of US Flight Networks. Chin Phys Lett, 2005, 22.
15. Zhou T, Jin Y D, Wang B H, et al. A General Model for Collaborative Networks[R]. arXiv: cond – mat/050225.
16. 章忠志、荣莉莉、周涛:《一类无标度网络的演化模型》,《系统工程理论与实践》, 2005 年第 11 期。
17. Kroon, L. and Vrijens, G. , 1995, Returnable containers: an example of reverse logistics, International Journal of Physical Distribution&Logistics Management, 25.
18. Wang C. H. , J. C. Even, Jr. J. C. , and Adams K. . A mixed-integer linear model for optimal processing and transport of secondary materialsf. Resources, Conservation and Recy-

cling. 1995, 15.

19. Berger T. , arid Debaillie B. . Location of disassembly centres for re – use to extend an existing distribution network. Master's Thesis, University of Leuven Belgium. 1997.

20. Ko Hyun Jeung. Optimization modeling for the design and operation of dynamic facility networks for 3PLS. Louisville: Department of Industrial Engineering of University of Louisville, 2003.

21. Krikke H. , Bloemhof – Ruwaard J. , and Wassenhove L. N. . Concurrentproductand closed-loop supply chain design with an application torefrigerators. International Journal of Production Research. 2003, 41(16).

22. Min H. , Ko H. J. , and Ko C. S. . A genetic algorithm approach to developing the mufti-echelon reverse logistics network for product returns. 2006, 34.

23. Barros A. L, Dekker R. , and Scholten V. . A two-level network for recycling sand: a case study. European Journal of Operational Research. 1998, 110(2).

24. 周涛、柏文洁、汪秉宏等:《复杂网络研究概述》,《物理》, 2005 年第 1 期。

25. Zhou Tao, BaiWenjie, Wang Binghong, et al. A brief review of comp lex net works. Physics, 2005, 34 (1). Milgram S. Psychology Today, 1967, 2.

26. Wang X F, Chen G R. IEEE Circuits & Systems Magazine, 2003, 3.

27. 朱大智、吴进、谭跃进、邓宏忠:《度秩函数:一个新的复杂网络统计特征》,《复杂系统与复杂性科学》, 2006 年第 4 期。

28. Barabasi A – L, Albert R, Jeong H. Scale-free characteristics of random networks: the topology of the world-wide web. PhysicaA, 2000, 281(1 –4).

29. Albert R. ,Jeong H. ,Barabasi A. L. Error and attack tolerance of complex networks. Nature, 2000, 406(6794).

30. Jeong H. , Mason S. P. , Barabasi A. L. , Oltvai Z. N. Lethality and centrality in protein networks. Nature, 2001, 411(6833).

31. Dunne J. A. , Williams R. J. , Martinez N D. Network structure and biodiversity loss in food webs: robustness increases with connectance. Ecology Letters, 2002, 5.

32. Newman M. E. J. , Forrest S. , Balthrop J. Email networks and the spread of computer viruses. Physical Review E, 2002, 66(3).

33. Magoni D. Tearing down the Internet. IEEE Journal Selected Areas in Communications, 2003, 21(6).

34. Samant K. , Bhattacharyya S. Topology, search, and fault tolerance in unstructured P2P networks. Proceedings of the Hawaii International Conference on System Sciences. Hawaii: IEEE Press, 2004.

35. Holme P. , Kim B. J. , Yoon C. N. , Han S. K. Attack vulnerability of complex networks. Physical Review E, 2002, 65(5).

36. Goh K. L, Kahng B. , Kim D. . Universal behavior of load distribution in scale-free networks. Physical Review Letters, 2001, 87(27).

37. Goh K. L, Oh, E. , Jeong, H. , Kahng B. , Kim D. . Classification of scale – free net-

works. Proceedings of the National Academy of Sciences; USA, 2002, 99(20).

38. Barthelémy, M.. Betweenness centrality in large complex networks. European Physical Journal B, 2004, 38(2).

39. Holme, P.. Congestion and centrality in traffic flow on complex networks. Advances in Complex System, 2003, 6(2).

40. X FWang, G R Cheng. Complex net works: smallworld, scale-free world and beyond. IEEE Circuits and Systems Magazine, 2003, 3.

41. J Lu, X Yub, et al. Chaos synchronization of general complex dynamical networks. Physica A, 2004, 334.

42. 鞠颂东、徐杰:《物流网络现代物流的发展方向》,《2006 中国管理科学与工程研究进展》,机械工业出版社,2006 年。

(作者:张永安　北京现代制造业发展研究基地研究人员　教授
李　靖　北京现代制造业发展研究基地研究人员　博士研究生)

基地名称：北京现代制造业发展研究基地
依托单位：北京工业大学
项目类别：北京市哲学社会科学“十一五”规划研究基地项目

一种保证服务可用性的服务发现模型研究①

Web 服务作为一种新兴的分布式计算模式，定义了应用程序如何在 Web 上实现互操作性的一套标准，它可以在网络上被描述、发布、查找以及调用。随着 Web 服务应用的不断扩展，致使服务信息资源呈现出急剧膨胀的无序生长态势，导致了 UDDI（Universal Description Discovery and Integration）中 Web 服务可用性的降低。Kim 等人研究了 2003 年度公共 Web 服务的使用情况，发现在提供的 Web 服务中只有大约 34% 的服务是可用的，每周大约有 16% 已注册的 Web 服务失效。Mike Clark 指出，在 UDDI 中有 48% 的 Web 服务注册信息是无效的，这样从 UDDI 中查找到的服务信息的可用性比较差。Web 服务的失效，不但制约了 UDDI 的推广和使用，而且也降低了用户服务发现的效率。在相关研究中，黄永忠等通过扩展 Web 服务的描述，增加关于 QoS（Quality of Service）的信息，将协商双方的偏好和协商策略参数化保证服务的交互。杨胜文等引入 QoS 量化概念，采用 QoS 协商允许服务提供者根据运行状态对请求进行接纳控制，并利用反馈机制允许服务注册中心对 QoS 的信誉度进行评估和调整。可见，基于 QoS 约束的服务发现能够在理论上保证用户发现性能最优的服务，但是由于网络环境的动态性和 Web 服务的灵活性，仍旧存在调用服务失效的情况。因此，本文分析了不同 SOA（Service Oriented Architecture）角色对 Web 服务可用性需求，提出了一种保证服务可用性的服务发现模型，该模型能够利用轮询算法保证 UDDI 中 Web 服务的实时有效性，以此保障用户发现服务的可用性。

一、服务可用性分析

国际标准化组织（ISO）将可用性定义为：在特定的使用环境下特定用户使用特定产品完成特定任务时所具有的有效性、效率和主观满意度。QoS 中的可用性定义为：服务能够被访问或调用的程度。前者偏重于产品方面衡

① 本文是《面向网络化制造的信息资源与服务模式研究》项目的阶段成果，项目编号：10AbJG389。

量可用性，而 QoS 对可用性的定义更具有针对性，因此，可以认为 QoS 定义的可用性更适合于 Web 服务发现的研究。

服务可用性指服务提供者提供的服务可以访问的可能性，描述了 Web 服务信息资源可正常使用的概率。其值越大，表示信息资源服务一直可供使用，其值越小，表示无法预知在某个特定时刻 Web 服务是否可用。通常采用基于调用次数的度量方法，可用式(1)计算。

$$A(T)=\frac{Ns(T)}{Na(T)}\times 100\% \qquad (1)$$

其中分子 $Ns(T)$ 表示在时间段 T(通常为一个时间周期)内服务调用成功的次数，分母 $Na(T)$ 表示在时间段 T 内服务总共被调用的次数。

针对不同的 SOA 角色，服务可用性具有不同的内涵。

(一)服务提供者可用性分析

服务提供者定义服务、描述服务，并且发布 Web 服务到 UDDI。为便于服务发现，服务提供者使用标准的 WSDL(Web Services Description Language)对 Web 服务进行描述，WSDL 除定义了服务的内容外，还包含服务调用的重要信息，服务使用者可通过对 WSDL 文档解析获得有关服务内容与操作的详细数据。因此，WSDL 文档的可用性直接影响到 Web 服务的可用性；另外，网络运行环境已经成为用户在功能相似服务中选择服务提供者以及评价服务水平的主要因素。为提高 Web 服务的可用性，服务提供者在保证提供的 Web 服务在一定百分比的时间内可用的前提下，选择性能良好、带宽充裕的服务器，不但能够提高服务的稳定性，而且更有利于提高 Web 服务的整体性能。综上所述，服务提供者只有提供了具有较高可用性的服务，才能提高服务的使用率，为服务提供者带来较好的经济效益。

(二)服务请求者可用性分析

服务请求者是服务的使用者，也是选择服务的最终决策者。服务请求者查找服务的目的是选择满足需求的个性化服务。服务请求者通过 UDDI 查找分布在互联网上的 Web 服务，在获取其 WSDL 文档后，能够以简单对象调用协议(SOAP)调用的格式请求响应的服务。目前的服务发现是基于一系列的功能属性和非功能属性的匹配，用户可以选择到具有 QoS 约束的 Web 服务。但是，由于服务发现是建立在服务提供者对 WSDL 扩展的基础上，QoS 信息并不能反映服务的真实状况。用户由于被动接受信息而选择到的服务在调用时可能是失真的；另一方面，Web 服务依存的网络环境具有动态性和不稳定性，造成 Web 服务同一节点不同时刻间具有较大的差异性。因此，在服务发现过程对服务的可用性进行实时评估，可以降低服务失效的概率，保障服务调用时的可用性。

(三)UDDI注册中心可用性分析

UDDI注册中心是Web服务的注册场所。它实现了一组可公开访问的接口，通过这些接口，服务提供者可以向服务信息库注册其Web服务信息、服务请求者可以找到分散在互联网上的Web服务。随着Web服务应用的快速增长，UDDI“无门槛”式的注册方式必定会造成服务信息的冗余和可用性降低。UBR(UDDI Business Registry)的关闭无疑得到了验证。为了保证UDDI注册中心的可用性，一方面要保证服务提供者提供Web服务的可用性；另一方面要保证服务请求者调用Web服务时的可用性；再次，还要保证已注册Web服务的可用性。

二、保证服务可用性的服务发现模型

UDDI注册中心具有承上启下的作用。首先，服务提供者可将WSDL描述的内容用Web服务发布到UDDI注册中心；然后，服务请求者发送服务查找请求到UDDI注册中心；之后，UDDI注册中心接受服务注册信息的注册和查找。由此可见，只要保证UDDI注册中心的服务可用性，就能够提升服务提供者注册服务和服务请求者发现服务的可用性。

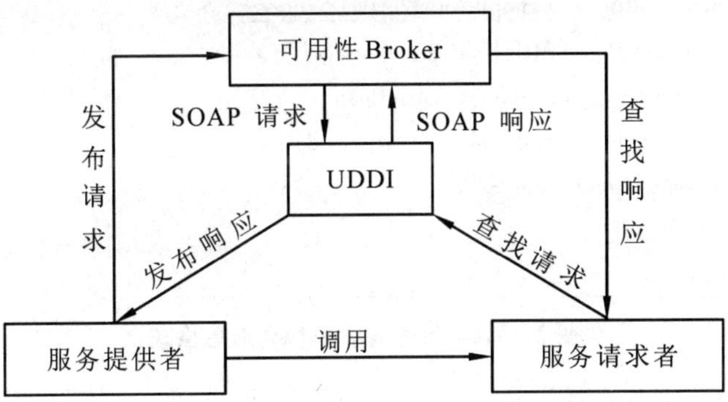

图1　保证服务可用性的服务发现模型

本文构建了一种保证服务可用性的服务发现模型，如图1所示。该模型在Web服务体系架构SOA上加入了可用性Broker模块，目的是：(1)保证服务提供者注册服务时Web服务的可用性；(2)保证服务注册之后，Web服务的长期可用性；(3)保证服务请求者服务调用时的可用性。

(一)UDDI可用率

依据服务可用性的度量定义，UDDI可用率可定义为：UDDI中服务能够被正常访问或调用的概率。它描述可用服务占总服务的百分比数，如式(2)。

$$\lambda(T)=\frac{n}{N}\times 100\% \tag{2}$$

其中：n 表示在时间段 T(通常为一个时间周期)内，UDDI 中可用服务数；N 表示在时间段 T 内，UDDI 中服务总数。当 UDDI 可用率大于可用率预警值 σ 时，则认为 UDDI 具有高可用性。

(二)SOAP 消息机制

从式 2 可知，服务可用性概率 $A(T)$ 的大小取决于服务成功调用的次数。服务的调用采用 Axis 调用远程过程调用协议(Remote Procedure Call Protocol，PRC)，将 SOAP 请求和响应的次数映射为服务调用次数和被成功调用的次数。从而在可用性 Broker 和 UDDI 之间进行消息交互的同时进行 Web 服务的可用性度量。我们假定在既定的单个可容忍时间 T 内，一次 SOAP 请求能够被响应即认为该服务可以被成功调用，则视为可用服务。若服务器在时间 T 内无法收到 SOAP 响应，则视为无效服务。为了便于 SOAP 的请求和响应，本文定义了如下的消息请求和响应的 SOAP 格式。

```
<env: Envelope xmlns: env = http: //www. w3. org/2001/06/soap - envelope >
  <env: body >
  <m: MessageFromSender
        Env: encodingStyle = "http: //www. w3. org/2001/06/soap - encoding"
   xmlns: m = "http: //example. org/2001/06/quotes" >
     <m: MessageID > [ MID] </ m: MessageID >
      <m: Count > [ TotalNum] </ m: Count >
      <m: SendTime > [ SenTime] </ m: SendTime >
   </m: MessageFromSender >
   </env: body >
</env: Envelope >
```

图 2　Web 服务请求 SOAP 信息格式

```
<env: Envelope xmlns: env = http: //www. w3. org/2001/06/soap - envelope >
  <env: body >
  <m: MessageFromReceiver
        Env: encodingStyle = "http: //www. w3. org/2001/06/soap - encoding"
   xmlns: m = "http: //example. org/2001/06/quotes" >
     <m: MessageID > [ MID] </ m: MessageID >
      <m: Count > [ TotalNum] </ m: Count >
      <m: ReceiveTime > [ RecTime] </ m: ReceiveTime >
      <m: ResponseTime > [ ResTime] </ m: ResponseTime >
   </m: MessageFromReceiver >
   </env: body >
</env: Envelope >
```

图 3　Web 服务响应 SOAP 信息格式

SOAP 请求包含了请求方(MessageFromSender)的信息条目，其中包括信息唯一标识符(MessageID)、请求次数(Count)以及请求发送时间(SendTime)；SOAP 响应包含了接收方(MessageFromReceiver)的信息条目，除了与 SOAP 请求相同之外还包括请求接收时间(ReceiveTime)和请求响应时间(ResponseTime)。SOAP 信封元素(env：Envelope)表示 SOAP 信息的 XML 文档的顶级元素。XML 命名空间(xmlns：env)用来消除 SOAP 标识符与应用定义标识符之间可能存在的歧义。

(三)服务可用性轮询算法

为提高 UDDI 注册中心 Web 服务的可用性，应尽可能避免用户选择无效的服务，这就要求 UDDI 注册中心具备发现和屏蔽无效服务的功能。轮询是数据通信中存取控制的一种方法，可用于网络管理和故障检测。它是一个中心节点(程序或设备)持续地检查其他的节点的状态，以便知道它们是否有信息要发送的一种机制。在轮询中，中心节点依次按地址代码发送指令，邀请远程节点发送信息。收到邀请时，每个节点必须予以响应。为便于研究，我们将中心节点看作可用性 Broker，将各个 Web 服务看作节点，在轮询开始时，中心节点根据轮询表(如表 1 所示为经过 WSDL 解析后存储在元数据库中轮询表的内容项)轮流向各节点发送若干次 SOAP 请求，根据 SOAP 响应数评估各服务的可用性。

表 1　轮询表内容项

内　容　项	涵　　义
WB_ ID	Web 服务的识别符
WB_ IP	Web 服务的 IP 地址
SOAP_ RequestTimes	SOAP 请求次数
SOAP_ ResponseTimes	SOAP 响应次数
Available Rate	可用率

1. IP 地址轮询算法

通过 WSDL 解析得到的 Web 服务 URL 地址并不能直接用于 IP 地址的轮询。根据 URL 与 IP 地址的关系，URL 可以通过 DNS 服务器解析为 IP 地址。IP 地址轮询算法的基本思想是：可用性 Broker 通过 Socket 发送一条如图 2 所示 SOAP 请求信息，以确定是否能够连通 Web 服务器。如果服务器能够连通，则收到该轮询信息后，立即发送如图 3 所示的 SOAP 响应信息。可用性 Broker 在收到响应信息后，确认 Web 服务在该时刻是能够被成功调用的，于是就可以认为该 Web 服务是可用的。IP 地址轮询算法的步骤可描述为：建立轮询链表 P，插入轮询对象 S1，S2…，共 n 个 IP 节点；设 R 为可用性标识符，当服务可用时为 0，否则为 1；t 为单次服务响应的可容忍时间。算法描述如下：

(1)将链表指针移动到 P(i)；

(2)从链表 P 中取出一个对象 S(i). WB_ IP；

(3)可用性 Broker 通过 http 发送 SOAP 封装的请求信息给对象的 Web 服务器。同时记下当前系统 SOAP 请求次数 SOAP_ RequestTimes；

(4)若 Web 服务器接收到 SOAP 请求信息，则立即发送 SOAP 封装的响应信息给可用性 Broker。记下当前系统 SOAP 响应次数 SOAP_ Response-Times。解析 SOAP 请求和响应信息，提取 ReceiveTime 和 SendTime，并置 ResponseTime = ReceiveTime - Send - Time；如果 ResponseTime < t，置 R←0；否则，R←1。

(5) i = i + 1；

(6) if i < n，转(1)。

IP 地址轮询算法能够明显改善 UDDI 的可用性。但是，频繁的轮询会导致较大的通信开销，不利于资源的优化配置。因此，需要运用轮询周期调整策略，实时地根据 UDDI 可用率动态调整轮询周期，合理分配网络资源。

2. 轮询周期调整策略

轮询周期调整策略的基本思路是：设定 UDDI 的可用率预警值 σ，最大轮询周期 T。如果当次轮询的可用率大于 σ，在可用率变化趋势稳定的情况下，维持当前的轮询周期 T。只有当次轮询可用率小于 σ 时，减小下次轮询周期为当次周期的 1/2。其算法流程如图 4 所示。

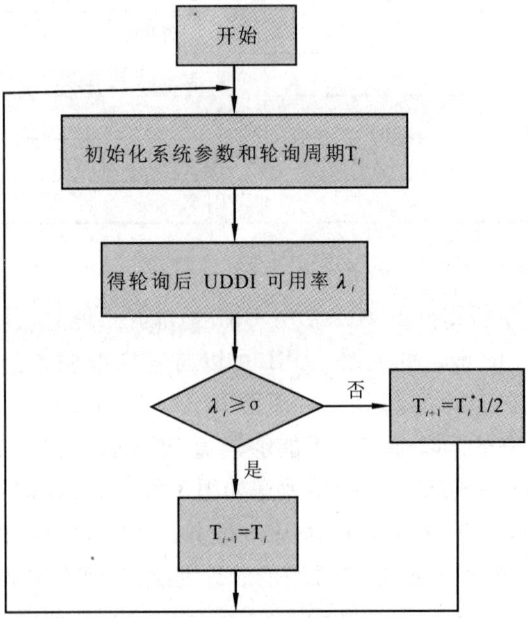

图 4　轮询周期调整算法流程

轮询周期调整策略主要是在系统判断 UDDI 可用率降低的情况下，对轮询间隔时间进行的调整。当 UDDI 可用率稳定时，保持轮询周期不变。在 UDDI 可用性降低时，系统减少轮询周期，加大可用性的检测频率。具体描述如下：首先，在系统正常运行情况下，初始化系统参数并设定系统轮询时间 $T_i = T$。其次，通过首轮的 IP 地址轮询，得到轮询后的 UDDI 可用率 λ_i。如果 $\lambda_i \leqslant \sigma$，即当前 UDDI 可用率小于系统预定的 UDDI 可用率预警值，则降低下次轮询周期为当前轮询周期的一半，如图 5 所示为连续两次 $\lambda_i \leqslant \sigma$ 下，轮询周期 $T_{i+1} = T_i/2$。否则，不改变其轮询周期，如图 6 所示为 $\lambda_i \geqslant \sigma$ 下，轮询周期 $T_{i+1} = T_i$。

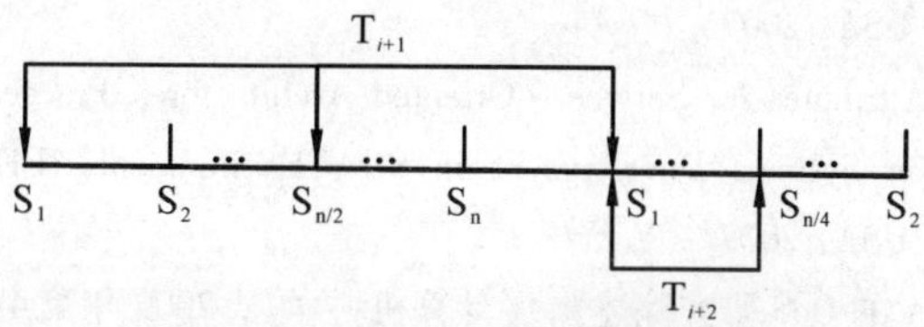

图 5　当 $\lambda_i \leqslant \sigma$，轮询周期示意图

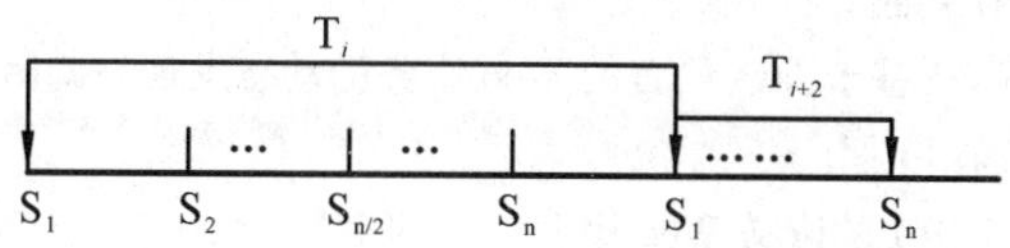

图 6　当 $\lambda_i \geqslant \sigma$，轮询周期示意图

三、结论

本文提出了一种保证服务可用性的服务发现模型，以确保用户选择服务的可用性。该模型能够根据 WSDL 解析得到的 Web 服务信息构建轮询表，利用 IP 地址轮询算法轮流向 Web 服务发送 SOAP 请求，从而在可用性 Broker 和 UDDI 之间进行消息交互的同时进行 Web 服务的可用性度量。轮询周期调整策略可以根据 UDDI 可用率的大小更改轮询策略，提高对服务可用性的监控。

本文的研究通过对 UDDI 服务可用性的评估有效地保证了服务提供者提供的服务、服务请求者查找的服务以及 UDDI 中注册服务的有效性。进而，保障了用户发现服务的可用性。这还是一个初步的成果，以后还将结合服务协商讨论用户关于服务发现的个性化需求等。

参考文献

1. Su K，Marcel R. A Survey of Public Web Services. Proceedings Of International World Wide Web Conference. New York，USA：ACM Press，2004.

2. Clark M. UDDI Weather Report. http：//www. webservicesarchitect. com/content/articles/

clark04. asp.
3. 黄永忠等:《基于 Agent 的 Web 服务 QoS 协商研究》,《计算机工程与设计》,2009 年第 23 期。
4. 杨胜文等:《一种支持 QoS 约束的 Web 服务发现模型》,《计算机学报》,2005 年第 4 期。
5. 黄妍琴:《Web 服务失效问题研究》,《中国石油大学》,2009 年第 5 期。
6. 闫涛蔚等:《我国电子政务网站移动服务可用性研究》,《图书馆学研究》,2009 年第 4 期。
7. Si C, Jin H, and Soo K. Modeling QoS Attributes and Metrics for Evaluating Services in SOA Considering Consumers' Perspective as the first Class Requirement. IEEE Computer Society Washington, DC, USA, 2007.
8. Brien L. Quality Attributes for Service – Oriented Architectures. Proceedings of the International Workshop on Systems Development in SOA Environments. IEEE Computer Society Washington, DC, USA, 2007.
9. 赵生慧等:《SOA 的 QoS 研究综述》,《计算机科学》,2009 年第 4 期。
10. 毛海波:《基于图书馆 2.0 的数字图书馆服务模式探讨》,《宁波大学学报(理工版)》,2010 年第 4 期。
11. 苏金芝、李志武:《基于 Java 语言的 Web 服务的动态发现与调用研究》,《现代电子技术》,2010 年第 14 期。
12. 林清滢:《基于 UDDI 的语义 Web 服务发现研究》,《计算机工程与设计》,2006 年第 12 期。
13. John C, Rama A, Richard G. External Matching in UDDI. Proceedings of the IEEE International Conference on Web Services, IEEE Computer Society Washington, DC, USA, 2004.
14. 关佶红、许红儒、周水庚:《Web 服务搜索技术综述》,《计算机科学与探索》,2010 年第 5 期。
15. 何丽萍、张凌、董守玲:《网格系统的故障检测与告警》,《华中科技大学学报(自然科学版)》,2006 年第 S1 期。

(作者:冯秀珍　北京现代制造业发展研究基地研究人员　教授
武高峰　北京现代制造业发展研究基地研究人员　硕士研究生)

首都服饰文化与服装产业研究基地（北京服装学院）

基地名称：首都服饰文化与服装产业研究基地
依托单位：北京服装学院
项目类别：北京市哲学社会科学“十一五”规划研究基地项目

服装品牌个性维度构建[①]

20世纪是品牌研究的热潮期，随着学者们对品牌相关学科的深入研究，加上市场需求导向的推进，品牌理论体系不断发展，并日趋成熟。在商品市场迅猛发展的时代，倡导“个性化的生活”成为企业家们吸引消费者的噱头，然而这种营销策略屡试不爽，帮助企业迅速占领了市场份额。

菲利浦·科特勒在解释品牌时认为“一个品牌可以表达出六层意思：一是属性，一个品牌首先给人带来特定地属性；二是利益，属性需要转换成功能和情感利益；三是价值，品牌还体现了该制造商的某些价值感；四是文化，品牌可以象征一定的文化；五是个性，即品牌可以给人带来浮想和心理定势的特点，品牌可视为消费者人格的体现；六是使用者，即品牌还体现了购买或使用这种产品的是哪一类消费者”。其中个性是品牌的灵魂，是差异化竞争力的关键因素，同时还是品牌与消费者之间的情感联系的纽带。

品牌个性最早是从广告界的品牌个性论(Brand Character)中起源的，它强调品牌应该人格化，由品牌个性来促进品牌形象的塑造，通过品牌个性吸引特定人群或给人留下深刻的印象。到目前为止，对品牌个性还没有一个确切的定义，但归纳众多学者们对品牌个性的解释来看，可以将品牌个性的概念从两方面进行归纳：

从品牌个性表现角度，著名品牌理论专家Keller把品牌个性定义为“有关品牌的人格特质的组合[②]”，Aaker认为品牌和人一样也会有各种不同的身份，即品牌个性(Brand Personality)[③]，美国的广告战略家LynnB. Upshaw认为品牌个性是“品牌的外向表现，这些表现的特点与人的某些特点十分接近[④]。”Upshaw认为品牌个性是指一个品牌的外在面貌，它的特性几乎和人

① 本文是《北京服装品牌国际化研究》项目的阶段成果，项目编号：08AbJG214。

② Keller，Kevin L. Strategic Brand Management. NJ：Prentice Hall，1998：pp. 78—98.

③ Aaker，J. Dimensions of Brand Personality. Journal of Marketing Research，1997，34：pp. 342—354.

④ Lynn B. Upshaw，Building Brand Identity NewYork：John wiley & Sona. Inc，1995.

的特质一样。上述四种观点均将品牌个性与人格个性相联系。

从品牌个性功能角度，Belk 认为品牌个性使消费者可以表达自己[①]；Malhotra 认为品牌个性是一个理想的自我[②]；Biel 认为品牌个性是消费者偏好和习惯的核心驱力[③]。上述三种观点解释了品牌个性与消费者之间的关系。

品牌个性即品牌的人格化，是将品牌比喻成为一个人，他所具备的性格特征[④]。然而他又不仅仅是一个简单独立的个体，品牌个性还能反映消费者的性格，使消费者能够借助品牌表达自我，同时也在某种程度上反映了消费者的购买偏好和习惯，即对品牌的感受。品牌个性具有多面性的特点，既有人们通过表象观察得到的表现，又包含品牌文化、定位以及消费者层面上的特质[⑤]。

“维度”作为几何学的基本概念首先被引用于心理学研究中，之后被广泛应用到其他领域，并赋予了维度更加丰富而生动的解释，即用来表示多方位、多角度、多层次判断、说明或评价某事物的角度[⑥]。维度是研究品牌个性的重要方法之一，维度的发展经历了二十多年的历史，从简单的、单一的维度发展成为复杂的、多元的、成熟的理论体系。

目前对服装的品牌个性研究主要涉及两方面内容，一方面是强调服装品牌个性对品牌营销和产品销售的重要性，另一方面塑造服装品牌个性的侧重方法和途径，利用维度研究服装品牌个性涉及较少。然而维度是研究品牌个性的重要工具，并且只有维度才能全面诠释品牌个性表现并利用其进行品牌个性的测量。对于服装这类产品，它与人最为贴近，无论在展现个性以及与人建立情感依赖方面都具有特殊的意义。

(1)服装的人格化与人格个性理论的结合。

人由于思想观念、文化教育、生活习惯的不同，表现出的风格、气质和个性也各不相同，人格个性理论就是在此基础上分析人类性格特征的异同点，将人的个性划分五个维度。古语说：“诚于衷而形于外”，一个人的思想、品德、气质、情操、志趣的不同，必然会从穿着、打扮等外在形态上表现出差异来。从某种意义上说，服装就是一个类似的“人”，它具有穿

---

① Belk R W. Possession and the Extended Self，Journal of Consumer Research，1988，2：pp. 139—166. Hillsdale. NJ：Lawrence Erlbaum Associates，1993.

② Malhotra N. K. Self Concept and Product Choice：An Integrated Perspective，Journal of Economic Psychology，1988，9(1)：pp. 1—28.

③ Biel，Alexander L. Converting Image into Equity，in Brand Equity and Advertising，David A. Aaker and Alexander Biel eds.

④ [美]科特勒：《营销管理》，中国人民大学出版社，2006 年，第 56 页。

⑤ 冯丽玉、耿凯燕、刘天成：《品牌营销》，经济管理出版社，2006 年，第 26—30 页。

⑥ 陈文平：《纬度和维度》，《咬文嚼字》，2009 年第 8 期，第 34 页。

着者的素质、气质、修养、职业、品味甚至人格尊严，同时还反映着一个国家、民族的政治、经济、科技、文化的面貌，反映着全民族的整体素质。按照人格个性理论形成的原理，利用维度来描述服装品牌的个性特征，更能体现服装与人的密切联系①②。

(2)服装品牌个性驱动因素的多角度与维度的结合。

人的个性是由众多因素共同作用形成的，是复杂的、多维的，单从一个层面上去理解个性往往是不全面的，是错误的，任何人都可能同时具备几种不同的个性，当某种个性特征极为突出而其他的个性表现不十分显著时品牌就被定义为一种个性。跟人一样，服装的品牌个性也是由多方面因素造成的，不同因素形成的品牌个性可能会有差异，从而造成不同的个性表现。

服装品牌个性是从多角度、多方面得以形成和塑造的，不同的驱动因素可能会形成有差异的个性特征。要全方位、立体式地分析和展现服装品牌在不同视角下的个性特征，维度方法是最优的选择。

纵览众学者的研究成果发现，品牌研究领域中最具代表性的品牌个性维度是由美国学者 Aaker 提出的品牌个性五大维度③，继 Aaker 之后，我国两位学者黄胜兵、卢泰宏④就我国品牌提出了中国本土品牌个性维度量表，使品牌个性维度在中国得到发展。然而品牌个性维度在解释服装品牌个性方面存在局限性，而这种局限性源自于维度的构建过程，体现在最终结果中。

一、构建方法的探索

从 Aaker 建立品牌个性维度量表开始，维度逐渐与具体行业相结合，并出现了各种各样的维度量表，然而不同维度量表形成或建立的方法不尽相同，归纳起来可以概括为两种：一种是以 Aaker 的五大维度作为基础，直接保留 Aaker 量表的 5 个主维度词语和 15 个次维度词语甚至 42 个个性特征描述词语，根据研究对象的不同，通过收集适当的个性特征描述语修整维度，这种修整可以是增加维度也可以是减少维度，或者改变某一个或几个维度。另一种方法是用归纳法对研究对象进行个性词语的归纳和整理，通过访问调查进行因子分析建立维度，最终得出的主维度词语、次维度词语以及个

① 孟宪文：《服装的文化属性和文化功能》，《天津纺织工学院学报》，2000 年第 5 期，第 12—14 页。

② 铁兰叶：《服装服饰及其社会属性》，《郑州轻工业学院学报》，1997 年第 12 期，第 14—16 页。

③ Aaker，J. Dimensions of Brand Personality. Journal of Marketing Research，1997，34：pp. 342—354.

④ 黄胜兵、卢泰宏：《品牌个性维度的本土化研究》，《南开管理评论》，2003 年第 1 期。

性特征描述语将是全新的。

构建服装品牌个性维度是对具体行业的品牌个性进行分析，现有的品牌个性维度已经不能完全套用于服装品牌。于是，在构建服装品牌个性之前，需要探索出一个适合服装品牌个性研究的科学的方法：

首先服装具有高使用率，在表现个性方面直观而准确，直接套用 Aaker 和黄胜兵的个性量表都无法突出服装独有特性，但由于 Aaker 和黄胜兵的个性量表在形成过程中，所选择对象包含部分服装品牌，基于这种情况两个量表中相关的个性特征描述语可以为服装个性维度借用。

其次，不考虑文化因素的影响的前提下，Aaker 的个性量表是迄今为止，无论从方法论上还是影响力上是最权威的。在构建服装品牌个性维度中，由于不限制服装品牌的来源国和地区，所以文化因素对于结果将不会产生太大的影响，所以 Aaker 的个性量表可以作为构建服装品牌个性维度的基础。最后，通过分析总结品牌个性维度构建两种方法发现，构建服装个性维度的方法更倾向于归纳法，即重新甄选描述服装品牌的个性词汇并通过问卷调查的形式进行验证，最终抽取服装品牌的个性因子。这种方法能够更准确的反映服装品牌个性的特点。

借鉴上述原则，构建服装品牌个性维度的方法为：(1)选择归纳法构建服装品牌个性维度；(2)由于最终目的是获得服装品牌个性维度，对服装品牌的来源国并没有限定，所以将 Aaker 的个性量表作为构建服装个性量表的依据；(3)为保证最终维度的准确性，搜集服装品牌个性描述词语作为初始词语，在对词语进行甄选、归类等的过程中参照 Aaker 的个性量表。

二、构建的原理及步骤

通过对品牌个性维度理论的分析与总结得出了构建服装品牌个性维度的方法：用归纳法首先搜集和甄选服装品牌个性特征描述语，通过专家访谈以及问卷调查的形式形成维度量表的雏形；通过对雏形进行修正，最终形成服装品牌个性维度，具体思路如图 1 所示。在整个构建过程中，一个重要的环节就是选择 Aaker 个性量表作为服装品牌个性量表构建的基础。于是，提出一个前提假设，假设认为：Aaker 个性量表适用于服装品牌个性。此假设成立的前提条件是包含：(1) Aaker 所指品牌涵盖服装品牌，并且服装品牌占据 Aaker 量表中研究对象的一定比例；(2)排除文化因素的影响，即整个维度的研究是基于全球的市场环境下，没有国家文化、经济的差异，所面向的消费群也无差异。基于这个假设前提，能够得到：(1) Aaker 个性量表的结构和量表中的 5 个主维度、15 个次维度以及个性特征描述语均能为构建服装品牌个性维度利用；(2)所甄选的服装品牌个性特征描述语能够按照 Aaker 个性量表中的五个维度进行归纳和分类。

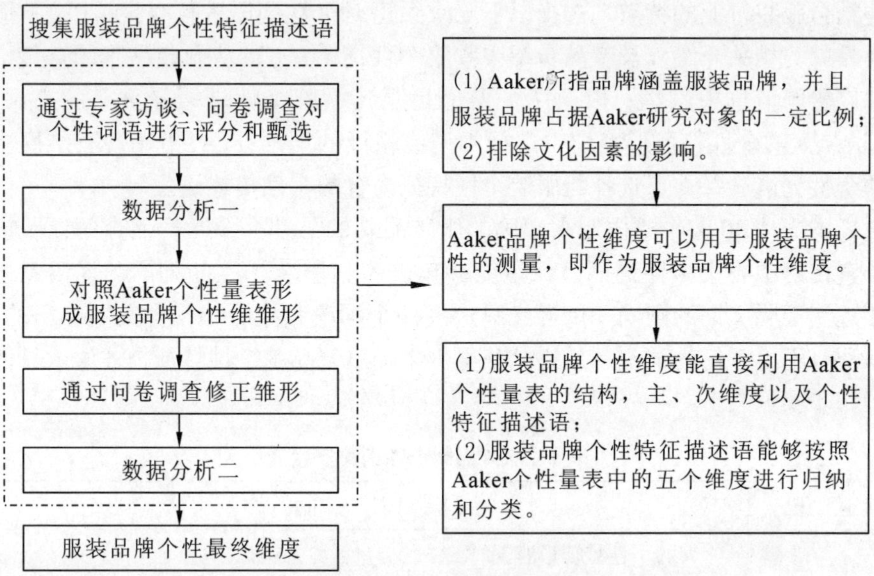

图1　服装品牌个性维度构建总思路

Aaker 个性量表的形成归根结底是通过问卷调查获得消费者对个性的认知。依照 Aaker 的构建方法，采用实证研究通过专家访谈和问卷调查这两种形式相结合来获得消费者对服装品牌个性的认知。其中专家访谈也称作深访，主要目的是通过专家对服装个性特征描述语的较综合把握以及专业理解，对初始获得的服装个性词语进行预调查和筛选；另一种形式就是问卷调查，这种形式更适合对广大的消费者进行访问，通过广泛地选择样本，对服装品牌个性特征描述语整体分析并对其准确性和适用性做出评分，作为对服装品牌个性特征描述语的第二次筛选。

数据分析方法采用 SPSS10.0 软件进行统计分析，其中运用描述性统计分析对问卷中所涉及的服装个性特征描述语的均值、标准差等描述性指标进行分析说明，其作用在于描述各个词语在表现服装品牌个性方面的状况；其次是相关性分析针对问卷中所涉及的服装个性特征描述语之间是否具有相关性所进行的分析，通过相关性分析可以了解词语之间的同义词趋向，相关性好的词可以被归为一类，为后面因子分析提供保证；最后是因子分析，通过因子分析，在减少服装个性词汇的同时，尽力减少信息的损失，对所有服装个性特征描述语作全面分析进行分类，最终达到构建服装品牌个性量表的目的。

三、维度构建方法设计

(一)服装品牌个性词语的收集

为获取广泛的服装品牌个性特征词语，综合以往对个性词汇收集渠道并结合服装行业的特点，选择以下几个渠道对个性词语进行收集：(1)从服装品牌的相关介绍以及产品介绍中收集个性词语；(2)从服装品牌的宣传语和广告等信息中收集；以上两个渠道是服装品牌个性词语最重要的来源；(3)从人的个性特征形容词中选择中型或积极的词语；(4)沿用现有维度中的个性词语，并重点选择与服装个性特征吻合的个性描述语。

本文从 40 多个不限制来源国的服装品牌的品牌介绍、产品介绍以及广告宣传语中收集个性词语，保留能够显著表达服装个性的词语，词语意思相近属于同义词的则同一个含义只选择一个词语，剔除个性含义不突出的、晦涩且不易理解的词语，最终共获得 142 个服装品牌个性特征描述语。具体操作步骤见表 1。

表 1　服装品牌个性词语产生

阶　段	检　词　方　法
选词	人的个性特征形容词 中性或者积极的形容词 服装品牌介绍、产品介绍中某些表达个性的词语 服装品牌广告描述语中某些表达个性的词语 品牌个性量表中的个性词语
减词	删除意思含糊的抽象形容词 归类，意义相近的同义词，只选一个

(二)数据收集

由于获取的 142 个服装个性特征词语数量庞大且不利于形成最终的量表，本文通过专家访谈和随机抽样调查这两种形式相结合来实现服装品牌个性词语的甄选、归类和整合的要求，最终以维度的形式归纳服装品牌个性的结构特征。

1. 问卷设计

在甄选和整合过程中，主要采用李克特量表(Likert scale)的方法对个性词语的适合程度进行评分。预计通过拉大个性词语得分值的跨度以实现精选的目的，本文选择七分度值的李克特量表，即评价量表中含有 1—7 个分值，分值越高代表越合适、越准确或越明显，个性词语分值越高表示越适合用于描述服装品牌个性，则保留；得分值越低表示不适合描述服装品牌个性，则剔除。

2. 专家访谈——预调查

为了精简服装个性词语数量并选择最具代表性的服装品牌个性词语，本文选择从事服装行业的企业家、教师以及服装专业的在校研究生共 100 人组成的专家团，通过对服装个性词语专业的理解和判断，并利用李克特量表对所收集的 142 个服装个性词语的合适性以及准确性进行评价从而甄选服装品牌个性词语。这一环节称作预调查环节。

专家访谈一共收回95份有效答卷。通过SPSS10.0软件对数据进行描述性统计分析得到每个词语的平均得分。在此次预调查环节中，4分值和4分值以上的得分代表了词语的适合性较高，能够代表服装品牌个性的特征。所以在甄选词语时采取均值取舍法，并规定保留均值在4.5以上的服装个性词语。预调查最终获得56个个性词语。具体结果见表2。

表2 服装品牌个性特征描述语预调查结果

服装品牌个性词语	平均得分	服装品牌个性词语	平均得分
活泼的	4.95	自信的	4.71
简约的	5.50	创新的	4.90
可爱的	5.60	专业的	4.75
青春的	5.60	稳重的	5.40
休闲的	5.70	浪漫的	4.65
娇俏的	4.53	体面的	4.90
活力的	5.71	气派的	5.10
田园的	4.83	有品位的	5.90
自然的	5.22	有文化的	5.35
舒适的	5.44	独特的	5.55
质朴的	5.00	神秘的	4.94
随意的	4.72	怀旧的	5.06
阳刚的	5.18	复古的	5.17
动感的	5.88	梦幻的	4.61
有想象力的	4.76	经典的	4.76
性感的	5.47	家庭的	4.63
时尚的	6.04	传统的	4.95
另类的	5.12	华丽的	5.70
怪诞的	4.65	高贵的	5.95
时髦的	5.59	优雅的	6.05
现代的	5.71	皇室的	4.79
魅力的	4.95	迷人的	5.35
情趣的	4.70	成熟的	5.78
奔放的	4.60	户外的	5.44
前卫的	5.68	朝气蓬勃的	5.56
夸张的	4.83	粗犷的	4.55
酷酷的	5.20	狂野的	4.65
大方的	4.88	男子气概的	5.50

通过预调查所获得56个词汇在表达服装品牌个性上具有高度的概括性。综合观察56个服装个性词语含义可以将其进行简单的归类：

（1）服装个性词语“随意的”“舒适的”“大方的”表达轻松、舒适的意境；

"可爱的""活泼的""娇俏的"传达年轻、调皮的个性特征;"复古的""传统的""怀旧的"则表达的是一种朴实的生活状态,将这三组词语与 Aaker 的个性量表中的主、次维度以及个性特征描述语对照发现,它们可以用 Aaker 个性量表中的第一个维度"纯真"概括,涵盖了简单舒适、青春洋溢、朴素传统的个性特征。

(2)"狂野的""奔放的"表达一种无拘无束、肆无忌惮的性格特征;"夸张的""怪诞的""独特的"则是另类、与众不同的表现;"前卫的""时髦的""时尚的"则体现追逐潮流的当代感,这三组词语恰恰能用 Aaker 个性量表中的第二个维度"刺激"得到诠释,表现的是服装品牌与众不同、大胆并具有当代气息的个性特征。

(3)个性词语"体面的""气派的""有品位的""优雅的""华丽的""迷人的""高贵的""皇室的"与 Aaker 个性量表中的维度"教养"描述的个性特征一致,形容有品位、高贵的上层人士。

(4)"成熟的""稳重的""专业的""自信的""有文化的"表现的是成功人士或专业技术人才所具备的个性特征,与 Aaker 个性维度中"称职"这一维度吻合。

(5)表现运动健康的个性词语"户外的""阳刚的""粗犷的""朝气蓬勃的""男子气概的"则可以解释 Aaker 个性维度中的"强壮"。

通过对 56 个服装个性词语进行解释说明,将意思相近的词语归为一组并对照 Aaker 个性量表中的主维度,得到由 56 个服装个性词语构成的服装品牌个性维度雏形,结果见表 3。

表 3 服装品牌个性维度雏形

维度	服装品牌个性描述词语							
纯真	随意的	舒适的	大方的	质朴的	田园的	简约的	自然的	
	可爱的	活泼的	娇俏的	活力的	魅力的	青春的	动感的	
	复古的	传统的	怀旧的	经典的	家庭的	皇室的		
刺激	狂野的	夸张的	奔放的	怪诞的	前卫的	独特的	酷酷的	性感的
	时髦的	时尚的	另类的	现代的	神秘的			
教养	气派的	体面的	有品位					
	优雅的	华丽的	情趣的	高贵的	迷人的	浪漫的	梦幻的	有想象力的
称职	有文化的	专业的	自信的	创新的				
	成熟的	稳重的						
强壮	阳刚的	粗犷的	男子气概的					
	户外的	休闲的	朝气蓬勃的					

3. 随机抽样调查——服装品牌个性维度雏形修正

服装品牌个性维度雏形是对服装品牌个性词语释义形成的，为了验证其可行性和科学性，本文扩大调查对象的范围，通过更广大的消费者对预调查所得的56个服装品牌个性词语的认知，再次对服装个性词汇的适用性进行评判，并将获得的一手数据进行因子分析，从而归纳出合适的因子数即维度。随机抽样调查中同样使用李克特量表，只是服装个性词语的数量从142个减少为预调查结果的56个个性词汇。

随机抽样调查采用问卷调查的形式，随机选择了200余名18—45岁消费者作为调查对象。调查共发出250份问卷，回收问卷213份，回收率为85.2%，剔除无效问卷后得到有效问卷204份，有效回收率为81.6%。

四、结果分析

(一)描述性统计分析

描述性统计分析主要观察服装品牌个性词语通过李克特量表评分后的均值以及标准差的情况，结果见表4。描述统计分析的结果显示，56个服装品牌个性特征描述语的均值介于3.782—5.681之间，标准差处于1.2以上。随机调查结果中出现少数服装个性词语平均分值在4分值以下，代表不合适描述服装品牌个性，于是通过描述统计分析再次采用均值取舍法将均值未达到4分值的个性词语剔除，确保个性词语具有较高的适用性。从结果看，“创新的”“家庭的”“神秘的”“想象的”4个词语均值在4分值以下而被剔除。服装个性特征描述语由56个减少为52个。

表4 描述性统计分析结果

序号	个性词语	平均值	标准差	序号	个性词语	平均值	标准差
1	休闲的	5.681	1.283	13	青春的	5.123	1.393
2	时尚的	5.574	1.382	14	复古的	5.099	1.523
3	舒适的	5.448	1.470	15	另类的	5.094	1.734
4	大方的	5.368	1.441	16	成熟的	5.064	1.375
5	简约的	5.348	1.347	17	可爱的	5.020	1.334
6	优雅的	5.345	1.364	18	稳重的	4.966	1.412
7	有品位	5.340	1.424	19	户外的	4.956	1.507
8	性感的	5.322	1.496	20	自然的	4.935	1.397
9	时髦的	5.296	1.386	21	现代的	4.907	1.491
10	华丽的	5.272	1.421	22	经典的	4.867	1.521
11	前卫的	5.208	1.448	23	质朴的	4.784	1.355
12	高贵的	5.132	1.427	24	酷酷的	4.783	1.590

续表

序号	个性词语	平均值	标准差	序号	个性词语	平均值	标准差
25	独特的	4.740	1.520	41	奔放的	4.358	1.477
26	体面的	4.719	1.478	42	阳刚的	4.350	1.595
27	传统的	4.716	1.575	43	自信的	4.315	1.668
28	随意的	4.665	1.495	44	梦幻的	4.310	1.444
29	活力的	4.642	1.402	45	田园的	4.296	1.529
30	怀旧的	4.632	1.538	46	粗犷的	4.256	1.596
31	迷人的	4.618	1.573	47	情趣的	4.218	1.667
32	气派的	4.574	1.541	48	怪诞的	4.189	1.722
33	朝气的	4.574	1.534	49	有文化的	4.137	1.658
34	夸张的	4.540	1.578	50	专业的	4.113	1.510
35	浪漫的	4.535	1.530	51	皇室的	4.005	1.671
36	活泼的	4.483	1.405	52	娇俏的	4.000	1.564
37	男子气的	4.466	1.599	53	创新的	3.971	1.505
38	动感的	4.427	1.404	54	家庭的	3.927	1.465
39	魅力的	4.412	1.399	55	神秘的	3.828	1.546
40	狂野的	4.397	1.577	56	想象的	3.782	1.696

(二)因子分析

经过描述统计分析将“创新的”“家庭的”“神秘的”“想象的”4 个变量的值删减后重新对数据进行因子分析。在进行因子分析前，使用 KMO 检验以及球形检验来判断数据是否适合因子分析。通过数据分析得到 KMO 统计量为 0.82，偏相关性较强，证明该组数据适合做因子分析。Bertlett 球型检验也拒绝了单位相关阵的原假设，$P<0.001$，适合做因子分析。因此，从这两个指标的检验可以看出，本次调查结果整体上适合做因子分析。

使用主成分分析和方差极大正交旋转方法确定因子数目。从主成分分析结果中发现，特征值大于 1 的因子一共有 13 个，因子累计可解释的方差达到 70.946%，说明提取 13 个因子的结构具有较好的结构效度。通过因子载荷分析进一步明确这 13 个因子所包含的服装个性特征描述语，经过正交旋转和迭代得到因子载荷阵，结果见表 5。从表中因子载荷阵中的因子系数发现，服装个性词语的因子系数均在 0.4 以上，说明个性词语对因子都有较好的贡献率。

表5　因子分析结果(经旋转)

因子	个性词语	因子负载荷	因子	个性词语	因子负载荷
因子1	狂野的	0.796	因子5	粗犷的	0.561
	夸张的	0.783		朝气蓬勃的	0.538
	奔放的	0.768		动感的	0.506
	怪诞的	0.731	因子6	随意的	0.750
	前卫的	0.690		舒适的	0.598
	独特的	0.629		青春的	0.597
	酷酷的	0.560		大方的	0.549
	性感的	0.553		质朴的	0.452
	情趣的	0.432	因子7	成熟的	0.783
因子2	时髦的	0.811		稳重的	0.706
	时尚的	0.751		高贵的	0.490
	另类的	0.551	因子8	复古的	0.688
因子3	梦幻的	0.706		传统的	0.668
	有文化的	0.631		怀旧的	0.601
	浪漫的	0.612		皇室的	0.522
	专业的	0.605		经典的	0.434
	娇俏的	0.589	因子9	气派的	0.741
	自信的	0.492		体面的	0.662
因子4	魅力的	0.714	因子10	可爱的	0.764
	活力的	0.650		活泼的	0.753
	自然的	0.550	因子11	优雅的	0.707
	迷人的	0.443		华丽的	0.632
	现代的	0.433	因子12	户外的	0.733
	有品位的	0.427		休闲的	0.665
因子5	阳刚的	0.794	因子13	田园的	0.815
	男子气概的	0.630		简约的	0.439

观察因子分析结果发现，有的因子中包含多种服装品牌个性含义，有的个性词语相对于所属因子其表达的含义并不一致：

(1)因子中包含多重含义：如因子1中“狂野的”“奔放的”“性感的”“情趣的”与“夸张的”“怪诞的”“独特的”所表达的意境不一致，前者是大胆，后者表现的是夸张另类；因子3中含有“梦幻的”“浪漫的”与“有文化的”“专业的”“自信的”所表达的是两种意境；因子4中“魅力的”“迷人的”“有品位的”所表达的是高雅的气质、个性，而“活力的”“自然的”“现代的”含义各不相同。

(2)服装个性词语含义与所属因子含义不一致：如因子 7 中包含“成熟的”“稳重的”“高贵的”这三个个性词语，其中“高贵的”形容品味、气质，而“成熟的”、“稳重的”更常用来描述行为作风；因子 8 中含有“复古的”“传统的”“怀旧的”“皇室的”“经典的”这五个描述语，前三者是体现怀旧的情绪，后两者并没有体现，考虑后两者对因子的贡献率并不高，所以舍去后两者；另外，因子 6 中的“质朴的”用来形容因子 8 更为贴切，而“青春的”较为符合因子 10 的含义。

由于通过因子分析所获得 13 个因子其表达的含义并不是十分准确，所以本文将对照因子分析结果，对因子内部以及因子之间做适当拆分和调整，最终达到将含义一致服装个性词语进行有效归纳、概括的目的，这个环节又可称作是服装品牌个性维度雏形的修正。

修正的原则是：(1)对照因子分析结果，将因子数目确定为 13 个；(2)因子含义取决于其包含的多数服装品牌个性词语含义；(3)在尽可能保留所有服装品牌个性的前提下，调整词语的归属；(4)对于服装品牌个性含义明确的因子用一个最准确的词语概括或者从服装个性词语中选择最能涵盖该因子含义的词语作为最终维度的层级描述语。与 Aaker 个性量表对照，将意义相近的因子归为一个维度，并用 Aaker 个性量表中的主维度来概括，最终得到了一个用“纯真”“刺激”“称职”“教养”“强壮”概括的 5 个维度、“自然”“质朴”“年轻”“幻想”“大胆”“独特”“现代”“专业”“可信赖”“有品位”“迷人”“坚韧”“户外”作为 13 个层次的服装品牌个性维度。见表 6。

表 6　服装品牌个性维度

维度	层次	服装品牌个性描述语
纯真	自然	随意的/舒适的/大方的/简约的/田园的
	质朴	复古的/传统的/怀旧的
	年轻	活泼的/可爱的/娇俏的/青春的
	幻想	浪漫的/梦幻的
刺激	大胆	狂野的/奔放的/性感的/情趣的
	独特	夸张的/怪诞的/另类的/酷酷的
	现代	时尚的/时髦的/前卫的
称职	专业	有文化的/专业的/自信的
	可信赖	成熟的/稳重的
教养	有品位	气派的/体面的/有品位的
	迷人	优雅的/华丽的/魅力的/迷人的
强壮	坚韧	阳刚的/男子气概的/粗犷的
	户外	朝气蓬勃的/动感的/户外的/休闲的/活力的

五、展望

该研究第一次使用服装品牌个性词汇探索性地提出服装品牌个性构成体系即维度，其中包含5个维度，13个层次和45个服装品牌个性词语。服装品牌个性维度的形成实现了维度在服装品牌上的应用，为学者们研究服装品牌个性提供了新思路，也为消费者对服装品牌认知以及企业的品牌管理提供了有效的方法。在继续研究上，可以从以下几方面入手：

(1)对于品牌个性维度适用性的进一步探讨。直接将现有的品牌个性维度量表运用于具体的地区和行业均具有局限性，品牌个性受到区位、文化和消费者等因素的影响导致所形成的品牌个性维度各式各样，目前为止还没有形成一套完整的运用品牌个性维度的方法，也没有系统的分析品牌个性维度局限性的原因。

(2)服装品牌个性维度构建方法的进步完善。服装品牌个性维度构建的方法设计参考了Aaker维度量表的形成方法，随着研究方法的不断更新和发展，服装品牌个性维度的构建方法将成为一个热点课题。此外，维度作为研究服装品牌个性的方法之一，将开创更多更新的研究思路。

(3)在现有结论的基础上，服装品牌个性维度为分析具体地区服装品牌群的个性表现，并对于服装品牌运作、品牌定位具有一定的指导作用。

（作者：宁　　俊　首都服饰文化与服装产业研究基地首席专家　教授
欧阳夏子　北京服装学院　硕士研究生）

基地名称：首都服饰文化与服装产业研究基地
依托单位：北京服装学院
项目类别：北京市哲学社会科学“十一五”规划研究基地项目

北京回族服饰文化研究[①]

一、引言

回族是中华民族大家庭中的一员，回族服饰是回族宗教信仰、生存环境、文化活动的生动写照，也是回族文化传承的重要载体，具有一定的学术价值，于 2006 入选我国第一批国家级非物质文化遗产名录。回族是北京市 55 个少数民族中人口最多的一个。据 1990 年第四次人口普查结果显示，北京共有回族人口 20.7 万人。我国当前正处于大的社会变革时期，经济发展快，城市化进程快，因而城市中民族融合也在加快，但缺乏针对都市民族服饰文化的研究及开发。我们开展北京回族服饰文化研究，期望探索北京回族服饰文化的现状、变迁及原因，旨在传承保护民族服饰文化，促进社会主义和谐社会建设与民族团结。

专门针对北京回族服饰研究的资料很少，除了林君慧的硕士学位论文《北京回族妇女服饰文化及其发展趋势研究——以牛街为例》之外，只是在很少的几本文献中有所记载，这些文献有刘东升、刘盛林的《北京牛街》，良警宇的《牛街：一个城市回族社区的变迁》以及纳静安的硕士毕业论文《北京回族女性的文化传承与变迁》等。为了对北京回族服饰文化有比较广泛而深入的探讨，本研究以现代北京都市为背景，通过文献查阅、实地调研、人物访谈、问卷调查等方法收集到大量第一手资料。现从北京回族服饰文化的发展历史及现状、影响北京回族服饰文化变迁的因素分析、北京回族服饰文化的发展趋势及北京回族服饰研发的可行性等几方面将研究结果陈述如下。

二、北京回族服饰文化的发展历史及现状

北京自元代以来就一直是中国的政治中心，回族也正是自唐代开始，经过元末明初逐渐形成了民族，北京的地位以及文化的影响对于回族的形

① 本文是《北京回族服饰文化研究》项目的最终成果，项目编号：07AbWY037。

成功不可没。北京历史上政治、经济、文化等方面的变迁，牵动着生活在这一地区的回族同胞们，也反映到回族的服饰文化的变化上，因为服装既是文化，也是生活必需品。

有关穆斯林、回族和回族的服饰变化，原中国伊斯兰教协会的马贤副会长是这样述说的：明代前穆斯林还保持穿阿拉伯服装。伊斯兰教宗教义没有规定穿什么服装，主要是男子穿得比较整齐，比较宽松，女得戴头巾，把头发遮住，不能露出手，露出脚，就这些要求。在这些要求下，各个民族采取不同的方式。中国有 10 个民族信仰伊斯兰教，比如新疆的维吾尔、塔吉克、哈萨克等民族都是先有民族，后有信仰，所以他们保持了自己民族的服装。明代曾经下令，要完全汉化，不能穿胡服（泛指来自国外的服装）。内地的人（穆斯林）明朝以后形成回族。现在说的没有统一服装指的是回族，从那时就开始汉化了。①

为了了解当前北京回族服饰文化的现状，我们选取了北京四个清真寺社区为主要调查范围，调查对象以北京本地的回族为主，也包括了现在生活以及工作在北京的外地回族，这样有利于分析族群内部不同文化群体对服饰文化的影响。调查结果主要根据“穿着场合”进行了分类，共分为：民族节日服饰、礼仪服饰（如婚礼服）、丧葬服饰、宗教服饰和日常服饰五大类。

调研发现，北京回族的服饰较之西部的回族服饰更多地受到现代都市文化的影响，日常服饰已经和汉族没有任何区别，除了一些老人，年轻人都已经不会戴白帽，也不会带盖头，民族服饰只有在节庆的时候、人生重要时刻以及与宗教相关的场合才会佩戴。除了穿着不能“暴露”以外，基本上没有其他的要求。问卷调查显示，72% 的人已经不穿戴任何的民族服饰，19% 的人（中年人居多）表示在民族节日的时候还会戴帽子，只有 9% 的人（都为年纪在 50 岁以上退休的人）还在坚持穿着民族服装。

民族节日服一般来说只有在过开斋节、古尔邦节以及圣纪的时候，或者是社区活动，小范围的集体活动中会有人穿。例如每年过开斋节的时候，在牛街的大街上可以看到穿着各式各样服装的人，但绝大多数没有穿戴民族服饰。在其他的清真寺穿着民族服饰的人就更少了。随机调查发现，近一半的回族人观念中，回族的传统服装中宗教的属性更加强烈，且普遍接受了民族与宗教分离的观念。

回族对礼仪比较重视，在类似结婚这样的生命中的重要时刻，都会有相应的礼仪活动。受到伊斯兰教的影响，回族的礼仪服饰仍然体现了宗教

① 林君慧：《北京回族妇女服饰文化及其发展趋势研究——以牛街为例》，北京服装学院硕士研究生学位论文，2007 年，第 20 页。

特征，这些特征都集中体现在了盖头和帽子上。北京的回族服饰中的礼仪服饰主要体现在参加礼仪活动的主要成员中，例如结婚办喜事时结婚的当事人穿着的服饰比较注意，但是参加婚礼的嘉宾中除了证婚的阿訇还有少数几个年龄比较大的乡老穿戴具有回族特点的白衫白帽以外，其他人的穿着与汉族相差无几。北京回族的婚礼服也在随着时代发展而变化，市场上有专门针对穆斯林租赁婚礼服的公司。

回族的丧葬制度遵守伊斯兰教的相关规定，是民族文化中与宗教紧密相关的，且最不易改变的部分。回族的丧葬服饰可以分为孝服和殓服两个部分，孝服是生者为了悼念亡者而穿着的服饰，殓服则是指亡者穿着的服饰。[①] 调研观察得知，由于伊斯兰教的影响，在殓服的样式、规格、要求等方面，北京回族的殓服与全国各地的回族都大体相同。孝服却变化较多，愈加的简化，都是日常装扮(男女都戴白帽，只是不穿短袖短裤)，突出了伊斯兰教对于丧葬从简的规定。

回族服饰文化中宗教服饰占有了相当重要的位置，这与伊斯兰教对回族民族文化的形成与发展影响深刻有关。回族的宗教服饰可以分为三个部分。一部分是每年朝觐的服饰，不论是神职人员或者是信教人士，所有人在朝觐中的服饰都是一样的。第二个部分是伊玛目(神职人员，也称阿訇)在礼拜的时候穿戴的服饰，也是最明显的体现宗教特征的服饰。采访调查所见，北京地区阿訇的宗教服饰不论身上穿着怎样，头饰基本上都是白色的“戴斯塔尔”[②]，但仅在礼拜的时候才戴。夏天基本是一律的白色长褂，冬天一般穿藏蓝色长大衣，也有穿米色的，长短不一，但是基本上都长及膝。也有部分阿訇喜欢巴基斯坦或者马来西亚的服饰。第三部分就是回族男女在上寺做礼拜的时候穿着的服装。这部分服饰因为宗教性已经从回族的日常服饰分离出来。对女性的服饰要求最重要的莫过于“宽、松、遮”三个原则，所戴的盖头为白色；穿裤装，不穿裙子礼拜，即便是长裙也不能穿。礼拜时的男人服饰，以庄重为重，最低限度是遮盖男子的羞体[③]，必须是干净的，颜色应该清淡；一定要戴一顶无沿圆帽，防止头发散乱；禁止男扮女装，不可使用女性的首饰，但是由于北京的多元文化环境，不少回族男性青年中也有戴装饰性的耳环。可以看出，伊斯兰教在宗教礼仪服饰上的要求不只针对女性，对男性服饰也同样有很多的要求。

---

① 陶红：《回族服饰文化》，宁夏人民出版社，2003 年，第 82—83 页。

② 戴斯塔尔：(Dastar)穆斯林宗教头饰之一。波斯语音译，意为“缠头巾”，阿拉伯语称“卡玛麦”(Imamah)。

③ 羞体：伊斯兰教中男性肚脐以下，女性除手和脸，其他身体部位都属于羞体范围之内。

三、影响北京回族服饰文化变迁的因素分析

影响北京回族服饰文化变迁的因素很多，有社会的、经济的、政治的，也有文化的，其中文化因素更为复杂。现总结、分析如下：

第一，回族文化具有多族源性。回族不是由单一民族发展而来，而是由多民族融合而成。回族不仅有波斯民族、阿拉伯民族、中亚各民族等外来民族的成分，还有蒙古族、维吾尔族、汉族等本土民族的血统。可以说民族融合一直伴随着回族的形成与发展。所以，回族文化也是不同民族文化之间融合的结果，北京回族服饰文化也一直处于文化融合的过程中。经过漫长的民族融合，回族服饰中已经完全没有蒙古族的服饰特征，也去除了中亚民族服饰中的灯笼裤、纹样装饰等具有明显异族文化的元素，即便是马甲也不像维吾尔族的那样花哨。一切从简成为回族服饰的一个显著特征，现代回族的日常服饰与汉族的几乎没有区别，带有民族特征的服饰也就剩白帽与盖头。

第二，北京回族服饰文化受到的影响大。从元代开始北京就一直是中国的政治文化中心，它对全国的政治和文化的影响力很大。反过来，国家对于民族文化、经济政策也首先、直接而且强有力地影响到这里，也就是所谓的“天子脚下”。这种影响对于长期居住北京的回族这个少数民族也不例外。不论是明代的“衣冠悉如唐代制”，抑或是清代对回族起义的“镇压”，都对北京回族的民族服饰文化的变迁产生着潜移默化的影响。资料显示，经过了明清两代的民族融合，北京的回族为了能够在北京这个中国传统儒家文化的腹地保持自己的文化特征，不断强化了伊斯兰教作为民族文化的核心价值观的作用，在逐渐借用汉民族服饰的形制基础上，尽量遵守宗教中对服饰的基本要求，并保留了“戴帽”这一能够被社会主流文化接受的着装习惯。时至今日，经历了新中国成立后的“文革”时期和社会变革，北京回族的物质文化变得愈加衰弱，这在回族的民族服饰上体现得尤为深刻。

第三，西方服饰文化的影响。随着当今世界经济一体化、文化多元化的进程加快，北京已发展成为重要的国际文化交流中心和全世界各个民族文化自我展示的舞台，同时也成为多种文化融合、冲突的重要场所。西方服饰文化是现代席卷世界的一股服饰文化潮流，是建立在西方文化，也可以说是欧美的文化基础之上的服饰文化。不论是外在形式还是其内涵都渗透着西方的价值观念、审美观念。在西方服饰文化看来，服饰是艺术的，人体是艺术的，所以两者的结合更应该是艺术的。强调人体的艺术性、人体的审美功能，是西方服饰创作的依托。因而出现了流行的紧身裤、超短裙、比基尼以及在形形色色的时装发布会上出现的引领时尚的各种服饰。深受伊斯兰教文化影响的回族服饰，强调的不是人体美和服饰的修饰功能，

而是服饰的实用性和服饰的伦理功能以及保护人体不受外界(包括自然环境和社会环境)侵害的功能。西方服饰文化对北京回族服饰文化的影响体现在有些正式场合，很多回族人士会选择西服作为正装，以表示对他人的尊重。

第四，变迁中的中国传统服饰文化的影响。今天，中国传统文化在北京这个"现代化"的大都市中，正在悄悄地发生着变化。改革开放以来，人们对外来的新事物，对新的教育观念以及新的价值观的接受，乃至追捧，使得中国传统文化一度被年轻人淡忘。当物质逐渐充裕的时候，城市中的人们开始反思。历史是一条不能回头的路，当中国的服饰文化受到西方文化的影响已经有所变化时，即使有外在强制力量，也不可能再回到昨天，而且这种变化将会持续下去。这是西方服饰文化融合于中国传统服饰文化的过程。当代中国传统服饰文化的这种变化，也影响着北京回族服饰文化。虽然最初回族的服饰在主体服饰上有其自身的特点，但在清末我们看到回族服饰依附中国传统服饰这棵大树而存在的事实。现在这棵大树发生了变化，回族的民族服饰在具体形制上失去了参照，使服饰文化失去了依靠。但是从另一角度看，中国传统服饰文化的变迁是传统文化对服饰文化影响逐渐减弱的表现，也是中国传统文化对当今社会影响力的减弱，这对北京回族服饰文化来说有了更广阔的可发展空间。

第五，伊斯兰服饰文化的影响。现代伊斯兰的服饰文化也是影响北京回族服饰文化的外在文化环境的重要因素。在阿拉伯地区，民族服饰、宗教服饰与生活常服几乎是不分离的。这种民族服装随藩客传入中国的时候，为了融入到中国的文化圈，必定要逐渐去掉那些明显的外族的特征。由于明清两代的"闭关锁国"的外交政策，回族基本失去了与伊斯兰世界的联系，及至清代后期，回族信仰的"伊斯兰教"在北京地区甚至开始出现类似于世袭掌教的中国化现象。这种"中国化"的过程在回族的服饰文化变迁中表现得尤为突出。清末时期的回族服饰都已经不同程度的采用了汉族、满族或者周边少数民族的服装形制以及色彩偏好。北京的回族服饰更是如此，服饰的民族特征几乎消失，能够被保留下来的回族传统民族服饰都是那些与宗教精神息息相关的部分。其中最"顽固"的部分就是头饰，它被保留下来甚至成为民族身份的表征。新中国成立后，尤其是改革开放以来，随着回族这个民族的确认，随着参加朝觐人数的不断增多，回族作为一个族群，越发感觉到自己的服饰与阿拉伯国家的穆斯林的服饰相差甚远，更感到自己在民族服饰文化方面的缺失。出自对宗教的信仰和在文化上追根寻源的心理倾向，使得现代回族在文化上普遍出现了伊斯兰化的趋势，表现出一种文化上的回归。这种回归的表现是借用同属信仰伊斯兰教的其他穆斯林民族的文化来充实自己的文化，这在服饰方面表现得尤其明显。北京的回族中就有很多人喜欢其他信仰伊斯兰教民族的服饰，如巴基斯坦的服饰(简称巴服）和马来西亚的服饰（简称马来服）。

第六，北京回族中的子群体服饰文化的影响。由于现代的北京是全国各地文化汇聚的城市，城市发展带来的商机，吸引了各地的回族来此工作、学习、生活、定居，他们逐渐成为北京回族大家庭中的子群体。虽然都是回族文化，由于中国回族分布较广，各地的回族文化都有相似和相异的地方。因此外来回族文化与本土回族文化之间就有了文化互动。来自全国各地的回族同胞带来的是与北京回族不同的服饰文化，各自都有一些自己的特点。在文化互动的过程中，逐渐地人们能够从服饰上、从宗教信仰程度上分辨彼此大概来自什么地方。调研中一位王乡老[①]就说“你看那些经常坚持来做礼拜的，教门[②]都比较好，尤其是年轻人，基本上都不是北京的。”另外，在北京流动的穆斯林人口和北京当地的回族之间逐渐形成一个被包含在伊斯兰世界之内的精神上的社区。正是由于有这样的一个还不成熟的精神社区的存在，才使得北京的回族能够积极借鉴全国各地的回族服饰文化的特点以及外来的穆斯林服饰文化特色，逐渐将这些特点融入北京回族服饰文化之中，构建自己已经“缺失”的地域民族服饰文化。

第七，社区变化的影响。随着社会的发展，中国的现代化和城市化已成为当前中国社会发展的主流。在现代化和城市化的进程中，作为社会的重要组成部分的社区也发生了变化。这种变化不仅仅是外在的存在形式，而且在内部的结构上发生了根本性的变化，也就是说在现代城市化背景下的“社区”不同于传统“社区”的内涵。从广义上来说，北京回族的城市化由来已久，可以追溯到元代建都。从狭义上来看，中国进入真正意义上的城市化在 1949 年以后，北京的回族也就顺其自然地开始了城市化进程。北京回族文化经过长期的变化、融入，已能够与以汉族文化为主的北京文化和谐相处并相互渗透，最终达到和谐。为了保持和传承自己的民族文化，或者说为了保护能够在精神上被“认同”的群体存在，北京的回族更加依赖于由同质的人组成的有共同日常生活的社区。中国的现代化和城市化引起的社会变迁，给在城市中生活的各民族在生活、文化、经济等各个层面都带来了巨大的变化。处于这样的一个急剧发展的城市化时代，城市中回族社区也必然受到时代浪潮带来的冲击和影响，尤其是在北京这样的现代化大都市。这些冲击和影响也引起了回族社区地缘、家庭结构及妇女社会角色、教育环境、传统回族服饰审美观以及宗教文化环境等方面的变化，从而导致了现代北京回族服饰文化的变迁。

（1）家庭结构变化以及妇女社会角色的变化。中国历史上传统的家庭结

---

① 乡老：指经常去清真寺做礼拜和参加各种宗教活动的人。

② 教门：指宗教信仰虔诚程度。

构都属于扩展性家庭，北京的回族更是如此，他们习惯“围寺而居”，三四代人住在一个屋檐下是非常正常的事情。但是随着社会的发展，这种家庭结构逐渐不能适应社会经济活动的变化，已经从联合家庭或者主干家庭向核心家庭转化，甚至成为北京回族家庭结构的主要形式。核心家庭失去了传统的家庭结构的文化氛围，也失去了可以潜移默化地引导儿童学习传统知识的模仿对象。不仅仅在民族文化知识方面以及民族传统文化传承方面显示出无力，甚至连民族认同感都会大大减弱，致使民族文化出现无法弥补的断层。

另外，随着社会的发展，妇女社会角色也发生了变化。众所周知，伊斯兰教在回族的形成以及发展过程中起到了非常重要的凝聚作用，而生活在汉文化环境之中的回族为了保证自己文化的独立性，除了依赖伊斯兰教，还极为重视家庭教育，所以家庭教育在民族文化传承中起着非常重要的作用。在传统的家庭中，回族妇女承担着养育后代的主要职责。虽然历史上妇女知识有限，但她们却以自己平日的伊斯兰教的生活方式、礼仪、态度等，重复地向自己的子女演示着对宗教的虔诚，同时也巩固着下一代对伊斯兰教的信仰。可是家庭结构的变迁，意味着妇女社会角色的转变，她们需要工作，需要参与社会竞争，以减轻家庭的经济压力。这样一来对孩子的家庭教育就会减少，在民族文化方面的影响也会骤减。而学校教育和媒体教育，又几乎不涉及民族文化，这就使得新的一代对民族文化的认识愈加浅薄。不少人会改变自己民族的传统，对于为什么穿戴民族服装，也就不再深究。

(2)教育环境的变迁。社区的变迁必然带来社区人口的变迁，进而改变人的文化生存环境。现代都市人口集中，异质性很强，经济和其他活动频繁，具有各种复杂的制度、信仰、语言和多样化的生活方式以及复杂的群体和组织。文化环境的变迁是一把双刃剑，一方面可以推动回族服饰文化的现代化进程，而另一方面则使回族的服饰文化遇到前所未有的挑战。新的文化环境下的教育就是一个极好的例子。回族文化中伊斯兰的价值观和世界观及其重要。那些受到家里传统民族文化一定影响或者是社区教育的回族学生，形成了一定的价值取向。但是正规的学校教育则与社区或者家庭的教育在民族文化的学习方面是分离的，甚至是矛盾的。学生在民族文化中得到了关于客观唯心主义的世界观，但是在学校里面学习的是马克思主义的唯物主义世界观，学习的是进化论、相对论，因此对于很多问题的解释就会出现矛盾，会使学生对自己的民族文化产生怀疑，从根本上改变对民族文化深层内涵的认同，甚至会让他们在民族与宗教上分离，从而将民族认同归于自己的血缘而非民族文化，最终使得民族文化无法继承。于是在调查过程中会发现这样的现象，由于社会文化发展的宽松环境以及个人的年龄增长，不少上了年纪的回族人会在心理上产生民族文化回归的倾向，尤其是亲友中有虔诚的穆斯林的更是如此。不少人在他们退休以后回到清真寺，学习《古兰经》，学习民俗，寻找自己的民族文化。

(3)传统回族服饰审美观的变化。民族服饰审美是民族服饰文化传承的动因之一。如果一个民族看不到自己民族服饰的美，这个民族的传统服饰就很难传承下去。民族服饰向来主要由勤劳的妇女来缝制，而北京的回族妇女在生活中，由于城市经济环境的发展，不再自己缝制民族服饰，原有的缝制技术逐渐消失。同时回族妇女也不再穿着或者很少穿着民族服饰，只是在现代服装市场中去挑选符合信仰的服饰代替原有的“民族服饰”，继而使对民族服饰的审美也逐渐退化。实际上北京的回族服饰已经出现了明显断层，在家庭教育中肩负民族文化传承的妇女已经不再穿着民族服饰，也就谈不上传承民族服饰了。而在民族服装的审美方面，除了“白帽”和“盖头”外，已没有了回族民族服饰的审美倾向。民族的主体服饰已经基本难以见到，而审美倾向也只能用宗教的“宽、松、遮”以及反对动物图案装饰的标准来诠释。很多回族甚至都遗忘了回族文化中服饰的基本审美，逐渐接受了现代城市多元文化的审美，以及极为个性化的审美观。而面对城市中回族对服饰的选择，整个回族群体也给予了一定程度的妥协。

(4)回族社区的地缘变迁。事实上随着北京城市经济文化的发展，城市规模的扩大，流动人口的迁徙，不止是回族社区，整个城市都在经受着地缘变迁所带来的社会关系的变化。在这个地缘变迁的过程中，经过几代甚至十几代人才逐渐建立起来的“街坊邻里”群体社区以极快的速度在仅仅两代人的时间内就崩溃了。经过历史的积淀以及社会生活习惯的传承，回族在全国范围内都形成了自己大杂居小聚居以及围寺而居的居住方式。这种被叫做“哲玛提”①的以清真寺为核心的社区，是回族心灵的寄宿，是回族社会和文化的坚固的堡垒。这一点在北京地区有很明显的体现。北京现有清真寺70余座，而且分布较为广泛。这种聚居格局上的小聚居形式是经过了数个世纪考验的，也是能够保证自身文化传承的一个较为成功的方式。可以说北京回族文化就是依托于这些清真寺，在现代化的大潮中坚守着自己的文化，但是面对城市的变迁，这样的聚居型的社区也向着散居型的现代城市社区变化，逐渐地瓦解。这一居住格局的改变使得原有的回族社区的社会结构产生了非常大的变化。首先改变的就是邻里关系，进而使得回族社区特殊的社区组织、社区经济和社区文化遭到不同程度的削弱。其次，由于居住离清真寺远了，平时到清真寺礼拜的人数、次数都明显减少，这

---

① 哲玛提(Jamaat)：回族人对自己的以清真寺(Masjid)为中心的聚居区的称谓有自己的语言，称为Jamaat，阿拉伯文的意义是“聚集、集体、团结、共同体”等。

样通过共同的宗教生活方式的社区内部相互交流、互动频率也大为减少。社区舆论监督也随着社区的变化而越来越弱，甚至渐渐淡出了回族的生活，对民族服饰以及宗教生活的舆论监督也在减弱，甚至被忽视。一位回民①在接受采访时所说的："像以前我们还经常谈论什么谁穿得不合适，谁不做礼拜，谁不够孝顺，现在很多人都不再谈论了，把自己管好就好了。"正是地缘变迁对回族服饰文化影响的真实写照。

不过调查中还发现，由于文化的惯性，不少回族虽然不得已从原来的寺坊社区搬迁出来，但选择了到北京城郊县的回族社区居住；也有的人即使离开原有的社区很远，还会骑车或者坐公交车，不顾远距离的奔波，回到原社区参与社区的民族活动和文化活动，追寻民族文化的认同和群体的归属。虽然北京的回族文化正在失去依赖的共同社区，能够代表文化的物质文化也逐渐地萎缩，但我们也看到了回族的民族精神却依附于他们的"穆斯林"的身份，逐渐地自觉②，一个在民族宗教信仰基础上的"统一的伊斯兰精神社区"，一个被回族认同的精神社区逐渐地形成。

除了上述对北京回族服饰文化发展的不利因素外，我们在调研中还发现了一些积极因素的出现。进入 21 世纪，政府看到了现代（都市）文化对少数民族文化的严重冲击，提出决议和措施积极保护民族文化遗产，如 2006 回族服饰文化入选我国第一批国家级非物质文化遗产名录，北京 2007 年将牛街作为特色街区进行建设（这也是回族居住在"皇城根"下在保护民族文化方面具有的优势）。另外，也有不少回族青年利用现代的网络技术，建立起了网络的穆斯林社区，主要面对的是中国的穆斯林，尤其是回族，介绍民族文化，探讨信仰的问题，帮助解决一些回族在生活中遇到的问题，如饮食、家政、婚介等，还对社会弱势群体提供一些救助，为民族文化做一些贡献。随着中央对于少数民族文化愈加重视，北京回族文化也逐渐出现了"文化自觉"，有些学者和有志于保护民族文化的人开始投身到北京回族文化的"重塑"中。有一部分人开始有了穿着符合"教义"的服装的意愿，也有人看到了人们在这方面的需求而开始做一些在回族民族服饰文化创新方面的尝试。

四、北京回族服饰文化的发展趋势

从历史上回族文化的变迁来看，回族文化具有较强的适应能力，在坚持文化最核心部分的同时不断地变通和融合，这才使得回族虽然处于汉族

---

① 受采访人物：李某，回族，58 岁，籍贯北京。采访日期：2008 年 11 月 4 日。

② 指生活在一定文化历史圈子的人对其文化有自知之明，并对其发展历程和未来有充分的认识。

文化的腹地，却仍然能够具有相对的独立性。北京回族服饰文化在面临城市的急剧变革时，该如何继续传承呢？也就是说会有什么样的发展趋势呢？根据调查和实地观察，发现有以下五方面的趋势：

首先是礼仪化。在这里“礼仪化”指的是民族服饰更多地在民族礼仪场合被穿戴，例如回族的主麻日、民族宗教节日以及婚丧等礼仪场合。这一现象已在北京回族服饰现状调查中概述过。在调查中 40% 的人表示他们会在开斋节、古尔邦节这样的民族节日戴白帽或带盖头。在上述“礼仪”场合中，按照与事件的相关程度来看，事件的“主角”是最注意自己的着装。这是北京回族服饰文化的一个趋势，也可以说是现今都市化背景下大部分民族存在的共性。

其次是符号化。民族服饰的一个很重要的特性，就是标注个体的民族身份。在城市化过程中民族服饰迅速地退出少数民族的日常生活，使得民族服饰已经变成标注个体民族身份的简单的符号。在调查中，当要求对印象中回族民族服饰进行描述时，有 100% 的人写了白帽和马甲，还有 87% 的人写了盖头或者头巾。帽子已经变成了男女都能戴的民族服饰以及宗教文化的象征。可见在人们的认识中，传统回族服饰已经成为极为简单的特征，变成了一种民族文化的符号。

第三是时尚化。现如今凡是在文化繁荣、交流频繁的地区，都会有时尚存在。民族服装的发展同样也受到现代时尚文化的影响。对于北京回族服饰而言，生活在北京这个文化都市中，回族的日常服饰也受到了世界时尚潮流的影响。即便是在参加宗教节日的时候，也可以见到不少穿戴传统头饰，却配以现代时尚装束的人，也有女士戴着帽子烫着卷发的，也有穿着一般的运动服的年轻人，在做礼拜的时候也有穿着帽衫的，用连衣的帽子代替礼拜帽，这也是现代北京回族服饰时尚化的一个重要表现。另外不少人选择“巴服”、“马来服”，以及国外来的一些盖头、帽子，这也是一种时尚潮流，这些潮流因素就来自纷繁的各穆斯林民族服饰文化。其中来自国外的穆斯林的服饰对回族服饰的影响比较明显。

第四是多样化。由于北京地区的文化具有较大的开放性，使得这里的回族有了更多的对外文化交流的机会，也更容易接受新的文化形式，为北京回族服饰多样化提供了现实的可能性。北京回族服饰的多样化一方面因为现代服饰文化多样性的影响，而另一方面由于北京回族服饰文化本身就较为匮乏，而在回族民族内部有文化回归的需求，使得不少有意要保护民族文化的人致力于多样化的回族民族服饰的开发。北京回族服饰不仅仅在色彩和花纹图案上，甚至在款式上都在不同程度地吸收着来自各个方面的文化养分，不断地创新，逐渐走向多样化。

第五是服饰中民族性与宗教性逐渐分离。伊斯兰文化中民族与宗教信仰是很难分开的，表现在信仰伊斯兰教的民族服饰上就是服饰的民族性与宗教性结合，回族的民族服饰也不例外。回族服饰中民族性指服饰中体现了民族文化意识的部分，而宗教性则指服饰上体现了宗教信仰的部分。总体上看，服饰中宗教的元素总是表现出严肃性、稳定性和强传承性；民族的元素则体现为多样性、多变性和可发展性。也就是说在回族的主体服饰中同时蕴含了宗教和民族两种元素。当调查着装态度时，不穿戴回族服饰的人中有 84% 的人同意“我不信伊斯兰教，所以我不穿戴回族服饰”的说法。在访谈中也有年轻人有类似的表述。可以看出，在不少人看来回族服饰的宗教性要多于民族性。在现代城市中，民族服饰的宗教性表现得更加明显，而代表民族性的部分由于本身就比较欠缺而逐渐被人遗忘。

五、北京回族服饰研发的可行性

北京是全国的文化中心，北京回族的服饰文化无疑会影响其他地区的回族服饰，尤其是西北相对比较闭塞的地区。随着西北回族与北京回族之间的交流不断加深，为北京回族文化的发展带来了传统文化的气息。北京的不少回族青年都逐渐对自己的民族文化有了兴趣，并且产生了学习本民族文化的愿望。在牛街的学习班以及南下坡清真寺的学习班都时不时能看到一些年轻人的身影。北京的多个回族或者是穆斯林的网站也成为新时代的青年学习民族文化的新途径，出现了民族文化在回族青年中的“回归”。此时，作为一个民族文化最明显标志之一的服饰，就成为北京回族彰显自己民族身份的重要方式。因此，在全国回族服饰文化的发展过程中，北京的回族服饰文化应该成为回族服饰文化发展的领头羊，发挥它的文化交流的优势，为回族服饰文化传承找到一条出路。另外，回族是中国少数民族中城市化程度非常高的一个民族，城市中回族服饰文化如能得到很好的发展将会为保护和发展其他少数民族服饰文化起到示范作用，对推动整个中国民族文化的繁荣与社会和谐的发展也会产生积极的作用。

北京宽松的文化环境和丰富的文化交流为回族服饰提供了广阔的发展空间。在针对回族服饰市场的调查中，有 70% 的人表示希望能够有专门卖回族服饰的商店，也希望能够有比较满意的服装，不过这 70% 的人中有半数以上分布在 50 岁以上。根据市场调研和所观察到的情况，在回族服饰的研发方面提出以下一些建议，供参考。

第一，在服饰设计的定位上应该偏向于成年人服饰，尤其是老年人。在针对老年人服饰的设计中不要太多的装饰，款式要符合传统服饰审美以及宗教的“宽、松、遮”三个基本要求。这主要考虑到老年人在生活上、民族习俗上的需要。而针对成年人的服饰，应该依据实际情况，制作高质量的、能够在礼仪场合表现个人民族身份的服饰。

第二，要充分认识到，虽然民族文化有回归的趋势，但是民族服饰礼仪化的趋势仍然是主流。购买民族服装的人不会在日常生活中经常穿戴，所以服装的民族性一定要体现，但是也不能太过张扬，要既能够融入现代服饰文化，也能够表现出民族特点，舞台元素要少用，贴近生活才有可能渐渐融入日常生活。

第三，在挖掘传统的回族服饰元素的同时，设计中也可以加入其他地区穆斯林民族的图案色彩等元素。虽然同属于穆斯林民族，但北京的回族受到汉文化的影响比较大，比较喜欢汉族传统的花卉图案和几何图案，也不排斥其作为服饰的装饰图案使用，不过老年人依然不会选择带有龙、凤之类动物图案的服装。民族认同不是单向的，一方面要本民族认可，另一方面也要其他民族认同。现在新设计的回族服饰虽然本民族可能认同，但是其他民族却可能较难认可，还需要经历很长的时间来考验、沉淀、达成共识。

第四，现代服饰文化中的一些时尚元素也可以用到回族服饰的设计中，但是颓废的、邋遢的、另类的风格则不可以使用。素雅的、庄重的、落落大方的服饰审美在回族中仍然有很深的文化基础。

第五，在针对年轻人的设计中，可以选择鲜亮色彩和多样的材料。棉麻以及编织类型的布料都可以选择，但是太薄太透的材料不可以单层使用，女性的服饰还是要做到遮蔽的效果，不能刻意暴露。可以有一定的曲线，但是不可以过于紧绷。裙装是可以加入设计的，但超短裙是不能采用的。

第六，在设计女性服饰的时候也要注重男性服饰的设计。现代的服饰设计中多偏向于女性服饰。女性的服饰具有更多的创作空间，男性的服饰变化较少这是不争的事实，但并非说男性的服饰不重要。笔者在调查中发现，男性服饰的需求其实是有的，只是很少有人关注。在设计中可以加一些花纹的装饰，但是同样不能使用动物的图案，且男性的服饰多注重用料、颜色和裁剪，款式上冬天多偏向于长款的大衣，夏天则偏向于透气舒适的白褂。目前就所掌握的资料看来，这部分的需求比较分散，不易统计。

第七，设计要与市场结合。从民族服饰的设计研发到生产、销售，都需要有一个比较顺畅的渠道，否则即便是设计出来了服装，无人知晓，供需之间的信息不够通畅，民族服饰也无法做到真正的推广。在设计方面，应该多利用首都高校的设计队伍，多做市场的反馈；在生产方面，可以考虑利用义乌、青海、宁夏等地的企业，无需非要在北京地区开设生产线；在销售方面，可以选择多种销售渠道，如清真寺的穆斯林用品店和清真寺周边的民族用品商店都是较好的销售场所。由于现在城市中的回族都不像以前那样聚居在一个社区，而是分散在城市的各个角落，所以除了比较受欢迎的卖民族服饰的实体店外，也不妨尝试一下网络销售这种新的形式。

总体来说，回族服饰的设计一定不能脱离实际，既能体现民族风格，又有时尚性，这样才能够有市场，才能够发展。

六、结语

回族从形成发展至今，仍然能够坚持自己的文化传统，是因为回族在能够坚持不抛弃自己的传统文化的同时，吸收新的事物，能够不断地向前发展。不论是回族的形成，经历的变迁，或是当前传统文化的回归，伊斯兰教都是回族文化得以传承和发展的核心力量。城市化已经是现代化的必经之路，与其他民族一样，回族也必然要接受这样的外部环境的变化。北京的回族服饰文化在城市的现代化过程中，也不可避免地因为传统社会结构的解体而不得不面临传统文化难以传承的危机。皮之不存，毛将焉附？丢失了传统文化，回族的服饰文化不仅会在伊斯兰文化圈中失去自己民族服饰文化的独立性，也会在这个服饰文化多元化的世界中失去自己的立身之地。可喜的是，如今无论是在官方还是在民间，中国文化与伊斯兰文化之间都在积极对话，无论是国务院总理温家宝的外访，还是伊斯兰文化的著名学者的来访，都无疑是给信仰伊斯兰教的回族提供了一个更好的文化交流和民族文化回归的契机。回族服饰文化要很好地利用现在一切有利的机会，积极传承，向更广阔的空间发展。

参考文献

1. 林君慧：《北京回族妇女服饰文化及其发展趋势研究——以牛街为例》，北京服装学院硕士研究生学位论文，2007 年，第 20 页。
2. 良警宇：《牛街：一个城市回民社区的形成与演变》，中央民族大学出版社，2006 年。
3. 刘东升、刘盛林：《北京牛街》，北京出版社，1990 年。
4. 纳静安：《北京回族女性的文化传承与变迁》，硕士毕业论文，2005 年。
5. 陶红：《回族服饰文化》，宁夏人民出版社，2003 年。
6. 佟洵：《伊斯兰教与北京清真寺文化》，中央民族大学出版社，2003 年。
7. 张春佳、郭平建：《面纱下的思想回归——记西北四省穆斯林服饰发展状况》，2008 年，增刊。

（作者：郭平建　首都服饰文化与服装产业研究基地研究人员　教授
陶萌萌　原北京服装学院 2007 级研究生　现宁夏社科院工作）

北京文化发展研究基地

（北京师范大学）

基地名称：北京文化发展研究基地
依托单位：北京师范大学
项目类别：北京市哲学社会科学“十一五”规划研究基地项目

世界城市建设对北京文化生态发展的新要求[①]

全球变暖、土地荒漠化、水资源污染、火山爆发、海啸、地震、干旱、大涝、沙尘暴等生态问题层出不穷，造成生态环境不断恶化，人类的生存危机正在明显加剧。长期以来竭泽而渔、只顾眼前不顾后果、只顾当下成绩不顾长远前景的发展模式已经引发各种生态问题，暴露出诸多显性的恶劣后果，为人类社会的未来发展埋下了巨大隐患。这些问题的出现给人类以极大教训，促使人类对生态问题予以愈来愈多的关注，生态研究迅速发展起来。生态是指一种整体环境，文化与自然一样具有生态特征。在一定的历史时期内文化系统与其内部的各种构成要素之间存在着相互影响、相互制约、相互作用的动态关系，形成了一种类似于生物系统的文化生长发展的环境状态，即文化生态。相对于生物系统而言，文化系统的活动周期更长，系统内部一旦产生问题，问题的隐蔽性和危害性都会更大，对经济、社会各方面会产生持久的破坏力量。因而，文化的生态问题更加需要重视。对于文化生态的研究有助于推动人与自然、人与社会、人与人、人与自我多维度的发展。

近年来，文化生态的发展受到了党和国家的高度重视，党中央一再提出了科学、全面、协调、可持续、包容性的发展观，将生态建设作为现代化建设现阶段的重点任务，为我国的生态建设确立了理论基础。党的十七大报告对中国特色社会主义文化建设做出新的重大部署，强调了加强文化建设、提高国家文化软实力的极端重要性，这对于兴起社会主义文化建设的新高潮，推动社会主义文化大发展、大繁荣具有重要意义。持续健康发展成为文化建设的总体方向，良性文化生态建设被推到文化建设的关键位置上。所谓良性的文化生态，不是将一种文化形式的萎缩作为另一种文化形式发展的代价，而是在文化系统内部各种文化因素和文化形式之间形成一种互养互动的和谐关系。这样的文化生态环境既是社会主义文化繁荣的良好生长点，又是经济和社会的全面发展的持续推动力。

---

① 本文是《北京文化发展报告》项目的阶段成果，项目编号：06AfZH049。

改革开放30年来，北京经济社会持续快速发展，城市竞争力显著增强，处于全国领先地位。2008年奥运会的成功举办使得北京再次成为世界关注的东方名城，它在城市经济发展、基础设施建设、社会建设、国际化程度、现代化水平、城市美誉度等方面都有很大的提高。2010年，北京正式提出了建设世界城市的发展目标。这所有的一切都对北京的文化建设提出了新的发展要求，北京文化软实力的提升无法离开文化生态的良性发展，没有文化生态理论作为依托，北京文化将无法健康有序地发展。

一、文化生态的概念以及相关理论

文化生态作为近年来国内外学术界研究的显学，是在社会经济高速发展、文化现代化的背景下产生的。文化生态既是一种对社会现代化的深刻反思，也是一种系统、全面地观察自然、科技以及社会的整体方法。其研究目的是为了实现人与自然、人与社会、人与人、人与自我的和谐。

（一）文化生态的涵义

“文化生态”概念产生于以生态学方法研究文化现象的过程当中。1955年美国文化人类学家朱利安·斯图尔德(Julian Steward)首次提出“文化生态学”概念，指出它主要是“从人类生存的整个自然环境和社会环境中的各种因素交互作用研究文化产生、发展、变异规律的一种学说。”其实，文化生态学既是方法论也是本体论。一方面，文化生态学是用生态学来解释文化学的一种研究方法，另一方面也是一种具有交叉性质的学科。所以，就它与文化生态的关系，可以以一句话加以概括：如果文化生态强调的是一种状态的显现，那么文化生态学则是对于这种状态的研究，包括在理论方面的升华。二者紧密相连，不可分割。

20世纪80年代以来，西方的文化生态学概念传到中国，被一些学者所认知。但是，文化生态在中国的传播有一个渐进、深入的过程，这与中国整个社会的现代化发展程度密切相关。目前关于文化生态概念的认知集中体现在三个方面：一是强调文化生态是“各种文化相互作用、相互影响而形成的动态系统”，侧重文化；二是强调文化生态是文化系统与生态系统地耦合，侧重的是生态；三是强调文化生态是一种文化现象，侧重文化生态内涵，即以生态价值观为指导的社会意识形式，主要包括生态哲学、生态伦理、生态科技、生态教育、生态传媒、生态文艺、生态美学等。

纵观这三方面，其实都是有道理的，只是对文化生态理解的侧重点不同而已。如果我们将其综合，不难得出这样的结论：文化生态的主体是文化，讲求的是文化间的关系状态，而生态是其理论的根基，一种共生共养的状态显现，就其内涵而言，包含了生态哲学、生态伦理，等等。曾经有学者对文化生态的概念做过总结，“文化生态是指人类适应环境而创造出来并身处其中的历史传统、价值观念、社会伦理、科学技术、宗教信仰、文艺活动、民间习俗等，是人类文明在一定时期形成的生产生活方式与观念形态等，是一种生存智慧、生存策略。”①

（二）文化生态的特性

在参照学界关于文化生态研究成果的基础上，我们对文化生态的内涵做了进一步分析，归纳其特征可初步分为四个方面：多元共生性、时代发展性、自成一体性、持久影响性。

多元共生性。“文化生态”是一个结构性的存在，它包含了诸多种类的文化要素。文化间的彼此尊重与共存是文化生态良性运行的基础，也是我们努力建构文化生态的愿望之一。

时代发展性。文化生态虽是以传统文化为基础，但更是人类当下精神和观念的产物。因而无论是哪一时代的文化生态，都具有时代性的特征，其发展伴随着社会的变化以及社会变化中人们精神状态和思想历程的发展。

自成一体性。文化生态具有外在规律性和内在逻辑性，但是这些并不是人为安排和组织的结果，而是在社会结构的自然作用下产生并自成体系的，具有非个体人为所能干扰的自然性。文化生态是一种整体性的文化系统，内部包含着众多的文化要素，如文化行为、文化资源、文化思潮、文化活动等。众多文化现象并不是杂乱交错于系统内部，而是极具规律性，依照稳定的逻辑体系有序排列成为一个可循环的活态系统。

持久影响性。文化生态对于社会的作用虽然不是剧烈且直接的，但是其持久性和基础性却决定了其能够以长期隐蔽的途径渗透进入其他领域，对社会总体产生基础性乃至根本性的影响。

当然，文化生态还有其他的一些特征，但是以上四点从内涵到结构，从内在到外在对文化生态作了一定的概括，可以被认为是文化生态最基本的特征。

（三）“文化生态”与“生态文化”的辨析

“文化生态”与“生态文化”字面上的相似性，很容易使人将这两个概念混淆。但是深入挖掘两个概念的内涵，可以发现其间存在的差异是明显的，虽然二者在某些内容上的耦合性使我们无法将其截然分开，但仔细研究我们就会发现它们是属于不同领域、不同层面的概念。

“生态文化”是对于生态问题的文化思考，侧重点在于“生态”。将“生态文化”作为核心价值观建立起来的思维方式其实质则在于人类在饱受环境问题困扰和惩罚后展现出的全新文化姿态和文化选择，是人类用以缓解和解

---

① 徐健：《当代中国文化生态研究——基于文化哲学的视角》，2008年华东师范大学博士生论文，第58页。

决人与自然之间的冲突关系而创造出来的一种新的文明形式。

“文化生态”是将文化看作一个整体的生态大系统，强调的是文化的生态状况，重心在于“文化”，而“生态”在此则是“环境”的代名词。在文化系统中，各种文化形式之间存在着相互影响、相互作用的关系。我们并不拒绝“生态文化”对于“文化生态”概念形成的重要理论参考意义，但是形成概念后的文化生态中的“生态”已经不再完全是“生态文化”中的“生态”。“文化生态”是从生态的视角出发来探讨人类的文化问题，将文化作为一种生态环境加以系统地、联系地的研究，关注的是具体文化形态之间的相互作用，强调文化和生态之间的互养关系。本课题将研究关注点放在文化如何建设、如何发展的问题上，这一研究目标使得文化生态的研究重心自然而然地向“文化”倾斜。

二、文化生态在北京的实践与发展

改革开放 30 年来，我国经济和社会快速发展，文化也迎来了绝佳的发展机遇期。改革开放的历史进程为中国特色社会主义文化生态的建设提供了不竭的实践源泉。

(一)改革开放以来北京文化生态发展的总体环境

改革开放 30 年间，“转型”始终是中国社会建设的关键点所在。从“政治转型”到“经济转型”，从“社会转型”到“文化转型”，从传统向现代的转型成为各领域建设的关键所在。① 而也正是经济、政治各领域的现代转型为北京文化生态的发展创设了独特的发展机遇。

1. 经济、政治结构的变革为北京文化生态发展提供了社会基础

改革开放以来，党和国家根据生产力发展的实际情况和要求，建立起社会主义市场经济，将市场作为调控资源配置的基础性力量，逐步实现由传统的产品经济到商品经济的转换。北京更是迅速完成了由传统经济形式向市场经济的蜕变，经济发展势头迅猛，经济发展水平在全国居于前列，市场需求的不断增加强劲拉动了新时期文化发展的规模。而在政治上，随着全国人民行使民主决策、民主管理、民主监督程度的加深，社会政治结构发生剧烈变化。旧的文化状态也随之被动摇，北京直接受到全新经济、政治局势的冲击和洗礼，文化生态的发展迎来了广阔的空间。

2. 文化体系的包容性为北京文化生态发展提供了理论空间

改革开放以来，我国的文化体系突破了原来的中西文化二元对立局面，呈现出开放、融合的全新姿态。当前世界发展的总体潮流是综合国力的竞

---

① 徐健：《当代中国文化生态研究——基于文化哲学的视角》，2008 年华东师范大学博士生论文，第 70 页。

争，而文化作为经济和政治力量的有力支持，在综合国力中的地位和作用越来越重要。文化的力量，深深熔铸在民族的生命力、创造力和凝聚力之中。在此认识的基础上，我国根据社会主义现代化建设的总体需求，立足于社会主义建设的特殊情况，充分吸收传统文化和世界其他民族文化的优良成果，确立起中国特色社会主义的全新文化体系，将文化创新、交流融合作为文化发展的基本方略，以社会主义核心价值体系统领社会文化思潮，整合不同的文化样式和文化资源，在确保社会主义主流文化的核心地位基础上发展全方位的文化发展模式。全新的文化发展体系充分体现出包容、开放的特征，为北京文化生态的建设提供了理论支持。在充分评估和认识这一发展趋势的基础上，北京近年来大力发展科学教育事业、文化事业和文化产业，深化体制改革，为文化生态的进一步拓展做好了准备。

3. 文化层次的丰富化为北京文化生态发展提供了精神动力

改革开放以来，伴随着经济政治结构的变化，社会主义现代文化的建设呈现出全新的发展样貌。文化系统内部的层次性逐步增强，原有的主流文化一枝独秀的局面逐步被拓展成为主流文化、精英文化、大众文化共同发展，以主流文化为核心，以精英文化和大众文化作为有力补充的全新结构。人们的观念也随着文化层次的丰富而逐步摆脱传统，走向现代。精英文化和大众文化都在经历深刻的历史性变革和转变。这样的文化转变使得文化系统内部各文化形式之间相互影响作用，不断擦出新的火花，成为文化生态长远发展的精神动力。

（二）改革开放以来北京文化发展的整体面貌

在这样的生长环境中，北京文化生态进入了加速和全面转型的新阶段，从现实内容上接近、融入现代文化体系。当代转型之后，北京文化发生了显著的变化，从原有的单一文化形态向着多样性、立体化转变。

1. 协调主支流文化前进步调，确立文化发展整体框架

目前我国的文化系统主要由三种文化形式共同构成：主流文化、精英文化以及大众文化。主流文化以政治话语为主基调，政治色彩比较浓厚；精英文化以人文话语为主基调，注重终极关怀、价值呵护和意义诉求；大众文化具有崭新性、前沿性、活跃性、娱乐性的特性，能够反映普通民众一定的政治、经济形态，体现出文化发展的某些未来趋势。

北京文化在改革开放 30 年间已经初步建立起主流文化、精英文化、大众文化三位一体的文化格局。主流文化是该生态系统中最先进的文化，在该系统中居于核心地位，起着主导作用，而精英文化和大众文化不断以主流文化为导向来激励、升华和发展自己。在这个文化格局中各种文化形式之间既相互摩擦、相互竞争，又相互交流和协作，达到一种融合的趋势，呈现出看似复杂却相对平衡稳定的结构状态。

2. 平衡企事业文化发展规模，建立双向文化共生机制

北京文化生态在建设过程中，注重对文化事业和文化产业的双向共生式发展。一方面，在市场经济的发展过程中，图书馆、文化馆、博物馆等文化事业单位因经济效益的缺乏而难以为继，发展产业性文化可以为这些事业型文化的发展提供物质保证，同时，产业型文化的发展很大程度上可以带动事业型文化的改革，这些文化事业单位在市场环境的刺激下，会逐步增强自我创新能力，展现出全新的面貌。另一方面，繁荣文化事业也会为产业型文化的发展提供良好的文化生态环境。产业型文化在大踏步前进的过程中必须以优秀的民族文化传统和丰富的民族文化资源作为依托，才不至于无的放矢、头重脚轻，而文化事业的发展恰恰保存了传统文化资源的完整性，不至于使文化资源在文化产业的开采中过分流失，文化事业如同文化产业发展的源头活水，为文化产业提供不竭动力。

事业型文化和产业型文化在社会主义文化建设中虽然有着各自不同的角色定位和功能，但他们互为两翼，两者的互动发展不断增强北京文化生态的总体实力和国际文化竞争力，充分发挥了文化平衡对社会经济、可持续发展的深层底蕴作用。

3. 大力发展文化创意产业，融入现代文化整体格局

文化创意产业的发展是北京文化生态从传统向现代转型的重要途径。面临文化创意产业作为“支柱产业”的发展要求，北京政府高度重视文化创意产业的建设，陆续出台了一系列鼓励发展文化产业的政策措施，对文化产业发展起到了巨大推动作用。2006 年 11 月，北京市发布了《北京市促进文化创意产业发展的若干政策》(以下简称《政策》)，决定从 2006 年起每年安排 5 亿专项资金用于扶持符合重点支持方向的产品、服务、项目；设立 5 亿元文化创意产业集聚区基础设施专项资金，分三年投入。《政策》鼓励支持文化创意企业的创意研发和产品出口，对其所得税、营业税等给予减免，单位和个人在从事文化创意产业技术转让、技术开发和与之相关的技术咨询、技术服务取得的收入免征营业税。对文化创意产业的海内外高层次人才给予表彰和奖励。改革开放以来，北京区域内一批新兴的具有较高技术含量的文化产业迅速崛起，动漫、网络游戏等新的文化业态发展迅速，一批有较强实力和自主创新能力的大型文化企业和企业集团成长起来，一批具有民族特色、自主知识产权和原创性的知名文化品牌崭露头角。

三、北京文化生态建设迫切需要解决的问题

文化生态建设是在中国现代化转型过程中日益凸显的问题，特别是在城镇化进程中，城市建设不仅涉及保护自然生态的问题，也涉及一个生态文化保护和建设的问题。北京文化生态的发展在整体性上，以及整体之下

的各个要素部分，都还存在一些亟待解决的问题。

（一）经济建设中文化遗产保护的问题

文化建设的目的是推动经济发展，而文化建设的基础是经济，只有抓好经济发展，文化才可能得以发展。社会主义市场经济浪潮下，如何避免因为片面地追求经济利益造成的文化生态破坏，实现经济建设与文化生态的共同繁荣，是北京文化生态建设需要解决的课题。在市场经济的建设过程中，存在着由于过于追求眼前利益，对于文化生态造成破坏的问题，人们心目中熟悉的“文化搭台、经济唱戏”的提法，容易造成文化只是实现经济效益的手段，追求经济效益的最大化才是最终目的，文化在这中间只不过是走一个过场，流于形式，更有甚者会为了片面地追求眼前利益，不惜违背文化保护建设的规律，肆意改变文化遗产的原貌，造成破坏。这些问题，在经济与文化的协调发展中，已经开始日益凸显，特别是北京作为历史文化名城，经济飞速发展的同时也暴露出文化遗产的保护问题。

例如南锣鼓巷古老的街区，其丰富的历史文化资源，自然是开发建设南锣鼓巷文化休闲商业街可加以利用的，用以推进整个商业街的经济繁荣。事实证明，在南锣鼓巷也确实实现了文化与经济的相互交融、相互发展，世界各地的人们都被吸引到这里来，目的就是为了一睹老北京城区的风采，特别是在这里感受京味文化、皇城文化。然而另一方面，商业街成功开发的背后，也暴露出了这些物质文化遗产保护的一些隐患，例如文化休闲商业街商业气息很浓厚，到处商铺林立，而一些文化遗迹却没有得到好的维护。

（二）政府投入缺乏合理规划及可持续性

文化生态建设，政府行为是另外一个不能忽视的层面。在文化生态建设过程中，曾经存在过政府投入不足的问题，但是随着经济发展和综合国力增强，现在更需要解决的是如何合理规划、科学投入，真正实现可持续发展。政府的重视与投入是文化生态保持与发展的重要保障，但同时也存在一些地方政府投入急功近利、一拥而上，但是缺乏积累、缺乏长久规划可持续性的弊端。因此，如何实现政策性的持续投入，有规划、科学地建设文化生态，是一个摆在人们面前的重要问题。如果没有相关的政策支持，没有科学决策，忽视文化生态建设的自身规律，那么势必将只是事倍功半的效果。

当前，北京文化创意产业取得了飞速的发展和成绩，但同时也应该看到，也还存在着诸多的不足。就政府层面而言，怎样更好地健全体制保障，合理规划投入，完善产业链布局，是当前亟待解决的问题。特别是当前北京的文化管理体制，由于文艺创作等内容的产业归政府部门的文化局管理，文学艺术、广播影视、新闻出版等重要领域依然是实行事业单位的管理模式，市场化不足，容易造成活力缺乏、创意不足等缺点，从而难以适应市场新形势的需要。而北京市各个区县不断地提出建设文化创意园区，这些文化创意园区是否合理进行了协调规划，是真正形成了文化上的集聚效应达到了资源共享，还是各自为政缺乏整体规划，也是需要作为决策者的有关职能部门认真调查和仔细思考的。

（三）区县文化生态发展的不平衡

改革开放以来，北京在文化发展的整体规划下，对各城区的功能进行了划分。而各城区也纷纷制定出了自身文化的发展规划，打造本区的文化品牌，但是这种划分也暴露了一些问题。在北京文化发展过程中，各城区之间存在着资源分配不合理的问题。一方面，在文化建设的过程中，由于历史或者现实的原因，存在着某些城区文化发展缺乏必要的文化资源，而另一些城区发展资源过剩的不平衡情况；另一方面，城区文化在建设当中往往只关注自身城区的发展，而忽略了与其他城区之间的有机联系和合作，孤立的发展方式违背了文化生态的整体性特征，导致了区域文化凝聚力的弱化。

突出体现文化资源分布不平衡的是博物馆、图书馆、科技馆、体育场馆、音乐厅这些现代的公共服务设施。这些公共文化服务设施分布的城乡差异在世界各个城市都会有体现，可以说是普遍的难题，但是在城市化的建设中，文化设施的建设和文化活动的开展还应该兼顾其他地区特别是偏远郊县，注重那里的文化生态建设，丰富那里人民群众的日常生活，城市文化设施的建设已经不仅仅停留在脸蛋上、搞一些“面子工程”了，而是更应该打破二元对立兼顾城乡，创造更多的公共文化服务设施，让经济发展的成果惠及更多的区域和群体。

四、促进北京文化生态良性发展的对策

北京文化生态的良性发展对北京文化发展的总体格局，对北京世界城市的建设都有不可或缺的作用。虽然，对北京文化生态的良性发展，已经引起了政府的注意，也采取了一些切实可行的措施，但是总体上还不尽如人意，还有许多有待改进的地方。

（一）以经济发展促进文化遗产的保护与开发

历史文化遗产要与社会经济的可持续发展相得益彰，两全其美。从经济效益上讲，文化遗产能够促进社会经济的可持续发展。文化遗产与发展经济不应当是一对矛盾，它们应该是相辅相成、相得益彰、共同协调发展的，通过合理的安排规划，不仅可以避免它们之间的冲突，还能带来一定的经济效益。比如旅游行业，八达岭、故宫、颐和园等都是文化遗产，也都是北京旅游最吸引人的亮点。这些文化遗产的吸引力带动了整个北京旅

游、服务行业的繁荣，这就是文化遗产带来的经济效益之一。另外，在文化产业方面，文物也有很大潜力，比如复制品、纪念品、书刊宣传品等，这些不仅仅产生社会效益，也能很好地带动经济效益。

（二）加大政府投入力度，实现文化生态的科学发展

强化政府在北京文化生态建设上的硬约束。建立综合决策制度，用政府的权威保证文化生态免遭破坏。在制订计划及重大经济行为的拟议过程中，充分发挥政府综合决策的作用，把文化生态目标和经济发展目标结合起来、统筹考虑、综合决策，以从源头上解决对文化生态的危害问题，从而保证各项重大决策既符合经济效率的原则，又符合文化生态建设的要求。要适时出台相关政策，用宏观调控手段引导文化生态建设的积极性。当前和今后一个时期，应抓紧调整文化生态建设的政策导向，千方百计加大对文化生态的政策性倾斜，这是文化生态建设的当务之急。尤其在起始阶段更要形成一整套与之相适应的政策体系。转变政府职能，大力发展公共文化事业。加强宏观管理，为公共文化产品和服务的市场提供营造良好发展环境。

（三）扩大文化观察视野，优化区县文化资源

提高核心区的承载能力和服务水平。通过核心区区划的合并调整，可以大幅度提高合并后两个区的综合实力，进一步拓展发展空间，有利于提高核心区的承载能力和服务水平，也有利于解决四个区结合部管理薄弱的状况。

优化北京城区文化设施，增进文化资源合理利用。北京作为全国的文化中心，必须考虑文化功能在北京各城区间的平衡发展。当然，这个问题单纯依靠市场手段是很难解决的，只能通过政府指导才能逐渐地减小这种差异。政府在对北京市进行城市文化功能规划时要从长远发展的角度，从城市可持续发展的角度，在政策上予以倾斜，在规划方向上要严格把关，统一协调布局。

完善各城区文化功能定位。随着人们的精神生活开始追求多样化、多层次化，根据每个城区自身的历史条件和现有发展环境，打造各自城区的文化特色是符合现代人要求和愿望的。现在，有的城区文化特色已经很明显，如朝阳区、海淀区等。但像丰台区、石景山区的文化设施建设还没有显示出其自身特色来，因此，应充分利用自身的自然环境和人文环境，树立自己的文化形象品牌，进行文化功能定位。这是城市文化功能协调发展的主要途径。

五、小结

随着人类社会的不断发展与进步，文化对综合国力的作用越来越重要。

知识经济时代的到来使经济文化一体化的趋势日益明显。将文化作为一种生态进行建设逐渐成为世界文化发展的主流。纵观改革开放以来的北京文化生态建设，可以看到区域文化生态的喜人成就，同时也能够发现我国文化生态现阶段的不足之处。北京从文化建设的历史和现实中总结经验，合理调整，在发展中积极规划和谐的文化生态格局，必将迎来文化发展的全新飞跃，以良性的文化生态推动社会主义建设，以文化软实力壮大社会发展的整体力量，成为新时期建设的精神之源。

参考文献

1. 司马云杰：《文化社会学》，山东人民出版社，1990 年。
2. 陈敏豪：《生态文化与文明前景》，武汉出版社，1995 年。
3. 段霞：《首都国际化进程研究报告》，中国经济出版社，2008 年。
4. 陈宗章：《文化生态意识与“学习共同体”的建构》，《南京社会科学》，2010 年第 3 期。
5. 熊春林、黄正泉、梁剑宏：《国内文化生态研究述评》，《生态经济》，2010 年第 3 期。
6. 傅守祥：《生态文明时代的城市文化生态保护与文脉接续》，《深圳大学学报》(人文社会科学版)，2010 年第 7 期。

（作者：刘勇　北京文化发展研究基地负责人　教授）

基地名称：北京文化发展研究基地
依托单位：北京师范大学
项目类别：研究基地自设项目

北京地区文学奖励的现状调研及思考①

文学奖励伴随着文学的产生而产生，并伴随着文学的发展而发展，甚至可以说是文学的影子，与文学形影相随。而一个地区、一个民族甚或一个国家的文学能否健康成长，与其文学奖励制度的科学完备与否是紧密相关的。目前，我国较有影响的文学奖励，基本上发生在北京。这些文学奖励有政府性质的，如"精神文明建设'五个一工程'奖""国家图书奖""骏马奖""北京市文学艺术奖"等；有专家性质的，如"茅盾文学奖""鲁迅文学奖""曹禺戏剧文学奖""老舍文学奖"等；也有民间性质的，如"庄重文文学奖""当代文学拉力赛""华语文学传媒大奖"等。虽然文学奖励的现象比比皆是，但深入研究文学奖励制度及其影响的文章并不多，大多数研究局限在单项文学奖励上。

研究最多的是"茅盾文学奖"。对这一奖项褒贬不一，每次评奖结束，都会激起层层涟漪。洪治纲的《无边的质疑：关于历届"茅盾文学奖"的二十二个设问和一个设想》②，结论是此奖"公正性受到怀疑，科学性值得思考，权威性难以首肯"；李师江的《茅盾文学奖：一张文学狗皮膏药》③，从题目上也能感受其鄙夷和刻薄；而思思在《茅盾文学奖人文话题知多少》④中则透露：陈忠实的《白鹿原》获奖，贾平凹就认为它"给作家有限生命中一次关于人格和文格的正名"；对"茅盾文学奖"有分量的综合性研究是矛戈的《茅盾文学奖研究综述》⑤和范国英的博士论文《茅盾文学奖的文学制度研究》⑥。

---

① 本文是《20世纪中外文学奖励机制的比较研究》项目的阶段成果，项目编号：10YA7510707。

② 洪治纲：《无边的质疑：关于历届"茅盾文学奖"的二十二个设问和一个设想》，《当代作家评论》，1999年第5期。

③ 李师江：《茅盾文学奖：一张文学狗皮膏药》，《青年时讯》，2000年11月22日。

④ 思思：《茅盾文学奖人文话题知多少》，《北京日报》，2000年10月25日。

⑤ 矛戈：《茅盾文学奖研究综述》，《西南民族大学学报》(人文社科版)，2006年第7期。

⑥ 范国英：《茅盾文学奖的文学制度研究》，四川大学博士论文，2006年。

徐其超等人的专著《聚焦茅盾文学奖》[1]是研究茅盾文学奖的集大成之作，指出获奖作品“基本上代表了长篇小说的‘高峰走线’”，主张“辩证地肯定茅盾文学奖和获奖作品的史学地位”。对“鲁迅文学奖”也有零星的研究，陈亮的《鲁迅文学奖：集体的突围还是整体的衰落?》[2]认为，“‘鲁奖’成为行业内的自我狂欢”，并追问：“‘鲁奖’和鲁迅先生的精神关联何在?”。而刘勇等的《北京市文学奖励机制的现状分析与前景思考》[3]，针对北京市的三大主要文学奖：“老舍文学奖”“北京市文学艺术奖”“新世纪《北京文学》奖”进行了分析研究。在“诺奖情结”越来越重的当下，本文以发生在北京地区的文学奖励为考察中心，试图解析中国当前文学奖励存在的若干问题，并提出自己的思考和建议。

一、北京地区三种主要形态的文学奖励

当下北京地区的文学奖励种类繁多，按文学奖励的性质大致分为官方文学奖励、专家文学奖励和民间文学奖励三大类。其中有些奖项可能存在归类上的困难。比如有些专家奖励其实就是政府主导的，包括有些民间奖励也有比较浓厚的政府色彩，这是中国国情决定的。还有一些政府和民间组织的文学奖励，结果却是由专家评出的。所以本文对文学奖励的分类依据，只能采用删繁就简的方式进行。官方文学奖励，是指由各级党政机关和党政部门组织举办的文学奖励活动；专家文学奖励，是指由专业协会和专家团体组织举办的文学奖励活动；民间文学奖励，是指由民间团体、报纸杂志、网络媒体、企业等组织举办的文学奖励活动。为清晰起见，下面将三种性质的文学奖励进行列表梳理。

表 1　北京地区主要官方文学奖励一览表

名称	主办单位	奖项性质	举办时间	获奖情况
精神文明建设“五个一工程奖”	中宣部	党和政府倡导主旋律的标志性奖项，评奖包含文学作品。	1992 年至今，12 届。	周梅森的《人间正道》、张平的《抉择》、陆天明的《省委书记》等。
国家图书奖	国家新闻出版总署	国家级的优秀图书奖，主要奖励出版的图书。	1992 年至今，6 届。	巴金的《随想录》、陆天明的《大雪无痕》、二月河的《乾隆皇帝》等。

---

① 徐其超、毛克强、邓经武：《聚焦茅盾文学奖》，作家出版社，2005 年。

② 陈亮：《鲁迅文学奖：集体的突围还是整体的衰落?》，《中国教育报》，2007 年 11 月 3 日。

③ 刘勇、杨志：《北京市文学奖励机制的现状分析与前景思考》，《北京师范大学学报》（社会科学版），2006 年第 6 期。

续表

名称	主办单位	奖项性质	举办时间	获奖情况
中国图书奖	中宣部和新闻出版总署直接领导，中国出版协会主办	国家级的优秀图书出版奖。主要奖出版优秀图书的出版社、编辑及作者。	1987年至今，14届。	文学类作品《李自成》、《十面埋伏》等的出版单位、编辑、作者获奖。
全国少数民族文学创作奖——骏马奖	国家民族事务委员会，中国作家协会	民委系统的官方文学奖励，旨在推进民族团结和各民族文学交流。	1981年至今，8届。	张承志的《骑手为什么歌唱母亲》、穆青的《为了周总理的嘱托》、霍达《穆斯林的葬礼》、阿来的《尘埃落定》等。
中国人民解放军文艺奖	中国人民解放军总政治部	人民解放军系统的最高官方文学奖励，旨在激励部队文艺创作。	1983年至今，12届。	《突出重围》、《壮志凌云》、《导弹旅长》、《DA师》等。
公安部金盾文学奖（“金盾文化工程”）	公安部	全国公安系统的最高官方文学奖励，是目前国内最具权威性和代表性的公安文学奖项。	1988年至今，9届。	海岩的《便衣警察》、杨佳富的《中国反偷渡》、范东峰的《风雨太平镇》等。
共青团精神文明建设“五个一工程奖”	共青团中央	共青团系统的官方精神文化作品奖项，评奖包含文学作品。	1996年至今，9届。	《万年草》、《冰心儿童文学全集》、《我的法兰西岁月》、《红书包》等。
夏衍电影文学奖	国家广播电影电视总局	中国电影文学的最高官方奖励	1997年至今，8届。	《西南凯歌》、《离开雷锋的日子》、《公安部长》等。
中国电视剧飞天奖优秀编剧奖	国家广播电影电视总局	中国电视文学的最高官方奖励	1981年至今，26届。	刘恒的《贫嘴张大民的幸福生活》，王朝柱的《延安颂》，都梁、江奇涛的《亮剑》等获优秀编剧奖。
中国广播文艺奖	国家国际广播电影电视总局	中国广播文艺的最高官方奖励，又称“中国广播文艺政府奖”。	1993年至今，15届。	《梨园千秋剧》、《九州方圆九州情》、《突出重围》、《大拜年》、《突出重围》等。
北京市文学艺术奖	北京市委、市政府	北京市文学艺术界最高政府奖	1998年至今，5届。	毕淑敏的《红处方》、史铁生的《老屋小记》、刘恒的《贫嘴张大民的幸福生活》等。

表 2　北京地区主要专家文学奖励一览表

名称	主办单位	奖项性质	举办时间	获奖情况
全国优秀短篇小说奖	中国作家协会	新时期最早创设的文学奖，对新时期来文学奖励机制体制建设有开创之功	1978－1989 年，9 届，已停办。部分功能为“鲁迅文学奖”接续。	刘心武的《班主任》、卢新华的《伤痕》、蒋子龙《乔厂长上任记》、古华《爬满青藤的木屋》等。
全国优秀中篇小说奖	中国作家协会	新时期较早创办的中篇小说的文学奖项。	1981－1989 年，5 届，已停办。部分功能为“鲁迅文学奖”接续。	谌容的《人到中年》、路遥的《人生》、张一弓的《犯人李铜钟的故事》、张贤亮的《绿化树》等。
全国优秀报告文学奖	中国作家协会	新时期较早举办的报告文学奖项。	1981－1997 年，8 届，已停办。部分功能为“鲁迅文学奖”接续。	徐迟的《哥德巴赫猜想》、陶思亮的《一封终于发出的信》、穆青的《为了周总理的嘱托》等。
全国优秀新诗(集)奖	中国作家协会	新时期较早举办的新诗(集)奖项。	1981－1989 年，3 届，已停办。部分功能为“鲁迅文学奖”接续。	艾青的《归来的歌》、公刘的《沉思》、舒婷的《祖国啊，我亲爱的祖国》、雷抒雁的《小草在歌唱》等。
茅盾文学奖(长篇小说奖)	中国作家协会	中国专家性质的长篇小说最高奖项。	1981 年至今，7 届。	周克芹的《许茂和他的女儿们》、路遥的《平凡的世界》、陈忠实的《白鹿原》、贾平凹的《秦腔》等 31 部作品获奖。
中国电影金鸡奖最佳编剧奖	中国电影家协会	中国专家性质的最高电影文学奖项。	1981 年至今，27 届。	李存葆的《高山下的花环》、曹禺的《日出》、刘醒龙的《凤凰琴》等。
曹禺戏剧文学奖	中国文联和中国戏剧家协会	中国专家性质的戏剧文学的最高奖项。	1982 年创办，称全国优秀剧本奖，1994 改现名，2005 年归并“梅花奖”，16 届。	《党的女儿》、《生死场》、《班超》、《徽州女人》、《香魂女》、《死水微澜》等。

续表

名称	主办单位	奖项性质	举办时间	获奖情况
宋庆龄儿童文学奖(2000年后称宋庆龄全国优秀儿童文学奖)	宋庆龄基金会联合团中央、广电总局、教育部、全国妇联、文化部、中国科协、中国作协等	中国专家性质的最高儿童文学奖项。	1986－2003年，6届，2000年并入“全国优秀儿童文学奖”称“宋庆龄全国优秀儿童文学奖”，已停办。	郑渊洁、曹文轩、孙幼军、彭学军、秦文君等新老儿童文学作家曾获此奖。曹文轩的《山羊不吃天堂草》是第3届才颁授的第一个一等奖作品。
全国优秀散文(集)、杂文(集)奖	中国作家协会	该奖创办，标志新时期各文体文学奖项设置全部完成，仅办一届即停办。	1989年，1届，已停办。部分功能为“鲁迅文学奖”接续。	巴金的《随想录》、杨绛的《干校六记》、孙犁的《孙犁散文集》、萧乾的《北京城杂忆》等。
鲁迅文学奖	中国作家协会	中国专家性质的中篇小说、短篇小说、报告文学、诗歌、散文杂文、评论、翻译等最高奖项。	1997年至今，4届。	蒋韵的《心爱的树》、范小青的《城市简史》、韩少功的《山南水北》、何建明的《部长与国家》等193部作品获奖。
老舍文学奖	老舍文艺基金会和北京市文联	北京市专家性质的代表性文学奖项。	1999年至今，4届。	凌力的《梦断关河》、刘恒的《贫嘴张大民的幸福生活》、铁凝的《永远有多远》等。
其他专家文学奖励列名	中国戏剧文学奖；新诗界国际诗歌奖；21世纪鼎钧双年文学奖；郭沫若散文随笔奖；姚雪垠长篇历史小说奖；冯牧文学奖；中华优秀出版物奖；冰心奖；理解与友谊国际文学奖；中国小说学会奖等。			

表3　北京地区主要民间文学奖励一览表

名称	主办单位	奖项性质	举办时间	获奖情况
《大众电影》百花奖最佳编剧奖	《大众电影》杂志	电影编剧的民间奖。	百花奖已办29届，1962、1963、1980年前3届设编剧奖。	夏衍、水华的《革命家庭》、李准的《李双双》、陈立德的《吉鸿昌》。
人民文学奖	人民文学出版社	中国专职文学出版社设立的民间奖。	1986年至今，7届。	魏巍的《东方》、古华的《芙蓉镇》、王蒙的《青春万岁》等。

续表

名称	主办单位	奖项性质	举办时间	获奖情况
当代文学拉力赛（原为“当代文学奖”）	人民文学出版社，《当代》杂志社	拉力赛式民间奖。2个月评一篇分站冠军，从6个分站中决出年度冠军。	2000年至今，10站。	王蒙的《狂欢的季节》、严真的《沧浪之水》、宁肯的《蒙面之城》等。
春天文学奖	人民文学出版社	王蒙倡导设立的奖励30岁以下文学青年的民间奖。	2000－2006年，5届，已停办。	戴来的《亮了一下》、龙女《无痕永恒》等。
庄重文文学奖	香港企业家庄重文倡议并出资，中华文学基金会主办	坚持较好的企业赞助的民间文学奖项，获奖者须40岁以下。	1987年至今，12届。	贾平凹、王安忆、舒婷、史铁生、余华、池莉等作家，《青年文学》、《青春》、《萌芽》等期刊。
红河·大家文学奖	《大家》杂志、云南红河卷烟厂	企业与杂志合办的民间奖，10万元奖金。	1995－2002年，4届（实为2届），已停办。	莫言的《丰乳肥臀》、池莉的《看麦娘》。
华语文学传媒大奖	《南方都市报》、《新京报》	媒体举办的高奖金（10万）的民间纯文学奖项。	2003年至今，8届。	史铁生、韩少功、于坚、李国文、陈晓明、莫言、王小妮、余光中、格非、贾平凹、北村等。
中国年度最佳诗歌奖和先锋诗歌奖	《诗选刊》杂志社	诗歌杂志举办的民间年度诗人和诗作奖。	2003年至今，7届。	孙磊、严力、水晶珠链、张力、苏浅、王寅、郑小琼等。
新概念作文大赛	《萌芽》杂志社联合北京大学、清华大学、人民大学、北师大等	倡导“新思维”“新概念”“新表达”的作文大赛，一度成名校“直通车”。	1998年至今，12届。	推动了韩寒、郭敬明、张悦然等80后作者的成长。
新浪原创文学大赛	新浪网	原创性的网络文学奖。	2003年至今，6届。	铸剑的《合法婚姻》、阿闻的《纸门》、薇络的《情系契丹王》等。
《北京文学》奖	《北京文学》杂志社	杂志举办的民间文学奖，评选发在该刊的优秀作品。	2003年至今，4届。	阿来、苏童、迟子建、铁凝、毕淑敏、蒋韵、毕飞宇、韩少功等。
其他民间文学奖励列名	中坤杯·艾青诗歌奖；诗探索奖；星星年度诗人奖；华语图书传媒大奖；中国作家·大红鹰杯文学奖；《人民文学》利群（阳光文化传播）杯文学奖；鲁迅青少年文学奖；中国网络文学奖；小小说金麻雀奖等。			

二、北京地区文学奖励目前存在的主要问题及原因分析

从上面三个表格中我们不难看出，北京地区现有文学奖励数量多、质量低、影响小。而北京地区的文学奖励基本上代表了中国的主要文学奖项，换句话说，中国的文学奖项基本上集中在北京地区，因此，考察北京地区的文学奖励差不多代表了对于全国文学奖励的考察。文学奖励活动如此频繁，文学创作成果是不是同样昌旺繁茂？这些文学奖励是否与文学创作、文学思潮、文学批评、文学传播构成良性互动？这些文学奖励是否具有相应的国内国际影响？或者个别文学奖项是否存在着成长为“诺贝尔文学奖”“普利策文学奖”的可能性？如果回答是否定的，那么问题又出在哪里呢？有无相应的对策呢？

表中所列的这些北京地区举办的文学奖励是在全国稍有影响的，如果把各区县、各大中学校、各报纸杂志、各文化单位自己举办的文学奖励活动加在一起，数量更是庞大。一方面是北京地区的文学奖励活动非常频繁，文学奖项的数量极多；另一方面却是奖项的质量不高、评价不佳、影响不大。就连在业界有较高地位的“茅盾文学奖”和“鲁迅文学奖”，每次开奖也是质疑甚至谩骂之声不绝。造成这种评奖质量不高、公众评价不佳、社会影响不大的原因多种多样，归结起来有以下几种：

其一，评奖的公正性和公平性常被破坏，损害评选的“公信力”。

纵观七届“茅盾文学奖”，一二届的确为该奖赢得了巨大的文学口碑和社会声誉，影响力、公信力和美誉度极高。甚至出现了一些作家“为了获奖而写作”的情况，刘心武对此毫不隐晦：“我得承认，《钟鼓楼》的整个写作过程里，茅盾的那股目光一直投注在我的心里，是我发奋撰著的原动力。《钟鼓楼》写完已经是1984年夏天，一直关注我这部长篇处女作的某文学双月刊告诉我他们只能跨年度分两期连载，我心里怎么也迈不过这个坎儿，我找到《当代》杂志，求他们在1984年内全文刊出，因为第二届茅盾文学奖的评定范围限定在那一年的年底前。我憋着要拿这个奖，因为开设这个奖的人曾经那样地看重过我，我如愿以偿。”①1985年第二届茅盾文学奖揭晓，张洁的《沉重的翅膀》，刘心武的《钟鼓楼》、李准《黄河东流去》(上，下)获奖。这种为了获某个文学奖的创作，作家一般都是认真研究该文学奖的评奖规则和审美原则，用一种迎合的姿态进行创作。“茅盾文学奖”一般看重的是历史题材的现实性观照，《钟鼓楼》无论是题材选取、主题开掘、还是叙事角度和叙事风格都是符合这些规范和要求的。但到第三届，情况发生了变化，路遥的《平凡的世界》、凌力的《少年天子》及霍达的《穆斯林的葬

① 刘心武：《感念茅盾》，《我是刘心武》，天津人民出版社，2006年，第205—206页。

礼》获奖争议不大，而孙力、余小惠的《都市风浪》和刘白羽的《第二个太阳》获奖则质疑较多，这两部作品与同时期的王蒙的《活动变人形》、张炜的《古船》相比，可以看出艺术水平相差很大。此后每届评奖都有异议较大的作品获奖，当然也就有呼声很高的作品落选。这严重损害了“茅盾文学奖”的文学地位和社会声望，批评界和社会各界对“茅盾文学奖”的负面评价和质疑之声愈来愈大。社会公众及部分作家对“茅盾文学奖”表现出失望，一些青年作家、先锋作家往往流露出不屑和不满。有人问王朔，“你的作品有可能获茅盾文学奖?”王朔说，“你不要害我呀。”而余华则表示中国还有什么文学奖?① “你不要害我呀”是典型的王朔的表述方式，这种不屑是深入骨髓的。

其二，评奖的“宁缺毋滥”原则得不到贯彻，丧失评选的“最优秀性”。

评奖应该贯彻的是“最优秀性”原则，而不是“一般优秀性”原则。“鲁迅文学奖”已历四届，第一届“资产新闻杯”95 部(篇)作品获奖，第二届 35 部(篇)作品获奖；第三届 29 部(篇)获奖；第四届 32 部(篇)作品获奖。四届 12 年，总共 191 部(篇)作品获奖，超过百届百年全球范围的“诺贝尔文学奖”获奖总数将近两倍。平均每届近 50 人次获奖，奖励的范围和人次不能说不广泛，但真正给读者留下深刻印象的获奖作家和作品并不是很多，反而给人乱哄哄的感觉，这是“鲁迅文学奖”值得反思的地方。该奖存在的最大问题是丧失了评奖原本应该具备的“宁缺毋滥”的“最优秀性”原则。若想确保质量，必须控制数量。该奖每个子项应该严格控制在 1 人次之内，这样每届获奖总名额控制在 7 人次内，有的子项本届评选不出最优秀的作品可以或缺。总之应该确保评奖“最优秀性原则”的落实。不顾及质量，图一时热闹，结局只能是像有些评论指出的：“‘鲁奖’成为行业内的自我狂欢”②。与“诺贝尔文学奖”相比，在贯彻“最优秀性”原则方面存在问题的，不单单是“鲁迅文学奖”，当下北京地区其他文学奖励都不同程度的存在这个问题。

其三，征评机制“开放性”原则得不到坚持，影响评选的“科学性”。

无论是“五个一工程奖”还是“茅盾文学奖”、“鲁迅文学奖”，都必须拓展征选视野，应该构建“提名”、“申报”和“推荐”并行的三大征选体系，组织委员会和评审委员会必须建立科学完善的长效评奖征选制度，像“诺贝尔文学奖”一样，在接受相关组织和专家“推荐”的基础上，还可以安排专家全方位搜寻初选对象进行“提名”，并可以比“诺奖”更开放，允许并接受作家自己“申报”。这样就可以建立起自上而下的“提名制”和自下而上的“申报制”及平行的第三方“推荐制”三者相结合的全方位多渠道的征选体系。而现在“五个一工程奖”、“茅盾文学奖”、“鲁迅文学奖”的征选体系基本上是沿

---

① 徐其超、毛克强、邓经武：《聚焦茅盾文学奖》，作家出版社，2005 年，第 1—2 页。

② 陈亮：《鲁迅文学奖：集体的突围还是整体的衰落?》，《中国教育报》，2007 年 11 月 3 日。

用过去的相关组织“推荐制”，这是计划经济体制留下的模式，是最需要改革的地方。现行文学奖励的征选机制应该从封闭走向开放，只有这样，才能使评选具有更加广阔的视野和更加博大的胸襟，才有可能避免出现山头主义和行政主义。“开放性”原则要得到保证，势必会影响评奖的“科学性”。除征选视野的“开放性”，评奖制度也应该适度开放，必须改革现行“专家评选”、“领导审定”制，将评奖的权重分成“领导意见”、“专家意见”、“群众意见”三份，各占多少比重，探讨并确定三方意见的权重及程序，不能是专家独断或领导独裁，应该让群众广泛参与投票评选，这样既能博采众长又能扩大影响。专家、领导、受众既相互尊重也相互博弈，在竞合中达到最优。这一点，新时期之初的文学奖比当前的文学奖在群众基础方面做得更扎实一些。

其四，政治或经济因素介入评奖过程，干扰评奖“本质性”。

文学的本质是一种审美意识形态，如果不让它附载更多其他内容的话，它应该是一种纯审美的心灵活动。但从古至今，文学实际上没有“纯粹”过，它都附载了太多的本不属于自己的内容，文学为政治服务在毛泽东时代达到登峰造极的程度。政治因素对于文学奖励的影响不仅发生在政府性质的文学奖励上，专家性质的文学奖励甚至民间性质的文学奖励也都有不同程度的存在，这是中国国情决定的。中国当下无论何种性质的文学奖励，评奖宗旨都是基本相同的。以“鲁迅文学奖”为例，其评奖宗旨即指导思想是：“以马列主义、毛泽东思想、邓小平理论和‘三个代表’重要思想为指导，深入贯彻科学发展观，遵循文艺‘为人民服务、为社会主义服务’的方向，贯彻‘百花齐放、百家争鸣’的方针，弘扬主旋律，提倡多样化，鼓励贴近实际，贴近生活，贴近群众，体现时代精神，坚持导向性、权威性、公正性，坚持少而精、宁缺毋滥的原则，评选出思想性、艺术性俱佳的优秀作品。”①“双为”方向，“双百”方针，“弘扬主旋律，提倡多样化”的原则，“思想性、艺术性统一”的标准，几乎无例外地标现于各种文学奖励活动的评奖方案的开篇首要位置。这就出现了“茅盾文学奖”为突出主旋律而牺牲艺术性的情况：“‘当年最优秀’被‘当年一般优秀’挤占的情况也偶有发生。如张炜的《九月预言》、韩少功的《马桥词典》、余华的《许三观卖血记》和莫言的《檀香刑》等本来是不应也不易绕过去的，结果还是被主旋律突出而艺术特色不鲜明的《骚动的秋》、《都市风流》和《英雄时代》取代了。忽视艺术创新、有欠客观的评奖，当然不能真实地反映特定时段长篇小说所达到的艺术境界，批评界为《活动变人形》、《九月预言》、《马桥词典》、《许三观卖血记》、

① 《鲁迅文学奖评奖试行条例》(2007 年 9 月 18 日修订)，见中国作协官方网站“中国作家网”，www. chinawriter. com. cn。

《檀香刑》等鸣不平是有道理的。”①

中国全面进入市场经济以后，文学为经济服务成为另一种时尚，为经济人物和经济活动树碑立传的纪实文学一时兴盛。经济手段也常常不正当地被运用到评奖活动中。有人在网上爆料，说某作家为了获某奖，给评委送去 20 万元人民币，如愿获奖。

文学奖励本意是要奖励作家作品的文学创新性和艺术创造力的，但文学评奖经常被指有“暗箱操作”成分。从过去的“权奖交易”，到现在的“权奖交易”加“钱奖交易”，政治或经济因素对文学奖励艺术性评判的干扰，成为文学评奖“本质性”实现的两大症结。

以上四大主因，再加上北京地区的文学奖励普遍设置时间不长久，历史积淀不厚重，评奖程序不规范，揭晓时间不确定等因素，难以形成社会整体的期待效应及关注热点，因而造成其国内国际影响力都甚为微弱。不要说跟瑞典的“诺贝尔文学奖”、美国“普利策文学奖”、前苏联“斯大林文艺奖金”比，就是跟英国“布克文学奖”、法国“龚古尔文学奖”、意大利“但丁国际奖”、日本“介川奖”比也是距离遥远。北京没有国际影响力的文学奖项，也就意味着中国没有具有国际影响力的文学奖项，这与中国这样一个文明古国、文化文学大国的地位是严重不相称的。

三、北京建设“国家文学奖”的意义与路径

在文化软实力越来越受到各国和各地区重视的今天，在中华文化在民族复兴的伟大征程中地位越来越重要的当下，在国家首都北京，整合及建设具有国际影响力的“国家文学奖”显得必要而迫切。不但有利于国家文化软实力的提升及中华民族的伟大复兴，而且有利于首都文化软实力的提升及世界城市建设。

(一) 文理失衡，“国家文学奖”缺席

在“国家奖”建设方面，中国理工科方面有自己无可争辩的“国家奖”——“国家最高科学技术奖”，每年一届，目前已颁发十届。而文科方面，中国目前还没有自己的“国家文学奖”，这个结论，可以从“鲁迅文学奖”“茅盾文学奖”与“国家最高科学技术奖”的对比中很容易得出。

“鲁迅文学奖”“茅盾文学奖”与“国家最高科学技术奖”的差别极大：一是体制和机制建设差别很大。“国家最高科学技术奖”的机制和体制建设比较规范，从科技部和中科院抽调精兵强将专门成立“国家科学技术奖励工作办公室”，负责对“创新性”“先进性”“实用性”的科学技术发明创造进行评审和奖励的日常性工作，而“鲁迅文学奖”“茅盾文学奖”等文学奖励的机制

---

① 徐其超、毛克强、邓经武：《聚焦茅盾文学奖》，作家出版社，2005 年，第 5—6 页。

和体制建设更具临时性特征；二是奖励单位级别相差甚远。一是中华人民共和国，级别规格是国家最高级形式，一是中国作协，只是勉强的一个部级建置，前者由国家主席签署获奖证书并颁发奖金，后者是由中国作协颁奖；三是每次颁奖人员的级别和权重有天壤之差。“国家最高科学技术奖”由国家主席胡锦涛同志亲自颁发，党和国家的其他最高领导同志在座，“鲁迅文学奖”“茅盾文学奖”等最多请一个全国人大或全国政协的领导到场颁奖已经算是较为难得了；四是奖金数额相差极大。“国家最高科学技术奖”每位奖金数额为500万元人民币，而“鲁迅文学奖”“茅盾文学奖”的奖金每位只有万元左右；五是颁奖地点有分别。前者几乎无一例外的都是在人民大会堂，后者则往往是“打一枪换一个地方”；六是最现实的差别在于财政差别。“国家最高科学技术奖”直接纳入国家财政预算，而“鲁迅文学奖”“茅盾文学奖”经济支撑不充实、不稳定、不牢固，经常要靠寻求赞助及地方政府协办才能勉强维系。

从以上对比分析中，不难得出这样的结论：中国的“国家文学奖”是缺席的。笔者认为，中国目前没有真正意义的“国家文学奖”，“茅盾文学奖”“鲁迅文学奖”“曹禺戏剧奖”连“国家级”都勉强，准确地说只能算作“省部级”的文学奖励。

（二）北京设立“国家文学奖”的历史呼声

在北京设立“国家文学奖”的呼唤其实一直没有停止过。一些有识之士曾在不同场合以各种不同方式表达过类似的愿望和建议。早在1985年4月，全国优秀短篇小说奖、中篇小说奖和报告文学奖评奖结束不久，时任中国作协常务副主席的王蒙就在答《文艺报》记者问时谈到设立“国家文学奖”的问题，他说：“首先，评奖对于推广好作品，培养新作者，以及促进新时期文艺事业的繁荣，是起了很好的作用的。……但评奖也有局限性。一是时间短，二是单篇作品获奖，从尺度上说好像低了一点。还有的作品得奖后很快就被人忘记了。我有一个大胆的想法：今后单篇作品的评奖可以交给一些刊物进行，以刊物的名义发奖。作家协会协同有关部门可以筹备高档次的国家奖。对比较能代表一个国家文学成就的某些作家，至少是对某部书颁发国家奖。当然这只是一个愿望，在这愿望的实现之前，评奖还可以按照现在的规格继续进行。”[①]王蒙“大胆的想法”可以看作是中国文学界有识之士对“国家文学奖”的较早呼唤。此后又有不少文学界人士提出此类建议和呼吁，为回应这类呼请，1986年5月8日，中国作协在京召开了“改进文学评奖工作座谈会”，与会人员建议尽快设立“国家文学奖”，《文艺报》用

---

① 记者向川：《创作自由得到有力保障，作家大可不必揣摸风向——三项评奖之后中国作协常务副主席王蒙答本报记者问》，《文艺报》（试刊号），1985年4月20日。

《建议尽快设立国家文学奖》这样醒目的标题对此次会议进行了报道："老诗人冯至说：'粉碎"四人帮"后，建立了各种形式的文学奖，但是至今没有一种具有相当权威、高层次国家级奖，这种状况对我们这样一个泱泱文化大国来说，无疑是一重大缺憾。'……对于我国文学奖的设置，李瑛认为应分为三个层次，最高为国家奖，中国作协奖次之，此外，各期刊和出版社还可以根据各自的情况评奖。国家奖和作协奖应体现相当高或较高的水平，而其他的奖则可以是群众性、鼓励性的。……与会许多同志认为，……我们可以、而且需要设立一个国家大奖，评出我们认为最好的作品来。同样，在条件成熟的时候，我们也要增设世界性的文学奖，对推动世界文学发展的优秀作家给予奖励，以此来表达我们对人类文明和文化进步的关注。……对于国家文学奖的设置，在座同志提出了许多具体建议。邹荻帆认为，国家级文学奖应授予近年仍有优秀新作问世、成绩卓著的文学家；冯至谈到，在奖金的数目上不可盲目地模仿外国的做法，要考虑到我们国家的具体情况，量力而行。邵燕祥等人还满怀激情地提议，国家和政府应为那些自'五四'以来在中国新文学运动中作出杰出贡献、至今仍健在的老一辈文学家们颁发荣誉奖，以表彰他们一生在文学事业上的斐然功绩。大家认为国家文学奖应是整个国家文艺奖的重要组成部分。"①

这些关于"国家文学奖"及国家文学奖励机制体制的建设性意见和建议，是有真知灼见的。李瑛的中国文学奖励分三个层次设置的建议具有很强的科学性和合理性。包括中国设立"世界性的文学奖"的畅想都是非常有意义的。但是中国"国家文学奖"畅想了二十多年，最终也没能实现。虽然在1997年创设了中国作协级别的全国范围的综合性文学奖项——"鲁迅文学奖"，实际上远远没有完成中国"国家文学奖"的建设任务，"鲁迅文学奖""茅盾文学奖"只是中国作协创设的省部级的文学奖励。

（三）建设"国家文学奖"的具体路径

在北京，建设"国家文学奖"的路径具体有三条：其一是将"鲁迅文学奖"改造成"国家文学奖"，沿用"鲁迅文学奖"的名称；其二是将"鲁迅文学奖""茅盾文学奖""曹禺戏剧奖"等进行有效整合，归并为"国家文学奖"；其三，另起炉灶，创立全新的"国家文学奖"，直接命名为"中国文学奖"。

1. 将"鲁迅文学奖"改造成"国家文学奖"

现有的"茅盾文学奖""曹禺戏剧奖""夏衍电影文学奖""宋庆龄全国儿童文学奖"等保留不变，可以作为评选"国家文学奖"时重要参考，只需对"鲁迅文学奖"进行升级改造，仍用"鲁迅文学奖"的名称作为升级改造后的"国家文学奖"的名称。鲁迅作为中国现当代最伟大的作家，无论是其创作

① 本报讯（记者应红）：《建议尽快设立国家文学奖》，《文艺报》第20期，1986年5月17日。

实绩还是其国内国际影响力，都配得上“国家文学奖”的声望和地位。具体办法是：首先，在体制建设上，将现有的中国作协下设的“鲁迅文学奖励办公室”升格到国务院下设的“国家文学奖励(鲁迅文学奖)工作办公室”，负责奖励的日常工作，中宣部和中国作协作为该奖的具体承办单位参与工作。其次，在机制建设方面，将现行的“作品奖”改为“作家奖”，总体考察作家近年来的创作实绩和社会影响，这样有利于改变先行评奖机制中“只见树木不见森林”的弊端并剔除一些“昙花一现”和用情不专的文学过客(“诺贝尔文学奖”就是奖励作家的，分量当然比单篇作品厚重)。其三，在评奖程序方面进行改革提高，奖项设置上将现有的7个子项调整为小说、诗歌、散文、戏剧4个子项，但每次评选大奖获得者只能是1人；奖金设定虽然不一定要与“国家最高科学技术奖”的500万看齐，但大奖获得者不能少于100万人民币，否则不具有震撼性；征评过程应实行开放性原则，征选作品应该实行“提名制”“申报制”及“推荐制”三结合，评定作品应该实行领导、专家、公众三分权，这样有利于评奖过程及结果得到最大限度的社会认同。其四，颁奖典礼要与“国家文学奖”的规格匹配，颁奖人当以党和国家主要领导同志亲自发奖为好，颁奖地点应以人民大会堂为宜，颁奖时间也应相对固定，便于形成社会期待和关注效应。

2. 将“鲁奖”“茅奖”“曹奖”等合成“国家文学奖”

与第一条路径不同的是，除“民间文学奖”保留作为新建设的“国家文学奖”评选基础外，将现有的“政府文学奖”和“专家文学奖”(“茅盾文学奖”“鲁迅文学奖”“曹禺戏剧奖”“夏衍电影文学奖”“宋庆龄全国儿童文学奖”“骏马奖”“金盾奖”等)进行有效的整合归并，集中力量办好整合归并后的“国家文学奖”。评奖体制、评奖机制、评奖程序及颁奖典礼与第一路径大致相同。

3. 另起炉灶，创立全新的国家级的“中国文学奖”

现有的政府文学奖、专家文学奖、民间文学奖保持不变，可以作为全新创立的“国家文学奖”的评奖参考，新创立的“国家文学奖”直接命名为“中国文学奖”。国务院下设“中国文学奖励工作办公室”，从中宣部、文化部、中国作协等单位抽调精兵强将，专事“中国文学奖”的评奖工作。评奖机制、评奖程序及颁奖典礼与第一、二条路径大致相同。

值得提出的是，以上三种路径的“国家文学奖”建设，都应该将台港澳地区及海外华人华侨纳入评奖视野。甚至可以在“国家文学奖”下设立“国际奖”，奖励世界其他国家的非华裔作家，这样更有利于中国“国家文学奖”的国际影响力的形成和扩大，同时也更有利于“国家文化软实力”及“首都文化软实力”的提高和升华。

参考文献

1. 洪治纲：《无边的质疑——关于历届“茅盾文学奖”的二十二个设问和一个设想》，《当代作家评论》，1999 年第 5 期。
2. 矛戈：《茅盾文学奖研究综述》，《西南民族大学学报》（人文社科版），2006 年第 7 期。
3. 徐其超、毛克强、邓经武：《聚焦茅盾文学奖》，作家出版社，2005 年。
4. 刘勇、杨志：《北京市文学奖励机制的现状分析与前景思考》，《北京师范大学学报》（社会科学版），2006 年第 6 期。

（作者：万安伦　北京文化发展研究基地研究人员　副教授）

北京创新研究基地

（首都师范大学）

基地名称：北京创新研究基地
依托单位：首都师范大学
项目类别：北京市哲学社会科学“十一五”规划研究基地项目

论马克思主义大众化与民族精神教育相结合的五个维度[①]

在当今中国的现实情境中，马克思主义大众化是将马克思主义基本原理同中国具体实际相结合，使其由抽象到具体、由学术到通俗、由少数人理解掌握到广大人民群众理解掌握并自觉指导实践的过程。民族精神教育指的是党和国家根据中华民族的整体发展要求和民族成员的个人发展需要，以中华民族的优秀文化精神为内容，有目的、有计划、有组织地对全体民族人民施加影响，从而使中华民族成员认识、掌握并继承中华民族特有精神状态和风貌的教育活动。两者均以广大人民群众为教育对象，以人的全面发展为根本价值取向，具有帮助人们树立正确思想、培养高尚品德的功能。马克思主义大众化和民族精神教育相结合，既是个体促进人格完善、实现全面发展的主体诉求，也是国家和民族应对国内外复杂形势的战略需要，我们可以从以下五个维度具体分析。

一、目标维度：建设中华民族共有精神家园

胡锦涛在十七大报告中提出：要“弘扬中华文化，建设中华民族共有精神家园。”[②]中华民族共有精神家园既是每一个民族成员个体的精神家园，也是中华民族这一特定群体的精神家园。马克思主义大众化和民族精神教育的结合能够在目标维度上共同完善主体的知识结构、提升主体的精神状态，构筑起更具完整性、更加系统化的中华民族共有精神家园。

第一，符合中华民族共有精神家园的双重内涵。中华民族是由五十六个民族组成的多元一体复合民族，不仅是几千年历史文化积累和沉淀的必然结果，更是全体民族成员在近代以来反抗外来侵略者的革命斗争中做出的自觉选择，不可避免地带有浓重的政治意蕴。因此，建设中华民族共有精神家园既需要对文化内涵进行传承也要求对政治内涵做出观照，应当在

① 本文是《十六大以来思想政治教育理论创新研究》项目的阶段成果，项目编号：09AbKD076。
② 《十七大以来重要文献选编》(上)，中央文献出版社，2009年，第27页。

挖掘整理、科学扬弃中华民族传统文化的同时，注重马克思主义理论的普及和共产主义理想的宣传。民族精神教育承载着弘扬中华文化的历史使命，帮助人们理解和认同中华民族在长期的共同生活和社会实践基础上形成和发展的思维传统、价值取向、道德规范、品格风范、心理情感等各种文化要素，并使之成为人们的精神依托和情感归宿。马克思主义大众化的任务有着鲜明的意识形态性，主要是使广大人民群众认知马克思主义在民族救亡图存、国家改革发展中的重要作用，掌握马克思主义的科学世界观和方法论，并把这一精神武器转化为变革现实的物质力量。马克思主义大众化和民族精神教育只有相互配合、共同发展，才能满足中华民族共有精神家园对文化和政治的双重诉求。

第二，体现中华民族共有精神家园的包容性和开放性。中华民族共有精神家园具有包容与开放的特质。它不仅能够容纳植根于中华大地的本土文化，也可以接受在其他国家和地区中生长起来的异域文化；既保留了中华民族的自身特色，遵循着传统文化的发展规律，也会积极吸收世界各地的优秀文明成果，并将之为我所用。我们知道，任何主体的精神家园建构都离不开该主体所依存的传统文化根基，中华民族共有精神家园的建设也必须在继承的基础上谋求发展。加强民族精神教育，为的是尊重中华民族的悠久历史和优良传统，珍视千百年来所积淀下来的宝贵精神财富，让精神家园的根基更为深厚和稳固。另一方面，马克思主义代表着社会进步、人类解放和无产阶级发展的必然趋势。马克思主义大众化是时代赋予的价值追求，给中华民族共有精神家园增添了前进动力和创新活力，为实现国家富强和民族复兴提供了宽广的视野。马克思主义大众化和民族精神教育的结合，充分展示出建设中华民族共有精神家园所需要的实践品质，使之既不固守一隅又不落后时代，既不割断历史又不迷失方向。

二、内容维度：国内外优秀文化的融合共通

马克思主义是关于全世界无产阶级和全人类彻底解放的学说，指明了人类社会的前进方向及发展规律，是近现代文明史上的杰出代表。中华民族精神是历经几十代、几百代甚至更长时间的实践化育而成的民族优秀文化，是中华民族勤劳智慧的结晶和中华文明的精华所在。马克思主义大众化和民族精神教育在内容维度的结合，将中国和世界的优秀文明成果汇集在一起，既继承民族优秀文化传统又坚持无产阶级精神，做到彼此借鉴、融会贯通，培育具有中国特色的社会主义文化。

第一，马克思主义为中华民族精神提供思想指导。马克思主义在中国的传播，从根本上改变了中国社会发展的历史轨迹，改变了中国人的思想观念和精神面貌，对弘扬与发展中华民族精神具有指导意义。一方面，马

克思主义居于社会主义核心价值体系的最高层面，是一种科学的世界观和方法论。它是全世界无产阶级凝聚一心、团结奋斗的思想基础和精神力量，也是坚持和发展中国特色社会主义的政治指导，决定着中华民族精神在新时期的基本性质和前进方向，有助于丰富中国传统文化的理性内涵，从而拓宽中华民族精神的发展思路，并从实践上提升中华民族精神的境界。另一方面，马克思主义具有与时俱进的理论品质，随着时代发展而不断充实和完善，用新的经验、新的知识、新的结论丰富自己，以此指导不同时期的社会实践。它赋予中华民族精神强烈的时代意识，使中国的优秀民族文化能够适应现实世界、解决现实矛盾，帮助处理关系国家和民族生存发展的全局性、前瞻性、战略性问题，为改革开放和社会主义现代化建设提供了强大的精神动力。

第二，中华民族精神推动马克思主义中国化。马克思主义中国化是将马克思主义的基本原理和中国的基本国情、历史条件、实践需求相结合，从而探寻出一条符合中国革命、建设和改革规律的发展道路。中华民族精神是这一过程的助推器，正如毛泽东所说，“马克思主义必须和我国的具体特点相结合并通过一定的民族形式才能实现”①。一方面，中华民族精神是本民族个性特质的缩影，包含着处理问题的思维方式、评判事物的道德尺度以及开展行动的实践模式等，这些因素都会不同程度地影响马克思主义在具体环境中的运用。将中华民族精神与马克思主义相结合，也就是把上述因素融入到马克思主义之中，使马克思主义顺利地拥有特定主体的思想印记。另一方面，中华民族精神是五千年历史发展的缩影，蕴含着中华民族由分散到融合的演变过程，中华儿女坚忍不拔、不屈不挠的奋斗经历，新中国革命与建设、改革与创新的发展道路等。它全方位展示的历史，有助于人们充分认识中国的实际状况，深刻剖析问题的根源，让马克思主义在中华大地的土壤中生根发芽并结出硕果，从而推动马克思主义的成功实践。中国的马克思主义者正是从中华民族精神中汲取了大量的思想资料，创造出毛泽东思想、邓小平理论和“三个代表”重要思想、科学发展观等一系列理论成果，使产生于欧洲的马克思主义成为具有中国气派的中国化马克思主义。

三、方法维度：理论教育与实践教育的相互促进

马克思主义大众化本质上是一种面对广大人民群众的理论宣传和普及活动，“大众化”的内容具有一定的学理性和抽象性，逻辑严密、体系完整，主要采用理论教育的方式。民族精神教育承载了思想观念、政治传统、道

① 《毛泽东选集》第1卷，人民出版社，1991年，第534页。

德规范、民族心理和情感等综合性内容，使其在方法选择上侧重于能够深入到生活方方面面的实践教育。马克思主义真正在群众中产生影响，必须依靠实践这条道路，而民族精神教育想取得长久而深刻的效果，也需要提高自身的理论说服力和感染力。马克思主义大众化与民族精神教育相结合，就要在方法维度上集合两者的优势，加强理论教育与实践教育的互补与融合，提高教育的有效性。

第一，拓展马克思主义的实践路径。理论只有与实践相结合才能焕发出生命力，孤立的理论教育仅仅起到初级的理论阐释作用，不可能发掘出理论的精髓和真谛。马克思在《关于费尔巴哈的提纲》中指出，“哲学家们只是用不同的方式解释世界，问题在于改变世界。”①也就是说，马克思主义理论只有经过实践教育的环节，才能让人认识其改造世界的强大力量，从而逐步转化为人民群众的理想信念和价值追求，真正实现大众化。民族精神教育的实践优势为马克思主义大众化提供了诸多便利。首先，中华民族的话语体系用生动的笔调、浅显的例子以及植根于民族传统的语词将马克思主义的各种复杂命题一一解析，展现给人们一个学得容易、想得明白、深受启发的理论体系；其次，中华民族的情感、心理传递出本民族对现实的态度和对未来的希望，使马克思主义中最能体现人民根本利益、符合民族实际状况、顺应国家发展趋势的方面得以凸显，受到更多的关注并迅速应用于生产生活实践；再次，中华民族的全体成员共同构成了马克思主义的群众基础，人们弘扬与培养民族精神的同时也进行着马克思主义的实践活动。

第二，加强民族精神的理论普及。民族精神是该民族在改造外部世界的实践中经过历史选择、过滤、提炼、积淀并最终孕育出的优秀文化。中华民族精神的产生、演化和传承过程充分表明，它对实践的依赖远远多于对理论教育的要求，这也让我们的民族精神更多地带有感性色彩而缺乏理性的光辉。马克思在《黑格尔法哲学批判》导言中说：“批判的武器当然不能代替武器的批判，物质力量只能用物质力量来摧毁；但是理论一经掌握群众，也会变成物质力量。”②我们需要建构起更加科学、更能反映时代的民族精神理论，以此推动民族精神教育的发展。马克思主义大众化所依托的理论教育，促使我们对中华民族精神进行高度抽象和精确概括，将许许多多鲜活的人物和事件提升为揭示规律、反映本质的民族精神理论，让人们深入了解民族精神的概念及历史发展、民族文化、民族凝聚力等相关知识，深刻认识民族精神的理论内涵和理性元素，从而在实践中更好地弘扬民族

---

① 《马克思恩格斯选集》第 1 卷，人民出版社，1995 年，第 57 页。

② 《马克思恩格斯选集》第 1 卷，人民出版社，1995 年，第 9 页。

精神。

四、途径维度：显性教育与隐性教育的资源整合

当前，马克思主义大众化的任务主要通过显性教育的渠道实施，即一种直接和外显的方式进行灌输；而民族精神教育具有贴近生活、贴近实际的教育内容和以实践为主的教育方式，善于利用各种喜闻乐见、通俗易懂的隐性传播途径。马克思主义大众化与民族精神教育在途径上的结合，就是要将各自的现有教育渠道进行延伸，有效整合显性教育与隐性教育的资源，实现教育途径的共享。

第一，马克思主义大众化的隐性途径。苏霍姆林斯基认为，教育者的教育意图越是隐蔽，就越是能为教育的对象所接受，就越能转化成教育对象自己的内心要求。毋庸置疑，马克思主义理论能够被广大人民群众了解和接受，显性教育发挥了主渠道、主阵地作用，但显性途径无法适应不同教育对象的各种要求，因而必须借助隐性教育作为辅助和补充。马克思主义大众化应当首先学习和借鉴民族精神在隐性教育方面的有益措施、实施经验，从消除主客体之间教育与被教育的不平等关系入手，培育起覆盖全社会、辐射各方面的马克思主义大众化网络，形成由政府、学校、单位、机构和家庭共同参与的教育合力，从而大大扩展马克思主义大众化的途径。另一方面，它可以直接利用民族精神教育的现有平台，把马克思主义的教育信息融入具有亲和力的民族精神教育内容之中，借助民族精神的教育渠道传递给大家。如思想政治工作者在用国家建设成就激发民族精神时，要讲明马克思主义在其中发挥的重要作用；用各类思想政治教育场所的实物和资料培育民族精神时，应突出展现马克思主义的实践者在其中扮演的角色和做出的贡献；通过传媒、文学、艺术等多种载体来弘扬民族精神时，可适时适量地加入马克思主义的相关内容，让人们在潜移默化中接受教育信息。

第二，民族精神教育的显性视角。民族精神是民族文化的内核与精华，集中体现了民族文化的血脉与风骨。博大精深的中华传统文化蕴含着丰富的民族精神教育资源，等待我们的深入发掘和有效运用。对国民教育体系之内的学生群体，我们可以通过开设中国哲学、中国历史、中国文学和中国艺术等理论课程，让他们充分理解中国深邃广阔的思想、源远流长的历史和丰富多彩的文学艺术。国民教育体系之外的人群，我们更加不能忽略，必须通过各种传播媒介进行民族语言、革命历程、人文传统等民族知识的宣传和普及，使其经过文化的认知过程逐步达到文化认同。同时，民族精神教育不能脱离所处的时代环境，要反映社会主义国家的主流意识形态和价值导向。中国共产党在长期执政的过程中，将中华民族精神概括为以爱

国主义为核心的团结统一、爱好和平、勤劳勇敢、自强不息，并指出它是民族生存发展的精神支撑，国家开拓创新的不竭动力。在此基础上，我们应当更加积极地从党的方针政策中整理提炼出涉及民族精神的信息，将有理论内涵、无理论形态的各种元素加工为适合教育的民族精神理论，帮助人们将爱国与爱党、热爱祖国与拥护社会主义统一起来。此外，民族精神和狭隘的民族主义不可混为一谈，重视民族精神的显性教育并不代表将本民族置于其他民族之上，我国坚持奉行各民族一律平等的原则。

五、效果维度：感性思维和理性思维的双重提升

马克思主义大众化与民族精神教育都在追求受教育者的思想认识从感性思维到理性思维的教育目标。但从现实生活来看，马克思主义大众化着重培养人们观察事物的理性视角，民族精神教育则更擅长于触动人们的感性神经，二者的有机结合必然有利于两种思维的共同提升，达到最佳教育效果。

第一，感性思维的深化。感性思维也叫形象思维，是主体在直观性、形象性、表象性的信息基础上，结合自我的感觉、知觉、想象和情感去认识事物的基本思维形式，主要特征在于作为思维起点的客体材料带有感性色彩。民族精神教育常常运用与民族相关的各种形象表征来激发人们的思维共鸣，如民族语言、民族文字、民族服饰以及民族成员的体貌特征等，在感性思维的培养上具有独特优势。一方面，民族精神教育通过升国旗、唱国歌、认识国徽等方式，引导人们联想各种以国旗、国歌、国徽等标志性符号为主线的爱国行为，从而获得国家自豪感的情感体验。这种训练能够帮助人们在离开实际情景的环境下迅速建构起事物的简单化、理想化形象，逐步提升人的联想力和想象力。另一方面，民族精神教育以先进人物、典型事迹为素材，让大家尊重榜样、学习榜样，争取在不同的岗位上做出同样令人惊叹的贡献。这类以某种原型为参照所作的模仿是感性思维的成功运用，有助于人们打开创造思路，建立创新思维，提出新的设计或完成新的发明，如模仿鸟发明了飞机，模仿鱼发明了潜艇，模仿蝴蝶发明了迷彩衣等。

第二，理性思维的增强。理性思维又叫抽象思维或逻辑思维，是借助于概念、判断、推理等逻辑方法把握事物本质和规律的高级思维方式，它能够帮助人们应对纷繁复杂的世界并实施正确的行为。恩格斯在《自然辩证法》中指出："一个民族要想登上科学的高峰，究竟是不能离开理论思维的。"[①]马克思主义本身就是理论思维的典范，从哲学的基本原理到政治经济

① 《马克思恩格斯选集》第4卷，人民出版社，1995年，第285页。

学的具体分析，最后到达科学社会主义理论，经历了由抽象到具体的严密逻辑过程，使社会主义在充分论证的基础上从空想走向科学。没有马克思主义哲学，马克思主义政治经济学和科学社会主义就变成了没有根基的空中楼阁；没有马克思主义政治经济学，马克思主义哲学和科学社会主义理论就变成了苍白无力的自说自话；没有科学社会主义理论，马克思主义就会缺乏与现实的关联，丧失了指导实践的重要意义。其中，马克思主义哲学将唯物论和辩证法、自然观和历史观有机结合，实现了思维方法上的伟大变革，在提升人的理性思维能力方面尤为重要。唯物辩证法揭示了世界普遍联系和永恒发展的特征，解决了人的认识的内容、来源和发展过程等问题，指导人们透过现象看本质，由有限推及无限，从矛盾的对立统一中寻找事物的内外因关系。唯物主义历史观肯定了人的历史主体地位，帮助大家以正确的思想观念看待历史变迁，鼓励人民群众积极创造社会财富、推动历史前进。同时，历史发展有其自身规律，人们只有承认历史、尊重历史，才能吸收前人经验，分清现实利弊，准确地判断形势，在分析和处理问题时更加符合事物的发展规律。

参考文献

1.《十七大以来重要文献选编》(上)，中央文献出版社，2009 年。

2.《毛泽东选集》第 1 卷，人民出版社，1991 年。

3.《马克思恩格斯选集》第 1 卷，人民出版社，1995 年。

4.《马克思恩格斯选集》第 4 卷，人民出版社，1995 年。

（作者：王树荫　北京创新研究基地负责人　教授、博导
温　静　北京创新研究基地研究人员　博士研究生）

基地名称：北京创新研究基地
依托单位：首都师范大学
项目类别：北京市哲学社会科学“十一五”规划研究基地项目

关于公民教育的马克思主义解读[①]

把公民教育与马克思主义相提并论并非牵强附会。2001 年中共中央颁布实施《公民道德建设实施纲要》，2007 年中共十七大报告提出“加强公民意识教育，树立社会主义民主法治、自由平等、公平正义理念”[②]。这充分表明，现代公民教育已经成为当代中国马克思主义发展最新成果的有机部分，其内容本身就是新的历史条件下应该向中国民众广为普及的马克思主义时代常识。与此同时，把当今世界各国广为普及的公民教育，作为当代中国马克思主义大众化的新路径，对于拓宽马克思主义传播渠道，创新马克思主义教育方法，更新思想政治教育观念，均具有重要的理论价值和实践意义。

一、公民教育理念是当代中国马克思主义发展的最新成果

公民教育在我国是一个舶来之品。在对公民教育的理解上，历来存在着许多的误解和疑虑，其中之一是把公民教育看作是一种与资本主义结伴而行的东西，认为公民教育是资本主义的专利，在我国倡导公民教育就会改变我国思想政治教育的社会主义性质，因而应当予以否定。这些误解和疑虑的产生，都是由于对公民教育的涵义没有准确把握的缘故。

实际上，公民教育的现代理念适应了新时期我国社会发展的要求，也是马克思主义与时俱进和最新发展的时代精神，这一理念本身昭示了马克思主义大众化传播新途径的可能性。

马克思主义在改革开放的新时期与时俱进，实现了与当代中国具体实践相结合的第二次历史性飞跃，被赋予了新的时代内涵。以邓小平理论为主要内容，中国共产党提出了许多新的思想和观点，为马克思主义的理论

---

① 本文是《公民教育：当代中国马克思主义大众化的新路径》项目的阶段成果，项目编号：10AbKD091。

② 胡锦涛：《高举中国特色社会主义伟大旗帜为夺取全面建设小康社会新胜利而奋斗》，人民出版社，2007 年。

宝库增添了新的内容。这就为重新解读公民教育，使之进入马克思主义的话语体系，提供了重要理论支撑。

十一届三中全会开启了中国改革开放的历史发展进程，为推行公民教育逐步创造了有利条件。首先提到议事日程的是公民道德问题。在我国社会的转型时期，公民道德及其建设的条件日益成熟，进而最终成为中国道德建设理论与实践的一个重要选择。阶级和阶级斗争作为社会生活主要内容的退隐，改变着阶级道德在道德生活中的地位，影响着社会的道德结构。社会主义市场经济的发展，也使公民的道德需求呈现多元的趋势。公民道德就成为当代道德建设的突出问题。

1982年的十二大报告正式明确提出要“加强宪法和公民权利、公民义务、公民道德的教育”。从《中国人民政治协商会议共同纲领》到十二大报告，经过了33年的历史间隔，公民道德重新成为我国社会政治生活中瞩目的事情。十二届六中全会把“公民”作为精神文明建设的主体，确立了“培育有理想、有道德、有文化、有纪律的社会主义公民”。会议还对人类历史上新兴资产阶级和劳动人民在反对封建专制制度的斗争中所形成的民主、自由、平等、博爱的观念给予了肯定，认为这是人类精神的一次大解放。十四届六中全会进一步对道德建设的任务、方法、内容、措施等进行了精辟的阐述。公民、社会主义公民、公民素质、公民个人合法权益等成为十分抢眼的关键词汇。全会决议还反映了社会主义初级阶段“市场经济建设和法制时代”道德建设的新问题和新趋向，即公民由道德建设次主体到显主体的日渐显露，现代“公民”主体与传统“人民”主体获得日渐同样的关注。2001年9月，《公民道德建设实施纲要》的颁布实施，标志着当代马克思主义对公民道德建设问题的新回答，也昭示了公民教育在我国社会的历史性复兴。

从十一届三中全会开始，我国实现了工作重心的转变，国家从此一心一意地开始进行社会主义现代化建设。这一转变为公民教育的推行创设了良好的内部政治条件。“和平和发展是当代世界的两大问题”①，时代主题的变化为公民教育的推行营造了宽松的国际政治环境。我们党历经革命、建设和改革，已经从领导人民为夺取全国政权而奋斗的党，成为领导人民掌握全国政权并长期执政的党。执政党的这一角色转变为公民教育的推行开辟了宽阔的道路。随着中国逐渐地融入全球化的世界之中，中国社会也逐渐实现了与国际社会的接轨。成功加入世贸组织（WTO），有力地推动了公民教育的开展。国际人权公约的签署与人权入宪，为公民教育的推行提供了法理依据。奥运会的成功举办，为推行公民教育提供了良好契机。

社会主义市场经济对计划经济体制的突破，从根本上荡涤着人们长期

---

① 《邓小平文选》第3卷，人民出版社，1993年，第104—106页。

以来形成的血缘伦理和等级心理。人们以公民资格和平等身份参与市场竞争和利益分配，形成权利、义务与利益的有机联结。市场经济的发展内在地规定了公民教育实施的必然性。社会主义民主政治不断推进，将尊重和保障人权，“推动物质文明、政治文明和精神文明协调发展”作为国家的根本任务写入宪法，突出了政治文明建设在国家发展中的地位，为公民教育的推行做好了制度安排。社会主义民主政治的发展，从本质上规定了公民教育实施的必要性。和谐社会思想的提出，为中国社会发展和建设指明了方向。社会和谐意味着社会成员、社会群体之间的友好相处和和平共处，它的基础就是公平与公正。从全面建设小康社会，到科学发展观，再到构建和谐社会，体现出越来越明显的以人为本、全面、协调、可持续发展观。和谐社会的理念为公民教育的推行提供了价值导向。

近年来，胡锦涛主席和其他领导人就民主政治问题进行了一系列阐述，强调要依法保障人民享有自由、民主和人权，实现社会公平和正义，使 13 亿中国人民过上幸福生活。党的十七大又正式提出了“加强公民意识教育”，标志着公民教育被纳入国家意识形态之中，得到国家和政府的积极倡导。我们相信，社会主义中国将不断发挥自身的制度优势，将公民教育纳入马克思主义的话语体系之中，在培育民主公民的过程中，实现公民意识在更高层次上的真正提升，实现公民教育在更高形态上的历史性飞跃。

二、公民教育内容是当代中国马克思主义普及的时代常识

公民教育的内容是当代中国马克思主义发展的最新成果，是马克思主义思想体系的组成部分和应有之意，进而成为新的历史条件下应当普及的马克思主义时代常识。

第一，现代公民教育倡导实施宪法和法律教育，把宪法教育作为实现政治教育目标的一种现代方式。现代公民教育所注重培养的公民意识，是公民对自己在国家中的政治地位和法律地位的自我认识，首先主要是以宪法意识为核心的权利意识和义务意识。《中华人民共和国宪法》对于我国的根本政治制度、基本经济制度和社会制度以及马克思主义的指导地位作了明确规定，充分体现了中国共产党的意志。[①]公民教育所强调的宪法教育从根本政治原则上为人们划定了一个言行范围和准则，因而实际成为另外一种形式的政治教育，进而成为实现当代中国马克思主义大众化的一条最为有效的新途径。就全国性公民法律教育来看，从 1986 年开始，我国实施了全民普及法律知识教育运动。2001 年 5 月，中央宣传部、司法部作出了关于在公民中开展法制宣传教育的第四个五年规划。2001 年 12 月 4 日又被规

① 《中华人民共和国宪法》，法律出版社，2009 年。

定为普及以宪法为核心的法律教育日。特别是提出“依法治国，建设社会主义法治国家”以后，公民法律教育在持续稳固地进行。因此，从宪法教育和法律教育的视角看，公民教育的内容应当是新时期向我国民众广为普及的马克思主义时代常识。

第二，现代公民教育注重加强公民道德教育，把对公民最基本的道德要求系统地加以落实。2001 年 10 月，中共中央发出通知，要求认真贯彻执行新颁布的《公民道德建设实施纲要》，这标志着我国公民教育体系构建进入了一个新的阶段。在新的历史条件下，从公民道德建设入手，加强社会主义思想道德建设，这是我国思想政治教育和社会主义精神文明建设的一个全新思路。公民与公民道德教育的提出，是我国社会主义市场经济发展、民主法制建设以及精神文明建设的客观要求使然，具有非同寻常的意义。我国公民道德建设以马克思主义为指导，坚持党的基本路线，在全民族牢固树立建设有中国特色社会主义的共同理想和正确的世界观、人生观、价值观，培养有理想、有道德、有文化、有纪律的社会主义公民。公民道德建设体现了当代中国马克思主义最为基本的精神。①

第三，现代公民教育推崇民主法治教育，民主法治不仅是社会主义政治文明建设中最为重要的价值理念，也是我国社会主义和谐社会建设中首要的和核心的价值理念。民主法治社会和政治文明建设的提出，为公民教育的推行做好了制度安排。中共十六大报告提出要“健全民主制度，丰富民主形式，扩大公民有序的政治参与，保证人民依法实行民主参与、民主选举、民主决策、民主管理、民主监督，享有广泛的权利和自由，尊重和保障人权”。②将“推动物质文明、政治文明和精神文明协调发展”作为国家根本任务的内容写入宪法，突出了政治文明建设在国家发展中的地位，体现了以人为本、促进人的全面发展的新的发展观。十七大报告又进一步指出，“人民当家做主是社会主义民主政治的本质和核心”，要“保障人民的知情权、参与权、表达权、监督权”③。建设社会主义民主法治社会和政治文明，社会主义民主政治的发展，从本质上规定了公民教育实施的必要性。民主法治教育不仅是马克思主义大众化的重要内容，也是马克思主义大众化的普及方式。

第四，现代公民教育弘扬社会核心的或共同的价值观。核心价值体系是社会意识的本质体现，决定着社会意识的性质和方向。任何社会都有自

---

① 《公民道德建设实施纲要》，人民出版社，2001 年。

② 江泽民：《全面建设小康社会，开创中国特色社会主义事业新局面——在中国共产党第十六次全国代表大会上的报告》，人民出版社，2002 年，第 32 页。

③ 胡锦涛：《高举中国特色社会主义伟大旗帜为夺取全面建设小康社会新胜利而奋斗》，人民出版社，2007 年。

己的核心价值体系。我国社会主义核心价值体系是社会主义意识形态的本质体现，是社会主义制度的内在精神之魂，在所有社会主义价值目标中处于统摄和支配的地位。党的十六届六中全会提出了建设社会主义核心价值体系的战略任务，指出："马克思主义指导思想，中国特色社会主义共同理想，以爱国主义为核心的民族精神和以改革创新为核心的时代精神，社会主义荣辱观，构成社会主义核心价值体系的基本内容。"①这四方面的内容，相互联系、相互贯通、相互促进，是一个有机统一的整体，都是社会主义意识形态最重要的组成部分，是从我们党领导人民在长期的实践中形成的丰富思想文化成果中提炼和概括出来的精华，是对社会主义核心价值体系深刻内涵的科学揭示，是我们党团结带领全国各族人民开拓进取的旗帜和主心骨。

三、公民教育实施是当代中国马克思主义传播的有效路径

在当代中国马克思主义大众化普及教育过程中，公民教育的引入必然带来整个教育观念的改变。作为现代社会面向全体国民的大众化普及性教育，公民教育为马克思主义大众化提供了便利的条件。作为民主讨论、平等交流的主体性教育，公民教育把普通民众看作是马克思主义大众化的主体。公民教育的制度化、规范化、常规化和稳定性要求，可以避免传统教育的弊端，成为当代中国马克思主义大众化的卓有成效的新路径。

第一，依照公民教育的基本功能，公民教育是现代社会面向全体国民的大众化普及性教育。对公民的教育和使之成为良好公民的教育，其在现代社会中的重要性不断得以彰显。公民教育作为现代社会成员的奠基性教育，必须在基础教育阶段开始实施。这样，公民教育便具有了基础教育的性质。在世界各国的基础教育中，公民教育都占有十分重要的位置。公民教育对象的广泛性，使得公民教育具有了全民性的特点。公民作为自然人一生的身份与资格，要求公民终其一生进行学习和接受教育，又使得公民教育成为终身教育的一部分。公民教育的基础性、全民性和终身性使其与其他教育产生了广泛的联系，在教育系统中占有十分重要的地位。

公民教育是一种世界性的教育，在不同的国家和社会发展的不同阶段上，公民教育在其教育目标和内容的侧重上有所不同。公民教育的适当弹性和张力正是其适应社会和个体在发展不同阶段上的要求所必需的。这一点也在世界各国公民教育的历史与实践中不断地得到了证明。对于我们这样一个幅员辽阔、受教育人口众多、后发现代化的国家来说，根据本国特

① 中共中央十六届六中全会公报：《中共中央关于构建社会主义和谐社会若干重大问题的决定》，人民出版社，2006 年。

点构建符合社会发展的公民教育体系是十分重要的。根据我国政治民主化、经济市场化、社会现代化、生活城市化、国家法制化的特点，构建与其相适应的公民教育体系，是公民教育能够成为当代中国马克思主义大众化有效路径的根本原因。

第二，依照公民教育的基本理念，马克思主义大众化的主体就是普通民众。马克思主义的根基深深地植于大众之中，没有大众的经验、智慧和生活实践，决不可能产生马克思主义。邓小平曾经总结道，改革开放的基本理论、基本经验，直接来自于广大群众，党的领袖和理论工作者的贡献只是在于将群众的创造和智慧进行了加工、提炼和总结。马克思主义作为科学和真理，要依靠大众推动普及、创新，也要依靠大众在实践中检验和发展。大众对于什么是马克思主义，什么不是马克思主义，从自己的利益以及实践出发感受最为深刻，理解最为全面，践行也最为自觉。

在我国传统政治文化背景下具体实施公民教育，需要我们转变观念，树立现代理念，全方位多渠道地推进。应该看到，马克思主义大众化的过程既是马克思主义在大众中得到传播、推广、吸纳的过程，又是大众作为主体，积极推进马克思主义理论创新的过程。“在马克思主义大众化过程中，需要在观念上拆除少数人（精英）与多数人（大众）的藩篱，填平具有浓厚封建等级特权思想，不利于贯彻以人为本原则以及社会公平正义观的所谓少数人（精英）与多数人（大众）之间的鸿沟”。①马克思主义大众化，要求人民大众不但是马克思主义中国化理论的主动学习者，而且更应该成为传播者、实践者和创造者，而绝不是被动的接受者。大众的理论创新程度和实践创新程度决定着当代中国马克思主义大众化的基本走向和实际成效。

第三，依照公民教育的基本机制，公民教育的制度化、规范化、常规化和稳定性要求，可以避免传统教育的弊端。公民教育是思想政治教育常规化与稳定性的内在要求。如同各种业务活动应当重视抓好常规，思想政治教育也是一种日积月累的功夫，要常抓不懈。新中国成立以来，我国思想政治教育在传播马克思主义的过程中取得了很大成效，有力地推动了党和国家各项事业的发展，但是也有惨痛的教训。过去的思想政治工作习惯于搞政治运动，“文化大革命”十年思想政治工作的声誉被严重败坏。20 世纪 80 年代的教训也很深刻，按照邓小平的分析，“十年最大的失误是教育，这里我主要是讲思想政治教育，不单纯是对学校、青年学生，是泛指对人民的教育。”②思想政治工作一手硬、一手软，没有坚持一贯。如何避免思想政治工作实践中忽冷忽热、时紧时松、断断续续的现象，思想政治教育制

---

① 方世南：《澄清马克思主义大众化的一个重大认识误区》，《理论视野》，2010 年第 6 期。

② 《邓小平文选》第 3 卷，人民出版社，1993 年，第 306 页。

度化、规范化、常规化与稳定性的问题就提到议事日程上来。

我们认为，在大规模社会主义现代化经济建设与改革开放不断深化扩大的今天，思想政治教育要与市场经济体制和民主法治建设相适应。公民教育的常规化、制度化、规范化与稳定性要求将会避免以往这方面的弊端，使思想政治教育在改革与创新中有一个突破和飞跃。社会主义公民教育体系的构建，既包括了思想政治教育的基本内容，又适应了新时期的历史要求；既符合思想政治教育的基本原则，又联系现实状况展开工作，应当成为当代中国马克思主义大众化的新路径。

参考文献

1. 胡锦涛：《高举中国特色社会主义伟大旗帜　为夺取全面建设小康社会新胜利而奋斗》，人民出版社，2007 年。
2. 邓小平：《邓小平文选》第 3 卷，人民出版社，1993 年。
3. 《中华人民共和国宪法》，法律出版社，2009 年。
4. 《公民道德建设实施纲要》，人民出版社，2001 年。
5. 江泽民：《全面建设小康社会，开创中国特色社会主义事业新局面——在中国共产党第十六次全国代表大会上的报告》，人民出版社，2002 年。
6. 中共中央十六届六中全会公报：《中共中央关于构建社会主义和谐社会若干重大问题的决定》，人民出版社，2006 年。
7. 方世南：《澄清马克思主义大众化的一个重大认识误区》，《理论视野》，2010 年第 6 期。

（作者：高峰　北京创新研究基地研究人员　教授）

北京体育赛事管理与营销研究基地（首都体育学院）

基地名称：北京体育赛事管理与营销研究基地
依托单位：首都体育学院
项目类别：北京市哲学社会科学“十一五”规划项目

社区草根体育组织：生存境遇及未来发展①

20 世纪 80 年代以来，经济社会快速发展所带来的社会结构不可遏制的变革以及体育运动越来越平民化的回归倾向，使得大量基层草根体育组织自下而上发展并呈现出旺盛的生命力，基层体育活动的开展在很大程度上改变了以往单纯依赖政府和单位，主要依靠行政手段的弊端。作为全民健身活动的有效组织形式，这些基层草根组织得到一定社会范围的承认，具备一定的社会合法性。它们不依靠或较少依靠政府资助，实现自我组织、自我管理，不仅满足了相当一部分人群参与体育的需求，而且活跃在广大社区，成为社会生活中一个较为活跃的音符。② 作为一种社会现象，社区草根体育组织经历了萌生、发展、壮大的成长过程，其以自下而上自发形成的生成路径，草根性、群众性、公益性的典型特征，不仅是与社区居民生活最为密切的组织形式之一，而且为以行政体系为依托的中国体育组织结构增加了一种全新的组织要素。

然而，活跃在社区基层的形形色色的草根体育组织虽获得社会的承认，具备相当的社会合法性，但却面临社会合法性与法律合法性的冲突，难以享受体制内的各种资源，游离在体制默许的边缘。在我国现实社会条件下，草根体育组织存在着身份认同困境、信息资源、社会资源缺乏的困境，在很大程度上影响其应有功能的发挥。繁荣背后，是中国草根体育组织处境的巨大隐忧。

一、学理层面的梳理：草根体育组织的概念界定

无论“草根体育组织”是不是学界的规范术语，本研究之所以用这一称谓，是因为“草根”一词具有丰富的内涵和较强的表达潜力，能鲜明地体现出所表示事物的性质。正如著名学者张颐武所说：“‘草根’并不是一个抽象

---

① 本文是《市民社会构建与社区体育服务变革——以北京市为例》项目的阶段成果，项目编号：09BeZH129。

② 汪流：《我国体育类民间组织未来发展的思考》，《社团管理研究》，2008 年第 3 期，第 50—55 页。

玄虚的概念，也不是过去‘群众’这样概念的延伸，而是通过大家使用逐渐形成了自己独特的所指”①。

(一)“草根”的词源、词义

在汉语中，“草根”的本义就是草的根，这一意义简单明了，所以现有的词典都没有为它单立词条。近年来，在我国学界，特别是在各种媒体中，“草根”一词被高频使用，涉及经济、政治、文化等诸多社会生活领域，逐渐获得较为稳定的词语特征，但其本义已经发生异化，萌生出了新义。一般认为，“草根”一词所萌发的新义源自西方文化，“直译自英语的‘grassroots’”②。在英语中，合成词“grassroots”由“grass（草）”和“roots(根)”两个语素构成，本义为“乡村(地区)的”，后引申出“普通人的、平民的、群众的、民间的”等意义，例如，陆谷孙主编的《英汉大辞典》中就将 grass - roots 单列为一个词条，释义是：群众的，基层的；乡村地区的；基础的；根本的。其实，自古以来，汉语的“草”字就引申指“乡村、民间”等，素有“草市(乡村集市)、草民(平民)、草野(民间，平民百姓)”等说法。可以看出，在这一点上，中外思维取向基本相同。

可以看出，“草根”词义除了它的本义外，基本义还有两个：一是指“底层”，二是指“平民”或“平民的”。这里的基本义是指被大众广泛认可、广泛接受的词义。因为“底层”是人们对草根一词的基本印象和基本认知，所以这一词义被广泛接受成为基本义是理所当然的。另一方面，“不管是在草根词义演变过程中的渗透期，还是在草根新义的萌发期，抑或在草根词义的扩展期，‘平民’、‘平民的’都存在于‘草根’词义之中”③。

(二)草根体育组织的概念界定

在我国社区体育发展的具体实践中，社区体育的基层组织大致有两种类型，其一是以街道社区体协以及下设的街道社区体育服务中心、社区(居委会)文教(体)委员会和街道辖区单位体协等为主体的主要由行政力量推动成立的体育组织，其二是社区内部的一些项目、人群协会、健身团队为主体的主要由民间人士推动成立的小型或微型组织，活动领域涉及各类传统、新兴以及群众自创的健身项目。从社区体育建设的一般理论上讲，两类组织发育的意义十分接近，二者都是社区体育参与的重要组织形式，都意味着社区自组织能力的提升。然而，当我们把视线集中在组织生成与运作的具体内容上时，二者之间的差异便会明显起来。

对于第一类组织，表面上看它当是基层民间体育组织的核心成分，其

---

① 张颐武：《“草根”是谁?》，《中关村》，2006 年第 9 期，第 100—101 页。

② 高王永：《“草根”萌发新义》，《咬文嚼字》，2000 年第 8 期，第 24—26 页。

③ 苑秀杰：《凝视“焦点”中的“草根”》，《美与时代》，2007 年第 4 期，第 29—30 页。

实未必尽然。核心组织在实质上并不对等于一套建立于形式基础上的空中楼阁式的权力体系，它需要的是会员组织及社区成员的认同和主动参与。这类组织的产生不是社会本身“瓜熟蒂落”的产物，而仅仅是一套半强制化的政治过程的产物。这类组织更多地追求政治目标，看重的是成绩、形象、形式和功利，组织的体育活动多是承接上级命令，并在行政主导或者领导下开展，从而可能忽视了普通百姓更为关注的体育生活的内容。

第二类组织与之不同，它是社区成员体育生活的真实体现，所追求的则是典型的社会生活，主要依靠社会力量进行运作，无论在组织结构上、管理上都不存在对政府的依附关系。它们的产生不仅是社区居民体育需求的直接反映，而且由于活动较为具体以及活动内容更加生活化、社会化而更容易赢得民众的认同感，并在人们的健身交往活动中，成为社区精神文明建设的主要渠道之一。

因而，与正式体制庇护下的民间体育组织相比较，第二类组织具有以下五个方面的特性：第一，在成立方式上：民间自发成立，没有官方背景；第二，在法律地位上：没有登记注册，没有法律身份；第三，在治理结构上：政府干预较少，相对自治；第四，在资源结构上：主要来源于会员缴纳的费用和面向社会募集的资金；第五，在功能特征上：满足成员娱乐交往，主要回应社会而不是回应政府、政治需求。

第二类组织是本文的研究对象，本研究称之为“社区草根体育组织”，是指那些植根于社区基层，属于民间自下而上发起，不具有被现行法规正式认可，但在相当程度上具备民间组织核心特征(即非政府性、非营利性)的各类体育组织。

二、小草根的大背景：草根体育组织兴起的多维视角解读

社区草根体育组织的产生与兴起是多种因素作用的结果，与社会转型的大背景、政府职能转变、社会需求的凸现、公益精神的回归、公民参与愿望和参与能力增强等因素紧密相关。

(一)中国公民社会兴起的必然

公民社会，也有人译为“市民社会”、“民间社会”，“中国市民社会乃是指社会成员按照契约性规则，以自愿为前提和以自治为基础进行经济活动、社会活动的私域，以及进行议政参政活动的非官方公域”。在当代语境中，社会被分成三个部分。第一部分是政治社会，即国家系统；第二部分是经济社会，即市场系统；第三部分是公民社会，即民间组织系统。① 中国历史

① 俞可平：《中国公民社会研究的若干问题》，《中共中央党校学报》，2007 年第 6 期，第 14—22 页。

上，公民社会一直被政治国家所湮没。在历经 30 年的改革开放和社会变迁，经历了国家与社会高度统合的状态之后，一个自我发展、自我治理的公民社会正在形成，一个重要特征就是社会组织逐步发育，社区自治不断扩大，公民的各种参与逐渐增加。中国公民社会的兴起和逐步发育成熟，为我国社区草根组织的发展及其活动开展预留出越来越广阔的空间。大量草根层次的、以互益为目标的民间体育组织，打破了自上而下建立的、具有浓厚行政色彩的官办社团的一统局面，活跃在社区或基层单位。[①]社区草根体育组织的繁荣就是中国公民社会兴起的局部展现，其生成路径的民间化、运作机制的社会化、活动开展的自治精神和民主平等原则，具备了公民社会的根本特征，代表着我国数量巨大的政府体系之外的公民社会力量。

（二）城市社会体育管理体制变革的结果

计划经济体制时期，群众体育的基本组织形式主要以行业、系统、单位为主，呈“条块分割”状态。造成社会体育管理组织系统的缺位和管理重心偏高。20 世纪 90 年代以来，我国城市社会发生了重大变化。城市管理体制逐步向“两级政府，三级管理”转变，城市工作的重心下移到社区。与之相适应，城市社会体育管理体制也发生变革，管理的重心开始下移。伴随着“单位人”向“社区人”的转变，人们的自我发展空间逐渐从单位组织转向空间更为广阔的社会，社会资源配置和社会调控中心也开始逐渐从单位组织转向社区。于是，以人们的生活和居住空间为核心的城市社区逐渐上升为社会结构的基本单位，社区开始成为人们生活的中心，并日益成为社会成员体育活动的聚集地。社区草根体育组织作为城市基层社会公民的自治组织载体，则满足了社区居民日益增长的体育需求，成为社区体育发展的一个重要功能承载者。在一定意义上，正是城市社会体育管理体制也发生变革，单位所释放的体育功能使社区草根体育组织有了发展的依托和成长的动力。

（三）体育自组织能力提升的体现

在中国“权威主义”政治体制中，社会要服从于国家，明显地表现出国家对社会的覆盖和控制，出现政府机构控制社会组织的普遍现象。受到经济发展水平和社会发展程度的制约，全民健身活动也由此呈现出明显的“被组织”色彩。[②] 改革开放以后，随着社会主义市场经济的逐步确立，个人的活力不断增强，企业的自主性不断增强，社会的自组织性也在不断增强。

---

① 汪流：《偶然中的必然：“回超”现象的发生学解析》，《武汉体育学院学报》，2010 第 5 期，第 33—37 页。

② 汪流、刘国永、贺风翔等：《全民健身活动组织模式选择》，《体育文化导刊》，2010 年第 3 期，第 25—28 页。

与之相适应，基层体育活动也由原来的“他组织”开始向“自组织”转变，各种群众性体育组织不仅在数量上不断增长，规模越来越大，而且结构也在不断优化，形成“官办”与“民办”、“法人”与“非法人”并存、类型多样、层次有别的组织体系。①与计划经济时期那些带有“展示效应”、“橱窗效应”的来自于政府行政命令的具有“他组织”性质的体育活动形成鲜明对照的是，这些社区基层内自生的草根性体育组织有着超强的动员能力和组织协调能力，从而能真正调动社区成员体育参与的积极性，有效拓展社区成员参与的广度和深度。

(四)公共体育服务社会化改革的必然

长期以来，我国公共体育服务供给主体单一，体育行政部门一直是我国公共体育服务供给的绝对主体。政府对公共体育资源和服务的近乎垄断性的占有和供给，冲击了公共服务所强调的公平、效率和优质的原则，造成种种弊端。20 世纪 80 年代以来，我国开始探讨公共服务供给模式的改革，提出了社会事业社会化和产业化的改革，一些营利组织、非营利组织，开始进入传统的公共事业领域，我国社会事业的管理模式和公共服务的供给模式因此发生了巨大的变化。与此同时，为了克服体育过分集中于国家办的弊端，发动全社会办体育，原国家体委提出了“体育社会化”的方针，其主要涵义是：“尽可能调动全社会参与体育的积极性与潜力，包括参与体育活动，参与兴办各项体育事业，参与、占有与分享属于全民财富的社会主义体育”②。随着计划经济体制向社会主义市场经济体制的转轨以及体育社会化改革的不断深入，公共体育服务供给的单一中心模式向多中心模式的转变已经成为可能，体育资源主要由政府专控的格局已被大大突破，体育资源向民间转移已成为社会体育发展的新动向。可以说，社区草根体育组织非强制性的社会资源动员方式，非营利性的运作目标正是公共体育服务社会化改革的必然结果。

三、小草根的大意义：草根体育组织在社区体育实践中的功能定位

(一)草根体育组织是社区体育发展的真正主体

当前，我国各地都在积极探索和实践社区体育发展的途径，学界也提出各种社区体育发展的模式。然而，社区体育是一个动态的、长远的发展过程，无论以何种创意、何种模式推进社区体育发展，都不能靠一种方案、

---

① 汪流：《偶然中的必然：“回超”现象的发生学解析》，《武汉体育学院学报》，2010 第 5 期，第 33—37 页。

② 课题组：《我国体育社会科学研究状况与发展趋势》，人民体育出版社，1998 年，第 38—46 页。

一时的热情冲动或几次群众性运动，而是要有真正的社区体育发展基础。这个基础有三个必不可少的要素，即场地设施、社区体育组织和丰富多彩的体育活动，其中社区体育组织是核心。政府体育部门只能是业务指导，体育部门业务工作"进社区"只有通过合适的组织来实施，否则政府转移出来的体育职能又会从一种特殊的方式连同企事业单位转移出去的体育职能一起回到政府，而且造成低效和浪费。因此社区体育发展的真正主体应当是在社区内部、自发产生，在社区范围广泛、长期存在的草根体育组织。

(二)草根体育组织是社区群众体育参与的有效组织形式

近年来，我国各地数量庞大、类型各异的草根体育组织展现出旺盛的生命力。与体制内体育民间组织不同，体制外生成的草根体育组织乃是民间自发形成的。它们与市场经济的发展以及与之相关联的经济、社会民主化进程有关，其成立和存在源于居民满足自身需求的内在动力，是社会选择的结果，是公民体育意识的觉醒并有组织地参与其中的产物。社区草根体育组织作为民间组织的组成部分，自下而上的生成途径决定了它的自愿性相对于依靠行政力量组建的体育民间组织更强，更接近人们的日常生活。草根体育组织所具有的民间性、广泛性、群众性、自治性的典型特征决定了其已经并将继续成为全民健身活动的有效组织形式。

(三)草根体育组织是推进社区公益体育事业发展的主力军

公益体育事业的外在表现是公益体育场地设施和各种体育活动的有机结合，实现这一结合的关键，一是要靠政府的支持和投入，二是要靠大量热心公益事业的民间组织的存在和发展，其中体育民间组织是重要载体和主要力量。社区体育公益事业也不例外，在我国各地基层，政府公益体育事业发展规划、驻区单位对公益体育事业的支持、社区居民的公益心都离不开社区草根体育组织的传播和执行，靠这些组织的身体力行转化为社区公益体育行为，从这个意义上来说，草根体育组织是社区公益体育事业发展的主要力量。

四、繁荣背后的隐忧：社区草根体育组织境遇及发展

(一)合法性冲突：草根体育组织生存困惑

对于中国的社团来说，必须同时争取两种合法性："一种是来自政府的承认和信任，即官方合法性；另一种是来自社会的承认和信任，即社会合法性。社团的社会合法性是社团能否获得真正发展，能够逐渐走向自立和自治的关键。从长期来看，社团的社会合法性才是最根本的"①。

① 康晓光：《创造希望——中国青少年基金会研究》，广西师范大学出版社、漓江出版社，1997年，第637页。

草根体育组织的成立和存在源于居民满足自身需求的内在动力，是社会选择的结果，符合社会需要，具有社会存在的合理性。但现行的关于民间组织管理的“双重管理体制”，使民间组织登记许可面临着双重门槛，使得符合社会发展需要的社区草根体育组织难于通过登记注册成为民间组织，由于这种制度供给问题的存在，导致现实中很多草根体育组织缺乏“法律合法性”，“大量的社区体育社团实际上并不具备法律的合法性”①，难以获得法律的保护和政府的认可。例如，广受海内外媒体关注的“回超”的组织者——回龙观业主足球协会虽然经过多次努力，但囿于登记制度的限制，至今都没有在有关部门注册成功，仍然是一个没有法律身份的“非法组织”。“目前还没有相关具体的政策来实施管理，也没有专门的政策来扶持发展这类的社区组织”②。

（二）体制外徘徊：草根体育组织生存之殇

与体制内体育民间组织不同，社区草根体育组织的主要社会资源，包括人、财、物、信息、管理和相应的组织资源等，主要来自于市场和社会。其基础在于经济改革和对外开放所带来的民主化和广泛的公民参与，其基本特征具有转型时期典型的多样性、自发性和随意性，生存在体制默许的边缘地带。

在政府控制着巨大社会资源的前提下，社区草根组织获取资源的制度化渠道有限，由于大多数的体育草根组织处于“非法”状态，因而从政府得到的体制性资源很少或者根本无法获得来自于政府的资金、人力、组织网络等各种有利资源。即便这些组织获得政府的一定支持，也是组织自身努力争取的，而不是制度保障的结果，而且这种支持往往是临时性的、非稳定的、非制度化的。非法人草根体育组织由于内部治理结构不完善、专业人才缺乏、社会资源不足，再加上法律政策环境不利，获得制度化资源的渠道受到阻碍，在客观上制约了它们资源动员能力、组织协调能力和体育公共服务的供给能力。制度约束和资金瓶颈，往往使草根体育组织将注意力从实现组织使命转移到维系生存上。

（三）行政吸纳：草根体育组织发展的政策主张

尽管我国的改革开放已经持续了近三十年，社会主义市场经济体制也正在逐步建立，但我国总体上仍然是一个政府主导型的发展模式，政府掌握绝大部分资源。由于所掌握资源的重要程度和稀缺程度不同以及提供资源的能力不同，建立在资源依赖基础上的政府与民间组织关系呈现出一种

---

① 黄亚玲：《论中国体育社团——国家与社会关系转变下的社团改革》，北京体育大学出版社，2004 年，第 101 页。

② 曲晓阳：《社区足球联赛遇困惑》，《中国体育报》，2005 年 6 月 13 日。

权力上的不对称性，更多地表现为民间组织向政府寻求生存与发展的空间，具有明显的行政依附性色彩。民间组织要发展，不但需要经济资源的支撑，而且在人力资源、组织网络资源等方面都需要政府的政策倾斜和直接支持。基于以上原因，康晓光和唐文玉两位学者从中国的“权威主义”政治体制出发，分别提出“行政吸纳社会”与“行政吸纳服务”两种不同于公民社会与合作主义的新型国家与社会关系模型。两者的不同在于，“行政吸纳社会”的核心互动机制是控制与功能替代，而“行政吸纳服务”的核心互动机制是支持与配合。但两者同样强调国家与社会之间的融合，以及国家的主导性地位，强调在这种依附型的合作关系模式下，政府通过支持民间组织的发展，使民间组织的公共服务资源为政府所用，使民间组织充当政府公共服务的帮手。作为“支持”的交换，民间组织需要配合政府的工作，响应政府的组织、号召与政策执行。与自上而下成立的、那些属于政府“自己的”的民间组织不同的是，政府与自下而上的民间组织的合作基于一定的契约关系之上，并不会改变这些民间组织的自治性质。

1. 探寻草根体育组织的身份认同

草根型体育组织发展的关键问题是身份认同。身份认同是指个体或群体在社会情景中发生与他者关系时所获得的一种自我认知与他群认知的意义。[①] 目前，我国还没有专门的、全面的、科学的关于社区民间组织管理的法律。社区民间组织的法律地位还不明确，对于社区民间组织的管理只能套用《社会团体登记管理条例》、《民办非企业单位登记管理暂行条例》等一般的民间组织管理法规。草根体育组织法律身份的缺失，直接导致合法利益的无保障和行动能力的受限。事实表明，草根体育组织蓬勃发展的社会现象符合社会需求而得不到法律上合法性的承认，从某种程度上反映了法律制度的滞后性与不完善性。为此，应放宽相关的政策，对不以营利为目的的公益性草根体育组织与其他民间组织区别开来，实行宽松的注册管理制度，解决草根体育组织身份困境问题。可直接由登记机关登记备案，取消找业务主管部门的制度性制约，使符合社会需求的草根体育组织在法律上获得认同。同时，应创造条件为其开展公益体育活动提供政策支持，把号召力和影响力大、具有组织管理经验的草根体育组织做成“品牌”，起到对其他类型的社区民间组织的示范、辐射和带动作用。

2. 重视自下而上的民间体育力量

生成路径、发育程度和运作模式的不同，在很大程度上决定了体育民间组织所承载的功能、所发挥的作用的不同。自上而下的体制内体育民间组织的发生背景和独特的演化路径，决定了其与自下而上的体制外体育民

① 李鑫：《草根性民间慈善组织身份认同的社会政策选择》，东北师范大学，2009 年。

间组织不同的特性。虽然我国各级各类体制内体育民间组织在章程中明确自己在政府、社会、个人之间起桥梁和纽带作用，但这个桥梁往往是单向的，长期以来的“官本位思维”，处事先对上级负责，影响了它们组织目标的应然方向。组织目标的偏离决定了其在很大程度上忽视了人们的现实体育需求。群众体育日益多元化的发展需求以及草根体育组织贴近群众现实生活的基本特征，要求我们重视自下而上的民间力量，充分认识草根体育组织在社区体育发展中的价值及公共体育服务体系中的重要地位，把培育草根体育组织放到推动社会进步、满足社会需求、体现社会公平的高度来认识，竭诚为社区民众提供便捷、优质的公共体育服务。

3. 政府购买草根体育组织服务

“政府购买服务”是指政府将原来由自己直接举办的、为社会发展和人民生活提供服务的事项，通过“购买”的方式交由民间组织来承接，是一种“政府承担、定向委托、合同管理、评估兑现”的新型公共服务提供方式。① 政府根据需要委托民间组织从事某项公共事业服务，并给予相应的资金支持或补偿，或者政府通过购买的形式把某个公共事业服务项目交由民间组织委托办理，这种方式在西方国家普遍采用，在我国现阶段，将社区草根体育组织纳入政府采购的对象，既是基层政府体育部门转换角色和形成多中心体育服务供给模式的内在需要，也是社区草根体育组织获得政府资金支持的重要渠道。在社区体育服务中探索政府购买民间组织服务的具体形式，有利于实现政府、社区体育民间组织和受惠对象三者的“共赢”。我国政府购买社区草根体育组织服务业已具备内部与外部的基本环境和条件。一是改革开放以来，我国基层民间体育组织的飞速发展，结构不断优化，作用发挥愈加突出；二是完善政府购买体育服务机制符合“小政府、大社会”的社会转型趋势，是政府改革的必然。

4. 重视培养草根体育组织的精英人物

综观各类草根体育组织的蓬勃发展，存在一个不可忽视的现实，那就是几乎每个有影响力的草根体育组织基本上围绕着一个灵魂人物或领导团队开展活动，内部管理上也很大程度取决于精英人物或核心骨干人员的个人素质与运控能力。他们往往精于业务、经验丰富、有较高的业内声望，具备较强的宏观决策、处理问题和凝聚内部人心的能力，集传统权威、感召权威与理性权威于一体。在政府管理方式逐渐走向间接，不断让渡社会空间的大背景下，精英人物在社区民间体育组织的成立和运作等环节中发挥着决定性作用。为了拓展组织的活动空间、创新活动方式、争取经费，

① 何海兵、刘易：《政府向社会组织购买服务的经验、问题与对策研究》，国家民间组织管理局，《2009 年中国社会组织理论研究文集》，中国社会出版社，2010 年，第 257 页。

这些精英人物通过自身的传媒影响力、社会影响力开展公关，组织协调，动员媒体和各种社会力量，提升组织的整体影响力，在体制外寻找生存的空间和支撑性资源。基层政府的政策应向这些具有领导能力、有责任心、热爱社区体育活动、有进取心的精英人物实行倾斜，动员他们积极参与到社区组织的事业中来，并采取鼓励、培训、使用和安置等灵活政策，发挥他们带领市民、服务社区体育文化建设的作用。

五、结语

与规模较大、有正式体制庇护的其他体育组织相比，在组织规模上，社区草根体育组织是微型组织；在资源获取上，社区草根体育组织是弱势组织；在体制框架上，社区草根体育组织是边缘组织。尽管前路并不平坦，却不能丧失对我国以行政体系为主要依托的体育组织架构内这一最具活力、最近接民生的组织创新的期待。好在与之前相比，草根体育组织的发展环境在很多方面有了较大改善，政府的扶持政策也在不断完善，我们有理由相信，遍布于城乡基层的草根体育组织将不再难觅展现自我的舞台。

（作者：汪　流　北京体育赛事管理与营销研究基地研究人员　教授
李　捷　北京体育赛事管理与营销研究基地研究人员　教授）

基地名称：北京体育赛事管理与营销研究基地
依托单位：首都体育学院
项目类别：北京市哲学社会科学“十一五”规划项目

北京奥运传播与国家文化软实力的研究[①]

奥运传播是主办国加入全球化进程的方式，也是获得国际社会认同、提升国家“文化软实力”的一种手段。2008 年北京奥运会给予中国一次走向世界的良机。在举办奥运会的前后，中国政府、奥组委及全国上下，集中力量进行了自我宣传，举办了形式多样、内容丰富的各种活动，旨在借奥运之机，获得世界的认同，以此提高中国的文化软实力。那么，中国通过举办北京奥运会是否提高了“文化软实力”，究竟在多大程度上提高了文化软实力，这些内容成为本课题研究的主体。

本研究在总结北京奥运传播演进规律的基础上，运用传播学、文化学、体育学等学科理论，对奥运传播与文化软实力进行了理论分析，剖析了奥运传播与文化软实力目标实现之间的关系。在研究方法上，采用了文献研究法、调查法、访谈法和比较分析法，大量收集奥运传播以及文化软实力的相关历史文献，包括大众媒介的相关报道，梳理世界主流媒体的对华报道，对从相关部门获得的来华旅游人数、外国学习中文的信息进行分析和对比，走访传播学、体育学、社会学专家，了解其观点与看法。在对奥运传播与国家文化软实力进行评估时，本研究采用了定量与定性相结合的方法。

本文从以下五个方面对北京奥运传播与国家文化软实力进行阐述与分析：第一，奥运传播的演进历程及其规律；第二，国家文化软实力的理论分析；第三，奥运传播与国家文化软实力的关系；第四，奥运传播与国家文化软实力的评估；第五，中国后奥运时代国家文化软实力的传播策略。

一、奥运传播的演进历程及其规律

奥运会本身充满了文化的内涵。现代奥林匹克运动兴起于欧洲资本主义工业化时代，但其渊源可追溯到古希腊的奥林匹克运动会。无论是古代还是现代奥运会，都与文化有着密切联系，其举办的各种活动也都盖有文

① 本文是《北京奥运传播与国家文化软实力的研究》项目的阶段成果，项目编号：09BaZH118。

化的烙印。从公元前 776 年到公元 394 年结束，古代奥运会共举行了 293 届，历时 1169 年，其延续时间之长、影响之久远，在人类历史上创造了一个奇迹，其文化底蕴是相当浓厚的。从古至今，作为西方竞技运动文化的典型代表，奥运文化都是伴随着西方文化的发展而不断向前推进，它随着西方文明进程的全球化传播而成为一种特殊的世界语言。

奥运文化具有自身的一些特点。首先，奥运文化具有巨大的通融性。100 多年来，国际奥委会从一群欧洲绅士的午餐会，演变成了庞大的国际组织；奥林匹克运动会从以欧洲中心的区域性体育比赛，发展成为世界性的文化潮流；奥林匹克主义已为世界多数民族接受，成为震撼全球的奥林匹克运动。其次，奥运文化是一种和谐的文化。和平与战争几乎伴随着人类发展的每一个脚步。人们渴望和平，但却无法避免战争。而体育运动及其传播活动，却始终扮演着和平使者的角色，如奥运会期间停战就闻名于世。第三，奥运文化具有多元与统一的特征。奥林匹克文化不仅仅在于它为人类不同文化的交流提供了平台，更为重要的是，它使奥林匹克文化呈现出既有不同的文化形态，也有一统的文化约束。在各民族文化彼此交流、互相交汇中，多元和一体并存，从而使奥林匹克文化既有源源不断的养料和娇媚多姿的形态，也有文化发展的不竭动力。

再看作为奥运会“符号”的文化表象。奥运会“符号”包括每届奥运会的会徽、吉祥物、奥运海报、奥运标语、奥运歌曲及其他符号等。如由蓝、黄、黑、绿、红互相套接的奥林匹克运动会五环标志，象征欧洲、亚洲、非洲、大洋洲、美洲运动健儿的大聚会。五环旗的白底色，意指所有国家都毫无例外地能在自己的旗帜下参加比赛。国际奥委会颁发的奥运会纪念章，包括发给运动员的奥运会奖牌和发给奥运会参加者的纪念章，象征了荣誉和理想；各国发行的商业性和旅游性的奥运纪念章，象征了各国对奥林匹克运动的文化追求。

奥运会的典礼与仪式也包含着深刻的文化内涵。这些典礼与仪式包括开闭幕式、火炬传递、颁奖典礼，包括乐队、升国旗奏国歌等。开闭幕式被认为是吸引公众注意力和兴趣的巅峰活动，由于全球电视覆盖，它已经成为世界上最多人观看的节目；火炬传递在公众参与和社区兴趣方面具有更大的体验价值。

奥运会期间往往会举办各种文化活动，被称为“文化项目”，是指在奥运会之前和举行期间组织的专门性文化和艺术活动。它可能为主办城市的文化特征和文化政策选择提供更复杂、精妙和代表性的信息，也是顾拜旦的奥林匹克主义的精髓所在。古代奥运会上，运动员、哲学家、学者、诗人、音乐家、雕塑家和有名望的领袖便共同展示他们的才华。100 多年的现代奥林匹克运动进程，就是一部体育运动与文化艺术相融、互促的人文奥运历史。奥林匹克运动，汇聚了包括体育竞技、音乐、舞蹈、美术、建筑艺术、雕塑、文学、设计、影视等形式的文化艺术现象，让古代与现代、东方与西方的文明相互照耀，成为跨地区、跨民族的世界性文化体系。

从文化传播的角度来梳理奥运传播的演进历程，按照我国奥林匹克专家郝勤对现代奥林匹克运动传播阶段的划分，现代奥林匹克运动共经历了三个传播阶段：从1894年巴黎国际体育代表大会到1908年第4届伦敦奥运会是第一阶段，这一阶段可以称为奥林匹克跨国传播阶段。第二阶段是奥林匹克跨文化传播阶段，时间跨度为从1912年第5届斯德哥尔摩奥运会开始至1936年第11届柏林奥运会。第二次世界大战结束后至今为奥林匹克全球传播阶段。

纵观奥运会传播的特点及规律，可以归纳为以下五点：第一，奥运传播具有文化传播的性质；第二，奥运传播是一个文化涵化的过程；第三，奥运传播是一种认知体育本质、认知社会和人自身的过程；第四，奥运传播有利于提升主办国的国家形象；第五，奥运传播增加了主办国文化的吸引力和影响力。

二、国家文化软实力的理论分析

软实力的概念是在20世纪八九十年代由美国政治学者约瑟夫·奈提出来的。他在1990年出版的专著《注定领导世界：美国权利性质的变迁》中首次提出软实力概念，并且在与“硬实力”的理论对比后对其进一步加以完善。他认为软实力是指与诸如文化、意识形态和制度等抽象资源相关的、决定他人偏好的“软性同化权力”。当对文化力量的研究与软实力理论结合后便产生了一种新的认知视角，即文化软实力。

文化软实力一般是指：一国的文化、价值观念、社会制度、发展模式的国际影响力与感召力。集中归纳为四个方面的影响力，即文化影响力、意识形态影响力、制度安排上的影响力和外交事务中的影响力，这些影响力均要通过大众传媒体现出来。

首先，传媒软实力是文化软实力的组成部分。文化软实力是一个国家软实力的核心，而传媒不但是文化传播的介质和载体，它本身还是文化软实力的核心组成部分。从传媒与文化的历史和现状来看，传媒与文化如影随形，贯穿于传媒产生和发展的始终。与国家实力一样，传媒实力也可以分为硬实力和软实力。对硬实力的投入可以在较短时间内收到成效，其业绩显而易见；软实力作用的方式和效果往往是间接性的、渗透性的，需要较长时间才显现出来。

其次，大众传媒是提升文化软实力的重要力量。在以信息化、开放性为主要特征的当代社会，文化软实力的提升比任何时候都更离不开媒介。

因为媒介不仅能为文化软实力的提升营造一个良好的舆论氛围，而且是对外传播中提升文化影响力、感召力和竞争力的重要平台。

再次，我国文化软实力的构成要素包括“软”和“力”两个层面。“软”的角度包括民族团结精神、核心价值观的认同与演变、传统文化的继承等。这是内蓄的力量资源，主要体现在“软”层面。该维度的内容处于文化软实力构成结构的里层，它主要体现一种精神的构成，文化精髓的传承。体现在人类的艺术精神、宗教精神、科学精神、人文精神、伦理精神、政治精神以及民族精神，并且各自在内容上相互关联、相互补充，构成文化软实力完整的内在构成。“力”的角度指国家的创造力、思想辐射力、观念文化的亲和力、文化体制的推动力、文化产品传播力、国际形象亲和力、处理国家关系的行动力、参与制定国际制度的决断力等。这是向外辐射的维度，主要体现在“力”方面，文化的凝聚自固力、竞争力、传创力和感召力的整合表达，它无论是对自己还是对他者，都产生实实在在的改变性影响。

我国的文化软实力具有以下五种功能：增强国力功能；思想教育功能；文化生产功能；民族凝聚功能和身份认同功能。

三、奥运传播与国家文化软实力的关系

在考察两者之间的关系时，需要从两个层面进行分析，即奥运传播对国家文化软实力产生的影响，以及国家文化软实力的奥运传播实践。

从历史上看，举办国通过奥运会这一平台在不同程度上实现了国家文化软实力。日本是亚洲第一个举办奥运会的国家。日本通过 1964 年东京奥运会的筹办，展示了战后日本蓬勃发展的面貌和东方文化的独特魅力，尤其令人记忆深刻的是，广岛原子弹灾难当天出生的日本青年坂井义则点燃了奥运会的圣火，展现了日本从战争灾难中走向和平发展的国际形象。1998 年汉城奥运会的举办，标志着韩国经济腾飞、政治民主时代的到来，尤其令人瞩目的是，随着 1998 年汉城奥运会主题曲《手拉手》在世界上的广为流传，韩国文化在亚洲乃至世界的影响力越来越大。受惠于奥运会的“文化立国”方针，带来了文化创意产业的迅猛发展，向世界展现了“勤勉、诚实，具有成熟市民意识、团结”的韩国国民形象。

中国通过举办奥运会获得了一次全面提升的机会。“人文奥运”是北京奥运会的核心理念，它强调世界不同地域之间的文化交流，倡导人的素质的全面提升和充满友爱和平的和谐世界的创建，集中体现和发展了奥林匹克运动以人为本的人文内涵。北京奥运会在实践人文奥运中，促进了国民素质的提高。增进了中国文化与奥林匹克文化的有机融合。文化软实力还促进了奥运体育竞技实力的提升，中国在北京奥运会上共夺得 51 枚金牌，首次超越美国的 36 枚，这是中国自 1984 年参加洛杉矶奥运以来夺金最多的

一次。

四、奥运传播与国家文化软实力的评估

第四部分是本研究的重点和难点。根据本课题在申请之初制定的研究思路，将文化软实力设定为一级指标，将文化吸引力、文化影响力和文化竞争力设定为二级指标，再在其下设定若干个三级指标，依据北京奥运会的传播实践分别对各项具体内容进行分析，继而总结北京奥运传播对提升国家文化软实力的作用与贡献。

在具体分析和评估时，将文化吸引力的指标分为三个层面，即文化制度、文化精神及文化器物层面，分析北京奥运传播在文化吸引力的内涵及其建树；文化影响力的三项指标分别为文化市场影响力、文化资源影响力和文化环境影响力，评估北京奥运传播对文化市场影响力产生的影响与作用；文化竞争力的三个指标分别是文化市场规模、文化产业创新能力和高素质人才，评估北京奥运传播对提升文化竞争力起到的推动作用及其贡献。

在文化吸引力方面，北京奥运会的礼仪文化得到充分展示，北京奥运会成为集中展现中国人民热情友好、渴望和平发展美好愿望的一个大舞台，通过各项活动中国人很好地诠释了自己文化制度的内涵。奥运会期间以运动员为主要服务对象的思想，不仅体现在赛事的各项组织工作中，也体现在运动员村里。对不同宗教信仰的选手，建立了在村里进行活动的专门场所。在语言文字方面，北京奥运会传播使“汉文化”得到了广泛推广，加上近年来中国的汉语走出国门，文化也随着汉语而输出，并在各方面影响了世界对中国的认识与评价。宽松政策成为世界了解中国文化的制度保证。在过去，外国记者在中国采访必须有中国国内单位接待并且陪同，赴地方采访需要向外事部门申请，现在不用这样做了。世界舆论普遍认为，这意味着外国记者在中国进行采访，拥有了比以往更为开放的环境。北京奥运会还开拓了奥运国际交往的新思维，奥运会开幕式吸引了 80 多个国家的元首和政府首脑参加，这在中国历史上是空前的，体现出中国政府全新的外交新思维。

在文化影响力方面，自北京获得 2008 年奥运会举办权后，组织者就开始了中国文化的对外传播。传播过程分为三个阶段：奥运会前 7 年、奥运会期间 16 天、奥运会之后，在每个阶段，都制定了详尽而周密的计划，全国各类媒体进行了一次大规模的集中展示。从文化商品贸易和文化贸易服务的角度分析，中国媒体对北京奥运会的报道不仅在国内，也在国际上产生了巨大影响，尤其是电视媒体，贡献可谓居功至伟。根据国际奥委会官方统计，共有 200 多个国家和地区的观众，通过累计 5000 小时的报道和转播目睹了北京奥运会的盛况，这一报道规模是雅典奥运会的 3 倍。北京奥运会

是目前为止奥运会历史上转播规模最大的一次。北京奥运传播还对中国未来的旅游事业产生了积极影响。虽然按照奥运会的以往规律，在奥运年游客数量会有所下降，但奥运会后期及未来的游客数量会有所增加，北京市统计局公布的信息也说明了这一观点。2007 年以来，中国的入境旅游呈现出持续较快的增长趋势，到 2008 年奥运会举办地北京的旅游人数剧增。尤其是俄罗斯，由于奥运会开幕式的成功转播，奥运会的举办改变了中国在俄罗斯人心目中的形象，在 2008 年来华游客同比增长了 14.65% 。在文化资源影响力方面，北京奥运会提出的“人文奥运、科技奥运、绿色奥运”的新理念、新视角，是对奥林匹克运动做出的贡献。北京奥运会的成功举办以及强大的传播力度，使中国的文化输出在一定程度上得到提升，体现在影视出口上则很有说服力。中国广电总局公布的数字表明，2009 年度中国影视文化产品和服务出口情况大幅上扬，全年中国的影视节目出口总时长约为 10617.2 小时，影视文化产品和服务出口总金额约达 8604.2 万美元。另一方面，北京奥运会的电视收视率也创造了历史纪录。在北京奥运会全球收视情况方面，以 47 亿观众人数打破了历届奥运会的纪录，在奥运会电视收视史上创造了新高。其次，在中国境内电视收视规模上，有 94% 的观众收看了奥运会。从 8 月 8 日奥运会开幕到 24 日闭幕，16 天内收看中央电视台奥运转播及相关体育报道的观众人数累计达 11.2 亿，占全国电视总人口的 92% 。收视率最高的奥运会开幕式有 8.42 亿多观众，闭幕式的收视人数达到 6.58 亿人，其中有 5.01 亿观众通过央视转播频道收看了闭幕式。奥运传播还对文化环境吸引力起到了推动作用。在当今世界，对新闻媒体自由报道的容忍，对政治异见表达权利的尊重，都是一个国家政治文明的标志。在奥运会期间，中国政府制定了新的媒体政策，为外国媒体采访奥运会提供了良好的文化环境。其中最有代表性的是设立“奥运游行示威公园”，这一举措被证明对中国民主制度的建设具有历史意义。

在文化竞争力方面，奥运会为我国的文化创意产业发展提供了良好机遇，作为举办城市，不仅提高了北京的国际地位和影响力，而且促进了资本、技术和人才的引进，加快了文化资源的开发利用，提高了科技和文化的创新水平，进一步扩大了文化交流与合作，有力地提升了北京文化的竞争力。奥运会的举办成为北京文化创意产业发展的新引擎。在奥运会期间，有 2 万多名国内外艺术家参加了演出和展览，到现场观看演出和展览的观众达到 400 多万人。2008 年 1—2 月，文化创意产业中的“文化艺术”领域收入 9.1 亿元，比上年同期增长 24.7% ，占文化创意产业总收入的 1.5% ；文艺创作、表演及演出场所等行业增长迅速，实现收入 2.6 亿元，同比增长 45.6% ，增速高于文化创意产业平均增速 23.6 个百分点。互联网普及率是国家高素质人才的一个重要指标。根据 DCCI 互联网数据中心发布的数据，

2008 年上半年互联网有效受众规模已达 2.21 亿人。由于奥运会的举办，互联网与央视并列成为奥运会的主要传播渠道。数据显示，2008 年上半年中国互联网用户在网上消费的总规模达 2560.7 亿元，同比增长 58.2%，其中有 45% 的互联网用户在奥运期间产生了相关费用，用途主要集中于媒体、建筑、交通运输行业。

在对世界主流媒体对北京奥运会的报道角度、报道内容进行分析后得出，外国媒体对北京奥运会的报道大体分为三个阶段：奥运会前夕、奥运会举办期和奥运会之后。呈现出的总特点是：奥运会举办前夕负面报道偏多；奥运会举办期正面报道居多；奥运会之后的报道褒贬参半。

五、中国后奥运时代国家文化软实力的传播策略

在研究后奥运会时代我国文化软实力的传播策略时，首先要对后奥运时代的中国文化传播环境进行客观评价。当前的世界文化传播格局，依然是发达国家在世界文化传播中占据着主导地位。根据联合国教科文组织的相关统计数据表明，发达国家占据了国际文化产品贸易 90% 的市场份额。四大西方主流通讯社美联社、合众国际社、路透社、法新社每天发出的新闻量占据了整个世界新闻发稿量的五分之四。西方 50 家媒体跨国公司占据了世界 95% 的传媒市场，美国控制了全球 75% 的电视节目的生产和制作，许多第三世界国家的电视节目有 60%—80% 的栏目内容来自美国。

但是，随着世界经济格局的改变，发展中国家正在积极推动本国文化的全球传播。作为世界上最大的发展中国家，中国文化传播产业的国际贸易进入了一个迅速发展的时期，尤其是对外传播领域。国家统计局于 2010 年 5 月发布的报告指出，我国文化产业在 2008 奥运会年实现增加值 7630 亿元，占同期国内生产总值（GDP）的 2.43%。而在奥运会举办前的四年间，即 2004 年至 2008 年间，文化产业增加值年均增速高于同期 GDP 年均增速 3.6 个百分点。

在未来，世界文化传播的竞争将会更加激烈，在经济全球化与贸易自由化的作用下，国际文化传播的发展将面临着一个新的挑战，那就是发达国家为了维护自己在文化传播领域的垄断地位，会采取各种手段和措施，而挤压发展中国家的市场份额，限制其发展；同时，发展中国家为了捍卫自己的国家利益和提升自己在国际文化贸易中的地位将向发达国家发起挑战，这一深层的、不可调和的矛盾将促使国际文化传播领域的竞争愈演愈烈。

在考察后奥运时代中国文化传播的前景时，要充分考虑到限制发展的一些因素，包括各国设置壁垒，保护本国文化，限制他国文化传播；来自政治体制、意识形态对中国文化传播的影响；中国国内文化传播产业在体

制上和制度上的发展尚不完善；中国政府对文化传播的支持力度需进一步加强；中国文化传播的产品落后、创新性不足，结构仍显单一；中国文化传播专业人才依然欠缺，等等。

后奥运时代中国文化的国际传播途径主要有以下方面：

第一，促进民间与官方的合力传播。利用北京奥运会后国际社会对中国的积极认知，利用官方的传播途径为中国文化传播找到良好的发展道路。可以通过主动设置议题的方式，使中国文化传播从世界舞台的边缘走向中心。在传播过程中，要以传播文化价值观为归旨来设计、制作各类文化传播产品，减少商业娱乐的因素，加大文化思想观念的内蕴。另外，要重视官方与民间并举的方式，尤其要发挥自古以来民间文化传播形成的传统优势和特点，发挥社会团体、民间组织的传播作用，弥补官方文化传播的欠缺与不足。

第二，开拓多种文化传播样式。要注意在旅游、经贸合作等领域中的中国文化传播，不仅要重视旅游、经贸合作等过程中的经济欲求，更要强化在这些方面合作过程中的文化传播与交流。同时，在教育的合作与交流中，可以充分发挥教育的传播职能，将中国文化进行有效传播。因为教育的传播职能是非常稳固、最为可靠的，也是最易见成效的，所以，教育的合作与交流为这一职能的发挥提供了便捷有力的途径。例如，在世界各地拓宽孔子学院办学网点、扩展办学规模，而且要注意逐步改变以单纯的语言教学方式与方法为中心的模式，通过增设教育内容，不断加强文化价值观的传播。

第三，利用国际组织开展传播。一些国际组织积极推动世界文化多元化的发展，中国要充分利用这些国际组织，通过第三方的力量推动中国文化的对外传播。例如，要利用联合国及其专门机构和组织传播文化观念。联合国及其专门机构和组织的传播优势十分明显，值得有效地依托，并进一步“化为我用”。

第四，重视发展网络文化传播。网络传播的渗透力极强，受到各种因素的干扰相对较弱，因此要充分发挥网络传播的潜在能量和发展优势，面向世界各国开设和开办形式多样的各类网站，真实客观地介绍我国历史、现状和发展趋向，介绍我国人民日益丰富的文化生活，尤其是少数民族地区发生的巨大变化。

第五，注重意见领袖和青少年的传播力量。意见领袖在文化传播中有着不可忽视的作用与价值。一些知名人士、专家学者的影响力和“文化代言人”的传播能力有时甚至能够超越大众传播媒体。通过充分发挥知名人士、专家学者的特殊作用，可以以间接引导的方式来实现更大的传播设想。

在后奥运时代中国文化软实力的传播策略上，应重视以下四个方面：

首先，在对外传播中要以中华文化价值观为核心。以中华民族崇尚并秉持“和”的传统观念，增进中华文化价值观的亲和力，消除西方所谓“中国威胁论”的不利影响，塑造我国和平崛起的大国形象，为中华文化走向世界和全面复兴铺平道路。中国文化传播要改变过去那种偏重于旅游饮食、民俗风情展示、文艺演出、单纯的汉语传授等外在文化形态传播的方式，多途径、多渠道地加大对外传播中华文化价值观念的深度和广度。

其次，防止滋生“文化威胁论”和“文化民族主义”情绪。通过北京奥运会，东方人看到了中国的“软实力”，而西方人却看到了中国的“硬实力”。在西方对北京奥运会的总体反应中，普通网络论坛里充满了赞赏与惊讶，而主流媒体之上，在震惊之余却流露着无奈和痛楚。在收获了预期的赞赏之外，也将会招致嫉恨与刁难。

再次，主动掌握中国文化传播的国际“话语权”。这需要中国的文化传播者集聚大智慧，牢牢掌握传播的话语权，通过主动设置议题，及时回应外界的关切，防止敏感问题被长时间热炒，从而使舆论始终处于对中国有利的形势之下。

最后，完善中国文化传播人才的培养机制。建议引入产学研的人才培养模式，即充分利用学校与企业、科研单位等多种不同的教育环境和教育资源以及在人才培养方面的各自优势，培养出既懂文化艺术专业知识，又懂国际文化传播的复合型人才。同时要注重人才培养的国际化，在立足于培养文化传播人才本土化的同时，大量引入世界各国优秀的文化传播人才，并派本国的优秀人才到海外学习和深造，以吸收世界文化的精髓，为中国的文化传播发展注入新的活力。

参考文献

1. 李凯：《全球性媒介事件与国家形象的建构和传播》，复旦大学，2005 年。
2. 杨新洪：《关于文化力命题研究——从人文地理时空意义上去观察文化力现象及其变化规律》，《南方论丛》，2007 年第 4 期。
3. 杨新洪：《关于设置文化软实力产业统计评价指标体系的意义及其路径问题研究》，《统计教育》，2009 年第 3 期。
4. 范周主编：《文化创意产业研究月刊》，2010 年第 3 期。
5. 薛明亮：《文化软实力量化指标评价问题研究》，中国统计出版社，2008 年。
6. 罗建波：《中国发展的对外文化战略——一种软权力的视角》，《中共中央党校学报》，2006 年第 3 期。
7. 谭丽华：《文化软实力研究》，2009 年第 5 期。
8. 漆谦：《电视媒体在国家软实力建设中的作用》，《政工研究动态》，2008 年第 18 期。
9. 赵化勇：《充分发挥电视在提高国家文化软实力中的作用》，《人民日报》，2008 年 3 月 26 日。

10. 詹得雄：《中国文化软实力与西方文化》，《商周刊》，2010 年第 5 期。
11. 梅琼林、连水兴：《媒介、民族国家与软实力的悖论》，《学习与探索》，2010 年第 1 期。
12. [美]迈克尔·波特：《国家竞争优势》，华夏出版社，2002 年。
13. [加]马修·弗雷泽：《软实力：美国电影、流行乐、电视和快餐的全球统治》，新华出版社，2006 年。
14. 曹世潮：《终极竞争力》，文汇出版社，2004 年。
15. 天海翔：《中国文化产业》，中央编译出版社，2006 年。
16. 花建：《文化力：先进文化的内涵与 21 世纪中国和平发展的文化动力》，百家出版社，2006 年。
17. 王沪宁：《作为国家实力的文化：软实力》，《复旦学报》，1993 年第 3 期。
18. 左学金、刘遵义：《中国提升软实力的战略选择》，《参考论坛》，2004 年 8 月 19 日。
19. 王学成、郭金英：《关于中国文化产品输出的思考》，《国际贸易》，2007 年第 12 期。
20. 课题组：《中国文化贸易出口对策研究》，《国际贸易》，2007 年第 11 期。

（作者：刘斌　北京体育赛事管理与营销研究基地研究人员　教授）

北京旅游发展研究基地

（北京第二外国语学院）

基地名称：北京旅游发展研究基地
依托单位：北京第二外国语学院
项目类别：国家旅游局重点项目

基于利益相关者识别的中国饭店企业社会责任实现机制研究[①]

一、引言

伴随着中国旅游业30余年来的蓬勃发展，饭店业作为旅游业中的主力军也在向纵深发展，其中一个不可回避的话题就是企业的社会责任问题，如谷慧敏[②]提出，在国家视野上，旅游业对其他产业和社会文化要有自己的贡献。旅游业要重视社会责任问题，重塑产业形象，提高经济贡献率，注重环境保护，率先采用低碳生产方式，充分考虑利益相关者。从实践来看，“绿色旅游饭店”创建与评选活动以及中国旅游饭店“金星奖”评选活动等，都说明已经开始引导和规范饭店企业在社会责任方面的行为。

关于企业社会责任的研究，主要基于经济责任、社会责任、法律责任、伦理责任等方面进行论述，近期也有学者提出社会责任的过程观点，然而，在实践中企业家或管理者并不按照这些理论框架思考，他们更多倾向于企业在特定的时间、地点和企业所处阶段，企业应该首先对谁(to whom)负责的问题，这个“谁”就是“利益相关者”，这是思考的起点。进而企业家会针对不同的利益相关者而采取针对性的社会责任行为。

将利益相关者理论引入企业社会责任研究中主要聚焦于两个问题：第一，企业社会责任到底是什么？第二，企业到底需要对谁负责任？本文引入利益相关者视角，利用扎根理论方法，针对36位饭店高管进行深入访谈，最终得出了基于两类利益相关者的不同层次的社会责任实现机制，文章最后针对饭店管理者在利益相关者的识别方法和建立可持续的员工管理等方面提出了建议。

---

① 本文是《中国旅游企业社会责任研究》项目的阶段成果，项目编号：09TACG012。

② 人民网：《中国旅游业应承担起社会责任》，http：//travel. people. com. cn/GB/139035/179316/10777482. html，2010.

二、文献综述

(一)企业社会责任

国外关于企业社会责任研究始自20世纪50年代，主要侧重：

第一，关于企业社会责任内涵逐步的研究。自20世纪50年代美国学者开启企业社会责任正式的学术研究始，众多学者提出了相应的理解，Carroll从1979年、1991年到1999年等几年内不断地完善其理论观点，认为经济、法律、伦理和慈善四个层次的社会责任构成了企业社会责任的全部，这一定义也是后来的学者在社会责任研究时认为应当包括哪些责任方面取得的较大共识的定义。之后大多数学者都沿着这一概念框架进行不断的深入和修正。

第二，关于企业社会责任与企业经营绩效关系的研究。总体来说，尽管研究结果较为冲突，既有正相关关系，也有负相关关系，还有研究结论表明两者关系不确定或没有影响，但进入80年代中后期，越来越多的学者开始接受企业社会责任能够提升企业竞争力的观点，如Aupperle等。

第三，关于影响企业社会责任的因素研究。影响企业社会责任的主要因素包括：政府干预、产业和区域特征；组织特征，如组织文化、奖惩与表扬等制度、学习变革行为、参与管理程度等。另外，管理者对于社会责任的态度和伦理意识对社会责任行为有较强影响，如Zenisek等。

第四，关于企业社会责任实现过程的研究。由于关于社会责任的研究基本上都是采取截面和静态的研究，对社会责任实现过程的研究较少，较为经典的是Basu和Palazzo提出的一个关于企业社会责任的意义建构过程模型。这一理论框架基于企业对于社会责任的认知全过程，包括认知层面(身份导向、合法性)、释义层面(解释性和透明性)、行为层面(态度、一致性和承诺)三个过程，也就是企业在社会责任方面的“所思——所说——所做”。这个模型也是本文借鉴和参考的。

国内对企业社会责任的研究还处于起步阶段，侧重于从法学和经济学角度分析企业社会责任，研究范围相对较为狭窄，主要集中于对国外企业社会责任理论和观点的引入评述以及对企业社会责任内涵与外延的界定，如卢代富、高尚全等。其他学者进行了一系列基于中国企业的研究，包括社会契约理论与社会责任，如陈宏辉等等、企业竞争力和社会责任，如刘藏岩等，利益相关者与社会责任，如马力和齐善鸿等。总体看，我国关于企业责任方面的研究虽然在数量和质量上取得了进步，但一方面没有理论创新和实践创新，目前国内学者往往只是直接将国外出现的一些成果翻译过来加以引用或适当改造，缺乏基于本土企业情境的研究；另一方面，也较少有针对社会责任的实现机理等方面进行研究。

（二）利益相关者视角与企业社会责任

1. 利益相关者视角的引入

Freeman 认为“利益相关者是能够影响一个组织目标的实现，或者受到一个组织实现其目标过程影响的所有个体和群体”。目前，针对企业社会责任理论的质疑来自于企业社会责任的义务对象和内容过于抽象与模糊，理论始终没有给出具体而可操作的答案，而利益相关者理论提供了一个有效的分析工具。

2. 利益相关者的识别

如何识别利益相关者，其中比较有代表性的分类方式包括以下几种：Freeman 的分类具有开创性，但操作性稍差。Clarkson 提出了两种有代表性的分类方法：一是将利益相关者分为自愿的利益相关者和非自愿的利益相关者；二是根将利益相关者分为首要的利益相关者和次要的利益相关者。而国内学者也基本上沿用上述分类方法，如陈宏辉将利益相关者分为核心利益相关者、蛰伏利益相关者和边缘利益相关者三大类。

从以上研究可以看出，虽然对企业利益相关者分类的角度各有不同，但最终体现出来的分类结果都比较明确地展现出了企业与不同利益相关者的关联程度和相互影响程度的不同，可以说，各种分类在本质上并无冲突与矛盾。关于饭店利益相关者的识别，我们参考针对一般企业的研究中 Clarkson 和陈宏辉的研究结论。针对饭店企业的研究中，俞霞、郑向敏和熊伟、吴必虎等的研究结论，将饭店利益相关者分为核心利益相关者和非核心利益相关者。其中，核心利益相关者主要是由管理人员和员工组成的队伍，饭店企业非核心利益相关者主要包括顾客、分销商、供应商、政府、债权人、社区和特殊团体等。

（三）饭店企业社会责任

国外对饭店企业社会责任的研究，主要是将前述的一般理论运用到饭店企业中，结合饭店业的特点加以研究和分析。主要研究有：（1）饭店企业社会责任意识与行为的研究，研究发现不同业态、不同星级饭店的社会责任意识和行为并不相同；（2）对饭店企业社会责任与财务业绩的关系研究，研究表明饭店企业（或旅游企业）可以通过积极的、正确的社会责任投资来提升短期（盈利性）和长期（企业价值）的企业业绩。

而国内在 21 世纪之后才出现了少量的研究，如陈雪琼等。另外，对饭店企业社会责任的研究则主要集中于“绿色饭店”的研究。

三、研究方法

扎根理论是质性研究领域中较有影响力的一种方法，最早由 Glaser 和 Strauss 提出，之后 Strauss 和 Corbin 于 1990 年完善，提倡在基于数据的研究中发展理论，而不是从已有的理论中演绎可验证性的假设。扎根理论方法忠于原始材料，它能够很好地将所挖掘出来的理论和实际相联系。

目前针对饭店企业的社会责任研究基本都是从国外引进以及将一般企业的研究结论直接应用，缺少从饭店企业具体实践中而得来的较为“原创”的理论。同时，饭店企业社会责任的实现是一个动态的过程，也会针对不同的情境而有不同内容。扎根理论根植于资料来发展理论，具有注重现象发展的过程、强调现象的多样性与复杂性的特点，因此本文认为这一方法比较适合分析饭店企业社会责任实现机制。

(一)样本

我们选择了36位我国饭店及饭店管理公司的高、中层管理者，他们分别来自于不同地区、不同类型的饭店企业，访谈对象包括首旅、锦江、金陵、港中旅、华天、岷山等主要国有饭店企业及开元、世贸君澜等民营企业，通过对这36位管理者进行访谈后，访谈资料的范畴已显示出“理论性饱和”，因此停止访谈资料的收集。访谈对象的基本情况见表1。

表1　访谈对象资料

	属　性	人　数
性别	男	24
	女	12
地区	华北地区	9
	华东地区	16
	中南地区	5
	西南地区	6
企业类型	饭店管理公司	8
	单体饭店	25
	业主	3
职务	总裁、总经理	12
	副总经理、总监	14
	部门经理及以下	10

为了方便后期资料的整理，理清概念的来源，对每位被访者进行编号，男性被访者的编号依次为Ma，Mb，……，Mx；女性被访者的编号依次为Fa，Fb，……，Fl。

(二)访谈

本次访谈分为两种方式：一是在各种饭店业的会议中，于会议的休息时间访谈饭店管理者，如2008年6月的“中国饭店集团化年会(长沙)”；二是成立访谈小组，通过事先联系，然后分别赴北京、上海、广州、杭州、南京、青岛、成都、昆明等地的饭店进行访谈。

访谈方法主要是问题聚焦访谈法，通过前期研究所获得的理论知识在资料收集阶段起着“启动分析框架”的作用，为研究者在与访谈对象的对话中提供思路。根据对现有一般企业社会责任理论和饭店企业社会责任的相关文献进行梳理，形成了访谈提纲，并于2008年4月在北京对五位饭店管理人员进行了预访谈，预访谈之后对访谈提纲进行了调整，形成最终访谈提纲，包括：

(1)如何理解饭店的企业社会责任；

(2)饭店履行企业社会责任的主要动机有哪些方面；

(3)哪些因素会对饭店履行社会责任产生影响；

(4)饭店的企业社会责任主要通过哪些举措来实现；

(5)如何看待饭店履行社会责任所带来的成效。

在具体访谈过程中，访谈地点和时间以方便被访者和保证访谈效果为原则，同时在取得被访者同意后进行全程录音，每次访谈时间为30—40分钟。每次访谈后，回顾访谈过程中的话题把握、时间控制、气氛控制，以此优化与下一个对象的访谈过程。访谈的进行采用开放性方式，而不是依照访谈提纲机械的一问一答，要给予被访者充分的空间自由谈话。

四、结果与分析

(一) 开放性编码

1. 概念的抽取

在开放性编码的分析工作中，首先是把资料转化为概念。本文针对36份访谈资料，进行了逐行逐段的分解，辨别意义单元，将原始资料分解为一件件独立的事件；其次，对每个意义单元所指示的现象进行了概念赋予，共抽取出近千个概念，这些概念之间很多在意义上存在重复或者交叠，因此将意义相同的概念进行合并，例如："融入社会""得到社会的接受""立足于当地""适合当地环境"等概念合并为"适应社会环境"；"得到政策支持""获得政府鼓励"等都合并为"政府支持"；"专项资金支持员工活动""令员工家人放心"等都合并为"关爱员工"，等等。最终从资料中得到73个概念。

2. 范畴的发展

通过概念化的过程，对资料内容进行了标识，从而得到了庞大的概念群。为了缩减需要处理的概念数量，我们借助主题分析，把看似与同一现象有关的概念聚拢成一类，即发展"范畴"。在此之前，首先可以通过语词间的语意关系分析，确立不同概念之间的关系，包括相关关系、同意关系、属分关系，等等。

根据上述原则，将概念化过程中获得的73个概念进行同类聚拢，最终形成20个范畴，分别为经济性质、管理性质、企业价值观、无形资产、社会认同、经济效益、环境保护、慈善捐赠、物质与精神激励、节能减排、运营水平、流动率、归属感、投资回报、企业信誉与形象、安全产品与服务、服务当地居民、当地经济与旅游业发展、美化城市形象、对外形象窗口。

（二）主轴编码

此时的范畴意义较为广泛，相互之间的关系模糊，主轴编码是为了将开放式编码中被分割的资料，通过聚类分析，在不同范畴之间建立关联。在建立关联时，需要寻求一定的线索，这需要分析各个范畴在概念层次上是否存在潜在的联结关系。通过进一步分析开放式编码中得到的范畴之间的因果关系，得到了一系列主范畴以及 30 个主范畴之间的关系。之后我们继续在资料中搜寻主范畴之间的关系，并没有发现这 30 个主范畴关系之外的其他关系，根据测量“理论饱和度”的原则，我们认为主范畴关系已达饱和。

1. “命运共同体”与“利益共同体”

饭店企业社会责任的实现机制存在两条线索，单从动机来看，一个是基本动机或本能动机，包括经济动机和管理动机；二是外部动机，包括社会认同动机等。动机的产生会促使饭店企业对于社会责任进行解读或认知，其中认知的重要方面就是利益相关者，即饭店在动机的驱动下，应该对谁采取社会责任。从数据中看，经济动机对应的是业主，管理动机对应的是管理团队和员工；外部动机对应的是顾客、社会舆论、当地政府、社区、特殊群体等。主轴编码提供了一系列证据，如“一个企业要做好，我认为有四个原则：首先，给业主最好的回报；第二，给员工最好的发展机会；第三，给企业最大的一个利润；第四，社会最大的认同”“饭店企业社会责任认知：最基本的社会责任是解决就业和提高税收”，等等。

（1）业主和饭店管理团队与员工是饭店的核心利益相关者，我们认为，根据饭店企业的特殊性，我们更愿意将它们称为饭店的“命运共同体”。这是因为：第一，饭店业主为饭店的初期建设投入、经营中不同程度的更新改造提供资金，饭店业主从资金链条上对企业经营的监督、干预和控制直接影响着饭店企业的各类经营决策。此时，业主已和饭店捆绑在一起。第二，饭店业是典型的劳动密集型产业，产品质量很大程度上需要通过管理团队和员工的人为表现来体现，因此相对于制造类企业，管理团队的专业化管理水平以及一线员工的综合职业素养都直接关系到饭店企业的竞争力和生命力。因此，我们认为业主和管理团队（员工）与饭店的关系已经不再是简单的利益关系，而是“一损俱损，一荣俱荣”的关系，所以我们将它们称之为饭店的“命运共同体”。

（2）包括顾客、当地政府、特殊群体、社会舆论等在内的利益相关者是饭店的非核心利益相关者，这里我们将它们称之为饭店的“利益共同体”。这是因为，尽管它们和饭店的关系“有疏有亲”，但根本上还是饭店与外部环境发生的多种错综复杂的“利益”关系①，具体来看，顾客是企业的生命线，有了顾客的购买，企业各种形式的生产才有意义。政府是饭店较为复杂的利益相关者，一方面很多地方政府、各类管理机构都有自己投资建设的饭店，政府机构是我国行业饭店业主中重要的一部分；另一方面，政府机构是很多饭店的重要客源市场。同时，很多地方政府把高星级、国际品牌饭店看作是政府形象工程的一部分，是政绩的体现。最重要的是，政府对饭店具有监管作用。特殊群体（指捐赠或慈善等活动的对象）一般通过社会舆论、道德伦理等力量来间接对饭店产生影响，主要涉及的方面有饭店的环境保护、公益活动参与度、慈善捐赠活动等。社会舆论既可以提高饭店的声誉和知名度，也是社会大众了解饭店各种行为的媒介。

针对这两种不同的共同体，饭店所承担的社会责任也体现出了不同层次，见下图1。首先，“命运共同体”中无论是业主还是员工都是饭店的内部群体，“利益共同体”是饭店外部环境中的群体，针对前者体现的社会责任是“基础型社会责任”，而针对后者的是“升华型社会责任”，前一种社会责任决定了饭店的生存，后一种社会责任决定了饭店的长期发展。那么，这两种社会责任是如何实现的呢？

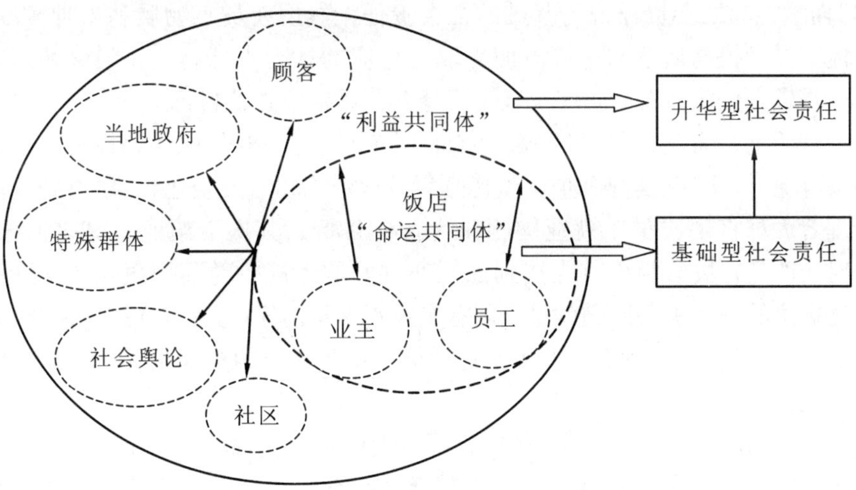

图1　饭店“命运共同体”与“利益共同体”及其社会责任

我们发现，受访者在饭店企业社会责任的动机、认知、行为、结果（绩效）几个方面进行了详细回答，“动机—认知—行为—结果”这几者之间的关联机制是存在的，这和心理学中经典的个体行为“刺激—反应—结果”模型以及前面提及的 Basu 和 Palazzo 的过程模型的逻辑也是基本一致的。

① 这里关于“命运共同体”和“利益共同体”说法的原型主要来自于企业界的说法，如“华为主张在顾客、员工与合作者之间结成利益共同体”。我们把这里的“利益共同体”进一步细化。

进一步，从主轴编码出的范畴关系可以看出，受访者对社会责任各个方面的回答也是按照“命运共同体”和“利益共同体”两个方面进行回答的。

2. 主范畴Ⅰ——面向“命运共同体”的基础型饭店企业社会责任实现机制

首先，饭店企业在经济性质（追求利润最大化）和 管理性质（为员工创造价值）的内在驱动下，对所应承担的社会责任进行了理解：一方面找到对应这两种动机的对象是业主和员工，另一方面认识到针对这两者采取的社会责任是最基本的、使饭店生存下来的社会责任。进一步，饭店开始采取相关的社会责任行为，包括针对业主的节能减排、提高运营水平行为，针对员工的物质与精神激励行为，而行为的结果是企业取得好的经济绩效，使得业主投资回报增加，同时员工流动率下降，归属感增强，这些结果的实现同样会作为反馈而进一步强化动机的形成。这样的一个机制实质上也就是实现了“基础型”企业社会责任。

以上的过程表明原始访谈资料所描述的事件等有效地证实和支持了主范畴Ⅰ的构想，我们可以得出的基本命题为：

命题1：在饭店的经济动机和管理动机本能驱动下，饭店企业把针对业主和员工（包括内部管理团队）这两类核心利益相关者群体组成的“命运共同体”而承担的社会责任视为基础的社会责任，然后在员工物质和精神激励、节能减排和提高运营水平等方面采取了相应的社会责任行为，最终实现企业取得较好经济效益、员工流动率下降、归属感增强等目标。

基于上述命题，我们将“饭店企业所有制”这一变量引入该模型，发现36家饭店中（25家是国有企业，其他为民营企业和外资企业），国有企业的管理者大都将解决员工就业问题作为首要目标，其次为给业主带来回报。相对应的是，民营饭店首先提到的是通过好的经济收益而回报业主。这一对比提出的一个重要问题就是：国有企业本身是国家（或社会）的一部分（政府是出资人），那么国有企业承担包括员工就业在内的责任是否就应是题中之意呢？本文提出：

扩展命题1：在命运共同体中，国有饭店企业更加注重员工就业，而民营企业饭店更加注重回报业主。相对于非国有饭店，国有饭店的所有制性质决定了其应该承担更大的社会责任。

3. 主范畴Ⅱ——面向利益共同体的“升华型”饭店企业社会责任实现机制

由于饭店所处的外部环境较为复杂，特别是饭店有时候在当地被作为公共场所、对外交流的窗口，因此往往会在更多的错综复杂动机下承担社会责任，如各种不同的价值观动机（有的管理者认为感情投入——“爱”是永远的动机、能力与责任对等的“责任铁律”以及伦理道德等）会与获得社会认同、拥有无形资产等动机相结合，拥有无形资产（如声誉、形象等）往往会同时也要追求社会认同等（如社会舆论的正面报道等）。在这些动机的驱动下，饭店会对如何应对这些动机产生理解：首先识别顾客、当地政府、社会舆论、特殊群体等作为“客体”，同时把为这些群体提供的社会责任视为更高层次的责任。之后采取了相应的行为：为顾客提供安全细致的产品与服务、为特殊群体捐赠和举行慈善活动、为自然环境提供环境保护等。这些行为的结果除了实现了“动机”之外，还带来了更多的正外部性，如服务当地居民，促进区域旅游业和经济发展、美化城市形象、成为对外形象窗口等。之后，这种结果也会作为反馈而强化动机的形成。至此，基于利益相关者的升华型社会责任机制形成。由此我们提出：

命题2：在各种相互影响的动机(包括价值观、社会认同、无形资产)驱动下，饭店企业把针对顾客、当地政府、社会舆论、特殊群体等所组成的“利益共同体”而承担的社会责任视为更高层次的社会责任，然后进行安全细致的产品与服务、捐赠与慈善活动、环境保护等方面的行为，从而在信誉、形象、社会认同、促进经济发展、城市形象等方面取得了相应的结果。

进一步，我们发现超过半数以上的饭店管理者认为，饭店企业比其他类型的企业承担更多的社会责任，原因是：第一，饭店是资源消耗、浪费和污染排放比较严重的企业，特别是一般的饭店都位于风景优美的景区周边或城市发达的商业中心等，有可能会对当地环境造成很大的破坏。第二，饭店可能更多地被赋予作为一个提供交流或展示形象的平台，从而为当地政府、城市甚至国家带来“形象窗口”、“对外形象名片”等“超经济性”的意义。

扩展命题2：在环境保护和节能减排方面和作为交流和展示平台而成为“形象窗口”方面，饭店企业要比一般类型的企业承担更多和更为特殊的责任。

五、研究结论与研究讨论

本文运用扎根理论的方法，从利益相关者识别视角，得出了我国饭店企业的社会责任实现机制。首先，饭店把业主和员工(包括管理团队)视为“命运共同体”，把顾客、当地政府、特殊群体、社会舆论等视为“利益共同体”，针对前者实现的社会责任是基础型社会责任，针对后者的社会责任是升华型社会责任。第二，两种社会责任的实现机制都是按照“动机—认知—行为—结果”的机制来实现，基础型社会责任的动机主要是经济动机和管理动机，从而产生的行为和结果也是从回报业主和解决员工就业两个方面展开。同时，我们发现，国有饭店更加侧重于解决员工就业，而民营饭店更侧重于给业主带来回报。升华型社会责任的动机较多且互相之间互相影响，从而使得之后的行为和结果较为复杂，但都是建立在基础型社会责任实现的基础上展开的。我们也发现在环境保护和节能减排方面和作为交流平台而成为“形象窗口”方面，饭店企业要比一般类型的企业承担更多和更特殊的责任。

本文对饭店管理者有什么启示呢？

第一，关于如何区别“命运共同体”和“利益共同体”的方法。

本文尽管对饭店企业的社会责任进行了层次性的划分，但从实践来说，各种利益相关者之间会出现相互影响，各自也会出现各种变化，如何来区别呢？

这里，我们借鉴 Ulrich 提出的关键系统启发法（Critical Systems Heuristics，CSH）来为管理者提供一种方法或思路。“启发式”的意思就是不要过于机械、静态和笼统的分类、制定标准或模式，而是要试探性的、通过每一步的反馈而不断受到启发来进行下一步的内容。具体来看，“关键系统”就是要通过“系统边界判断”来确认“命运共同体”和“利益共同体”的边界，这两者的边界不是一成不变的（如图 1 所示各种利益相关者的边界是虚线），判断边界的标准也是多样的。

第二，关于员工管理与企业可持续发展。

应当看到，当前饭店业也正在遇到人力资源发展瓶颈的问题。归根结底，就是没有找到一条针对“人”的可持续发展道路。使饭店企业拥有可持续竞争优势的不是优厚的人力资源政策和人力资本流量（即饭店某时刻拥有多少人才），而是这种人力资源管理政策长期形成的“惯例”以及由此形成的人力资本存量（沉淀下来多少人才），惯例、机制才是最重要的。因此，我们认为仅仅依靠传统的单一人力资源管理手段已经不足，应当从公平管理、民主管理、职业生涯管理、情感管理等几个方面综合考虑入手，形成“一揽子”政策，并长期执行形成惯例和机制，才是企业给员工所提供的最好的社会责任。

六、局限与展望

本文的研究局限体现在：在分析方法方面，受到访谈人员和访谈资料数量的限制，本文采用的是人工编码、提炼范畴关系等，可能会在一定程度上影响结论，今后在继续增加访谈人员数量的基础上，试图运用质性分析方法软件如 NVIVO9.0 等进行更为精细化的分析，从而也可以进一步修正结论，为后面大样本的实证研究做准备。在饭店类型选取上，国有饭店比重较大，可能会使结论有一定的偏差性。

作为一项探索性研究，希望给未来研究提供思路。首先，可以进一步将两类“命运共同体”进行分类，从而得出针对各个子类的饭店社会责任，如可以按照饭店的业态，经济型饭店、度假型饭店等所承担的社会责任有何不同等；另外，进行大样本的实证检验，问卷除了参考国内外相关问卷外，也可以将本文通过扎根理论得出的变量作为问卷题项，进一步证伪本文所得出的结论。

参考文献

1. 1. Basu. K，Palazzo. G. Gorporate social responsibility：A process model of sensemaking，Academy of Management Review，2008.

2. Carroll，AB. Corporate social responsibility evolution of a definitional construct，Business and Society，1999.

3. Aupperle K E. Carroll. A. B and Hatfield J. D，An empirical examination of the relationship between corporate social responsibility and profitability，Academy of Management Journal，1985.

4. Constantina B. Corporate socially responsible(CSR) practices in the context of Greek industry，Corporate Social Responsibility and Environmental Management，2003.

5. Lyon D. How can you help organizations change to meet the corporate responsibility agenda?，Corporate Social Responsibility and Environmental Management，2004.

6. Zenisk T J. Corporate social responsibility：a conceptualization based on organization literature，The Academy of Management Review，1979.

7. 卢代富：《国外企业社会责任界说述评》，《现代法学》，2001 年第 3 期。

8. 高尚全：《企业社会责任和法人治理结构》，《学习时报》，2004 年第 4 期。

9. 陈宏辉、贾生华：《企业社会责任观的演进与发展：基于综合性社会契约的理解》，《中国工业经济》，2003 年第 12 期。

10. 刘藏岩：《民营企业社会责任推进机制研究》，《经济经纬》，2008 年第 5 期。

11. 马力、齐善鸿：《公司社会责任理论述评》，《经济社会体制比较》，2005 年第 2 期。

12. 马明：《基于利益相关者的旅游企业的伦理构建》，《财经界》，2007 年第 7 期。

13. 汪建新：《企业社会责任研究——基于利益相关者角度》，南开大学，2009 年。

14. Freeman R E. Strategic management：A stakeholder approach. Boston：Pitman，1984.

15. Clarkson M. A stakeholder framework for analyzing and evaluating corporate social performance，Academy of Management Review，1995.

16. 俞霞、郑向敏：《从利益相关者角度谈饭店激励机制构建》，《饭店现代化》，2006 年第 8 期。

17. 熊伟、吴必虎：《星级酒店利益相关者结构及其影响分析——以广州为例》，《旅游学刊》，2007 年第 4 期。

18. Henderson J C. Corporate social responsibility and tourism：Hotel companies in Phuket，Thailand，after the Indian Ocean tsunami，Hospitality Management，2007.

19. Juan L N. Corporate social responsibility：worth – creating activities，Annals of Tourism Research，2008.

20. Kang K H，Seoki L and Chang Huh. Impacts of positive and negative corporate social responsibility activities on company performance in the hospitality industry，International Journal of Hospitality Management，2010.

21. 陈雪琼：《影响饭店承担社会责任的因素与消除途径》，《饭店现代化》，2006 年第 7 期。
22. 饶雪梅：《论绿色饭店及其在我国的发展》，《江西社会科学》，2003 年第 6 期。
23. 吴芸廷：《“绿色饭店”理念及其在中国的运用》，《商场现代化》，2005 年第 3 期。
24. 任正非：《要从必然王国，走向自由王国》，《华为人报》，1998 年第 63 期。
25. 戴斌：《饭店管理：源于价值，归于价值》，《饭店现代化》，2007 年第 6 期。

（作者：谷慧敏　北京旅游发展研究基地研究人员　教授
李　彬　中国人民大学　博士研究生
牟晓婷　中国旅游饭店业协会）

基地名称：北京旅游发展研究基地
依托单位：北京第二外国语学院
项目类别：研究基地自设项目

2009 年度"北京市国民时间使用调查"(BTUS)年度锁链报告①

改革开放以后，随着技术的快速发展、劳动生产率的提高和经济实力的增强，我国城市劳动者的工作时间不断缩短，人们的闲暇时间大幅度增加。作为一个后发赶超的发展中大国，我国急需寻求经济赶超和社会发展的突破口。对闲暇以及时间使用的调查与研究，不但是对民生经济福利的细致研究，更是对效率经济的密切关注，而效率经济，正是一个国家经济增长潜力和可持续发展能力的重要引擎。通过这次的 BTUS 调查，将为北京初步地建立起国内首个时间调查系统，通过这个系统，可以比较容易地融合社会学、经济学、心理学、医学和政府管理的研究需求，详细展现和分析北京市民的闲暇活动、饮食习惯、作息方式、生活方式和人口统计变量对收入、消费、幸福感、效率等社会经济指标的确切影响。

一、研究背景及研究价值

(一)研究背景

近年来，我国已经开始启动闲暇经济的闸门，因此目前很有必要从微观体系和个体分析出发，研究闲暇时间的内容以及结构变化对个人效率、企业运作和宏观经济的影响。

北京作为中国经济发展的排头兵和标兵，已经率先进入工业化中后期，服务业的比重显著上升，民生福利和国民幸福水平越来越成为城市进步最重要的考量指标。通过文献检索，并结合最近数年来笔者对闲暇经济的研究，我们发现，对北京乃至全国闲暇经济及效率经济的研究，数据严重缺乏，由于没有一套严密科学的时间使用调查系统，因此很难对微观经济个体、企业运营效率以及累积而生的宏观经济进行细致的量化影响效应研究。实际上，通过对国民进行科学严谨并兼容国际共识的时间使用调查，可以客观而全面地衡量国民的工作类型、工作效率、社会活动效果、健康状况

① 本文是《闲暇时间幸福感与经济效率研究》项目的阶段成果。

和相关的经济效应。

（二）研究意义及价值

本次北京市国民时间使用数据的应用集中在以下各方面：

1. 测量和分析人们的生活质量或幸福感

通过北京国民时间使用调查（BTUS）可以定量化地分析北京市民的闲暇时间对其幸福感的具体影响方向和影响程度，在北京范围内澄清和论证闲暇所表征的社会指标和收入所表征的经济指标对幸福感的作用，以及幸福感的影响机制。

2. 对家庭经济和福祉态势的测量与评估

使用 BTUS 调查的详细信息可以在将来建立以个人为基础的国民时间核算账户与家庭部门的生产核算账户。通过对劳动力投入和商品与服务产出的时间总量的分配，建立与国民经济核算体系的内在联系。其目的是通过将家庭部门的生产纳入国民经济核算体系，从而更准确地描述一个国家的国民经济状况，最终改变对家庭经济的测量方法，将家庭经济部分计入 GDP，以全面体现生活的价值，为衡量未来和谐社会的民生价值和民生幸福奠定必备的计量基础。

二、数据分析与计量报告

（一）统计分析

1. 总体时间使用

在一天的 24 小时中，北京市民平均个人活动共 12.535294 小时，占 52%；平均就业活动共 2.527451 小时，占 11%；家庭服务经营活动共 0.027 小时；为自己和家人最终消费提供的无酬家务活动共 1.847059 小时，占 8%；照顾家人和对外提供帮助共 0.109804 小时；学习培训共 1.782353 小时，占 7%；娱乐休闲和社会社交时间共 5.044118 小时，占 21%。

个人活动中，睡觉及休息共 9.413725 小时，占个人活动的 75%；就餐活动共 1.835294 小时，占 15%；个人卫生活动共 0.643137 小时，占 5%；相关交通活动共 0.213725 小时，占 2%；而其他活动共用 0.429412 小时，占 5%。

平均就业活动共 2.527451 小时，其中工作时间为 2.154902 小时，占总就业活动类时间的 86%；其他活动为 0.083333 小时，占 3%；而相关交通活动共 0.289216 小时，占 11%。

平均家庭服务经营活动 0.027451 小时，其中食品与小商品买卖用 0.002941 小时，占该类活动时间的 11%；提供个人护理服务用 0.018627 小时，占 68%；相关交通活动用 0.005882 小时，占 21%；而提供修理、安装和维护服务、提供专业服务、客货运输、有偿家政服务以及其他活动都为 0

小时。

为自己和家人最终消费提供的无酬家务劳动共用 1.847059 小时，其中准备食物、饮料及相关的清理活动用了 0.592157 小时，占该类活动时间的 32%；住所及周边环境的清洁整理用了 0.187255 小时，占该类活动时间的 10%；洗衣、整理衣物及自制缝补衣物用了 0.208824 小时，占 11%；购买商品与服务用 0.632353 小时，占 35%；饲养宠物及与宠物相关的活动用了 0.055882 小时，占 3%；自己动手进行的小规模装修、维护和护理用了 0.016667 小时，占 1%；家庭事务的安排与管理用了 0.003922 小时，其他活动用了 0.012745 小时，而相关交通活动共用 0.137255 小时，占该类活动时间的 7%。

照顾家人和对外提供帮助，该类活动总耗时为 0.109804 小时，其中照顾未成年家人用 0.022549 小时，占该类活动时间的 21%；照顾成年家人几乎没有耗时；对其他家庭提供的无偿家务帮助用了 0.005882 小时，占总活动时间的 5%；社区服务与公益活动用时为 0；其他活动用时为 0.003922，占 4%；而相关交通活动共用时 0.077451，占该类活动时间的 70%。

学习培训共用时为 1.782353，占九大类活动的 7%，其中正规教育活动用时 1.159804，占该类活动时间的 65%；家庭作业、课后复习及与正规教育相关的活动用时 0.390196，占 22%；业余学习与非正规教育用 0.041176 小时，占 2%；其他活动用时 0.029412，占 2%；相关交通活动用时 0.161765，占该类活动时间的 9%；而参加与职业有关的专业培训学习的时间几乎为 0。由此可见，参加正规教育活动还是人们学习培训的主要途径。

娱乐休闲和社会社交时间共 5.044118 小时，占九大类活动的 21%，其中使用媒体活动用时 2.957843，占该类活动时间的 59%；体育锻炼与健身活动用时 0.485294，占 10%；业余爱好、游戏和消遣活动用时 0.52549，占 10%，外出参观、看电影与演出用了 0.209804 小时，占 4%；社会交往用时 0.371569，占 7%；其他活动用时 0.25，占 5%；而相关交通活动共用时 0.244118，占该类活动时间的 5%。由此可见，大多数的人还是喜欢用上网、看电视等来打发空闲时间。

2. 性别及时间使用

九大类活动中，男性个人活动的平均活动时间和女性基本相等，为 12.542929 小时，占所有时间的 53%。

男性在就业活动的平均活动时间为 3.482323 小时，占所有时间的 15%；女性就业活动的平均活动时间为 1.921474 小时，占所有时间的 8%。男性平均比女性多工作 1.5 个小时。

男性和女性在家庭初级经营及生产活动平均活动时间以及家庭制造及建筑活动平均活动时间都几乎为 0。家庭服务经营活动平均活动时间为 0.070707。

男性为自己和家人最终消费提供的无酬家务活动平均活动时间为 1.411616 小时，占所有时间的 6%；女性为自己和家人最终消费提供的无酬家务活动平均活动时间为 2.123397 小时，占所有时间的 9%。即女性家务活动时间比男性多 0.7 小时。

男性娱乐休闲和社会社交平均活动时间为 4.944444 小时，占 21%；女性娱乐休闲和社会社交平均活动时间为 5.107372 小时，基本一致。

男性平均学习培训时间为 1.04 小时，女性为 2.251603 小时，男性平均学习培训时间比女性少 1.2 小时。

3. 年龄和时间使用

不同年龄段的时间使用分布如图 1 所示，可以看出，不论什么年龄段，每日平均个人活动时间最长，均为 12 小时以上；在就业活动上，30—40 岁的人平均工作时间最长；家务活动上，40—50 岁的年龄或 20—30 岁年龄最长；在学习培训时间方面，主要是 10—30 岁的年轻人，30 岁以上的人群平均学习时间几乎忽略不计，这一结论和现实情况有所偏差，估计是样本量太小所致；在娱乐休闲健身方面，所有群体均在 5—6 小时左右，差别不大。

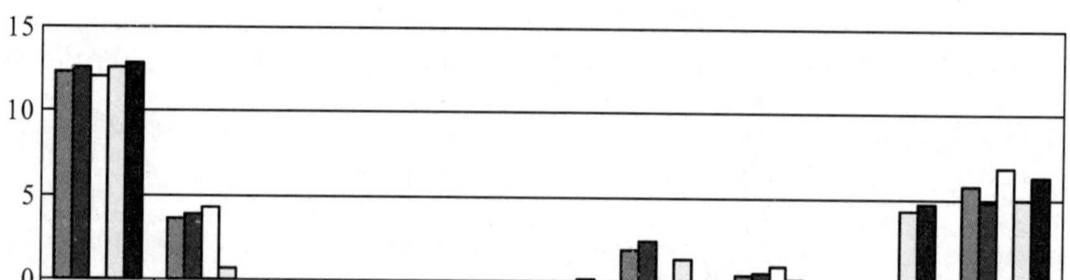

	个人活动	就业活动	家庭初级经营生产活动	家庭制造与建筑活动	家庭服务经营活动	为自己和家人最终消费提供	照顾家人和对外提供帮助	学习培训	娱乐休闲和社会社交
50-60岁	12.37	3.575	0	0	0	1.9	0.34	0	5.8
40-50岁	12.56	3.9	0	0	0	2.43	0.53	0	4.86
30-40岁	12	4.25	0	0	0	0	0.92	0	6.83
20-30岁	12.55	0.68	0	0	0.06	1.29	0.09	4.22	5
10-20岁	12.83	0	0	0	0.17	0	0	4.67	6.25

■ 50-60岁 ■ 40-50岁 □ 30-40岁 □ 20-30岁 ■ 10-20岁

图 1　不同年龄段人群的时间使用分布

4. 工作类型和时间使用

在个人活动上，各种工作类型差别不大，基本都在 11—13 小时之间；在就业活动上，专业技术人员、商业和服务员人员日均工作时间最长，除在校学生外，警察和军人工作时间最短；在娱乐健身方面，国家机关、企事业负责人、警察和军人时间最长，日均 6 小时左右，而商业、服务业人员、生产运输设备操作人员日均休闲娱乐时间最短，只有 3 小时左右。

5. 学历和时间使用

不同的学历层次，个人活动方面没有太大差别，均在 12 个小时左右；在就业活动时间方面，基本呈现学历越高工作时间越长的规律；家务活动则呈现学历越低家务活动时间越长的规律，小学学历的每日家务时间 4 小时，而研究生学历仅 0.67 小时；学习培训方面研究生每日时间占用最多；娱乐休闲健身社交时间使用方面，小学学历的人群每日最多，达 7.5 小时，其余学历阶层均为 5 小时左右。

6. 婚姻状况和时间使用

不同婚姻状况的群体时间使用分布如图 2。在个人活动上差别不大，平均 12 小时左右，离婚的群体个人活动时间最少；在就业活动上，离婚人群工作时间最长，平均为 4.8 小时，而未婚人群人均工作时间仅为 0.73 小时；在家务活动方面，离婚人群时间最长，因为他们必须花费时间为自己处理家务，而有配偶的群体家务时间则减少到 2.15 小时，平均为离婚群体的一半还少，说明夫妻分担家务效率更高；但有配偶的群体花费在照顾家人上的时间最长，而离婚群体该项时间为 0；在学习培训时间上，几乎全部是未婚人群，有配偶和离婚人群几乎不学习；在娱乐健身休闲方面，有配偶的人群最长，离婚人群平均休闲时间只有有配偶群体休闲时间的五分之二。

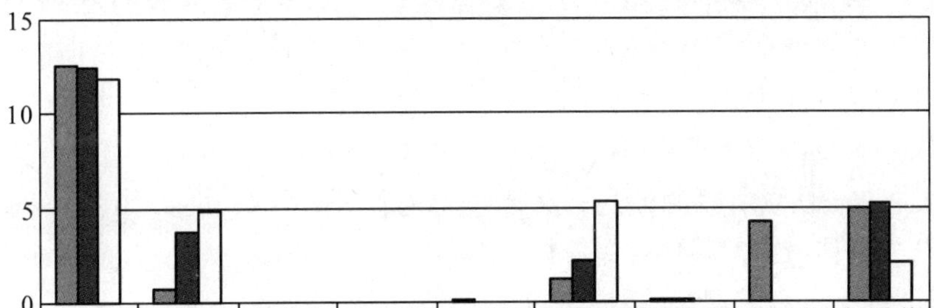

	个人活动	就业活动	家庭初级生产	家庭制造与建筑	家庭服务经营	家务活动	照顾家人	学习培训	娱乐休闲健身
■未婚	12.5972	0.72917	0	0	0.06481	1.25463	0.08565	4.20833	4.9838
■有配偶	12.5177	3.80674	0	0	0	2.15248	0.13298	0	5.21986
□离婚	11.8333	4.83333	0	0	0	5.33333	0	0	2

■未婚 ■有配偶 □离婚

图 2 不同婚姻状况人群时间使用分布

7. 北京居民活动地点

北京居民在住所内平均时间最长，15.41 小时，学习工作场所 3.76 小时，大街、公园等公共场所 0.64 小时，餐饮场所 0.53 小时，银行、商店、邮局、医院等公共服务场所 0.43 小时，电影院、歌舞厅、网吧等文体娱乐场所 0.44 小时。

分性别来看，女性居家时间、在银行商店等公共服务场所、餐饮场所、文体娱乐场所的时间比男性要长；而男性在学习工作场所、大街公园等公共场所、其他场所时间较长。

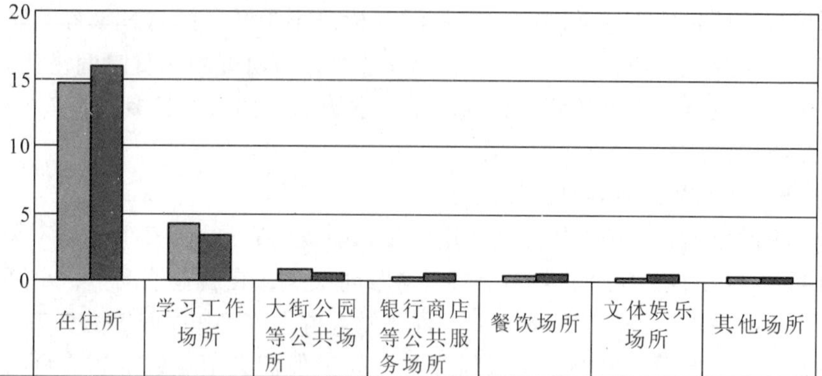

	在住所	学习工作场所	大街公园等公共场所	银行商店等公共服务场所	餐饮场所	文体娱乐场所	其他场所
男	14.6161616	4.25757576	0.81565657	0.2979798	0.4520202	0.30808081	0.41161616
女	15.9166667	3.43910256	0.52884615	0.51121795	0.58653846	0.51923077	0.38782051

男 女

图 3 北京市不同性别人群在不同场所时间分布

分年龄段来看，50—60 岁群体在住所时间最长，每日达到 16 小时，20—30 岁群体居家时间则最少；30—40 人群在工作学习场所时间最长，50—60 岁群体最短；在大街公园等公共场所时间较长的是 30—60 岁群体，其中 30—40 岁人群最长，10—30 岁人群则很少在大街或公园里；20—30 岁人群在餐饮场所时间最长；文体娱乐场所时间分布方面，10—20 岁、50—60 岁群体较长，其他群体较短。

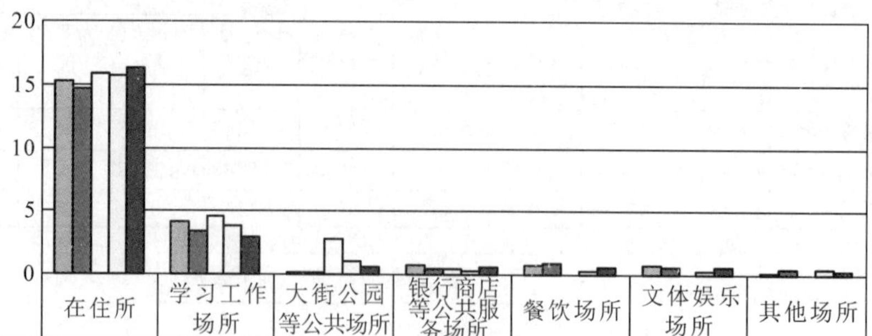

	在住所	学习工作场所	大街公园等公共场所	银行商店等公共服务场所	餐饮场所	文体娱乐场所	其他场所
10-20	15.314103	4.2115385	0.1025641	0.7564103	0.724359	0.6730769	0.1153846
20-30	14.621212	3.3636364	0.1704545	0.3787879	0.8977273	0.5227273	0.4848485
30-40	15.916667	4.625	2.75	0.4166667	0	0	0
40-50	15.689024	3.9247967	0.9654472	0.3272358	0.3069106	0.3130081	0.4695122
50-60	16.309524	2.9166667	0.6071429	0.5714286	0.5238095	0.5833333	0.3333333

10-20 20-30 30-40 40-50 50-60

图 4 不同年龄段人群在不同场所时间分布

不同的婚姻状况来看，离婚群体在住所时间最短，在工作学习场所时间最长；未婚人士在餐饮场所时间最长，有配偶人群在上述两个场所的时间最短。

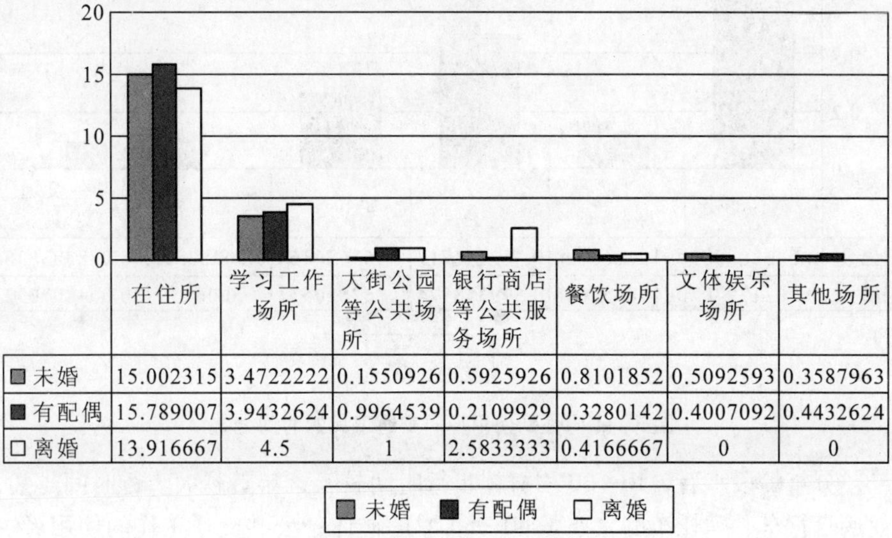

	在住所	学习工作场所	大街公园等公共场所	银行商店等公共服务场所	餐饮场所	文体娱乐场所	其他场所
未婚	15.002315	3.4722222	0.1550926	0.5925926	0.8101852	0.5092593	0.3587963
有配偶	15.789007	3.9432624	0.9964539	0.2109929	0.3280142	0.4007092	0.4432624
离婚	13.916667	4.5	1	2.5833333	0.4166667	0	0

图 5　不同婚姻状况人群在不同场所时间分布

8. 交通工具与用时统计

在交通工具使用上，步行和公共交通工具的平均使用时间较多。人均步行时间 0.75 小时，乘坐公共交通工具 0.55 小时。

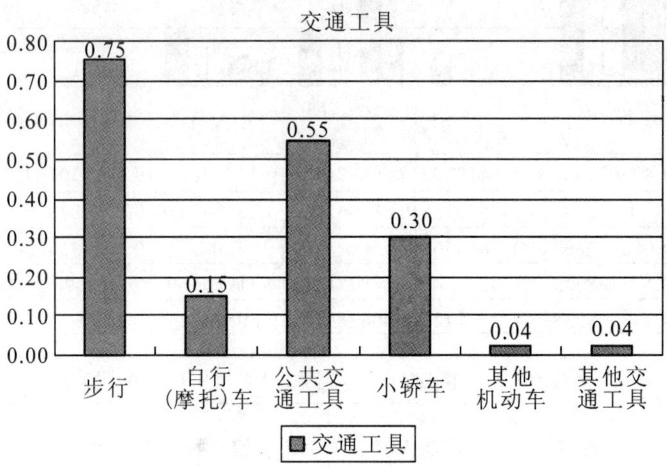

图 6　使用不同交通工具的时间分布

分性别来看，女性通过步行和使用公共交通工具的时间较多，男性使用小轿车和其他交通工具的较多。

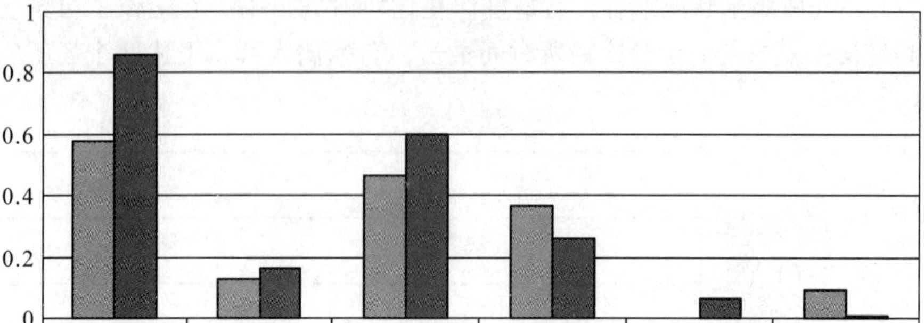

	步行时间	自行(摩托)车	公共交通工具	小轿车	其他机动车	其他交通工具
男	0.580808081	0.126262626	0.467171717	0.363636364	0.002525253	0.088383838
女	0.862179487	0.158653846	0.599358974	0.262820513	0.0625	0.004807692

男 女

图 7 不同性别使用不同交通工具的时间分布

分年龄段来看，10—30 岁群体步行时间较长，年龄越大步行时间越短；使用自行车、摩托车的主要是 40—50 岁的群体；公共交通工作的使用者主要是 20—30 岁的年轻人；小轿车的使用最多群体是 50—60 岁，说明中年以上群体拥有私家车或单位用车的较多。

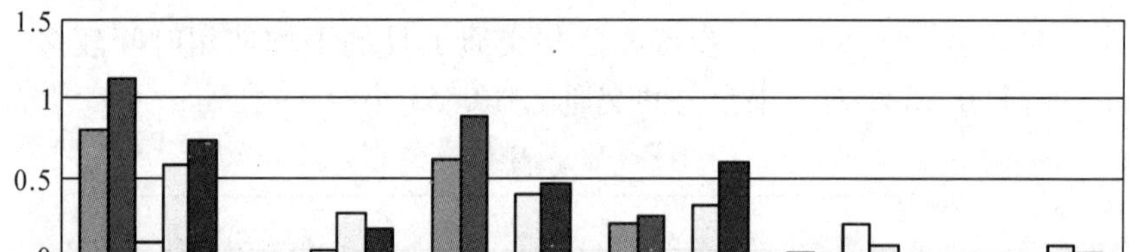

	步行时间	自行(摩托)车	公共交通工具	小轿车	其他机动车	其他交通工具
10-20	0.807692308	0.006410256	0.608974359	0.205128205	0.019230769	0
20-30	1.125	0.007575758	0.886363636	0.261363636	0.003787879	0.003787879
30-40	0.083333333	0.041666667	0	0	0.208333333	0
40-50	0.571138211	0.264227642	0.388211382	0.319105691	0.06300813	0.073170732
50-60	0.738095238	0.178571429	0.464285714	0.595238095	0	0.011904762

10-20 20-30 30-40 40-50 50-60

图 8 不同年龄段人群使用不同交通工具的时间分布

不同职业群体使用交通工具如下图：

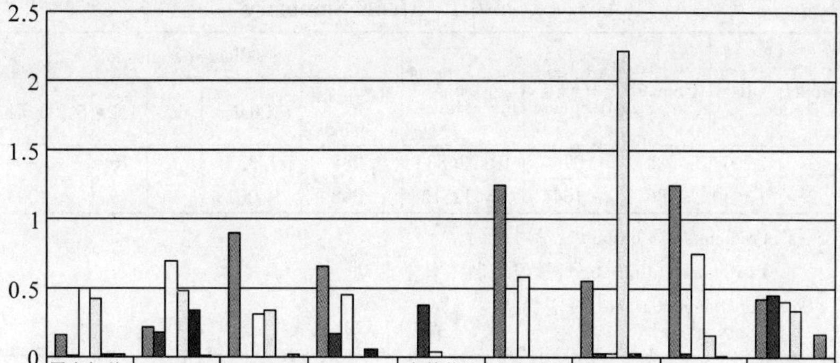

	国家机关、企事业负责人	专业技术人员	办事员和有关人员	商业、服务业人员	农林牧渔及水利人员	生产运输设备操作及有关人员	警察和军人	在校学生	其他从业人员
■步行时间	0.15625	0.2142857	0.8958333	0.6547619	0	1.25	0.5555556	1.2428571	0.4166667
■自行(摩托)车	0.0104167	0.1785714	0	0.1666667	0.375	0	0.0277778	0.0309524	0.453125
□公共交通工具	0.5	0.6904762	0.3125	0.452381	0.0416667	0.5833333	0.0277778	0.7452381	0.4010417
□小轿车	0.4166667	0.4761905	0.3333333	0	0	0	2.2222222	0.1595238	0.3385417
■其他机动车	0.0208333	0.3333333	0	0.0595238	0	0	0.0277778	0.0095238	0
■其他交通工具	0.0208333	0.0119048	0.0208333	0	0	0	0	0.002381	0.171875

图 9　不同职业群体使用不同交通工具的时间分布

(二)计量研究

1. 消费的影响框架：工作、休闲、家务和学习

以消费额为因变量，十大类基本活动为自变量，进行回归分析。由于消费额为定距变量，时间分配为定距变量，因此回归模型为普通多元回归。

由于十大类基本活动中有几类(家庭初级经营活动、家庭制造及建筑活动、家庭服务经营活动)无人填写，因此在建模时不予考虑。这里仅考虑 6 类活动。

X1：个人活动

X2：就业活动

X3：家务活动

X4：照顾家人

X5：学习活动

X6：休闲健身娱乐社交活动

用逐步回归法(stepwise)建模，自动建立了两个模型，结果如下，由于显著性值均小于 0.05，两个模型都有效。

表1 Model Summary[c]

Model	R	R Square	Adjusted R Square	Std. Error of the Estimate	Change Statistics					urbin-Watson
					R Square Change	F Change	df1	df2	Sig. F Change	
1	.297[a]	.088	.076	101.26883	.088	7.337	1	76	.008	
2	.431[b]	.186	.164	96.32512	.098	9.001	1	75	.004	2.283

a. Predictors:(Constant),学习培训

b. Predictors:(Constant),学习培训，就业活动

c. Dependent Variable:日消费额

表2 ANOVA[c]

Model		Sum of Squares	df	Mean Square	F	Sig.
1	Regression	75244.014	1	75244.014	7.337	.008[a]
	Residual	779408.6	76	10255.376		
	Total	854652.6	77			
2	Regression	158763.0	2	79381.500	8.555	.000[b]
	Residual	695889.6	75	9278.528		
	Total	854652.6	77			

a. Predictors:(Constant),学习培训

b. Predictors:(Constant),学习培训，就业活动

c. Dependent Variable:日消费额

最终结果如下，模型1和模型2回归系数均通过检验。

表3 Coefficients[a]

Model	Unstandardized Coefficients		Standardized Coefficients	t	Sig.	95% Confidence Interval for B		Collinearity Statistics	
	B	Std. Error	Beta			Lower Bound	Upper Bound	Tolerance	VIF
1 (Constant)	94.928	13.282		7.147	.000	68.474	121.381		
学习培训	-9.079	3.352	-.297	-2.709	.008	-15.754	-2.403	1.000	1.000
2 (Constant)	123.204	15.762		7.817	.000	91.805	154.603		
学习培训	-12.504	3.386	-.409	-3.693	.000	-19.250	-5.758	.886	1.128
就业活动	-8.913	2.971	-.332	-3.000	.004	-14.831	-2.995	.886	1.128

a. Dependent Variable:日消费额

因此，我们建立了两个模型来说明时间使用和消费的关系。

模型1：C消费额 = 123.204 - 12.5 * T学习培训时间 - 8.913 * T就业活动时间

模型2：C消费额 = -163.014 + 14.189 * T个人活动时间 + 12.135 * T家务活动时间 + 7.333 * T娱乐休闲健身社交活动

第一个模型说明，消费额和学习培训时间、就业活动时间呈负相关关系；学习培训时间每增加一小时，消费额减少12.5元；就业时间增加一小时，消费额减少8.9元。

第二个模型说明，消费额和个人活动时间、家务活动时间、娱乐休闲时间呈正相关关系。个人活动增加一小时，消费额增加 14.2 元；家务活动增加一小时，消费额增加 12.14 元，娱乐时间增加一小时，消费额增加 7.3 元。

2. 闲暇对收入的影响

我们首先研究时间分配与收入之间的关系。以月收入为因变量，十大类基本活动为自变量，进行回归分析。由于月收入为定序变量，时间分配为定距变量，因此回归模型为 ordinal logistic 回归。

模型全局性检验：P 值为 0.1，在 10% 的显著性水平下，模型勉强具有统计学意义。

表 4　Model Fitting Information

Model	-2 Log Likelihood	Chi-Square	df	Sig.
Intercept Only	264.286			
Final	255.091	9.195	5	.102

Link function：Logit.

参数估计值及检验结果：P 值均大于 0.05，无统计学意义。出现这种情况可能是因为样本量太小所致。

表 5　Parmeter Estimates

		Estimate	Std. Error	Wald	df	Sig.	95% Confidence Interval	
							Lower Bound	Upper Bound
Threshold	[INCOME 您的月收入是多少 = 1.00]	13.219	43.660	.092	1	.762	-72.353	98.791
	[INCOME 您的月收入是多少 = 2.00]	13.428	43.661	.095	1	.758	-72.145	99.001
	[INCOME 您的月收入是多少 = 3.00]	13.923	43.662	.102	1	.750	-71.652	99.498
	[INCOME 您的月收入是多少 = 4.00]	14.784	43.663	.115	1	.735	-70.795	100.362
	[INCOME 您的月收入是多少 = 5.00]	17.022	43.666	.152	1	.697	-68.562	102.606
	[INCOME 您的月收入是多少 = 6.00]	19.136	43.671	.192	1	.661	-66.458	104.731
Location	X1 个人活动	.724	1.820	.158	1	.691	-2.844	4.292

续表

	Estimate	Std. Error	Wald	df	Sig.	95% Confidence Interval	
						Lower Bound	Upper Bound
X2 就业活动	.586	1.823	.103	1	.748	-2.988	4.160
X3 家务活动	.428	1.825	.055	1	.815	-3.150	4.005
X4 照顾家人	.512	1.846	.077	1	.781	-3.105	4.129
X5 学习培训	0[a]	.	.	0	.	.	.
X6 娱乐休闲健身社交	.566	1.822	.097	1	.756	-3.005	4.138

a. This parameter is set to zero because it is redundant.

表 6

自变量	系数	指数次幂
X1 个人活动	0.724	2.062667
X2 就业活动	0.586	1.796787
X3 家务活动	0.428	1.534186
X4 照顾家人	0.512	1.668625
X5 学习活动	0	1
X6 社交娱乐休闲	0.566	1.761208

上表表明，个人动活时间增加 1 小时，收入优势改变 2.062 倍，表示随着个人活动时间的增加，收入有增加的趋势；就业活动的收入优势值也较大，表示增加就业活动能很大程度增加个人收入；学习活动、照顾家人、家务活动的收入优势值较小，表示增加学习活动、照顾家人、家务活动的时间对收入的增加影响最小。

根据回归结果建立的预测模型如下，即收入落入某一层次的概率由下面几个公式决定。INCOME <1 代表没有收入；INCOME <2 代表收入 500 元以下；INCOME <3 代表收入 500 - 1000 元；INCOME <4 代表收入 1000 - 2000 元；INCOME <5 代表收入 2000 - 5000 元；INCOME <6 代表收入 5000 - 10000 元；INCOME <7 代表收入 10000 元以上。

$$p_{i1}(INCOME \leqslant 1)=\frac{e^{(13.219-0.742x1-0.586x2-0.428x3-0.512x4-0.566x6)}}{1+e^{(13.219-0.742x1-0.586x2-0.428x3-0.512x4-0.566x6)}}$$

$$p_{i2}(INCOME \leqslant 2)=\frac{e^{(13.428-0.742x1-0.586x2-0.428x3-0.512x4-0.566x6)}}{1+e^{(13.428-0.742x1-0.586x2-0.428x3-0.512x4-0.566x6)}}$$

$$p_{i3}(INCOME \leqslant 3)=\frac{e^{(13.923-0.742x1-0.586x2-0.428x3-0.512x4-0.566x6)}}{1+e^{(13.923-0.742x1-0.586x2-0.428x3-0.512x4-0.566x6)}}$$

$$p_{i4}(INCOME \leqslant 4)=\frac{e^{(14.784-0.742x1-0.586x2-0.428x3-0.512x4-0.566x6)}}{1+e^{(14.784-0.742x1-0.586x2-0.428x3-0.512x4-0.566x6)}}$$

$$p_{i5}(INCOME\leqslant 5)=\frac{e^{(17.022-0.742x1-0.586x2-0.428x3-0.512x4-0.566x6)}}{1+e^{(17.022-0.742x1-0.586x2-0.428x3-0.512x4-0.566x6)}}$$

$$p_{i6}(INCOME\leqslant 6)=\frac{e^{(19.136-0.742x1-0.586x2-0.428x3-0.512x4-0.566x6)}}{1+e^{(19.136-0.742x1-0.586x2-0.428x3-0.512x4-0.566x6)}}$$

下面我们分析不同收入阶层的闲暇状况。关于闲暇时间，没有统一的定义，这里用 X6 社交休闲娱乐健身活动时间来表示闲暇时间。不同收入阶层和闲暇时间的交叉列联表及柱形图如下，可以看出，没有收入的阶层，其每日闲暇时间为 0—6 小时区间；月收入为 1000—2000、2000—5000 阶层的每日闲暇时间更多落在 3—6 小时的区间；5000—10000 元阶层主要落在 3—9 小时区间，大致的趋势是：随着收入的提高，闲暇时间在增加。

表 7　INCOME 您的月收入是多少 ＊ 娱乐休闲健身社交（Banded）Crosstabulation

		娱乐休闲健身社交（Banded）					Total
		3 小时以下	3—6 小时	6—9 小时	9—12 小时	12 小时以上	
INCOME 您的月收入是多少	没有收入	22	21	13	3	3	62
	500 元以下	1	0	2	1	0	4
	500—1000 元	1	3	2	2	0	8
	1000—2000 元	4	12	1	1	0	18
	2000—5000 元	13	19	6	6	0	44
	5000—10000 元	2	6	5	1	0	14
	10000 元以上	1	0	0	1	0	2
Total		44	61	29	15	3	152

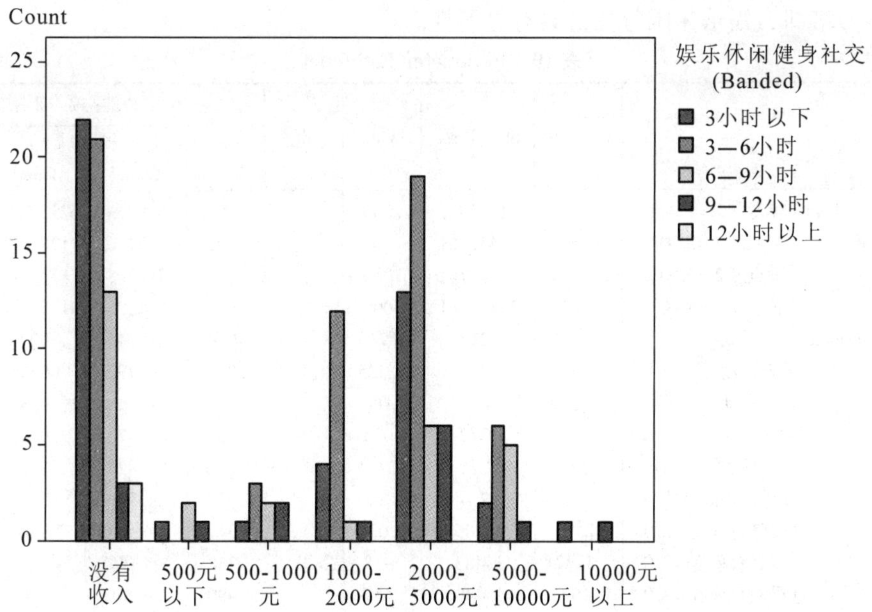

图 10　INCOME 您的月收入是多少

3. 幸福感的决定机制

以幸福感为因变量，十大类基本活动为自变量，进行回归分析。由于幸福感为定序变量，时间分配为定距变量，因此回归模型为 ordinal logistic 回归。根据上述分析，引进年龄、受教育程度、月收入额为自变量。

回归分析结果如下：

从全局性检验结果来看，P 值为 0，表示模型有统计学意义。

表 8　Model Fitting Information

Model	-2 Log Likelihood	Chi - Square	df	Sig.
Intercept Only	355. 872			
Final	164. 434	191. 438	21	. 000

Link function：Logit.

伪决定系数均为 0. 5 以上，表示模型拟合比较理想。

表 9　Pseudo R-Square

Cox and Snell	. 716
Nagelkerke	. 792
McFadden	. 538

Link function：Logit.

参数估计值和检验结果如下：

在 10% 的显著性水平下，个人活动、就业活动、家务活动、照顾家人、学习培训、娱乐休闲等变量具有显著性。

表 10　Parameter Estimates

		Estimate	Std. Error	Wald	df	Sig.	95% Confidence Interval	
							Lower Bound	Upper Bound
Threshold	[满意度 2 =1.00]	7. 103	3165. 911	. 000	1	. 998	-6197. 968	6212. 173
	[满意度 2 =2.00]	24. 525	3645. 761	. 000	1	. 995	-7121. 035	7170. 086
	[满意度 2 =3.00]	27. 721	3645. 761	. 000	1	. 994	-7117. 840	7173. 281
	[满意度 2 =4.00]	30. 018	3645. 761	. 000	1	. 993	-7115. 543	7175. 578
Location	个人活动	-. 419	. 218	3. 715	1	. 054	-. 845	. 007
	就业活动	-. 379	. 211	3. 225	1	. 073	-. 792	. 035
	家务活动	-. 373	. 217	2. 950	1	. 086	-. 799	. 053
	照顾家人	-. 045	. 372	. 015	1	. 903	-. 774	. 684
	学习培训	-. 402	. 215	3. 494	1	. 062	-. 823	. 019
	娱乐休闲健身社交	-. 359	. 214	2. 800	1	. 094	-. 779	. 061
	[受教育程度 =2.00]	-2. 236	2. 205	1. 028	1	. 311	-6. 558	2. 086
	[受教育程度 =3.00]	-1. 421	1. 483	. 918	1	. 338	-4. 326	1. 485
	[受教育程度 =4.00]	-. 975	1. 443	. 457	1	. 499	-3. 803	1. 853
	[受教育程度 =5.00]	-1. 489	1. 405	1. 124	1	. 289	-4. 242	1. 264
	[受教育程度 =6.00]	-1. 007	1. 444	. 486	1	. 486	-3. 837	1. 823
	[受教育程度 =7.00]	0[a]	.	.	0	.	.	.

续表

	Estimate	Std. Error	Wald	df	Sig.	95% Confidence Interval	
						Lower Bound	Upper Bound
[年龄段=2]	-.455	.932	.238	1	.626	-2.281	1.371
[年龄段=3]	-.259	.955	.074	1	.786	-2.131	1.613
[年龄段=4]	-2.030	1.346	2.275	1	.132	-4.669	.608
[年龄段=5]	-.018	.702	.001	1	.979	-1.394	1.358
[年龄段=6]	0[a]	.	.	0	.	.	.
[INCOME 您的月收入是多少=1.00]	37.787	3645.758	.000	1	.992	-7107.768	7183.341
[INCOME 您的月收入是多少=2.00]	38.958	3645.758	.000	1	.991	-7106.597	7184.513
[INCOME 您的月收入是多少=3.00]	38.127	3645.758	.000	1	.992	-7107.428	7183.681
[INCOME 您的月收入是多少=4.00]	38.149	3645.758	.000	1	.992	-7107.406	7183.703
[INCOME 您的月收入是多少=5.00]	38.359	3645.758	.000	1	.992	-7107.195	7183.914
[INCOME 您的月收入是多少=6.00]	39.855	3645.758	.000	1	.991	-7105.699	7185.410
[INCOME 您的月收入是多少=7.00]	0[a]	.	.	0	.	.	.

Link function: Logit.

a. This parameter is set to zero because it is redundant.

根据上表时间使用和幸福感关系如下：

表 11

活动类型	回归系数	EXP(系数)
个人活动	-0.419	0.657704
就业活动	-0.379	0.684546
家务活动	-0.373	0.688665
照顾家人	-0.045	0.955997
学习培训	-0.402	0.668981
娱乐休闲	-0.359	0.698374

即个人活动增加一小时，幸福感优势改变0.65倍，表明随着个人活动时间的增加，幸福感有减小的趋势，充分说明了时间消费的边际效用递减规律。从分析结果来看，照顾家人带来的幸福感优势比改变最大，即照顾家人能带来最大的幸福感。

年龄、收入、受教育程度等变量的参数估计值不显著，和前面的卡方分析结论不符。出现这种偏差可能是样本量太小所致。

4. 家务活动时间的影响框架

家务活动是连续型变量，由于自变量均为定性变量，为了分析方便，首先对家务活动时间进行分组。家务活动 1 小时为一组，2 小时以下为一组，2—4 小时一组，4—6 小时一组，6—8 小时一组，8 小时以上一组。各组分布如下。即不做家务的占 32.9%，家务活动 2 小时以内的占 35.3%，2—4 小时的 15.9%，4—6 小时的 9.4%，6—8 小时的 2.4%，8 小时以上的 4.1%。

以家务活动时间为因变量，以性别、年龄、受教育程度、婚姻状况、月收入等变量为自变量，进行 logistic 回归。结果如下：

从模型整体有效性来看，由于 P 值为 0.001，认为模型有效。

表 12 Model Fitting Information

Model	-2 Log Likelihood	Chi - Square	df	Sig.
Intercept Only	296. 899			
Final	266. 364	30. 536	11	. 001

Link function：Logit.

参数估计值和检验结果如下表：

表 13 Parameter Estimates

		Estimate	Std. Error	Wald	df	Sig.	95% Confidence Interval	
							Lower Bound	Upper Bound
Threshold	[家务活动 3 = 1]	14.230	2.210	41.461	1	.000	9.898	18.561
	[家务活动 3 = 2]	15.973	2.211	52.176	1	.000	11.639	20.308
	[家务活动 3 = 3]	17.024	2.211	59.288	1	.000	12.691	21.357
	[家务活动 3 = 4]	18.073	2.215	66.550	1	.000	13.731	22.415
	[家务活动 3 = 5]	18.526	2.224	69.360	1	.000	14.166	22.885
Location	性别 2	1.211	.347	12.185	1	.000	.531	1.892
	年龄	.023	.028	.664	1	.415	-.032	.078
	[受教育程度 = 2.00]	1.744	1.897	.845	1	.358	-1.974	5.462
	[受教育程度 = 3.00]	.772	1.402	.303	1	.582	-1.976	3.520
	[受教育程度 = 4.00]	1.148	1.361	.711	1	.399	-1.520	3.816
	[受教育程度 = 5.00]	.485	1.351	.129	1	.720	-2.163	3.132
	[受教育程度 = 6.00]	.558	1.366	.167	1	.683	-2.119	3.235
	[受教育程度 = 7.00]	0[a]	.	.	0	.	.	.
	[婚姻状况 = 1.00]	-3.248	1.554	4.368	1	.037	-6.293	-.202
	[婚姻状况 = 2.00]	-2.882	1.332	4.679	1	.031	-5.493	-2.71
	[婚姻状况 = 4.00]	0[a]	.	.	0	.	.	.
	[收入 2 = 1.00]	15.712	.411	1461.273	1	.000	14.906	16.517
	[收入 2 = 2.00]	15.786	.000	.	1	.	15.786	15.786
	[收入 2 = 3.00]	0[a]	.	.	0	.	.	.

Link function：Logit.

a. This parameter is set to zero because it is redundant.

在5%的显著性水平下，可以看出，性别、婚姻状况、月收入三个变量通过检验，有效。而年龄、受教育程度P值大于0.05，没有通过检验。

女性做家务的时间高于男性，其优势比为EXP(1.211)=3.36，即女性做家务的概率优势是男性的3.36倍。

婚姻状况和收入变量虽然具有统计显著性，但由于样本量太小，数据缺失。这里不做分析。不过可以从交叉列联表来检验相关关系。

婚姻状况和家务时间卡方检验显示二者具有相关关系。如表14：

表14　Chi－Square Tests

	Value	df	Asymp. Sig. (2－sided)
Pearson Chi－Square	33.493[a]	10	.000
Likelihood Ratio	22.380	10	.013
Linear－by－Linear Association	12.189	1	.000
N of Valid Cases	170		

a. 10 cells (55.6%) have expected count less than 5. The minimum expected count is .09.

具体的列联表如下：

表15　婚姻状况 ＊ 家务活动 (Banded) Crosstabulation

			家务活动 (Banded)						Total
			不做家务	2小时以内	2—4小时	4—6小时	6—8小时	8小时以上	
婚姻状况	未婚	Count	31	26	6	7	1	1	72
		% within 婚姻状况	43.1%	36.1%	8.3%	9.7%	1.4%	1.4%	100.0%
		% within 家务活动 (Banded)	55.4%	43.3%	22.2%	43.8%	25.0%	14.3%	42.4%
	有配偶	Count	25	32	21	9	3	4	94
		% within 婚姻状况	26.6%	34.0%	22.3%	9.6%	3.2%	4.3%	100.0%
		% within 家务活动 (Banded)	44.6%	53.3%	77.8%	56.3%	75.0%	57.1%	55.3%
	离婚	Count	0	2	0	0	0	2	4
		% within 婚姻状况	.0%	50.0%	.0%	.0%	.0%	50.0%	100.0%
		% within 家务活动 (Banded)	.0%	3.3%	.0%	.0%	.0%	28.6%	2.4%
Total		Count	56	60	27	16	4	7	170
		% within 婚姻状况	32.9%	35.3%	15.9%	9.4%	2.4%	4.1%	100.0%
		% within 家务活动 (Banded)	100.0%	100.0%	100.0%	100.0%	100.0%	100.0%	100.0%

可以观察出，未婚人士中43%不做家务；有配偶的人更多做家务时间在2小时以内，占34%，离婚人士50%做家务时间2小时以内，50%在8小时以上。

三、BTUS 调查的主要结论

(1)不同性别、年龄、职业、学历和婚姻的人群在闲暇活动上的差异。

统计结果显示，在时间安排上，依然是男性主外，女性主内：男性以事业为主，外出工作时间较多；女性以家庭为主，做家务时间较多。

(2)据调查分析，不同的年龄对生活的追求不同，闲暇时享受生活的方式也截然不同。

10—20 岁人，闲暇时间里，学习培训的时间最长(占闲暇时间的 20%)。但娱乐休闲和社会交往也是他们闲暇活动的重要组成部分。花季雨季的青春，纵然有豪情壮志，也摆脱不了爱玩的天性。

20—30 岁的人，即便在闲暇时间里也要为工作奔波或忙于学习培训(工作和学习培训时间平均占总闲暇时间的 20%)。理想的力量、社会的压力无形中化为工作和学习的动力，一切只为“爱拼才会赢”。

30—40 岁的人，闲暇时间里，除了必要的吃饭、睡觉等个人活动，都在工作和社交(工作时间和社会交往时间占他们闲暇时间的 50%)，照顾家人的时间非常少。人生的黄金阶段，事业正如日中天，一切以事业为中心。

40—50 岁的人，闲暇时间里，会更多地照顾家人，为自己和家人最终消费提供无酬家务活动。父母的年迈、儿女的成长逐渐将他们的注意力由事业转移到了家庭。

50—60 岁的人，闲暇时间里多进行娱乐休闲和社会交往(约占总休闲时间 25%)。生活、工作压力逐渐减小，享受、快乐成为他们闲暇生活的主题。

(3)不同职业的人群，在闲暇时间进行工作和娱乐的时间差异较大。

专业技术人员、商业和服务人员，闲暇时间里从事工作的时间最长(平均占总休闲时间的 20% 以上)；除在校学生外，警察和军人工作时间最短(仅为闲暇时间的 12.5%)；国家机关、企事业负责人、警察和军人日均休闲娱乐的时间最多(6 小时/天)，而商业、服务业人员、生产运输设备操作人员日均休闲娱乐时间最少，不到 3 小时。

(4)闲暇时间里，学历越高，工作和学习培训的时间越多；学历越低，家务活动、娱乐休闲的时间越多。

(5)有配偶的群体闲暇生活相对最幸福。有配偶的群体生活相对幸福，平均每天休闲健身的时间是离婚群体的 2 倍，且夫妻合作效率较高，平均每天用于家务劳动的时间是离婚群体的一半。未婚人群学习和培训占据闲暇时间的大部分。

(6)闲暇活动和闲暇时间在一定程度上映射出社会的不平等。

a. 男女地位不平等。男性闲暇时间会选择外出就业，做家务的时间很少；而女性在闲暇时间除了要外出工作，还要进行必要的家务劳动。

b. 年龄待遇的不平等。调查结果显示，五个年龄段，只有 50—60 岁的人工作、生活压力最小，娱乐休闲的时间最长。10—40 岁的人平均每天都要面对巨大的学习和工作压力，40—50 岁的人除忙于工作外，还要挑起照顾老人、养育子女的重担。

c. 社会地位的不平等。商业、服务业从业人员闲暇时间里，平均工作时间最长，娱乐时间最短；而政府官员、企业高层、警察和军人则享有较长的消遣娱乐时间。

d. 生活幸福程度的不平等。有配偶的群体比离婚群体生活相对幸福。

(7)闲暇时间和闲暇活动内容对幸福感的具体影响 。

闲暇时间和闲暇活动内容对幸福感的影响主要体现在闲暇时间和闲暇活动是否满足人们在非惯常环境下对生活的期望。性别、年龄、学历、工作性质、工作环境以及婚姻状况影响人们获得幸福感的闲暇时间和闲暇活动，而闲暇时间和闲暇活动的质量影响人们的幸福感。闲暇时间和闲暇活动是否满足人们在非惯常环境下对生活的期望对人们的幸福感有重要影响。

四、结论

本次调查对北京市国民时间使用进行了调查研究并得出了许多有价值的可喜成果。通过报告及其分析，我们可以知晓普通市民日常的时间利用与相应消费额度与幸福感。该次调查采用入户调查，以点概面，作为一次实验性的研究活动来反映节假日与平常工作日被调查者的时间利用与安排。调查中性别不同，社会层次与年龄等均不同，可以很好地反映整个社会的情况。

针对研究成果，我们得出了以下结论：

(1)个体差异决定闲暇时间的利用。

不同个体对闲暇时间的利用是不同的，甚至差异很大。如性别、年龄、收入等因素影响个体对闲暇时间的利用。与此同时，我们注意到面对究竟如何能够得到更好的休闲服务，或是如何去休闲，如何去利用闲暇时间，普通市民并没有一个可以选择或得到帮助的平台。这也是我们发现可以去研究并尝试建立的。

一方面，政府应该引导科学合理的休闲，让市民能够在休闲后觉得物超所值并且十分盼望下次。在回到工作岗位或学校后能够激发潜在的能量，工作与学习效率提高。

另一方面，在提供休闲活动的终端应该提供更加人性化的服务。让参与者能够得到充分的放松与享受，而不是现在社会上流传的诸如“旅游是受罪”，“哪都不如待在家好”等言论。这是值得所有参与闲暇时间研究的学者、机构都应深深反思的。

(2)和谐之中显幸福。

尽管每个人对幸福的评价与定位不同，但基本的幸福观就是：家庭和睦，工作顺心。而这也就让政府认识到一个人的就业背后是一个家庭生活与幸福的重要条件。继续扩大就业范围，推行积极稳妥的就业政策不可转移。另一方面，社会保障成为当务之急。只有让每个家庭享受到整个社会的和谐氛围，我们整个社会才会更加和谐。

调查中，一个特别引起注意的是北京的交通问题让被调查者浪费了许多时间。这部分既不在工作时间中也不存在在闲暇时间。由于工作时间不可改变，这也就意味着必定要压缩市民的闲暇时间。这也给决策者提出了新的思考。可喜的是，在北京实施单双号交通管制后，交通较之前通畅许多，这也大大增加了市民的休闲与休息时间，不仅对于环境大有裨益，对市民的生活质量也大为提高。

(3)有效消费仍不足。

尽管这次调查对象仅仅是北京市市民中的一部分，但本次调查在一定程度上反应了我国经济发展中存在的一些问题。一个突出的问题就是休闲消费有效需求不足。

在改革开放的今天，消费已经成为社会的主流，但有效消费依然是占很小部分。市民的大部分消费都是被动消费，也就是我们百姓常说的“不得不花的钱”。目前经济危机蔓延全球，对我国经济发展也带来诸多不利影响，鼓励国内旅游、刺激休闲消费无疑成为应对经济危机的主要措施，但有效需求不足阻碍了经济发展进程。

针对这些现象，政府需要在住房制度、医疗制度、教育体制和养老保险制度、社会保障体系等方面投入更大力量。要让百姓实实在在看得见，要让百姓没有后顾之忧，放心消费。这一方面刺激了内需，另一方面也能带动我国产业结构与消费结构的优化升级。

我们可以预见随着我国城市居民收入水平的提高，消费结构出现了明显升级的特征，居民用于娱乐、教育、健身和旅游等满足精神生活方面要求的支出迅速增加。同时，随着产业结构的调整，与休闲有关的产业和行业在供给能力上有了较快的发展，在客观上为休闲经济的发展创造了必要的条件。特别是在我国商品市场总体供求关系发生根本性变化，买方市场初步形成，经济的增长从供给制约型转向需求制约型的条件下，发展休闲经济对于扩大内需，拉动经济增长有着更为重要的作用。

(4)第三产业仍为朝阳产业，前景广阔。

通过研究发现，我国第三产业的发展仍处于一个朝阳发展时期，发展潜力巨大。可以说第三产业的发展健全与否是休闲时间利用的依托，是闲暇经济可以发展的重要条件。

同时，我国第三产业的发展与发达国家相比还有相当大的差距，不仅总量不足，在服务质量和意识上也存在很多问题。特别是金融业、保险业、咨询业和社区服务等方面为休闲消费提供高效、多元和高质量的服务方面还远远不够。改革经济体制，加快产业结构调整步伐，完善民生保障制度，才能有效促进我国休闲经济的快速发展。当然休闲设施不完善、休假制度的不健全等也会影响我国休闲经济的发展。

我们可以肯定休闲消费带动了与休闲相关的产业和行业的发展。休闲产业主要是指与人的休闲生活、休闲行为、休闲需求(物质的、精神的)密切相关的领域。特别是以旅游业、娱乐业、服务业和文化产业为龙头形成的经济形态和产业系统，包括旅游业、服务业、健身业、娱乐业、零售业、交通业、航空业、会展业、国家公园、博物馆、体育(运动场馆、运动项目、设备、设施维修)和社区服务以及由此连带的产业群。这些产业和行业形成了相互关联、相互影响、相互促进又相互制约的休闲经济领域。休闲经济毋庸置疑地成为带动经济发展的重要力量。因此，在许多国家休闲经济学也应运而生，包括对休闲的时间、休闲产品的开发、休闲市场的拓展和目标市场的细分，以及休闲服务质量提高等方面的研究。

政府应当放宽对第三产业发展的限制，让第三产业得以更加健康快速的发展。以市场为导向，令第三产业成为休闲经济得以大力发展的机体，从而使经济更加良性的发展。

同时，不可否认，社会中存在大量因为发展第三产业与政府政策相悖造成的资源浪费。这一方面限制了继续发展的信心，更重要的是第三产业内部发展将不健康，结构不合理。这是需要政府有长期的规划并且与从业者应当保持时时的联系与通信，保持信息的“新鲜性”。

(5)正确的消费观有待建立。

每个人都应该树立一个正确健康的消费观，会消费，享受消费，懂得消费。消费不是浪费，一个健康的消费观，不仅可以使扩大内需的方针更加充分的贯彻，更能使每个人充分享受消费的乐趣，享受生活的乐趣，让每个人真正地参与到政府的相关政策之中。

参考文献

1. Fogel. The Fourth Great Awakening and the Future of Egalitarianism, The University of Chicago Press, 2000.

2. Work Longer Hours? Implication for BLS Productivity Measures. U. S Bureau of Labor Statistics, Working paper 406.

3. Rones. , P. L. and Ilg. , R. E. 1997. Trends in hours of work since the mid – 1970s. Monthly

Labor Review, Vol. 120, Issue 4.

4. Jean., K. and Rachel., C. 2007. Mothers' Time Choices: Caregiving, Leisure, Home Production, and Paid Work. Journal of Human Resources, Vol. 42, NO 3.

5. Atrostic., B. K. 1982. The Demand for Leisure and Nonpecuniary Job Characteristics. American Economic Review, Vol. 72, no. 3, (Jun).

6. Michael., J. and Sabine., W. 2007. Time is money and money needs time? A secondary analysis of time-budget data in Germany. Journal of Leisure Research, Vol. 39, Issue 1.

7. Allen., L and Donnelly., M. 1985. An Analysis of the Social Unit of Participation and the Perceived Psychological Outcomes Associated with Most Enjoyable Recreation Activities. Leisure Sciences, Vol. 7, Issue 4.

8. Smale., B. and Dupuis., S. 1993. Leisure Participation and Psychological Well-being. Journal of Applied Recreation Research, Vol. 18.

9. Cassidy., T. 1996. All Work and No Play: A Focus on Leisure Time as a Means for Promoting Health. Counseling Psychology Quarterly, Vol. 9, Issue 1.

10. Cavette., K. L. 1999. Demographic, Environmental, Social and Organizational Effects of Employee's Leisure Activity Preferences and Satisfaction. A Dissertation of Ph. D of the University of Mississippi..

11. Georg., D. 2008. To begrudge or not to begrudge: consumption and leisure externalities revisited. Applied Economics Letters, Vol. 15, Issue. 4, (Mar).

12. Van Praag., B. M. S. Frijters., P. and Ferrer-i-Carbonell., A. 2003. The Anatomy of Subjective Well-being. Journal of Economic Behavior & Organization, Vol. 51, Issue 1, (May).

13. Cropeley., M. C. and Purvis., L. J. M. 2003. Job Strain and Rumination about Work Issues during Leisure Time. European Journal of Work and Organizational Psychology, Vol. 12, No 3.

14. Jiri Zuzaneki, Theo Beckers, Pascale Peters. 1998, The "harried leisure class" revisited: Dutch and Canadian trends in the use of time from the 1970s to the 1990s. Leisure Studies.

15. Juster., F. T. and Stafford., F. P. 1991. Work and Leisure: On the Reporting of Poll Results. Public Opinion Quarterly, Vol. 55, No 3.

16. Easterlin, 1995, Will Raising the Incomes of All Increased the Happiness of All. Journal of Economic Behavior and Organization, Vol 27.

17. Dunlop., P. M. 2006. Active Employees! Exploring the Relationship between Job Characteristics, Perceived Constraints and Participation in Leisure-Time Physical Activity. A Thesis Submitted to the Faculty of the University of North Carolina at Chapel Hill.

18. Rheinberg., F. Manig., Y. Kliegl., R. Engerser., S. and Vollmeyer., R. 2007. Flow during Work but Happiness during Leisure time: Goals, Flow-experience, and Happiness, Zeitschrift Fur Arbeits-Und Organisationspsychologie, Vol. 51, Issue. 3.

19. 魏翔:《休闲时间与经济效率——来自 OECD 国家的证据》,《南开经济研究》, 2006 年第 6 期。

20. 张旭昆、徐俊:《消费的闲暇时间约束模型与假日经济现象》,《经济评论》,2001年第5期。
21. 靳晓婷:《从时间行为角度看居民的假日经济行为》,《经济问题》,2003年第6期。

(作者:魏　翔　北京旅游发展研究基地研究人员　副教授
蔡继明　清华大学经济研究所　教授、博导)

首都传媒经济研究基地

（中国传媒大学）

基地名称：首都传媒经济研究基地
依托单位：中国传媒大学
项目类别：北京市哲学社会科学“十一五”规划研究基地项目

精准广告政策准入研究①

一、中国广告法规综述

（一）广告监管体制概览

广告监管是指国家机关、社会团体或者其他组织、个人，运用国家的广告法律法规，对广告活动进行的监督管理，包括行政管理、行业自律、社会监督和司法制裁。在我国，广告管理的任务是宣传贯彻执行国家有关法律法规和规章，审查广告主体的入市资格，监督检查各类广告活动主体的广告经营活动，查处广告违法行为，维护广告市场秩序和消费者的合法权益。广告监管不是为了限制广告业的发展，而是为了保护消费者的合法权益，促进广告业的健康发展，维护市场经济秩序，推动社会主义精神文明建设。

（1）行政监管：国家行政机关依据有关法律、法规和政策，对广告行业发展进行规划、指导，对广告活动进行全过程的监督管理。

（2）行业自律：广告行业成立民间的行业组织，通过章程、准则、规范等行业标准进行自我约束、自我管理。

（3）社会监督：消费者和社会各界针对广告活动中的各种不良虚假违法情形，向有关部门投诉、举报，以及督促相关部门加强广告监管和违法处理的活动。

（4）司法制裁：司法部门依法对违法犯罪广告，以及由广告侵权行为造成的民事纠纷等进行处理。

广告监管体制是指为规范广告市场秩序、发挥广告积极作用而管理广告活动的一整套机制、程序和组织机构的总和。

一些发达国家的广告监管体制以广告行业自律为主，以政府行政管理为辅，以司法机关的民事赔偿、刑事制裁为主要保障手段。在这些国家，广告界力争通过自我约束，加强行业自律，最大限度地避免政府就广告管

---

① 本文是《北京市数字电视商业模式研究》项目的最终成果摘要，项目编号：07AbJG164。

理出台刚性的法律规范和政策措施，尽可能减少政府或者司法机关对广告行业的干预，很多国家没有单独设置一个专门的政府机构全面负责广告管理工作。

(二) 中国广告管理的法制化进程

新中国广告事业从起步到现在有 30 年时间，其管理的法制化进程与广告业本身的发展是息息相关的，大致可以分为四个主要阶段 ：

1. 1979—1991 年，恢复和初步发展阶段

1980 年 9 月 15 日，姚依林副总理作了“同意国务院财贸小组关于广告工作由工商局统一管理意见”的批示。据此，工商行政管理总局着手制定广告管理法规，筹建广告管理机构。

1982 年 2 月 6 日，国务院颁布《广告管理暂行条例》，并就贯彻执行《暂行条例》发出通知。2 月 23 日，中国广告学会正式成立。经国务院批准，中华人民共和国工商行政管理总局改为中华人民共和国国家工商行政管理局，内设机构中包括广告司。

随后的 5 年内，发布《关于烟酒广告和代理国内广告业务收取手续费问题的通知》《关于文化、教育、卫生、社会广告管理的通知》《关于报纸、书刊、电台、电视台经营刊播广告有关问题的通知》《药品广告管理办法》《关于加强广告宣传管理的通知》等一系列管理办法和文件。

1987 年 3 月 25 日，国家工商局、卫生部、广电部、新闻出版署联合发出《关于进一步加强药品广告宣传管理的通知》。同年 4 月 23 日，国家工商局、卫生部联合发布《食品广告管理办法》。10 月 26 日，国务院颁发《广告管理条例》并于当年 12 月 1 日起施行。

这一阶段的广告管理面临百废待兴的空白阶段，因此出现了不少暂行条例和之后的修正以及关于某条例或办法的说明和通知等，来强化广告监管的力度，明确广告管理的权责范围，为广告业在国内的复苏与发展初步构建了一个健康的法制环境。

2. 1992—1997 年，快速发展阶段

1992 年，国家工商局相继发出《关于坚决制止非法使用党和国家领导人的名义、形象、言论进行广告宣传的通知》《关于各地加强户外广告立法工作的通报》《关于坚决制止利用广播、电视、报纸、期刊刊播烟草广告的通知》等，反映出广告管理正朝着专业、精细的方向发展，也从一个侧面反映出中国广告发展的快速，早期的法规条文已显现出其滞后性。

1995 年 2 月 1 日，《中华人民共和国广告法》正式实施。这是中国广告发展史上最重要的事件之一，也是中国广告监管发展历史上最有影响的一件大事，标志着中国广告监管法制化迈出最重要的一步。

1996 年，国家工商局下发《关于禁止发布将人民币变相作为奖券使用的

广告的通知》《关于严格控制评比类广告的通知》《关于制止调查采访形式广告的通知》。同年 12 月，国家工商局印发《广告活动道德规范》，标志着我国广告监管体系中的行业自律取得重要的发展。

3．1998—2002 年，深化发展阶段

2000 年 2 月，国家工商局下发《关于开展网络广告经营登记试点的通知》。3 月 15 日，国家信息产业部信息化推进司、国家工商局广告司、中国信息协会、中国广告协会首次围绕网络广告管理与发展召开“新世纪网络广告研讨会”。

2001 年“两会”期间部分政协委员呼吁尽快修改《广告法》，他们表示，越早修改《广告法》中不适应新发展要求的条款就越有利于我国广告业的发展。7 月，国家工商总局对全国 31 家电视台共 43 个频道全天发布的广告进行了检查。结果显示，医疗广告违法现象比较严重。

2002 年 1 月 1 日，根据中国入世后对广告服务的承诺，从即日起中国境内的合资企业允许跨国广告公司控股。4 月 30 日，国家广电总局要求各级广播电视机构不得随意插播广告、超量播放广告，不得在转播其他电视台节目时插播自己的广告。

4．2003 年至今，持续稳定发展阶段

2003 年 1 月，国家工商总局与卫生部、国家中医药管理局联合下发通知，明确规定未取得医疗机构执业许可证者，不得发布医疗广告。9 月，国家广电总局颁布《广播电视广告播放管理暂行办法》，第一次对广播电视广告的内容、播放总量、广告插播、播放监管等进行全面规范。

2004 年 3 月 2 日，国家工商总局和商务部联合颁布《外商投资广告企业管理规定》。《规定》明确了外商投资广告企业设立的条件和审批程序，其中允许外资拥有中外合营广告企业多数股权，但股权比例最高不超过 70% 。8 月，国家工商总局下发通知，要求各级工商行政管理机关迅速对辖区内电视台以电视短片形式发布的医疗广告进行一次集中清理。

2005 年 1 月 1 日《广告经营许可证管理办法》正式实施。同年 12 月，根据《外商投资广告企业管理规定》，我国允许设立外资广告企业。

2007 年 1 月 1 日，新修订的《医疗广告管理办法》施行。新的管理办法严格规定了广告的发布程序、发布内容，限制了医疗广告的发布形式。3 月，国家工商总局和国家食品药品监督管理局联合颁布《药品广告审查发布标准》，对药品广告相关内容、播出时段、广告时长、广告媒体、表现手法等都作出了具体规定。

二、中国电视广告法规解读

(一)国际视野下的电视广告监管

在媒体日益冲击大众生活的队伍中，电视广告首当其冲。无论是电视广告的声画吸引力，还是广告商对电视的狂热追求与膜拜，都使广告成为任何国家电视媒体不可或缺的内容。国外电视广告法规与管理的主要特点有：(1)立法与监管比中国早；(2)广告管理多以行业自律为主；(3)法规具体、严厉，管理细分、协调；(4)消费者的维权意识强烈。

1. 美国

美国管理广告的主要机构是联邦贸易委员会、联邦通讯委员会和美国食品药物管理局。联邦贸易委员会享有制止不正当竞争、保护消费者的广泛权力；联邦通讯委员会是美国另一管理广告的政府机构，有权管理广播电视广告的数量及播出时间；美国食品药品管理局主要管理食品、药品、化妆品标示及包装方面的广告。

联邦通讯委员会规定，电视网及电视台，在黄金时段，每 60 分钟的节目中，其广告时间不得超过 9 分 30 秒。其他时间，每 60 分钟的节目中，其广告不得超过 16 分钟。对于电视广告的插播，其规定是：在黄金时间或主要时间，每 30 分钟节目内，广告插播不得超过两次。每 60 分钟的节目，广告插播不得超过四次。如节目时间超出 60 分钟的，则每增加 30 分钟，可增加广告插播两次。综艺节目和儿童节目中插播广告还有更细的规定。

美国对医药用品电视广告的规定尤其严格，首先强调药品广告关系到观众的健康，播放时必须慎之又慎。在播放医药广告中，不得使用“安全可靠”、“毫无危险”、“无副作用”等夸大医疗效用的词句；其次在播放药物广告时，尤其必须详细说明该药物的副作用。虚假广告是美国广告监管的重点。美国联邦贸易委员规定，凡是“广告的表述或由于未能透露有关信息而给理智的消费者造成错误印象的，这种错误印象又关系到所宣传的产品、服务实质性特点的，均属欺骗性广告。”无论是直接表述的还是暗示信息，广告发布者都要负责。

2. 英国

大部分英国观众喜欢收看的电视节目是电视连续剧、纪录片以及新闻、谈话类节目。这些时间段的广告市场当然也成为广告商家和制作公司角逐的战场。但英国严格限制广告的插播时间，电视台和广告商被要求，只有到节目“适合中断”时才能插播广告。

此外，什么样的商品广告可以播出，在英国也有严格的限定。英国负责电视广告监管的独立电视委员会不仅对各类商品是否可以做电视广告有明确的规定，而且对具有不同功能的同一类商品在做电视广告问题上也有不同的规定。其中对医药广告文字的规定就有36条50多款，涵盖医药、治疗、保健、营养和食品添加剂五大类。还规定广告中不准出现社会名人，包括体育和娱乐界名人对产品的褒奖，更不允许这些名人直接做广告；不准在16岁以下的少儿节目中或节目前后刊播广告；绝对不允许医生参与广告等。

烈性酒广告一直在英国电视广告中占相当大的比重，但新的广告规定明确要求，今后酒类广告绝对不能起到引诱青少年饮酒或者酗酒的作用。这对市场销售额达到2.5亿英镑的酒类市场无疑是个严峻的挑战。

3. 德国

德国的电视广告主要由《广播电视法》和民间的广告委员会来规范。德国国立电视台在周一到周六的全天内，只可以播放总共20分钟的广告，没有被用完的时间可以在以后的日子里补播，但是每天补播广告的时间最多不得超过5分钟。《广播电视法》还规定，晚上8点之后国立电视台不允许播放任何广告。另外，在周日和法定假日期间，国立电视台也被全天禁止播放电视广告。对以广告费为主要收入渠道的私营电视台，德国《广播电视法》则网开一面，没有任何广告播放时间段的限制。但对于电视广告的播放频率，无论国立还是私营电视台，每小时内最多只能播放总共12分钟的广告，每次播放广告时间不得超过6分钟，在两次播放广告的时间段内至少要有30分钟的间隔。另外，除了电视直播的教堂弥撒以及儿童节目之外，《广播电视法》允许在持续时间超过45分钟以上的节目内插播一次广告。电视台在转播有休息时段的体育节目时，也可以在休息时间内插播广告。

德国法律对药品广告加以严格限制，以及德国采用的医药分离体系，使得广告对于制药商而言，只能起到品牌推介、树立形象的效果，希望依靠宣传吸引患者直接购买药品在理论与实际上都是不可能的。

德国的《广播电视法》并没有对广告纠纷规定任何惩罚措施。任何个人和组织如果认为德国电视台播出的广告内容不妥，都可以向广告委员会提出申诉。如果广告委员会认为观众的投诉合情合理，会要求投放广告的企业和组织撤消这则广告。一旦该企业拒不执行广告委员会的要求，委员会将选择在媒体上对该企业进行公开批评的做法。

虽然广告在西方发达国家对人们生活的渗透已经到了无处不在的地步，但其广告管理颇为规范——尤其是在对药品、食品、烟酒等广告的管制以及法律法规的普适性和系统性上，总结他们的经验对促进中国广告市场的发展具有重要意义。

(二)我国电视广告监管主体的多重性

我国广告行政主管部门为国家工商管理总局以及地方各级工商管理局。然而，从我国广告监管所颁布的各项法令、条款等看，则显示出各相关权力部门权责不明、分工模糊的现状，这在一定程度影响着我国广告监管的效率与效果。

美国的广告监管虽然也是由几个不同部门联合负责，但分工明确、法规严明是其鲜明特点。在我国，广告的监管从内容上看必须符合卫生部、食品药品监督局等不同部门不同行业政策的限制，同时还要符合工商总局颁布的相关规定；从广告传播媒介的监管上来看，网络广告、手机广告的发布又需要符合工业与信息化部的政策限制，报刊、杂志广告应符合新闻出版总署的相关规定，而电视广告则在很大程度上受到国家广播电影电视总局的限制。国家广播电影电视总局不仅规定了广告播出的时段、时间限制，甚至还对电视广告的内容加以限制。

以电视购物广告为例，由于没有专门的管理部门，所以政出多头就在所难免。一则电视购物广告的上线通常需要与工商、卫生、物价、宣传、广电等多个政府的主管机构对接、沟通。目前，广电总局负责对电视购物频道和节目的审批，工商总局负责对销售产品进行广告审核，商务部主管无店铺销售这种行业形态，物价部门管定价，购物类网站又归工信部管理，产品目录册由文化部管理，业内专家指出："多个部门同时管理的弊端就在于，谁都可以管，又谁都不管。"从政策法规来看，国家并没有制定针对这一行业的专门法规，现在有关部门对这一行业进行管理的时候使用的是《广告法》《产品质量法》《价格法》《消费者权益保护法》《广播电视管理条例》等法律法规，或者是针对具体问题的具体政策，比如广电总局和工商总局对"黑五类"产品(药品、医疗器械、丰胸、减肥、增高产品)的限制等。专门管理法规的缺少造成诸多的监管漏洞。

各部门的协调机制在"政出多头，多面监管"机制下出现运转障碍，"政令多出"成为中国广告监管最突出的特色之一，也是区别于国外广告监管体制的最大中国体制产物。

(三)对广告经营者的管理

在我国，广告行业是相对而言市场准入门槛比较低的行业，2008 年，全国共有广告经营单位 18.58 万户，广告从业人员 126.64 万人，广告经营额 1899.56 亿元。有关广告经营者管理的文件、法规主要有《广告管理条例》《广告法》《广告经营许可证管理办法》《广告管理条例施行细则》等，另外，《广告服务管理暂行办法》《广告服务收费管理暂行办法》则对广告经营者的服务及收费进行了法律上的规范。

由于广告行业涉及媒体、宣传，与意识形态关系密切，因此在外资开办广告公司的问题上，经历过由封闭到开放的过程。

1986 年，新中国历史上第一家中外合资广告公司——中国国际广告公司与扬·罗比凯公司成立的合资广告公司诞生。20 世纪 90 年代，日本电通也在华成立合资公司，然而关于外资开办广告公司的具体规定直到 1994 年《关于设立外商投资广告企业的若干规定》的发布才呼之欲出。《规定》共 12 条，详细说明了外商投资广告企业的手续、流程、资质和最低条件。1995 年，工商总局出台《关于外商投资广告企业设立分支机构有关问题的通知》。该《通知》有三条内容，主要涉及工商注册与外贸。之后，改革开放不断深入推进，外资开办广告公司也越来越多。2002 年 1 月 1 日，根据中国入世后对广告服务的承诺，从当日起中国境内的合资企业允许跨国广告公司控股。2004 年 3 月 2 日，国家工商总局和商务部联合颁布《外商投资广告企业管理规定》。《规定》明确了外商投资广告企业设立的条件和审批程序，其中允许外资拥有中外合营广告企业多数股权，但股权比例最高不超过 70%，而这一条规定在 2008 年工商总局颁布的新版《外商投资广告企业管理规定》里已经取消，在新版《规定》里，外国投资者呈报文件单位更多元化，除向国家工商行政管理总局外，还可向其授权的省级工商行政管理局呈报相关文件。

2008 年，全国实有外商投资广告经营单位 737 户，占所有广告经营单位总数 0.4%，比上年同期增长 27.73%，广告经营额 81.82 亿元，占广告经营额总数的 4.31%。从趋势上看，对外资开办广告公司的管理将呈现“抓大放小、日益开放”的特点，外资开办广告公司对促进我国广告水平提高、广告市场良性发展具有一定积极意义。

（四）对电视媒体的监督

2003 年以前，我国一直没有专门规范广播电视广告的规章。2003 年 9 月 15 日，国家广播电影电视总局发布了《广播电视广告播放管理暂行办法》（广电总局第 17 号令），并于 2004 年 1 月 1 日起正式施行。《办法》是 2003 年至 2009 年关于广播电视广告的效力最高、规定最完整的专门管理办法。

《办法》对电视广告播出机构、播出内容、播出时长都有相关条款的说明与限制。关于电视广告播出的机构，《办法》第二十一条规定：发射台、转播台（包括差转台、收转台）、有线广播电视传输网络机构在转播和传输广播电视节目时，应当保证被转播和传输节目的完整性。不得以任何形式插播自行组织的广告，不得随意切换原广告，不得以游动字幕、叠加字幕等形式播放广告。再一次强调了有线电视传输网络机构的职能，禁止其进行违法广告插播。

关于广播电台、电视台播放广告的时间，原广播电影电视部 1997 年《关于进一步加强广播电视广告宣传管理的通知》、现国家广电总局 1999 年《关于坚决制止随意插播、超量播放电视广告的紧急通知》均明确规定：广播电台、电视台每套节目播放广告的比例，不得超过该套节目每天播出总量的 15%，18：00 至 22：00 之间不得超过节目总量的 12%。但是，在《办法》里面，允许播放广告的时间总量却被大大延长了，同时，应当少播广告的所谓黄金时间也被大大缩短了。《办法》规定：广播电台、电视台每套节目每天播放广告的比例，不得超过该套节目每天播出总量的 20% 。其中，广播电台在 11：00 至 13：00 之间、电视台在19：00至 21：00 之间，其每套节目中每小时的广告播出总量不得超过节目播出总量的 15% 。两相对比，其差别是显而易见的，广告播出总量由 15% 增加到了 20% ，晚上黄金时间段由四小时缩短成了两小时。

另外，《办法》却以制度的方式开了一个先例，即明令允许在电视剧中间插播广告。《办法》第十八条规定：播放广播电视广告应当保持广播电视节目的完整性，除在节目自然段的间歇外，不得随意插播广告。除 19：00 至 21：00 以外，电视台播放一集影视剧可以插播一次广告。显而易见，《办法》的实施将使插播广告这一现象变成合法的制度。

以上两点都是中国电视广告监管具有重要意义的法规条文，明确哪些广告合法、哪些广告违法，缩短黄金时间却增加了日均广告播出量；以法规的形式允许在电视剧中插播广告，是《办法》中最引人关注的部分。《办法》实行以后，由于未对电视剧中插播广告的时间、次数做出明确规定，电视播出机构纷纷加大电视剧插播广告的数量，另外在白天、夜间等非黄金时段大量播出以“电视购物”为名的广告节目。

在此背景下，2009 年 9 月，广电总局颁布了《广播电视广告播出管理办法》(广电总局第 61 号令)和《关于加强电视购物短片广告和居家购物节目管理的通知》。办法将从 2010 年 1 月 1 号起施行。2003 年 9 月 15 日发布的《广播电视广告播放管理暂行办法》同时废止。新办法明确要求今后播出机构每套节目每小时商业广告播出时长不得超过 12 分钟。播出电视剧时，可以在每集中插播 2 次商业广告，每次时长不得超过 1 分 30 秒。其中，在 19：00至 21：00 之间播出电视剧时，每集中可以插播 1 次商业广告，时长不得超过 1 分钟。办法还对广告的限播内容进行了完善。

从经验上看，中国电视广告的主要管理者，尤其是电视广告播出机构的管理者是国家广播电影电视总局，总局所颁布的一系列电视广告管理办法从最初的播出数量限制到 17 号令分时段广告播出的限制再到 61 号令对插播广告的规范管理甚至电视广告内容的审查与监督，可以预见，未来电视广告、数字电视广告的监管主体依然是广电总局。此外，随着消费者维权意识的不断增强和电视市场竞争水平提高，电视广告将面临更加规范、严格的管理和监督。

(五)对广告内容的限制

我国对广告内容的管理可以追溯到 20 世纪 80 年代，1987 年国务院颁布《广告管理暂行条例》，规定广告有下列内容之一的，不得刊播、设置、张贴：(1)违反我国法律、法规的；(2)损害我国民族尊严的；(3)有中国国旗、国徽、国歌标志、国歌音响的；(4)有反动、淫秽、迷信、荒诞内容的；(5)弄虚作假的；(6)贬低同类产品的，上述六条在之后的广告管理法规中均有继承及发展；此外，《条例》还首次规定禁止利用广播、电视、报刊为卷烟做广告。获得国家级、部级、省级各类奖的优质名酒，经工商行政管理机关批准，可以作广告。1987 年国家工商局、卫生部、广电部、新闻出版署联合发出《关于进一步加强药品广告宣传管理的通知》，对药品广告的管理提出了要求。随后，关于食品广告、烟草类广告的管理规章相继出台，医疗广告、食品广告、烟酒广告成为广告监管最主要的对象和目标，贯穿于我国广告监管的进程中。

对食品、药品、烟酒广告的监管，是全世界各国广告监管的重点之一。在我国，关于电视广告内容比较权威的管理办法是 2003 年国家广播电影电视总局发布的《广播电视广告播放管理暂行办法》，《办法》第十四条规定禁止广播电台、电视台播放烟草制品广告及麻醉药品、精神药品、毒性药品、放射性药品等特殊药品广告。此外，《办法》对广告的公益性、社会影响也考虑再三，规定："广播电台、电视台每套节目中每天播放公益广告的数量不得少于广告总播出量的 3%；广播电视广告应当有利于青少年儿童的身心健康，不得含有可能引发青少年儿童不文明举止、不良行为或不利于父母、长辈对青少年儿童进行正确教育的内容；广播电视广告应当尊重妇女、残疾人，不得歧视、侮辱妇女、残疾人，不得出现不文明的人物形象；广播电台、电视台应当严格按照国家有关规定控制酒类广告的播出。每套电视节目每日播放的酒类广告不超过 12 条，其中 19：00 至 21：00 间不超过 2 条；每套广播节目每小时播放的酒类广告，不得超过 2 条。"

这些规定都是我国电视广告内容管理的一大进步。然而可惜的是，《办法》出自广电总局，只能从广告的播出端对违法广告加以限制，而不能从源头上解决广告内容的问题。更主要的是，《办法》对违反上述规定的行为并没有制定明确的惩罚措施，以致 2004 年以来，电视上充斥着各种医院、药品、甚至虚假的食品广告。

2009 年 9 月，《广播电视广告播出管理办法》出台，其中第二章专门对电视广告内容管理进行了说明，对原《办法》中各项条款进行了细化，如规定：禁止播出以新闻报道形式发布的广告、烟草制品广告、处方药品广告、治疗恶性肿瘤、肝病、性病或者提高性功能的药品、食品、医疗器械、医疗广告、姓名解析、运程分析、缘分测试、交友聊天等声讯服务广告、出现"母乳代用品"用语的乳制品广告；并在第二十六条加上了"在中小学生假期和未成年人相对集中的收听、收视时段，或者以未成年人为主要传播对象的频率、频道、节(栏)目中，不得播出不适宜未成年人收听、收视的商业广告。"新办法在法律责任方面进行了丰富与完善，一方面强化了播出机构要对广告内容的合法性进行审验的职责，一方面明确了违反该管理办法相应条款需要承担的相应责任，新办法规定："违反本办法第八条、第九条的规定，由县级以上人民政府广播影视行政部门责令停止违法行为或者责令改正，给予警告，可以并处三万元以下罚款；情节严重的，由原发证机关吊销《广播电视频道许可证》《广播电视播出机构许可证》"。"违反本办法第十五条、第十六条、第十七条的规定，以及违反本办法第二十二条规定插播广告的，由县级以上人民政府广播影视行政部门依据《广播电视管理条例》第五十条、第五十一条的有关规定给予处罚。"

《广播电视广告播出管理办法》针对近年来在电视屏幕上出现的一些违法违规、给社会造成负面影响、有损社会主义精神文明建设的广告现象，提出了相应的管理办法和惩治措施，是对《广播电视广告播放管理暂行办法》的一大改进，然而"头痛医头，脚痛医脚"对于善于"打擦边球"的中国电视媒体并不是治本的方法。因此，未来电视广告管理法规依然会出现针对个别现象不断微调的局面。

三、精准广告定义

广告投放是广告运作模式的决定性环节，媒体选择、投放数量、媒介排期等一系列问题往往会影响到整个广告运作的最终效果。模拟电视时代媒体受众覆盖率的大小是传统电视广告投放的主要标准，因此大众电视频道成为广告代理商选择广告投放的首选。广告投放能否做到精准化是一直困扰广告代理商进行广告投放的问题。这是模拟电视时代广告投放不可逾越的一道障碍。随着电视的数字化，数字电视的广告将更趋"精准化"，数字电视频道内容的极大丰富，海量的节目资源可以为单独个体受众提供自定义的内容平台，这为广告代理商对受众进行分类处理提供了前提。广告代理商可以容易地迅速锁定目标群体，提高广告投放的精准度。

(一)何为精准

精准(accuracy)，指广告投放的精确性，就是让目标受众看到合适的广告，这就相当于对症下药。因为无关的受众对于广告而言没有价值，这一部分被浪费掉的花费越少越好；而且目标受众接触到的无关广告属于噪音，受众不厌其烦，广告效果不但达不到，甚至适得其反。因此，"精准"需要用最低的花费带来传播的时效性，让广告主的 ROI(投资回报率)最大化。

数字电视的崛起，将改变电视受众的收视方式和生活状态，实现从被动单向的方式向主动、交互的选择方式改变，受众选择能力的增强必然要求广告内容商的多元化和互动化。对中国广告业来说，机遇与挑战并存。基于传统广告运作的模式必然发生改变，数字电视广告将呈现出个性、精准、互动、整合的趋势。

传统媒体阶段，“广而告之”是电视广告的基本模式，新媒体时代的广告会从“广而告之”走向“窄而告之”，这是近几年国际、国内广告发展的趋势。在这种发展趋向背后，隐藏着的是广告商们对目标受众“精确打击”的要求。在当今，广告的诉求对象不再是片面地追求受众群体规模的大小，而是越来越看重产品目标消费群体的命中率是否准确、力度是否够。窄告能将广告信息与收看数字电视观众的个人爱好、地理位置、访问历史等信息结合起来，将受众进行分类，把相应的商业广告有目的地通过有线网用文字连接与文字描述相结合的方式，直接投放到对应目标个体中，增加广告的阅读率，影响合适的人群，从而开启数字电视广告定向精确投放的新时代。

(二)数字时代为精准投放提供可能

1. 模拟阶段电视广告的广播式大众传播

模拟电视阶段，进行某条电视广告的插播，考虑最多的即为受众群体数量，对于受众本身精确的信息挖掘微乎其微，被用于多年的方法就是依据收视率数据来制定媒介策划，这些数据最多也只能精确到整个群体的性别、年龄等，而且信息量单一，数据本身也存在非常大的缺陷，所以这种广告的投放方式是“轰炸”式的大众传播。从广告内容来看，广告在频道中播放的方式也是广播式的大众传播，一套节目内容中插播给所有受众的信息完全相同，广告内容只能跟随节目内容在最有价值的时段进行插播，受众个体特征无法预知，这样的投放方式带来的最大缺陷即为：(1) 广告预算的花费有一半被浪费掉了；(2)无法评估广告效果。模拟阶段不具备准确数据的测量方式和精确的记录来评估投放后的广告效果，所以，行业内的投放方式更多是依赖于经验。

2. 数字电视的并行式精准传播

在数字电视阶段，网络以及节目内容的播放随着媒介形态的改变具有目标性和可寻址性，首先，从信号本身来分析，模拟阶段传输一路信号所需要的带宽量，在数字时代可以传输八路数据信息，这样一来，就会节省出大量的带宽来为其他业务提供传输的频带资源，而且，数字电视必须采用以机顶盒的方式来解码数字信号，机顶盒本身具有唯一的识别号，这样更能定位数字电视媒介的精准性。数字电视阶段所预想的精准广告是基于这样一种形式——同一路信息流播放同样的节目内容，但是插播广告的内容却会因受众特征而异，即在同一时刻、同一节目内容的前提下，不同家庭可能会收看到不同的广告内容。而这些广告内容是随着节目信息与受众特征数据库相结合而即时插播到家庭终端的。例如：在同一时刻、同一频道中，针对养宠物的单身男性观众，广告内容为宠物食品广告或游戏广告；针对爱好运动的观众，广告内容则为健身俱乐部信息或为赛马广告等等。

这样一来，不但广告本身具有了更精确的目标性，而且在时间方面也是即时插播，彻底改变了以前模糊的轰炸式信息发送，信息本身的发送依据更为精确的数据报告，广告内容既可以发送到机顶盒的存储设备或可以通过事先设定好的指令来调用所需要发送的内容。

（三）有"数"可依的精准

广告是一种营销的手段，它是指通过平面、户外、电视、电台、网络等媒体进行产品或品牌理念的宣传，广告的覆盖面、广告内容（包括宣传设计、宣传语等）、投入产出比率是控制的关键因素。所以说，广告属于营销的范畴，但是数字电视所要采取的精准广告又非常的类似于直复营销和数据库营销的交叉产物，直复营销和数据库营销又和广告属性一样，是被常用到的营销手段，如果将数字电视精准广告归纳入这样一个范畴的话，可以说精准广告是利用数字电视媒介并融合数据库营销的一种全新营销方式。

1. 数字电视用户基础数据库

用户基础数据库就是在某地区数字电视运行系统里存留的有关用户社会基本信息的数据库，这些数据信息包括用户的性别、年龄、职业、受教育程度、收入、家庭结构，以及所在区域等能够框定用户特性的社会性指标，数字电视阶段不同于模拟阶段的独特点是可以在网络硬件中增加此种设备，设备对开通数字电视业务的家庭，针对户主所涉及的以上信息都会被记录并存储起来，以便运营商对用户进行了解和管理。

模拟电视阶段不具备这些信息，所以，数字电视阶段，用户基础数据库的完善是可行的，只是这些数据目前不会具体到家庭的每个成员，它只以户主单个个体的名义存在。但是，从消费形态方面来看，以数字电视为媒介所传输的信息本身是面向家庭终端的，电视是以家庭为中心来提供娱乐或信息的平台，那么，它所对应的消费形态也是以家庭为主，构建到人的数据信息对于数字电视来说意义或许不大。

基础数据库会被运营商进行统一的管理，当然，整个网络平台的数字化也可以提供更多的业务以供数据为第三方调研公司所用，因为专业化的数据机构往往会做得更深入，将用户基础数据进行整理汇总，则是信息关联和挖掘的先决条件。

2. 数字电视用户使用行为数据库

依据数字电视用户使用行为同样可以构建若干数据库，这些数据库是依据对数字电视媒介形态的分类来构建的，用户在接触到媒介本身的过程中每次交互的操作都会在系统中留下精确的记录，这些信息不仅可以记录用户在数字电视媒介消费过程中停留的时间长度，而且可以跟踪到用户从一开始到结束的整个接触路径。

从时间维度来分析，数字电视用户使用媒介的时间是可以被精确记录的，包括 EPG 页面和直播频道等所停留的时间。时间本身就可以形成一个数据子库，这个数据子库可以精确地记录用户进入、离开的时间，以及在这段时间中用户互动行为所分离开的进入其他路径的碎片化时间。通过媒介接触时间能够推知用户的注意力倾向等一系列指标，而且能够综合发现某个模块的媒介形态积累的时间最长，并进行综合分析。

从交互性操作来看，用户使用时点击的行为可以形成一个数据库，这个数据库可以精确记录用户点击过页面的每个按钮，进入过哪些页面，购买过哪些增值业务，这种路径数据的记录在数字电视上同样是可以进行子库的构建。

综合以上两点来看，既有时间子库，又有操作行为记录子库，将两者关联起来就能够得到非常有价值的用户使用行为信息，基于以上的数据库被称为用户使用行为数据库。

3. 数据深度挖掘与分析

数字电视时代的数据虽然是按照不同的媒介形态被细分成若干个模块，但是这种分类目的是为了更加深入地研究而人为定义的，但是，数据本质仍然相通，因为它们同源，它们中间并没有完全断裂，属于“藕断丝连”。所以，如果不对这些数据进行挖掘和分析，信息的最大价值将无法体现，而且数据所能提供的信息不能形成整体统合，每一块都将是被分裂开来的子库，另外，由于数字化所产生的行为精确记录也同时导致数据被海量记录，理想状态下所有用户的每一种媒介接触行为都将被记录，但是针对精准广告所要使用的数据，则是需要挖掘和深度分析，试图找到最有价值的目标受众，找到最想要的目标市场，精确把握潜在受众，这都是需要在海量积累的基础上对子库数据进行挖掘。

基于完善的子库资源，可以利用统计学原理和高性能计算机对其进行关联分析、聚类分析等分析方法，每一个子库的构建数据来源同源，所以经过一系列清洗和整理的数据聚合分析的过程中可以进行完美的对接。这样一来所形成整合数据必然发挥出更大的情报价值。

四、产业政策与数字电视精准广告发展

当前，我国为推动数字电视发展出台了许多政策，在已有的政策规定中，更多的是着眼于数字电视大的发展方面，包括设立数字电视长远的发展目标，对于数字电视的整体发展给予扶持；在较为细化的层面，则对网络、用户、业务、服务等方面提出要求和建议。可以看到，在众多的政策文件中，专门针对数字电视广告的相关规定仍未出台。而随着数字电视的深入发展，数字电视广告作为一个具有巨大发展潜力的新兴市场也将日益壮大，它在广告业的地位和影响力将极大提升，这一趋势也必将引起相关

管理部门的重视。和其他所有媒体上的广告一样，对数字电视广告的监管和引导不可或缺。因此我们可以预见，一套针对数字电视广告的政策规定在不久的将来必然应运而生。

在没有数字电视广告政策可解读的现实环境中，对目前的数字电视产业政策进行分析，同样能够有助于勾勒数字电视精准广告的前景，有助于领导层进行审慎的决策，给数字电视精准广告的推进和布局以启发。

（一）产业政策对数字电视精准广告的影响

1. 数字化转换将为数字电视精准广告带来庞大的潜在受众群

自 2001 年以来，国家相关部门多次发文，制定数字电视发展思路，明确有线网络先行的方向，确定了发展目标，极力推动全国数字化转换工作进程，使得我国的数字电视用户数量稳步提升。在 2008 年国务院发布的《关于鼓励数字电视产业发展若干政策的通知》中进一步提出："以有线电视数字化为切入点，加快推广和普及数字电视广播，加强宽带通信网、数字电视网和下一代互联网等信息基础设施建设，推进'三网融合'，形成较为完整的数字电视产业链，实现数字电视技术研发、产品制造、传输与接入、用户服务相关产业协调发展。加快有线电视网络由模拟向数字化整体转换。"

数字电视精准广告发展的根本动力是数字电视用户，政策对数字化转换的强力推进将为数字电视精准广告培育出庞大的潜在全国市场和区域市场。

2. 政策相对放宽，数字电视产业允许多种角色地进入，数字电视精准广告成功进入的可能性较高

在各类数字电视政策文件中，对于发展该产业的政策建议之一就是优化投融资环境，吸引多种角色进入，共同推动数字电视整体的发展。《关于鼓励数字电视产业发展若干政策的通知》中明确提出了要优化数字电视的投融资环境，积极支持数字电视相关企业筹集资金，增加对数字电视产业的投入。由于目前制约数字电视产业发展的一大瓶颈是资金短缺与短期高投入之间的矛盾，而政策鼓励数字电视企业通过资本运作获得资金，以期能够加快数字电视产业的发展。

政策释放出了相对宽松的信号，在客观上，数字电视精准广告作为一个新兴的产业链参与者进入的门槛降低了。另外，如果能够配合资本运作，则成功发展的可能性会更高，因为无数案例告诉我们，任何有前景的产业如果能够很好地借助资本市场的力量，就相当于搭上了快速发展的直通车。

3. 吸纳技术合作的政策氛围，可以使数字电视精准广告凭借技术优势获取更多的发展机会

技术是推动数字电视发展的重要因素之一，政策的制定者从来没有减

少过对技术的重视。《关于鼓励数字电视产业发展若干政策的通知》中提出，要大力推动数字电视技术进步，推动建立以企业为主体，产学研联合的数字电视技术创新体制，鼓励企业联合开发共性技术和关键技术，并且"鼓励境外有关研发机构和企业来华设立数字电视技术开发中心，并与国内研发机构和企业开展数字电视关键技术领域的合作。"

在强调技术、广招贤才的政策环境下，数字电视精准广告的技术优势可以得到发挥，并且通过开放合作赢得更多发展机会。

4. 积极推动网络改造，为数字电视精准广告的发展提供了网络基础

数字化的基础工作之一就是进行网络改造，国家政策始终积极推动网络数字化，尤其是网络双向化改造的进展。2009 年国家广电总局印发的《关于加快广播电视有线网络发展的若干意见》中明确提出，要"坚持行政推动、市场运作、存量保值、增量分成，加快有线网络整合步伐。""推进有线网络整合，必须强化行政推动、市场运作。按照中央深化文化体制改革的要求，省级广播电视部门要积极争取政府的支持，组织制定切实可行的整合方案，明确整合路线图和时间表，推动具体实施，确保 2010 年底前各省基本完成整合，为今后全国广播电视有线网络规模化、产业化发展奠定基础。"同时强调，"加快有线网络向下一代广播电视网的演进，已经完成数字化整体转换的有线网络要加快网络双向化改造，尚未完成整体转换的有线网络，网络建设和改造要直接向双向化过渡。"

数字电视精准广告的实现对网络的带宽和品质有较高的要求，网络双向化改造无疑为数字电视精准广告的发展提供了基础保障。

（二）数字电视精准广告的发展建议——从政策的层面

1. 数字电视精准广告的内容需要符合当前我国对电视广告内容的相关政策规定

数字电视精准广告在剥离了针对性强、连接用户数据库等技术性、功能性特点后，从他的广告本体和呈现终端来看，在本质属性上与传统的电视广告存在同质性，当前对于传统电视广告在内容监管的政策规定，必然会同样被用于对数字电视精准广告内容的管理。

我国的广播电视包含双重属性，在内容上必须保证意识形态的正确性，做好服务大众的本职工作，因此，对广告内容的管控是比较严格的。在内容形式上，由于数字电视精准广告展现的是以音视频为载体的广告信息，与传统电视广告形式在本质上相同，同时，接触用户的方式同样都是呈现在电视机终端。因此，目前已有政策中对电视广告播出时间、时长、内容、形式的规定，也将是数字电视精准广告所遵从的。

2. 数字电视精准广告需要权衡其技术体系与“有线电视技术新体系”的关系

在我国，数字电视的发展主要靠国家推动，我国对数字电视技术体系等方方面面都有着明确的要求，如何权衡数字电视精准广告的技术体系与我国有线电视技术体系的关系，怎样使其能够与有线电视技术体系和谐衔接，是不可回避的重要命题。

2002 年 1 月张海涛指出：“‘十五’期间我国广播影视面临两大任务，一是建立适应社会主义市场经济体制、具有中国特色的广播影视新体制，二是建立以数字技术和网络技术为基础的广播影视技术新体系。”在 2002 年底全国广电系统的科技委会议上，张海涛在讲话中又重点阐述了广电全系统高调建设有线数字电视的技术新体系的基本思路。2003 年国家广电总局发布《建立有线数字电视技术新体系的实施意见》，提出“有线数字电视技术新体系主要由节目平台、传输平台、服务平台、监管平台组成。通过节目平台集成播出、传输平台传输、服务平台分配把节目提供给用户，构成有线数字电视运营的产业链，通过独立于各方的监管平台监督这三个平台的运行，保持公正，保证安全。”节目平台是指：集成播出数字广播电视节目。主要任务是：在提供基本节目的同时，提供付费标准清晰度电视节目、高清晰度电视节目、交互电视节目和数据业务以及数字广播节目等。将各个节目频道集成播出，加入相应的节目信息，经传输加密后，送入传输平台。传输平台是指：节目传输。主要任务是：根据节目平台的业务委托、调度线路，将节目送达预定地点。负责互联网上视音频服务、宽带业务、数据业务等增值业务的开发。

我们认为，节目平台和传输平台与数字电视精准广告的关系密切，数字电视精准广告需要协调好与其他数字电视节目、增值业务的内容管理、传输方式之间的关系，不仅要考虑到在技术上的调整衔接，也要在运营模式上灵活变通。

参考文献

1. 吕蓉：《广告法规管理》，复旦大学出版社，2006 年。
2. 刘林清：《广告法规与管理》，高等教育出版社，2009 年。
3. 李明伟、吴予敏、李新立：《广告法规与管理》，中南大学出版社，2009 年。
4. 法律出版社法规中心：《中华人民共和国广告法》，法律出版社，2008 年。

（作者：杨晓玲　首都传媒经济研究基地研究人员　博士研究生）

基地名称：首都传媒经济研究基地
依托单位：中国传媒大学
项目类别：研究基地自设项目

CMMB 手持电视用户行为研究①

一、研究背景

2008 年，CMMB② 在“传播奥运、服务奥运”的过程中交上了令人满意的答卷。2009—2010 年则是 CMMB 产业发展的重要阶段。在建立运营主体、扩大网络覆盖、搭建技术平台、完善终端产业链，以及市场化运营几个方面，CMMB 都有着卓著的表现。

2009 年 10 月 1 日，“国庆 60 周年阅兵式”得以通过 CMMB 向全国用户直播。随后的第十一届全国运动会中，在济南，人们也可以通过 CMMB 手机电视随时观看山东全境 17 个赛区的赛事直播。这是 CMMB 在继奥运会崭露头角之后，再次发挥新媒体在体育赛事中的传播优势。

作为 CMMB 手持电视的运营主体，“中广传播”与 28 个省、市、自治区签订了框架性协议。2010 年 1 月 1 日，其遍布全国的 28 个、市、自治区子公司全部挂牌投入运营，标志着一张由全国广电体系共同参与打造的中国移动多媒体广播电视网基本成型。在网络覆盖方面，截至 2010 年 11 月 19 日，CMMB 已经在全国 346 个城市开通。在产业链方面，CMMB 手持电视行业已形成了从芯片、硬件平台、软件平台、终端方案设计到各类终端、测试系统等较为完善的 CMMB 终端产业链；在终端推广方面，TD + CMMB手机的大规模投入市场以及产业合作模式的创新、终端定制手段的出现，都为 CMMB 终端市场的爆发性增长埋下了伏笔。

CMMB 在各个方面的迅速成长都为用户市场的蓬勃发展提供了坚实的

---

① 本文是《CMMB 市场需求分析及市场开发战略研究》项目的最终成果摘要，项目编号：CUC09B01。

② CMMB 是英文 China Mobile Multimedia Broadcasting（中国移动多媒体广播）的简称。中国移动多媒体广播是国内自主研发的第一套面向手机、PDA、MP3、MP4、数码相机、笔记本电脑多种移动终端的系统，利用 S 波段信号实现“天地”一体覆盖、全国漫游，支持 25 套电视节目和 30 套广播节目，2006 年 10 月 24 日，国家广电总局正式颁布了中国移动多媒体广播（俗称手机电视）行业标准，确定采用我国自主研发的移动多媒体广播行业标准。

基础条件。根据“中广传播”的用户发展计划，5 年内，CMMB 基础用户数量目标超过 1 亿户，增值业务用户目标超过 4000 万，预计 2010 年 CMMB 用户数量将超过 1000 万。然而，CMMB 的市场接受度不仅依赖于终端市场推广，更加重要的决定性因素则是广大用户对于使用 CMMB 的习惯养成对于CMMB 节目内容的认可。因此，本项目特别针对 CMMB 使用者进行实地调研，对 CMMB 用户行为和用户需求进行研究。

二、研究目的和研究方法

(一) 研究目的

媒介机构商业运营的核心问题是探索持续盈利的商业模式，而发展用户规模是盈利的前提。2009—2010 年 CMMB 手持电视用户研究项目寄希望从用户需求角度对 CMMB 市场进行分析，通过对 CMMB 用户的实地调查，深入了解用户对于 CMMB 的态度、意愿和使用行为，力求真实反映现阶段市场现状，为相关部门及企业提供决策参考。

(二) 调研方法

CMMB 用户研究项目的调查范围涉及北京、上海、天津、青岛、秦皇岛、沈阳、重庆和成都八城市，在 2009—2010 年期间，分别执行了多次用户调研。调研内容主要包括收视行为调查和态度与需求调查两部分，主要采用电话辅助填答日记卡、问卷调查、小组座谈等调查方法。其中，参与 CMMB 收视行为调查的 CMMB 固定样本组样本数量为 300 人，参与态度与需求调查的 CMMB 用户人数为 650 人。

(三) 调查样本说明

2009—2010 年 CMMB 手持电视用户调查的样本用户由两部分人群构成：一部分是 300 名固定样本用户，另一部分则是 CMMB 体验店和销售场所中随机抽取的 650 名体验用户。

本项目调查的用户中，男性所占比例为 58.7%，女性比例为 41.3%。从年龄角度来说，25—34 岁的被调查者最多，达到 42%；其次是 35—44 岁和 15—24 岁的人，分别占到 20.7% 和 19.3%；45 岁以上的用户比例较小，只占 18%。从学历构成来说，大学本科、大学专科、高中(中专)学历水平的用户各自均占 28% 左右的比重；研究生以上的高学历用户只占 11%；其余为初中及以下学历水平的用户。在收入水平方面，月收入在 3001—5000 元的用户最多，达到 28.6%；其次是月收入 1001—2000 元的人，占 22% 左右；5001—8000 元的中高收入用户占 17.5%；2001—3000 元收入水平的用户占 14.3%；1000 元以下的为 11.1%；月收入 8001 元以上的用户所占比例最小，仅为 6.3%。

三、CMMB 多样化的媒介形态与个性化的媒介接触

(一)CMMB 终端类型多样化

CMMB 不仅能提供视频业务，还是一个综合的图文音视频多媒体综合平台。CMMB 的载体是便于携带的小尺寸屏幕终端，适合于移动状态下的使用。而搭载 CMMB 的终端类型多样化，以及不同类型终端所与生俱来的特点也会影响用户的 CMMB 接触行为，使得用户使用 CMMB 的情况更加复杂和多样，完全不同于在封闭、固定的家庭环境中收看传统电视的状态。此外，CMMB 终端的移动化、个人化特征是其他媒体所无法比拟的，用户能够使用 CMMB 随时随地收看电视或浏览信息，这也使得用户的媒介接触行为产生了相应的变化。

目前，CMMB 所搭载的终端类型包括：手持电视机、手机、MP3、MP4、GPS 以及 PC 终端、USB 棒等，每一种终端设备都有其各自的特点和优势。

1. CMMB 手持电视机

CMMB 手持电视机是以电视功能为基础的融合多种功能的数字终端。2010 年元旦，CMMB 推出了海信专业手持电视机和长城专业手持电视机。“手持电视”主要是代指了一种功能，比如 MP4 终端、手机终端携带了手持电视功能；而“手持电视机”更加凸显了终端和服务的专业性，实现了“手持电视”从辅助功能到立身之本的转变。

2. CMMB 手机

CMMB 与手机终端的融合，很可能是用户黏度较高的一种模式。CMMB 功能在增加移动终端成本的同时，也给其带来了产品附加值。手机终端上的移动增值业务已经成为移动运营的盈利增长点，而手机视频也一直是移动通信运营商主推的增值业务，培育了一批黏度较高的用户。CMMB 所提供的手机电视业务，较之通信式手机电视具备清晰、流畅、内容质量高等优势。用户在购买了 CMMB 手机终端后，是否成为“活跃”的 CMMB 用户，将取决于 CMMB 对手机用户的吸引力和其能够给用户带来的价值。

3. CMMB 手持终端

CMMB 手持终端(将 CMMB 芯片加载在 MP3/MP4/PMP 和 GPS 等终端上)能够在各种终端原有的娱乐、导航功能基础上提供更多的广播电视服务。CMMB 提供的电视功能与 MP3/MP4/PMP 的娱乐功能是互补的，有效地弥补了这些终端在内容上的单一性。

4. CMMB 移动 PC 终端

与在手机等终端上加载 CMMB 相比，CMMB 在移动 PC 终端上的适用性更强，更方便多人观看，而移动 PC 终端的大屏幕、高分辨率等优势也更好

地体现了 CMMB 的电视功能。

但是，移动互联网提供了庞大的应用功能体系，CMMB 所提供的电视功能很难在众多的功能中脱颖而出；就电视功能而言，移动互联网所提供的网络视频流畅度高、自主选择权高，将对 CMMB 的电视功能形成冲击。

(二) CMMB 用户媒介接触行为的个性化特征

CMMB 作为一种移动新媒体，使得用户的移动性和个人化特征更加突出，以此为出发点，本研究将从“移动人群”和“个人用户”的角度对用户的媒介接触行为进行分析和探讨。

1. 移动化的信息接收

社会分工的精细化和大都市的兴起，使城市居民的社会生活形态发生了剧变。城市居民的生活空间和时间被切割，工作日的生活轨迹变“家中 + 工作地点 + 上下班途中”，而城市居民上下班途中的时间变长，从而催生了大批的“移动人群”。

从信息接受者的角度分析，这批“移动人群”的主要特征表现为：人群的移动性、分层的精细化和对信息的定制需求。“个体移动”主要体现在生活过程中，即家庭以外的日常生活轨迹的移动，随着都市生活的快节奏，这种移动不断加快并呈现出特有的规律。如上下班、逛街、购物以及节假日外出旅游等。“个体移动”的移动性加速、个体的分流、越来越小众化的趋向以及人群构成的独特性和清晰性，突破了以往对社会人群划分的固有思路，用动态的眼光看待现代都市人群的分流和组合就能从中发现其特征；各类移动人群大多分布在公交车、出租车、城市地铁、私家车、火车、轮渡等人流量大的交通领域，各类分众化传媒的出现就是在细分受众的原则下，符合了社会人群的移动性特征而创造的新媒体。社会群体“多层分级”的极致表现是小众群体追求“个性化”并且讲究“定制化”。“定制需求”既包括物质层面的消费也含有精神层面的消费。“大众化定制时代的来临”，随着技术的发展，它的现实意义越来越突显。

从信息接收特征来看，个人对信息的接收过程和效果是受“场域”控制的。“场域”是用户使用媒介所处的场所和这种场合下用户的心理场域共同作用所形成的。一方面，移动状态下用户对于信息使用的需求大。用户在上下班途中处于相对静止，形成了一个相对封闭的时空，继而使他们对外界资讯和服务产生了强烈需求。移动人群希望能打破地域、时间和终端的限制，随时随地使用符合当下状态需求的服务。另一方面，室外使用媒介时外部环境的干扰性强，如嘈杂、拥挤等，在这种物理环境下，用户的整个心态是焦躁、警惕的，他们很难形成一个稳定休闲的信息使用状态，这也是室外信息传播的硬伤。综合考虑“相对移动”和“相对状态”这两种信息接收特征，从信息内容制作和编排，到信息的传播渠道和接收终端，都要符合移动人群的信息接收特征。

2. 个人化、私密化的信息消费

用户始终对个性化的媒体使用有需求，他们需要有一个独立并不影响其他人的媒体接触空间。这一点是传统电视较难低成本满足而 CMMB 恰能提供的。

CMMB 的使用终端如手机、电视棒、PMP 等都是个人单独使用色彩强的媒体，与传统电视媒体的家庭公共使用特性迥异。中超球迷孙先生说："我专门用它来看球，家人看大电视，有时候球看到一半，上卫生间都带着它。"还有用户"早上起床洗漱听新闻、晚上临睡前随便看看，不用开大电视影响家人。"

对于家庭结构复杂、电视收视需求各异的家庭而言，购买一个 CMMB 终端的成本要远低于再添置一台电视机。CMMB 电视棒用户韩女士处在一个老中青三代同堂的家庭中，她说"和老人一起住，他们喜欢看电视剧，我和先生喜欢看财经、新闻之类的，就让老人看大电视，我们在卧室用这个，互不打扰。"而韩女士与先生已经习惯使用笔记本电脑，正如她说"再添台电视也没多大必要，用这个(CMMB 电视棒)看省钱又方便。"

此外，经常会从晚上 8 点多一直看到凌晨 1 点多的马女士的收视行为引起了我们的注意，通过电话访问得知原来是"高考陪读收视"。她说"现在孩子要高考了，我陪读，家里不开大电视，怕影响他，学习到很晚，有时候晚上 1 点多，我就在小屋用手机看电视。"虽然这种需求是阶段性的，但也可能让这位女士在今后接触不到大电视的情况下，会第一时间有意识地想到用 CMMB 看电视。

四、CMMB 用户收视行为研究

(一) 总体收视行为特征

1. 用户收视粘性增强，收视情况基本稳定

2009—2010 年的 CMMB 固定样本用户收视行为调查显示，用户收看 CMMB 的时长和频次已经形成了比较稳定的规律。2009 年被调查的 CMMB 用户中，"每天收看"或"经常收看"的比例达到 49%；平均每日累计收视时长为 73 分钟，平均单次收视时间为 27. 1 分钟(见图 1)。

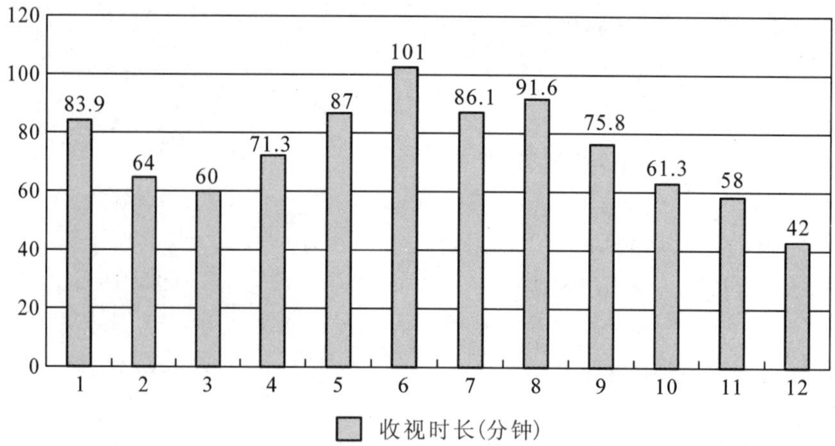

图 1　2009 年 CMMB 人均日收视时长

（15 岁以上样本，所有频道，20090101—20091231）

数据来源：CMMB 媒介数据研究中心

2. 用户偏好新闻类、专题类和电视剧节目

根据本研究对于样本用户收看 CMMB 的偏好调查结果显示，目前对于 CMMB 已经开通的各频道，存在着比较明显的收视偏好和用户差异。CMMB 的“央视”各频道收视情况明显好于地方性电视频道和一些 CMMB 自办频道，用户收看最多的三个频道分别是：CCTV－新闻、CCTV－1、CCTV－5。

在节目类型上，新闻类节目的收视份额最高，其他收视份额比较高的节目类型分别是体育类节目、综艺娱乐类节目、电视剧类节目和专题类节目（见图 2）。用户通过 CMMB 收看不同类型节目的选择性差异反映出了用户的 CMMB 收视偏好。

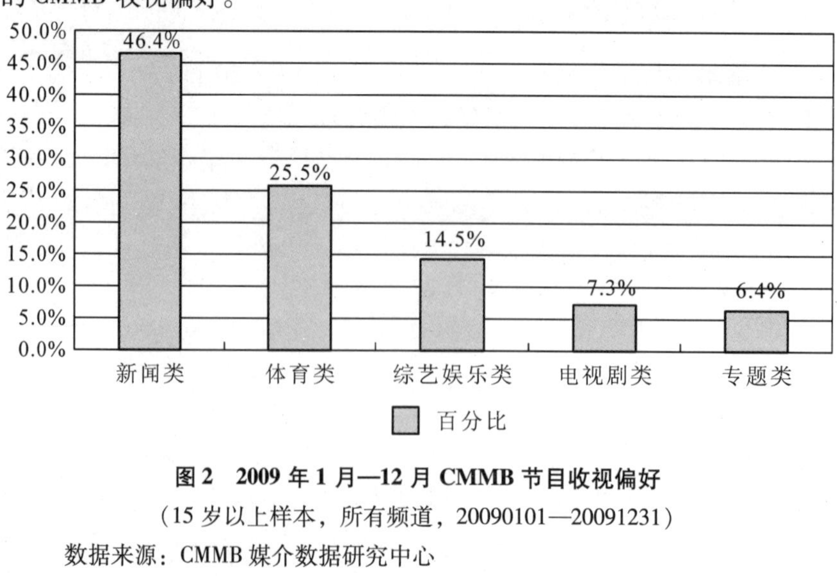

图 2　2009 年 1 月—12 月 CMMB 节目收视偏好

（15 岁以上样本，所有频道，20090101—20091231）

数据来源：CMMB 媒介数据研究中心

3. 用户偏好室内收视(家中、工作场所)

根据本研究调查显示，相比于路上、公共场所等环境繁杂、收视效果影响因素多、时间零碎的场合，用户明显偏好于在家中、工作场所这些场合收看CMMB。

不管是在工作日还是节假日，家中都是CMMB收视比例[①]最高的场合，平均达到47%，在路上的收视比例达到20.73%，在办公室等工作场所的收视比例为18.13%(见图3)。这种现象反映了一般日常生活状态下用户的收视特征。

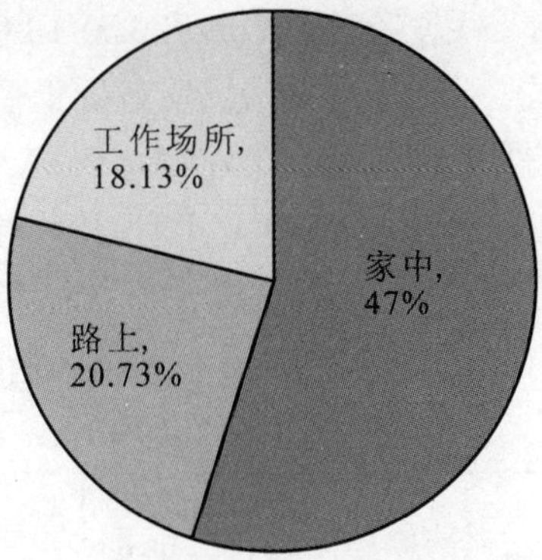

图3　2009年1月—12月CMMB用户收视场合

(15岁以上样本，所有频道，20090101—20091231)

数据来源：CMMB媒介数据研究中心

4. 收视规律与传统电视有所差别

2009—2010年的CMMB固定样本用户收视行为调查显示，被调查用户的CMMB收视情况表现出3个收视率高峰。从收视走势来看，收视高峰分别产生在6:30—7:30、11:30—13:00和18:30—19:30；同时0:00—1:00、17:00—18:00以及21:30—22:30都有“小高峰”出现，这些时段往往都是CMMB与传统电视不同的收视高峰时段。

5. CMMB的地区性收视特征

CMMB有着明显的地区性收视特征和季节性收视特征。地区性收视特征方面，以北京地区为例，根据2009—2010年CMMB固定样本用户收视行为的调查显示，北京地区CMMB用户全天收视走势中出现3个收视高峰，分别为6:30—7:15、12:00—13:00、18:00—19:30。这与前文中提到的2009年全国范围内CMMB用户的收视情况相似，但不同之处在于，北京地区的收视小高峰更为明显，在9:00—11:00、17:15—17:45、20:00—21:00、22:00—22:30这4个时段呈现明显的收视小高峰。

6. 工作日与周末的收视差异大

根据2009—2010年CMMB固定样本用户收视行为调查结果，通过对比工作日和周末的收视行为可以看出，相比起周末，CMMB用户在工作日期间的收视行为更加充分地利用了中午的时间段，他们在工作午休时刻更加频繁地使用CMMB。无论工作日或周末，晚间时段则都是比较集中的高峰收视时段。

① 此处“收视比例”是指：一定时间段内，用户在某类场合下的收看频次在所有收视频次中所占的比例。

7. 节假日、重大事件与平时的收视差异大

根据2009—2010年CMMB固定样本用户收视行为调查结果显示，节假日的CMMB收视情况明显低于平时，在2009年春节期间，CMMB用户收视数据曾一度跌入低谷。而在重大事件发生的时候则呈现明显的收视高峰，例如在2009年10月1日，97.9%的用户用CMMB收看了60周年国庆阅兵节目，当日人均收视分钟数高达101分钟(见表1)。

表1　2009年国庆期间六城市人均日收视时长

(15岁以上样本，所有频道，20091001 - 20091008)

日期	国庆期间平均收视时长	10. 1	10. 2	10. 3	10. 4	10. 5	10. 6	10. 7	10. 8
人均收视时长（分钟）	68	101	80	54. 6	47. 5	63. 3	57	85. 7	55

(二)北京CMMB用户收视行为分析

1. 收视频次与收视时长

在收视频次方面，北京用户的收看频次情况与全国其他城市的情况基本一致，“经常收看”CMMB节目的用户所占比例最高，为46.2%，而“天天看”和“从来不看”的用户比例则为最低(见图4)。

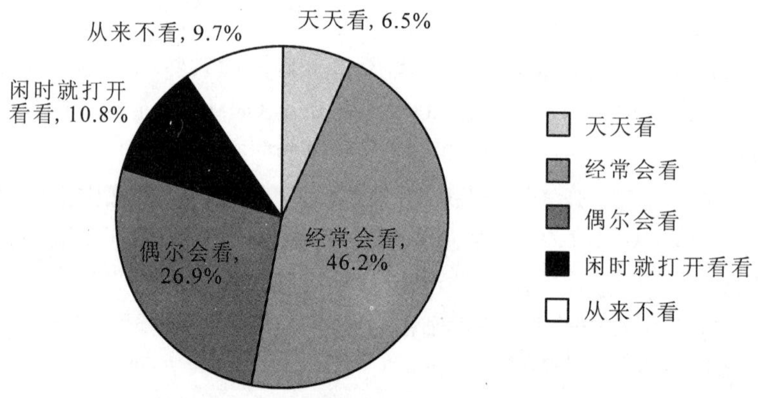

图4　2009年北京地区CMMB用户收视频次比例

(15岁以上样本，所有频道，20090101—20091231)

数据来源：CMMB媒介数据研究中心

在收视频次方面，北京高频次收视的用户所占比例较高，说明CMMB在用户中有着较高的使用广度。而在衡量使用深度的收视时长方面，2009年北京地区用户的平均日收视时长为62.8分钟，与其他几座城市收视时长相比，北京用户在使用CMMB的时间长度上还处于较低水平；同时，北京用户的CMMB收看时长变动很大。例如2009年1月，北京样本用户收看

CMMB 的平均每日收视时长曾高达 108.3 分钟；2009 年 6 月的平均每日收视时长为 73 分钟；而在 12 月这个数值则仅为 26 分钟(见图 5)。

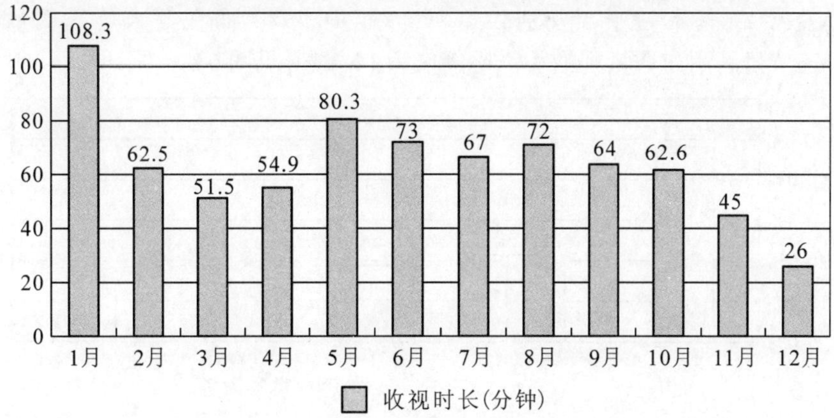

图 5　北京地区 2009 年 1—12 月份 CMMB 人均日收视时长

(15 岁以上样本，所有频道，20090101—20091231)

数据来源：CMMB 媒介数据研究中心

2. CMMB 频道收视情况

通过对全国 8 个城市的调查可以看出，用户对于各频道的收视偏好和收视排名存在明显差异，频道收视偏好位列前茅的多为央视频道。

北京地区的 CMMB 频道收视情况与其他城市的情况相比较，有相似处亦有自己的特点。与前文所说的 8 个城市调查结果相似，北京地区频道排名位列第一的为 CCTV - 新闻，央视的其他频道也在北京地区的频道排名中位列前位。但与全国范围内的频道排名略有不同的是，北京当地频道 BTV - 1 的收视率也较高，且一直呈现上升趋势。例如，根据 2009 年 12 月的收视调查结果显示，BTV - 1 收视率排名第二，仅次于 CCTV - 新闻频道，这其中很重要的原因是 BTV - 1 的节目内容深得北京当地用户的喜爱。

3. 收视时段与收视走势

2009—2010 年 CMMB 固定样本用户收视行为调查发现，北京用户收看 CMMB 的全天收视走势中出现 3 个收视率高峰，第一个高峰出现在早晨时段(6:30—7:15)，收视率为 5.91%；第二个高峰出现在中午时段(12:00—13:00)，收视率上升到 7.76%；第三个高峰出现在晚间时段(18:00—19:30)，此时段的收视率则上升到 10.53%。同时在 9:00—11:00、17:15—17:45、20:00—21:00 和 22:00—23:00 都有小波峰出现，这些时段有些是 CMMB 与传统电视不同的高峰收视时段。

4. 收视场合

在 CMMB 的收视场合方面，北京地区的情况与其他几个被调查城市基本一致。根据本研究的用户调查结果显示，北京样本用户在家中收看 CMMB 节目的人数也是最多的，比例高达 48.7%；在工作场合和在路上收看CMMB 的人数比例基本持平，分别为 21.7% 和 19.9%；而在等人等车时收看 CMMB节目的用户数量则最小，比例仅为 14.1%（见图 6）。

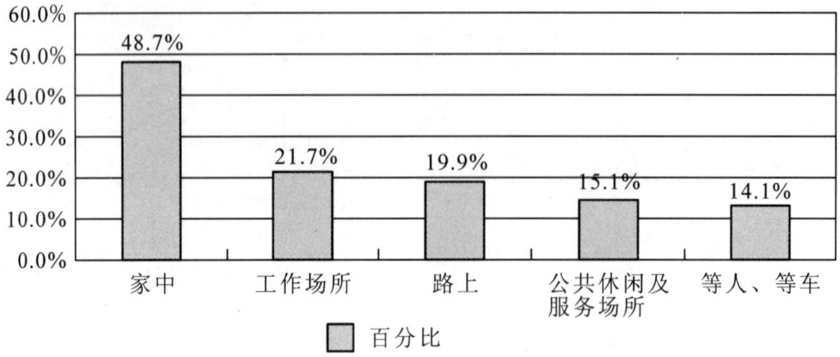

图 6　北京 CMMB 用户收视场合构成

（15 岁以上样本，所有频道，20090101—20091231）

五、用户个人特征与 CMMB 收视行为

（一）收视频次与用户个人特征

1. CMMB“显在观众”仅占半数

在国家统计局和中央电视台开展的五年一度“全国电视观众抽样调查”中，曾根据观众接触电视节目的程度，将电视观众划分为五种类型，即：忠实型、热心型、游离型、旁观型、冷漠型（见表 2）。①

表 2　电视观众的五种类型

调查问卷中规定的概念	引申概念	归类
几乎每天	忠实型	显在观众
经常（每周不少于三天）	热心型	
有时（每周不少于一天）	游离型	潜在观众
很少（每月不少于一天）	旁观型	
从不（或极少接触）	冷漠型	

根据 2002 的调查结果，当时全国电视观众中有 78.7% 是“几乎每天”看电视节目的忠实观众，如果加上“经常”看电视的热心观众（17.1%），我国

① 刘建鸣：《电视受众收视规律研究》，北京师范大学出版社，2010 年，第 39 页。

显在电视观众占观众总数的95.8%。[①]

然而，通过本研究对CMMB用户的收视行为调查发现，用户对于CMMB手持电视的收视程度与电视观众接触电视节目的程度表现出了截然不同的特征。根据2009—2010年CMMB用户调查结果显示，北京样本用户中“天天收看”或“经常收看”CMMB节目的用户仅占半数左右。其中“经常收看”CMMB的用户比例为46.2%，而保持“天天收看”的用户仅有6.5%(见图7)，也就是说CMMB的“显在型受众”占了整个用户群体的一半以上。而样本用户中从来不收看CMMB节目的用户比例为9.7%，占整体用户的比例相对比较高。

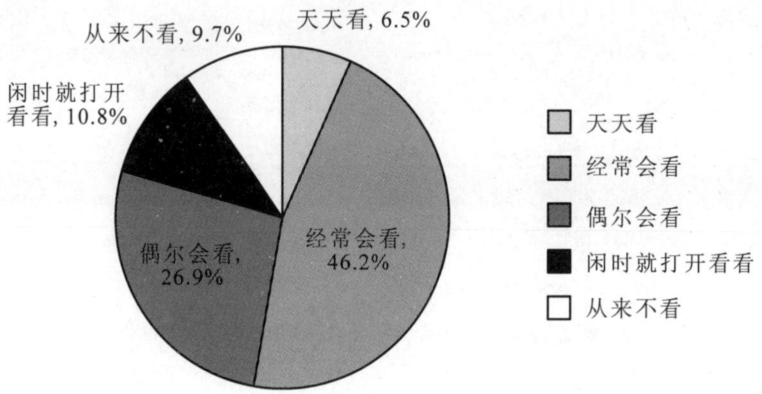

图7　2009年北京地区CMMB用户收视频次

(15岁以上样本，所有频道，20090101—20091231)

数据来源：CMMB媒介数据研究中心

2. CMMB“显在受众”的用户特征

本研究针对52.7%的CMMB“显在型受众”进行了对于用户个人特征的分析，结果发现：CMMB“显在型受众”中，男性观众比例高于女性观众，两者比例约为4∶3。25—34岁年龄段用户最多，占到43.6%，是主要的用户人群；相比之下55—64岁年龄段用户较少，这部分人群对于CMMB服务的需求度相对较低；其他3个年龄段用户规模基本持衡，是比较稳定的用户群。用户学历多属于“大学本科”和“大学专科”，“高中以下”和“研究生以上”两种学历水平的用户比较少。收入水平在3001—5000元的用户所占比例最大，达到33.3%；另外，1001—2000元、5001—8000元两个收入段的用户也比较集中(见图8)。

① 刘建鸣：《电视受众收视规律研究》，北京师范大学出版社，2010年，第39页。

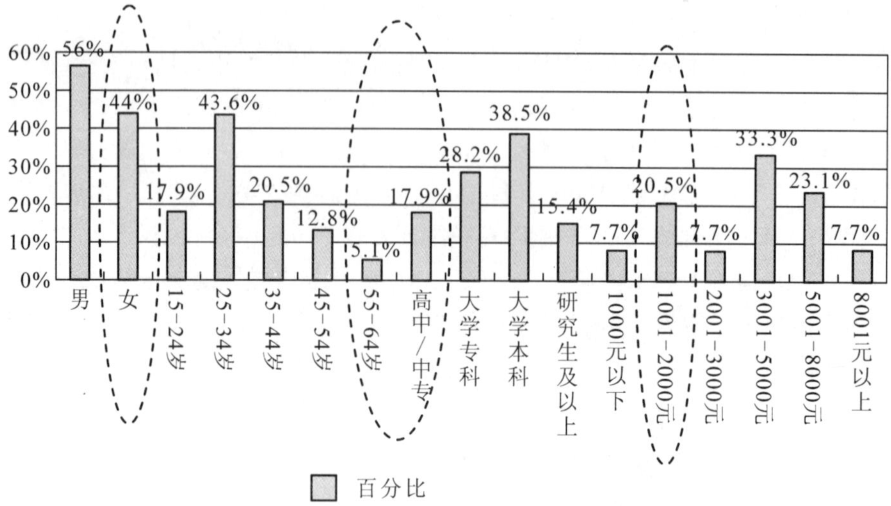

图 8　北京地区 CMMB“显在受众”的用户特征比较

（15 岁以上样本，所有频道，20090101—20091231）

数据来源：CMMB 媒介数据研究中心

（二）收视时长与用户个人特征

1. 不同收视时长人群的用户个人特征

本研究采用了最基本的人口统计指标对 CMMB 用户进行描述，根据性别、年龄、学历和收入水平四种划分方式对 CMMB 用户进行分类，并分别对每类用户的 CMMB 人均日收视时长进行分析。

以北京地区用户为例，在性别因素上，用户性别对收视时长并无明显影响，男性收视时长略高于女性，两者仅相差 2.5 分钟。

对比 5 个年龄层次的用户收视时长发现，45—54 岁的用户收视时长明显低于其他年龄段的用户，只有 36.6 分钟；而 35—44 岁用户收视时间最长，达到 66.3 分钟。

根据收入划分用户群体后发现，月收入在 1001—2000 元及 1000 元以下的用户群体收视时长最长，分别达到 75.6 分钟和 55.6 分钟；而虽然月收入在 3001—5000 元的用户在“高收视频次”人群中占比最多，但是该群体的日收视时长则明显低于其他收入水平的用户人群，只有 45.9 分钟；月收入 8000 元以上用户的收视时长相较于其他收入群体更加少得多，只有 41.3 分钟（见图 9）。

2. 媒介接触类型与用户个人特征

本研究通过对比不同性别、年龄层、教育水平和收入水平的用户对于 CMMB、传统电视和互联网的使用情况（见表 3），得出如下的发现：

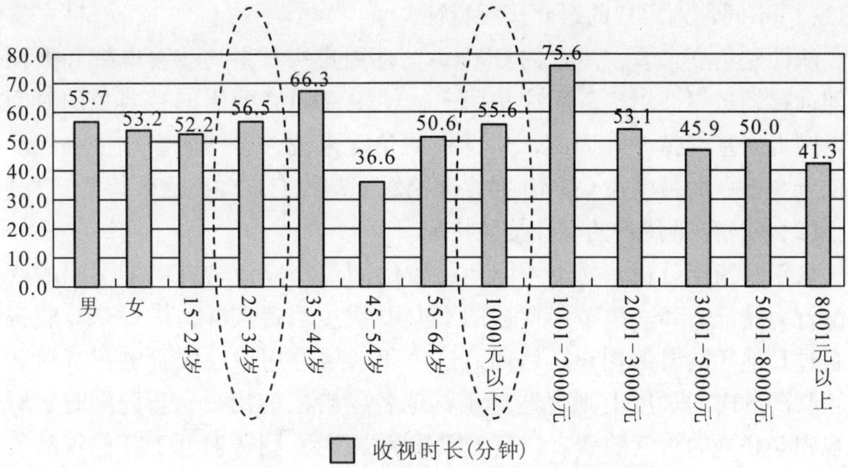

图 9　北京地区不同特征用户的人均收视时长

（15 岁以上样本，所有频道，20090101—20091231）

数据来源：CMMB 媒介数据研究中心

表 3　北京地区 CMMB 样本用户媒介接触时长与个人特征

用户类型	用户特征	人均日收视时长(单位：分钟)		
		收看 CMMB 节目	收看电视节目	使用互联网
性别	男	55. 7	120	112
	女	53. 2	150	176. 5
年龄	15—24 岁	52. 2	61. 5	102. 5
	25—34 岁	56. 5	93. 3	114. 2
	35—44 岁	66. 3	87. 5	74. 4
	45—54 岁	36. 6	240. 8	238. 2
	55—64 岁	50. 6	152. 5	56. 0
教育水平	初中及以下	45. 2	78. 5	118. 6
	高中/中专	55. 7	176. 8	218. 5
	大学专科	53. 2	114. 5	72. 5
	大学本科	48. 6	142. 3	180. 4
	研究生及以上	43. 5	85. 0	116. 6
平均月收入	1000 元以下	55. 6	107. 0	83. 0
	1001—2000 元	75. 6	62. 5	134. 2
	2001—3000 元	53. 1	74. 5	114. 7
	3001—5000 元	45. 9	70. 3	68. 7
	5001—8000 元	50. 0	86. 7	115. 0
	8001 元以上	41. 3	82. 6	115. 5

数据来源：CMMB 媒介数据研究中心

(1)不同性别用户的媒介接触特征。

从性别角度来看，调查的 CMMB 女性用户每日平均收看电视和上网的时间远远超过男性用户，而这些用户在使用 CMMB 收看电视节目的时间长度上则男女基本持平。因此，从性别的角度来说，男性的媒介接触程度一般低于女性，而目前在 CMMB 的媒介接触上却没有表现出这个特征。

(2)不同年龄用户的媒介接触特征。

从年龄指标分析，处于不同年龄段的用户相应地表现出了不同的媒介接触行为特征。35—44 岁年龄段的 CMMB 重度消费人群，其 CMMB 收视时长超过其他年龄段的用户；然而，这个年龄层的用户在收看电视节目和使用互联网的时间长度上则普遍低于其他各年龄层的用户。与此同时，对于电视和互联网的重度消费者，其 CMMB 收视时长则普遍低于其他年龄段的用户。

35—44 岁的青年用户是 CMMB 重度消费人群，表现为均衡型的媒介接触，对于传统电视、CMMB、互联网投入的时间基本持平；15—34 岁的年轻人是典型的互联网重度消费人群，其使用互联网的时间基本是 CMMB 收视时间的两倍以上；45—54 岁的中年人对于 CMMB 投入的时间最短，但是他们收看电视和使用互联网的时间却是最高的，表现出了极端化的媒介接触行为特征；55—64 岁的中老年人则是典型的电视观众，其投入在看电视上的时间基本是使用 CMMB 和互联网的三倍，是一种针对特定媒介形态的、固定化的媒介接触行为特征。

(3)不同学历用户的媒介接触特征。

从学历角度来看，研究生及以上的高学历用户和初中及以下的低学历用户虽然学历水平处于两个极端，但是他们的媒介接触行为却表现出了比较一致的特征，即投入在媒介接触上的整体时间都不多，其中使用互联网的时间最多、电视其次，CMMB 接触时间最少，属于主要针对互联网的低度媒介接触行为。

相比来说，高中/中专和大学本科学历水平的用户是整体媒介接触时间最高的人群，尤其是在互联网和电视的接触时间上远远超过其他人，但是他们对于 CMMB 的接触时间却与其他用户相差不多，属于主要针对互联网的高度媒介接触行为。

大学专科学历水平的用户虽然整体媒介接触时间也不算高，但是该人群与其他用户的不同之处在于其收看电视的时间超过了使用互联网和 CMMB，属于主要针对电视媒体的低度媒介接触行为。

通过以上分析发现被调查的北京用户中，学历水平在高中/中专和大学专科用户的 CMMB 使用时间略高于其他学历的用户，这两个用户群体的媒介接触行为分别属于“主要针对互联网的高度媒介接触行为”和“主要针对电视媒体的低度媒介接触行为”。因此，正是通过对比用户对不同媒体形态的接触程度才可以看出，虽然用户在 CMMB 使用时间长度的指标上相差不多，但却表现为两种截然不同的媒介接触行为类型。

(4)不同收入水平用户的媒介接触特征。

从收入水平角度分析，月收入在 5001—8000 元及 8001 元以上的高收入人群和 2001—3000 元的中低收入人群，虽然收入水平截然不同，但其共同之处在于：他们的媒介接触时间主要投入在使用互联网和收看电视上，使用 CMMB 的时间不多，属于主要针对互联网的媒介接触行为。

月收入在 1000 元以下的低收入人群和 3001—5000 元的中高等收入人群，虽然其收入水平也不尽相同，但共同之处在于：他们的媒介接触时间整体都不算高，并且这两个收入群体收看电视的时间超过了使用互联网和 CMMB，属于主要针对电视媒体的低度媒介接触行为。

最值得关注的则是月收入在 1001—2000 元的低收入用户，这个用户群体的大部分媒介接触时间都投入在对于互联网和 CMMB 的使用上，不仅他们的互联网使用时间超过了其他用户，而且这个收入水平的群体的 CMMB 使用时间也是所有用户群体中最高的，属于针对新媒体的重度媒介接触行为。

六、CMMB 收视偏好与用户需求

(一) CMMB 各频道的收视人群特征

为了解不同 CMMB 频道和节目类型的收视群体特征，本项目特地针对北京地区 CMMB 的频道和节目收视情况展开了专门的调研，对 CMMB 用户经常收看的频道和经常收看的节目类型进行了专门的调查。进而，以用户对于 CMMB 频道和节目类型的选择性偏好为着眼点，对各 CMMB 频道的收视人群特征进行了分析，为进一步研究 CMMB 用户的内容需求和信息需求提供支撑。

1. 北京地区 CCTV－1 综合频道收视人群特征

根据本项目特地针对北京地区 CMMB 的频道和节目收视情况展开了专门的调研，其中较多收看 CCTV－1 频道的 CMMB 用户特征如下：

收看 CCTV－1 综合频道的男性偏多，男性比女性用户多出 3.1%。在整个收视率年龄层中，15—24 岁、25—34 岁的用户是主要收视用户群，老年化收视用户比较少。收看 CCTV－1 的用户学历水平普遍偏高，大学本科的用户占到 25.4%，这一频道收视用户群中“初中及以下”学历的用户仅占 3.6%。收入方面，以 1001—2000 元和 5001—8000 元收入段的用户为主要构成，分别占总用户的 12.1% 和 13.4%，用户收入都会呈现两极化。

2. 北京地区 CCTV－5 体育频道收视人群特征

对比经常收看 CCTV－1 的 CMMB 用户群体特征，较多收看 CCTV－5 的用户中男性用户所占比例更大。与 CCTV－1 类似的是，经常收看 CCTV－5 频道的用户也是25—34 岁的最多，占到 18.7%。同样，在学历构成中，大学本科的用户人数最多，初中及以下学历的用户所占的份额也是最少，仅有 2.1%。不同于 CCTV－1，从收入水平来看，经常收看 CCTV－5 的用户月收入在 3001—5000 元水平的人数最多。

3. 北京地区 CCTV－新闻频道收视人群特征

在较多收看 CCTV－新闻的 CMMB 用户中，男性同样多于女性。收视用户以 25—34 岁年龄段为主，15—24 岁年轻人较少收看 CCTV－新闻频道。较多收看 CCTV－新闻频道的用户学历水平也以大学本科为主，同时高中/中专学历的用户也比较多。与 CCTV－体育频道的情况类似，较多收看 CCTV－新闻频道的用户月收入水平也比较多地集中在 3001—5000 元范围内。

4. 北京地区 BTV－1 频道收视人群特征

在较多收看 BTV－1 的 CMMB 用户中，男性同样多于女性。收视用户以 25—34 岁年龄段为主，15—24 岁年轻人较少收看 BTV－1 频道。不同于以上几个频道的情况，较多收看 BTV－1 频道的用户学历水平以大学专科为主，其他学历用户的分配较为平均。与 CCTV－体育频道、CCTV－新闻频道的情况相似，较多收看 BTV－1 频道的用户月收入水平也比较多地集中在 3001—5000 元范围内。

（二）用户对于 CMMB 业务和内容的需求

1. CMMB 对于用户需求的满足水平有待提高

为了更深入地研究用户收视行为与态度、需求之间的关系，本研究在 2009 年底对北京等 8 个城市 CMMB 用户进行了态度及需求调研。调查结果表明，对于 CMMB 现在已经开通的频道，40.8% 的用户表示不太能满足自己的收视需求；6.1% 的用户表示非常不满足（见图 10）。两者比例之和达到

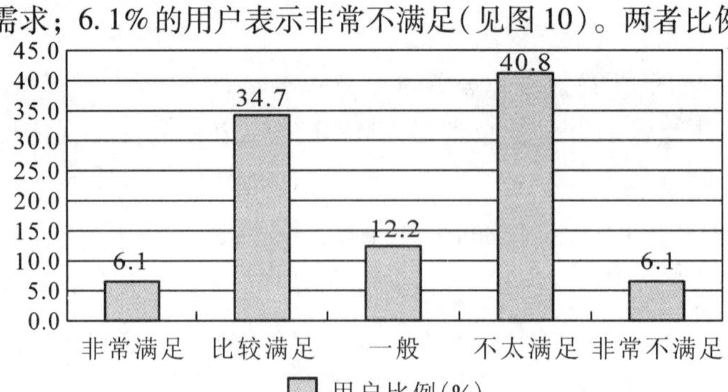

图 10 CMMB 现有频道能否满足用户需求

数据来源：CMMB 媒介数据研究中心

46.9%，即几乎一半的用户都认为 CMMB 已经开通的频道不能很好地满足个人需求。

同样，在 CMMB 所提供的节目问题上，表示对于 CMMB 现有节目“比较满足”的用户也仅占到所有用户的 40.8%；还有 38.8% 的用户表示现有节目内容不太满足自己收视需求(见图 11)。

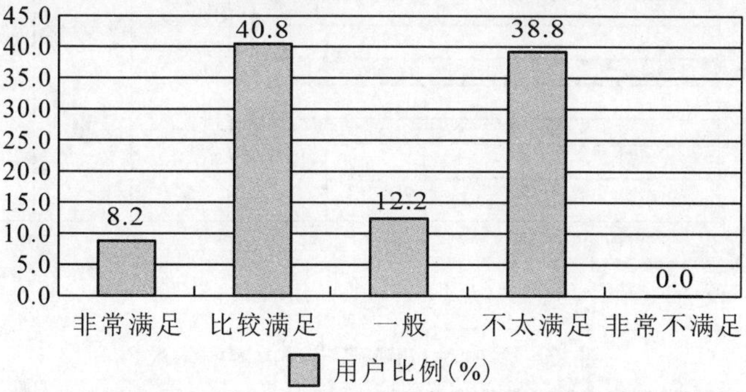

图 11　CMMB 现有节目能否满足用户需求

数据来源：CMMB 媒介数据研究中心

2. 用户对于 CMMB 电视频道和节目内容的需求

根据调查结果显示，有相当一部分的用户认为 CMMB 提供的内容尚不能很好地满足个人需求，这些用户提出的需要 CMMB 增加的频道中，以中央级和地方级的电视频道为主。

其中，被调查用户中对于中央台频道的需求人数占比达到 67.6%，对于 CCTV－6 的需求程度最高，占 41.2%；对于 CCTV－2 的需求也达到了 17.6%。此外，用户中对于地方电视频道的需求人数也很多，占比达到 52.9%(见图 12)。用户提出希望 CMMB 增加卫视频道的人数占 26.5%，需要主要集中在湖南卫视(11.8%)等省级卫视频道上。

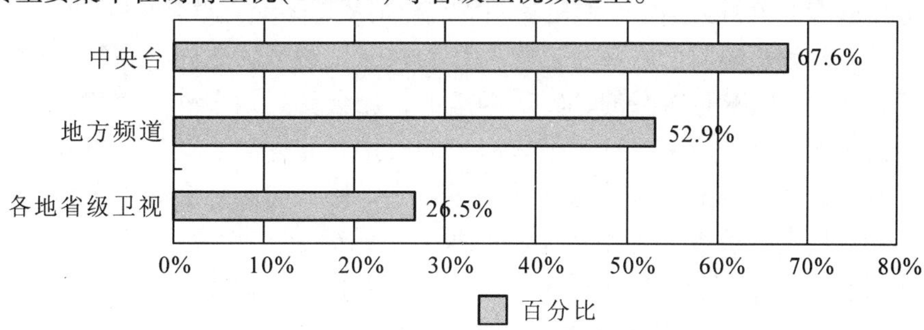

图 12　用户认为 CMMB 需要增加的电视频道

数据来源：CMMB 媒介数据研究中心

在调查用户对于不同类型节目的需求情况中发现，CMMB 用户对新闻类、体育类的节目需求最高，分别为 72.9% 和 62.5%；其次为财经类

(45.8%)、综艺类(45.8%)、电影类(43.8%)节目；用户对电视剧类节目的需求相对较低，仅为29.2%(见图13)。

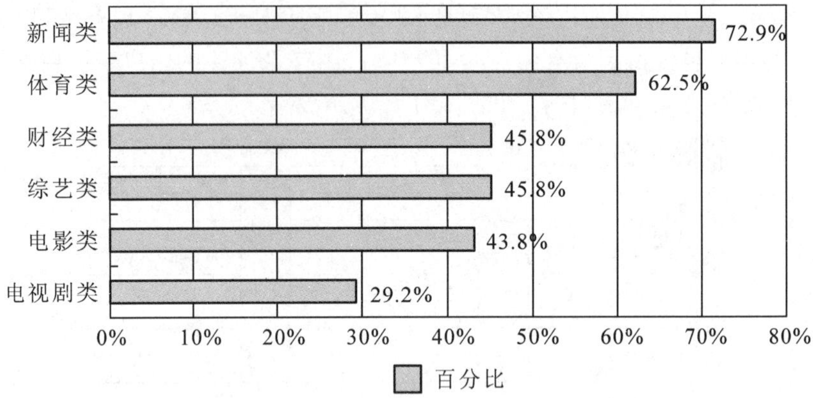

图13 用户对 CMMB 节目内容的需求

数据来源：CMMB 媒介数据研究中心

但是，值得注意的一个现象是，根据本研究对于 CMMB 用户收视行为的跟踪调查结果显示，新闻、专题、电视剧、体育这四大类节目是收视份额较高的节目类型，合计超过了85%的市场份额。专题类、电视剧类节目都是很受用户欢迎的 CMMB 节目类型，这个现象与对于用户态度和需求的调查结果并不符合，即上文所提到的，用户对电视剧类节目的需求程度最低，仅为29.2%。

与此相类似的情况同样也曾经出现在传统电视收视中，例如在“2007年全国电视观众抽样调查”中也发现了类似的现象。“观众对电视的功能定位与其实际收视选择倾向存在一定的差异”。“在观众对电视的主要功能的描述中，新闻资讯在观众的收视定位上成为首位”，而“在观众对全天某个时段希望收看的节目类别中，对电视剧的选择则明显高于新闻类节目”①。

这个现象正说明了用户需求与实际的媒介接触行为之间存在着复杂的关系。用户的需求是内在的、转瞬即逝的，也会受到很多外在因素、情境因素的影响。首先，用户对于个人需求的表述并非等同于其真正的需求所在。其次，在现实生活中的媒介接触过程中，用户需求也会随着情境的改变而相应地发生改变，进而产生不同媒介接触行为。在“需求”转化为“行为”的过程中，还会有很多条件限制制约着用户媒介接触行为的发生。

3. 用户对于 CMMB 业务类型的需求

根据 CMMB 的业务规划和业务分类，本研究专门针对“广播电视业务”、“推送类业务”和“互动类业务”进行了专门的用户调查，分析用户对于不同

① 刘建鸣：《电视受众收视规律研究》，北京师范大学出版社，2010年，第190页。

业务形态的需求状况。

据调查结果显示，“广播电视业务”仍然是用户需求度最高的 CMMB 业务形态。此外，还有 36.7% 的用户希望 CMMB 能够提供“推送类业务”；20.4% 的用户则需要 CMMB 能够提供“互动类业务”。

其中，在“推送类业务”中，流行音乐(59.6%)类最受到用户欢迎，其次是电子报纸(36.5%)和视频(34.6%)。仅有 19.2% 的用户偏好电子杂志类的推送业务(见图 14)。

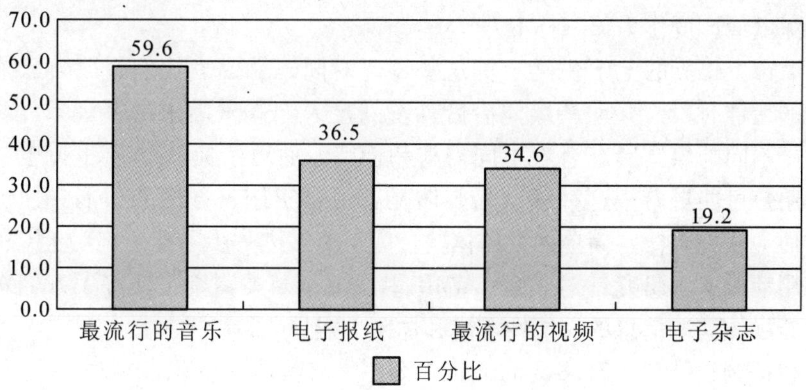

图 14　用户对 CMMB 数据推送业务的需求

数据来源：CMMB 媒介数据研究中心

在“互动业务”中，移动炒股(42.9%)和在线购物(40.5%)是比较受到用户欢迎的互动业务类型。用户对移动游戏、在线支付类的互动业务则需求水平较低，分别为 28.6% 和 16.7%(见图 15)。

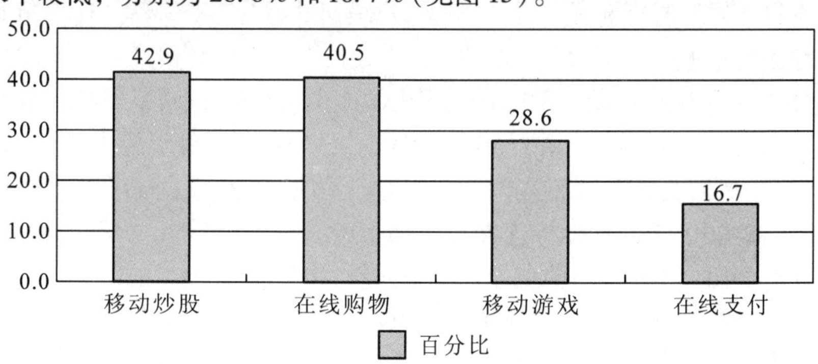

图 15　用户对 CMMB 互动业务的需求

数据来源：CMMB 媒介数据研究中心

七、对于用户使用 CMMB 动机的探讨

受众使用媒介的行为是由其现实需求和潜在需求所决定的，本研究认为“在零碎时间基于娱乐需求的使用”、“基于猎奇需求的尝试性使用”和“基

于实用需求的使用”是用户使用 CMMB 手持电视的三种主要动机。

随着生活节奏的加快，人们可用于自由支配的闲暇时间越来越少。但从人的心理基础来看，娱乐玩要是人的天性，是人最原始的生活方式。根据传播学者麦奎尔的观点，信息查询行为是“寻找信息、获得快乐、减轻内在不愉快因素”的行为。信息行为学“游戏和娱乐”理论（play theory and entertainment theory）则将信息传播作为“取悦大众”的游戏过程。认为“个体在获取和使用信息的过程中，会将‘娱乐’作为选择信息的重要标准，而将知识的深度或广度作为第二标准”。

城市上班族的上下班路上等这些零碎时间，就成为他们释放自己紧绷神经的最佳时段，移动新媒体恰恰具备满足人们娱乐需求的客观条件。受众对于不同的媒体形态有着不同需求和期待，而对于像 CMMB 手持电视来说，用户可能更希望这种移动新媒体能够提供实用、方便的功能并使他们更方便地获得轻松、简单的娱乐体验。为了能够进一步了解用户对于 CMMB 的使用动机，本研究针对北京 CMMB 用户做了相关调查，证实了人们对于利用新媒体获取信息的功能性需求和休闲、娱乐期待。

根据调查结果，71.8% 的人把“及时获取新闻、资讯”作为主要目的。其中，男性用户更偏向于使用 CMMB“收看感兴趣的娱乐体育节目”，而女性更偏向于“用来打发无聊时间”。35—44 岁的用户更喜欢用 CMMB“收看想看的娱乐体育节目”，或“把 CMMB 作为家里第二台电视机使用”，或者是“在做其他事情时候作为背景音乐”；而 25—34 岁用户则更倾向于用来“打发无聊时间”。

本研究通过调查发现，近六成的用户最初是因为“对 CMMB 这项新服务感兴趣而购买带有 CMMB 功能的终端”，经过一年的追踪研究，这些用户中有四分之一的用户表示已不再经常使用 CMMB，因为“没啥新鲜感，也不是一定要用到它，想起来才用”；也有四成的用户表示“已经形成了使用CMMB 的习惯”，他们会在早晨准备上班、午休、睡觉前这三个时段习惯性地看 CMMB；还有用户会在有特殊赛事，如 NBA 赛季来临时，在工作场所用 CMMB 这个便携不引人注意的小终端来收看 NBA 赛事。

用户最初接触 CMMB 往往是由好奇心驱使的，这种好奇心持续的时间并不会太长，只有实用的工具才不会被人们轻易抛弃。因此，怎样使用户形成使用 CMMB 的习惯，继而使其对 CMMB 产生依赖，是增加 CMMB 用户粘性的关键。

（作者：卢迪　首都传媒经济研究基地研究人员　博士研究生）

北京财经研究基地

（中央财经大学）

基地名称：北京财经研究基地
依托单位：中央财经大学
项目类别：北京市哲学社会科学“十一五”规划研究基地项目

北京市民生服务财政支持问题研究①

解决民生服务问题的关键在于通过建立和改进公共财政制度框架和实施机制，确保财政资金被优先配置到民生服务领域，特别是民众需求比较强烈、相对价值较高的民生服务领域。本文在对北京市民生问题现状进行充分调查研究的基础上，把握财政与民生的契合点，从财政上找准支持民生服务建设的财政政策策略，为北京市加强和改进民生服务的财政支持提供系统化的战略思路和具有可操作性的对策措施。

一、基础设施

近年来，北京市政府不断加大对基础设施建设的投入，将基础设施建设视为促进经济发展、提高民生服务质量、解决“三农”问题的重中之重。在基础设施建设，特别是与民生和“三农”有关的基础设施建设中，投入了大量的财力和物力，使北京市基础设施水平有了大幅度提高，有力地促进了全区社会经济的发展，使全市居民特别是农村居民的生产和生活条件得到极大改善。

（一）北京市基础设施建设财政支出情况分析

在经济发展的早期和中期阶段，社会对基础设施（如公路、铁路、桥梁、法律和秩序、电力、环境卫生、供水系统、通讯网络、教育等）需求巨大，要求政府不断加大对该领域的公共投资。对处于经济快速发展阶段的北京市来说同样如此，这一时期对基础设施建设的需求也在不断增大，如道路桥梁、环境保护、供水供电、节能排污等，都需要政府拿出大量的资金投向这些领域，从而使基础设施建设的支出总量不断上升。

近年来，北京市基础设施建设财政投资规模成倍增长，是北京市长期以来基础设施建设投资最多、取得成效最为显著的时期（如表1）。

① 本文是《北京市民生服务财政支持对策研究》项目的阶段成果，项目编号：08AbJG222。

表 1　改革开放以来北京市基本建设支出及其占比

项目 年份	财政支出（亿元）	基本建设支出（亿元）	基本建设支出增长率(%)	基本建设支出占财政支出比重(%)	基本建设支出占 GDP 比重(%)
1981—1985	111.40	39.8		35.7	4.2
1986—1990	272.89	55.8		20.4	2.8
1991—1995	473.64	51.1		10.8	1.1
1996—2000	1646.07	182.00		11.06	1.3
2001	614.92	93.0	61.7	15.1	2.5
2002	683.98	64.3	-30.8	9.4	1.5
2003	809.39	72.0	12.0	8.9	1.4
2004	974.17	73.9	2.6	7.6	1.2
2005	1137.28	84.4	14.2	7.4	1.1
2006	1411.58	99.3	17.6	7.0	0.9
2007	2067.65	230.0	131.6	11.1	2.5
2008	2400.93	264.5	14.7	11.0	2.5
2009	2629.00	309.0	17.5	11.8	2.6

资料来源：历年《北京统计年鉴》。

充足的财力保障，使北京基础设施在重点领域实现了跨越式发展。先后完成首都机场扩建、北京南站改扩建和京津城际铁路等重大项目；新建成轨道交通 146 公里，是新中国成立以来的近 3 倍，累计达到 200 公里；新建成高速公路 550 公里，是新中国成立以来通车里程的 2 倍，累计通车里程达到 820 公里；建成南水北调主干渠和三厂一线配套工程，实现第一阶段调水 3 亿立方目标。供电能力提高 124%，110 千伏以上变电站达到 344 座。天然气输气能力翻两番，达到 153 亿立方/年。基础设施的快速发展有力地促进了居民生活水平的提高。

（二）强化与改进基础设施服务的财政支持对策

北京市目前正处于高速城市化、现代化、机动化和国际化的发展时期，作为城市功能的重要支撑，基础设施是承载发展的基础，加强基础设施能力建设依然是北京市未来一个时期的主要任务。由此，在未来若干年间，北京市政府还将继续加大对基础设施建设的投入。

1. 引导公民有序参与，提高基础设施建设财政资金的使用效率

广大民众是基础设施的最终受益者，居民的需求强度和满意度是检验政府投资效应的最真实的指示器。因此，在确定基础设施建设财政支持优先序时，必须尊重民众的意愿。只有这样，政府的投资才能真正符合实际的需要，才能提升居民的满意度，最大限度地发挥效能。应结合居民满意

度和需求度，设定北京市财政对基础设施建设的投入方向及优先序。

2. 建立多元化保障机制，促进北京基础设施快速发展

要优化财政对基础设施建设的支出结构，就需要根据民众的需求以及政府的战略重心，对政府的财政支出的重心进行逐步调整。除此之外，还应构建多元化的财政保障机制和新型的预算资金监督管理体制，拓宽基础设施资金来源，提高财政资金使用效益。

3. 对基础设施建设项目实行规划预算

根据政府的战略目标和居民的需求意愿，确定基础设施建设项目的优先序，对选定的基础设施项目实行规划管理，即针对每一个基础设施建设项目编制详细的预算规划，以成本—效益分析法选择最佳的建设方案，设定最终成果的考核指标体系，并对结果进行严格的监督和检查，以确保基础设施建设完成的质量。

二、教育服务

长期以来，北京市委、市政府一直对教育工作予以高度关注，在保证三个依法增长的基础上，不断增加财政资金的支持力度，优化支出结构，使教育成为北京市民生服务体系中的优质支撑点。

(一) 北京市教育财政支出现状评估

随着财政支出总量的不断扩张，北京在迈向知识经济的进程中，公共教育支出总量不断增长，2006 年前，其占财政总支出的比重一直保持在12%左右(如表2)。

表 2　2006 年前北京市教育事业费支出情况表

项目 年份	地方财政支出(亿元)	教育事业费(亿元)	教育事业费占财政支出比重(%)
1981—1985	111.40	14.04	12.6
1986—1990	272.89	30.48	11.2
1991—1995	473.64	73.30	15.5
1996—2000	1646.07	216.14	13.1
2001	614.92	72.26	11.8
2002	683.98	85.82	12.5
2003	809.39	98.82	12.2
2004	974.17	121.39	12.4
2005	1137.28	145.87	12.8
2006	1411.58	175.18	12.4

资料来源：历年北京财政统计年鉴。

2006 年，我国正式启动政府收支分类改革，北京市政府的财政收支统计科目也发生了变化，教育类支出扩大为包括国家财政预算内教育经费、各级政府征收用于教育税费在内的国家财政性教育经费，与 2006 年前的教育事业费相比，其内涵发生了变化，其规模也有了一定程度的扩大。具体见表 3：

表 3　2006 年后北京市预算内教育支出情况表

项目 年份	地方财政支出（亿元）	教育支出※（亿元）	教育支出占财政支出比重（%）
2006	1411.58	209.21	14.8
2007	2067.65	263.00	12.7
2008	2400.93	316.30	13.2

※不含教育费附加。

资料来源：历年北京财政统计年鉴。

近年来，北京农村义务教育得到快速发展。“十五”期间，市级财政对 10 个远郊区县 5 年投入 26 亿元，以改善农村基础教育办学条件。“十一五”期间，北京市继续推进农村地区素质教育，加快基础教育现代化建设。2006 年投向 10 个远郊区县的教育费附加 4.5 亿元。2007 年，北京市政府投入 2.24 亿元，改善了远郊农村地区 100 所中小学办学条件，进一步缩小了城乡差距。从 2004 年到 2008 年，市级教育事业费和教育费附加拨付给农村教育经费已累计逾 51 亿元，撤并规模小、条件差、效益低的村小、完小和乡以下初中校 700 余所，在县城和重点乡镇建设了一批高标准、规范化的中小学。

教育财政支出向农村的倾斜，使北京市农村中小学的生均教育经费得到迅速提高，已连续几年超出全市平均水平。2007 年，北京市普通小学生均教育经费 10684 元，其中生均预算内教育经费 7883.81 元；北京市农村小学生均教育经费 10842.71 元，其中生均预算内教育经费 8856.66 元，高出北京市普小生均预算内教育经费 12.3%①。

北京市普通初中生均教育经费 16945.83 元，其中生均预算内教育经费 11411.37 元；北京市农村初中生均教育经费 18193.61 元，其中生均预算内教育经费 14385.83 元，高出北京市初中生均预算内教育经费 26.1%②。

（二）完善北京市教育服务的财政支持对策研究

目前，北京市财政支出面临着一系列支出压力，如财政支出快速增长、

① 资料来源：《中国教育经费统计年鉴 2008》。

② 资料来源：《中国教育经费统计年鉴 2008》。

收支缺口趋于扩大等，但是涉及教育这个具有强正外部性的支出项目时，我们完全有理由将有限的资源优先投入到这一更为重要的领域。为此，在北京市今后的公共支出中，应将教育视为重中之重，在保持投入总量不断增长的同时，合理优化资源配置。

1. 保持教育财政支出的总量增长

教育财政作为政府投资项目，其成本分析与微观主体，尤其是在衡量净效益方面存在巨大差异。因为政府投入是以社会效益最大化为目标，而不是单纯的利润；其次，政府投入除了要考虑有形的成本和效益外，还要考虑无形的外部成本和效益。北京市的教育财政在适当地考虑边际成本分析外，更应当考虑社会效益。应根据北京市发展规划的要求，增加各种形式的基础教育供给、成人教育供给，建立与产业调整和就业结构变化相适应、结构合理、灵活开放、机会均等的教育财政投入体系。

因此，要满足北京市居民对教育的需求，保障居民教育水平的全面提高，北京市应不断加大对教育的财政投入规模。

2. 推动义务教育均衡发展，新增经费向农村薄弱中小学倾斜

义务教育投入配置失衡问题的存在，将严重损害教育公平的实现。因此，为满足经济社会发展对教育提出的新要求，实现“十一五”教育发展总目标，北京市还应在坚持科学发展观的基础上，在未来的教育规划、教育发展中对义务教育投入做出进一步的改进与调整，以逐步消除城乡之间、区县之间、学区之间、学校之间过大的差距，使中小学的办学条件、办学水平和教育质量得到不断提升，努力为人民群众提供办学条件和办学水平基本均衡的义务教育，以体现义务教育的公平、公正。为此，北京市有关部门应采取积极措施，继续加大教育经费投入力度，提高财政性教育经费占 GDP 的比重，完善教育经费投入机制，调动各方面积极因素，使教育投入持续稳定快速增长。

3. 对教育资金进行绩效管理

在争取到比较充足的资金后，我们也该把重点放到如何高效合理地利用有限的教育资金来满足居民对教育的需求。下面引入一个概念——绩效管理。随着我国市场经济体制的建立、政府职能的转变和公共财政框架的构建，财政资金绩效管理成为财政改革的重要内容。教育资金的绩效管理，就是对教育财政资金的支出不仅要“视其所以、观其所由”，而且要“察其所安、考其所为”，对公共教育资金实行追踪问效，实现公共教育资金的“3E”原则，即经济性、效率性和有效性。

三、公共卫生

近些年来，随着财政用于公共卫生支出的大幅增加，北京市公共卫生

体系的建设逐渐趋于完善。但是，由于种种原因，公共卫生的城乡发展差异较大、公共卫生支出优先性不明显等问题在北京依然存在。

(一)北京市公共卫生体系的财政支持现状分析

近些年来，在着力改善民生的政策引领下，北京财政在公共卫生体系建设方面的支出不断增加。与此同时，北京财政在公共卫生方面的支出结构逐渐优化，管理制度日益完善，使得北京市的公共卫生事业逐步走向健康发展的轨道，为北京市民提供了一个良好的卫生环境。

1. 财政支持公共卫生基本情况

(1)支出规模快速增加。从财政支出看，2002 年，北京市的卫生经费支出为 37.93 亿元，到 2006 年，这一数字已经达到 87.06 亿元。从卫生机构的收入结构看，从 2004 年到 2008 年，财政补助的规模也有较大幅度的增长。2009 年，北京市的卫生法定支出达 35.4 亿元，增长 11.8%。快速增加的卫生支出成为北京市公共卫生体系健康发展的有力支撑。

(2)支出结构不断优化。随着支出规模的快速增加，北京市公共卫生的支出结构也不断优化，更加倾向于医疗保障、社区卫生服务等旨在促进公共卫生体系完善的重点项目。在 2008 年北京市的医疗卫生支出中，医疗保障支出达 609012 万元，占当年医疗卫生支出的 41.99%，成为全市医疗卫生支出最大的项目；当年，社区卫生服务支出为 205837 万元，占医疗卫生支出的 14.19%。而在医疗卫生支出最大的支出项目“医疗保障”中，“新型农村合作医疗”成为建设农村公共卫生体系的“重头戏”。

(3)管理制度日趋完善。2007 年，北京市政府出台《关于调整和完善新型农村合作医疗筹资标准和补偿政策的意见》，确定了 2008 年到 2010 年新型农村合作医疗筹资增长机制，人均筹资水平将以每年 100 元的标准递增，到 2010 年将达到 520 元/人(年)。

2007 年，北京市建立了城镇居民“一老一小”大病医疗保险制度；2008 年，又为城镇劳动年龄内无业人员建立了大病医疗保险制度。

2008 年，市、县两级财政共拨付资金 4765.4 万元，保障在岗的 0.5 万名乡村医生基本待遇；两级财政拨付资金 2.76 亿元，为 0.93 万名乡村医生趸缴参加新型农村养老保险，保证了乡村医生队伍的稳定。

2. 存在的问题

尽管近几年来，北京市财政局在公共卫生体系的建设上下了很大工夫，也取得了较好的成绩，但是，从公共卫生事业的长远发展来看，目前财政的公共卫生支出仍存在着较为突出的问题。主要表现在卫生支出总量仍显不足、支出结构仍需进一步优化以及管理体制仍待完善等几个方面。

——支出规模仍显不足。从 2002 年到 2008 年，北京市卫生总支出占 GDP 的比重一直在缓慢爬行，到 2006 年，这一指标也仅为 1.40%，这与国际通行的水平仍有很大差距。此外，由于缺乏统一的卫生经费投入标准，加之各区县财力状况层次不齐，北京市各行政区域对卫生的投入参差不齐。在一些较为落后的区域，政府对于公共卫生的投入很少，这不仅极大地阻碍了本地公共卫生事业的发展，更成为全市公共卫生体系建设的薄弱环节。

——支出结构亟待进一步完善。从北京市的卫生支出项目结构看，位于优先性最高级别的重点疾病管理并未被引起足够的重视，而当前，一些慢性疾病如高血压、肿瘤、糖尿病等已经成为困扰民众的重大卫生问题。另外，对特殊困难群体的健康管理机制和体系仍不十分健全、覆盖面仍有待拓宽，农民在遭遇恶性疾病时无钱医治的现象仍然存在。而健康教育、健康管理和环境卫生等方面的卫生支出则更为欠缺。从北京市的医疗卫生支出结构来看虽然其用于“医疗保障”的支出占据了医疗卫生支出的最大比重，但是，其中也有相当大的比重用于“医疗卫生管理事务”，此外，在“医疗服务”、“疾病预防控制”、“卫生监督”、“妇幼保健”等支出项目中，也有相当一部分用于“机构支出”，而用以应置于较高优先级别的“农村卫生”项目的经费则只占较小的比重。在2008年北京市的“医疗保障”支出中，并非用于农民和农村的行政单位医疗经费(42.63%)和事业单位医疗经费(33.09%)仍然占了大头——行政事业单位医疗经费的受益对象仅限于事业单位的工作人员，普通大众根本无法从这部分支出受益。

——管理机制仍需进一步完善和规范。从宏观角度看，北京市公共卫生事业的发展规划仍需进一步改进。虽然北京市也出台了公共卫生发展规划性文件，但仍不系统，缺乏更为长远的发展规划，而且在科学性方面也需进一步加强。从公共卫生体系的管理体制来看，完整的部门间协调和配合机制在北京目前并未得以有效建立，各相关部门之间的协调配合仍缺乏默契，互相推诿、扯皮现象仍然存在。由于缺乏必要的制度或者是法律的约束，导致部门在“自身利益最大化”观念的基础上做出并不符合效率要求的决策，最终成为公共卫生体系健康发展的阻碍。

(二)北京市公共卫生体系财政支持对策研究

在公共卫生体系的建设中，财政不只是扮演“给钱”的角色，更要发挥自身职能“管好钱”。在北京，由于缺乏完善而协调的管理体制，各部门在公共卫生体系中“各自为政”的现象依然存在，这就使得财政部门的作用更加重大。面临着现存的种种问题，北京财政一方面需要继续加大对公共卫生的支持力度，另一方面也要改进公共卫生的管理体制和支出方法。

首先，依据优先性原则，做好公共卫生长远规划。保证国家以及北京市相关政策的贯彻落实、保证卫生支出资金的使用效益，财政部门必须首先对公共卫生的发展做出合理的规划或者推动、支持、配合卫生核心管理部门做出科学规范的公共卫生发展规划。应根据各类项目的轻重缓急、优先级别科学确定发展步骤与支出重点——这是公共卫生发展规划的核心内容。

其次，依据公共卫生项目特点，探索适宜的财政供给机制。在北京财政卫生支出的实践中，收支两条线改革和新农合资金的管理是其主要的着力点。这些改革措施在一定程度上规范了卫生支出的管理，但是，仍然存在随意性大、科学性和规范性差等问题。而且，对于其他卫生支出项目的管理，北京市仍在沿用传统的管理模式。这无疑大大降低了卫生资源配置的效率。因此，为促进公共卫生支出的科学规范管理，北京市应改变现行的财政供给机制和模式，依据公共卫生项目特点，探索适宜的财政供给机制。具体而言，对项目经费可采用绩效预算管理，改财政拨款的“供给制”模式为“购买制”模式，将卫生服务项目按轻重缓急、优先级别的原则进行选择，确定需要购买的卫生服务项目；按项目核定工作量，按工作量核算服务成本，从而测定经费采用“项目预算制”、“合同制”等方式拨付资金；医疗卫生设备的购买实行政府采购；卫生专项补助资金由财政直接拨付，尽量减少中间环节，以保证资金的足额、及时到位。

四、社会保障

社会保障属于公共政策行为，具有准公共品的性质，在我国的财政公共化的进程中，政府的主要职责将从直接对经济建设的干预转为管理社会公用事业和保障民生，社会保障作为维护人民基本福利和保障民生的重要机制，其支出水平与政府对其投入效率高低对未来人口发展、经济增长等因素都存在重要的影响作用。如何完善社会保障制度，保持社会保障对于社会、经济发展相协调，保持财政支出的可持续发展，避免财政支出危机具有现实意义。

（一）北京市社会保障财政支出情况分析

随着市场经济的不断改革和完善，市场经济发展过程中的一些矛盾逐渐暴露出来，急需社会保障制度发挥作用，社会保障制度作用的发挥离不开财政资金的支持。在财政视野中，社会保障制度与财政关系紧密：社会保障具有较强的财政属性；财政为社会保障制度提供财力支持，目前在社会保障体系内部，财政居于主导地位。

1. 社会保障支出增加

2002—2006 年，全市地方财政支出（一般预算）累计达到 4612.2 亿元，是 1997—2001 年的 2.4 倍。其中，用于农、林、水的支出累计达到 181.2 亿元，年均增速为 25.5%；用于社会保障补助的支出累计达到 107.1 亿元，年均增长 42.7%；有力地促进了城乡经济社会的协调发展。

2. 社会保险覆盖范围稳步扩大，城乡低保制度和专项救助制度进一步完善

2008 年，基本养老、基本医疗、失业、工伤、生育五项保险参保人数分别为 74.7 万、118.0 万、90.7 万、98.0 万和 40.0 万人，分别比上年增长 21.5%、17.8%、17.3%、20.4% 和 9.3%。此后，全市进一步推进社会保障事业，参保人数不断增加。

社会保障体系建设积极推进，城乡低保制度执行较好，实现了应保尽保的目标。2008 年，共有 22.4 万城乡低收入群众纳入低保范围。分类救助政策顺利实施，基本生活保障进一步科学化。为“三无”人员、五保对象、老年人、未成年人、重残人等特殊困难人员上浮了救助标准。进一步落实实施《关于促进低保对象就业机制暂行办法》，初步建立起分类救助与就业的衔接机制。2008 年抚恤、补助优抚对象有 23288 人，为 2007 年的 101.2%；医疗救助总人数为 20217 人，为 2007 的 155.1%；社会救济对象总人数为 228152，是 2007 年的 99.2%。

3. 财政支持农村公共事业的建立

“十一五”期间，北京市农村进一步完善和建立了农村社会保障制度，尤其是近年来政府不断加大对农村合作医疗的支持力度：第一，规范管理。北京市打破了区县间的差异，在全国率先实现“新农合”筹资标准全市统一，由市政府对不同区县的参合农民实行分类补助；第二，增加财政投入。2007—2010 年，市区两级财政每年新增对农民参加合作医疗补助资金 2 亿元，使农民每人每年筹资水平提高 100 元。具体标准为：2008 年补助 320 元，2009 年补助 420 元，2010 年补助 520 元；第三，计划到 2010 年，“新农合”的门诊补偿比例将提高到 40%，住院补偿比例提高到 65%。

此外，2009 年初，为做好农村劳动力向二、三产业转移就业工作，增加农民收入，加快城乡经济社会一体化的步伐，积极应对金融危机影响，稳定就业、扩大就业，针对北京市农村劳动力就业存在的问题，北京市研究制定了多项促进农村劳动力转移就业的政策，其中包括：鼓励招用农村就业困难人员，出台了岗位补贴和社会保险补贴政策，鼓励单位招用本市农村就业困难人员。还出台了减免行政事业性收费和小额担保贷款政策，以鼓励农民自谋职业自主创业，而且农民在这两项政策方面可享受与城镇失业人员同等的待遇。提高了职业培训补贴标准，按照城镇失业人员的补贴标准，将本市农民职业技能培训补贴标准由人均 400 元提高到 550 元；将创业、培训补贴标准由人均 400 元提高到 1329 元。还实行了平等的社会保险政策，促进农民工稳定就业。只要农民工履行了与城镇职工同样的缴费义务，即可享受与城镇职工同等的养老、医疗等社会保险待遇。以上多项优惠政策的实施，拓宽了本市农村人员的就业渠道，稳定了农村人员就业，

各项政策的实施对农业和农村经济结构调整、促进农民增收起到明显的作用。

(二)北京市社会保障财政支持对策

1. 就业优先政策

就业是民生之本。扩大就业是我国当前和今后长时期重大而艰巨的任务。目前就业问题非常严峻，主要表现在：(1)企业下岗人数继续增加，城镇登记失业率上升；(2)新增劳动力带来的就业压力。每年新增高等院校毕业生人数随着高等学府的扩招，逐年递增；(3)农村剩余劳动力的冲击。中国正处于工业化、城市化的历史进程中，目前有1亿多农民进城务工和4000多万失地农民冲击着城市就业。

北京市应实行促进就业的长期战略和政策。各级党委和政府必须把改善创业环境和增加就业岗位作为重要职责。广开就业门路，积极发展劳动密集型产业。对提供新就业岗位和吸纳下岗失业人员再就业的企业给予政策支持。引导市民转变就业观念，推行灵活多样的就业形式，鼓励自谋职业和自主创业。完善就业培训和服务体系，提高劳动者就业技能。依法加强劳动用工管理，保障劳动者的合法权益。高度重视安全生产，保护国家财产和人民生命的安全。

2. 社会保障优先性政策

构建社会主义和谐社会需要将完善社会保障政策提升到新的高度，需要按照“以人为本”的科学发展观要求，在政策制定中始终贯穿社会公平的价值取向，主要着力点在于对城市社会保障政策结构进行完善，在现阶段集中在三个方面：一是完善以基本养老保险政策为核心的社会保险政策，二是完善以城市居民最低生活保障政策为核心的社会救助政策，三是在现有政策基础上，确立城乡相衔接的社会保险政策，逐步实现覆盖广泛、水平适当、结构合理、基金平衡的改革目标。

3. 完善城乡相衔接的社会保险政策

由于城市中就业的广大农民工的职业和工种岗位多处于劳动风险较大的行业，从事的多为脏、累、重、险的工作，工作条件相对比较恶劣，加上农民工自身抗风险的能力非常弱，常常处于劳资纠纷的劣势，为了维护农民工的合法权益，维护社会公平，必须对他们采取政策保护，应将农民工统一纳入工伤保险政策范围。

患病是农民工最为惧怕而又是难以避免的问题。对于农民工患病问题，应该选择以大病统筹为主要内容的新型合作医疗制度，合作医疗资金的筹集要按照以个人缴纳为主、用人单位缴纳为辅，国家政策予以适当辅助的办法进行。

参考文献

1. 周连弟:《农村公共产品政府投资优化配置》，中国经济出版社，2007 年。
2. 陈水乡:《北京市新农村建设的实践与探索》，中国农业出版社，2006 年。
3. 王雍君:《财政视角下的北京三农问题》，经济科学出版社，2005 年。
4. 童伟:《北京市财政支出分析与筹划》，经济科学出版社，2009 年。

（作者：王雍君　北京财经研究基地首席专家　教授）

基地名称：北京财经研究基地
依托单位：中央财经大学
项目类别：国家社会科学基金青年项目

北京市发展碳金融的策略建议[①]

一、什么是碳金融?

目前“碳金融”尚未有统一概念。世界银行将碳金融泛指为以购买减排量的方式为能够产生温室气体减排量的项目提供资源。全球唯一的环境金融杂志(Environmental Finance Magazine)将与气候变化问题相关的金融问题简称碳金融，主要包括：天气风险管理、可再生能源证书、碳排放市场和“绿色”投资等内容。

我们认为，简言之，碳金融就是应对气候变化的金融解决方案，它包含了市场、机构、产品和服务等要素，是应对气候变化的重要环节，为实现可持续发展，减缓和适应气候变化和灾害管理的三重目标提供了一个低成本的有效途径。可以说，碳金融的应运而生，使低碳经济加速扩展到全球经济的各个脉络，因此，碳金融被誉为低碳发展的核心经济手段。

从全球范围的实践来看，碳金融体系具体包括：(1)碳金融市场体系，包括交易平台、交易机制、交易产品、交易主体等方面；(2)碳金融组织服务体系，包括银行、证券、保险、基金等机构的碳金融活动、碳金融产品和服务创新；(3)碳金融政策支持体系，包括财政、金融等各方面的政策支持及监管政策。

二、中国为什么要发展碳金融?

(一)发展低碳经济的要求

由于对全球气候变化问题关注的加剧，我国已成为环境保护问题的焦点，不合理的产业结构和能源结构是我国温室气体排放位居首位的重要原因。未来我国经济的高速增长将增大对能源、水资源和原料资源的需求，如果运营方式保持原有模式，将对自然资源带来巨大的压力，长期而言无

---

① 本文是《支撑我国低碳经济发展的碳金融机制研究》项目的阶段成果，项目编号：10CJY076。

法维持。显然，只有走一条“低能耗、低污染、低排放”的低碳经济之路。尽管低碳经济在我国已从概念走向效益，但诸多低碳经济行业纷纷遭遇资金和技术这两大瓶颈，技术的开发和应用也离不开资金的支持。而金融作为优化资源配置、调剂资金余缺的重要方式和手段，必将在我国发展低碳经济的过程中发挥重要作用。

（二）国际气候谈判的压力

碳金融产生的根源在于气候变化的命题。虽然中国目前承担的是“共同但有区别的责任”，但作为全球最大的温室气体排放国，中国将面临越来越大的减排压力。例如，欧盟一直主张从2013年起发展中国家的工业部门必须满足发达国家要求的效率标准，而美国则主张以“大国减排”取代“发达国家减排”，美国未来将实施的碳关税政策，将大大提升中国企业的碳风险。因此，巨大的减排压力下，中国一方面应加强国际沟通谈判能力，减少中国企业所面临的巨大减排成本，并与美国和欧盟展开双边的减排合作行动；另一方面，应凭借中国广阔的项目空间和减排潜力，大力发展自己的碳金融市场，并逐渐发展成为全球碳金融中心，为中国发展低碳经济和企业应对气候变化下的碳风险而服务。

（三）提高中国在国际碳市场的话语权

在《京都议定书》的框架下，发展中国家主要通过CDM项目机制参与国际碳排放交易。中国已成为世界上最大的碳信用供应国，但处于整个碳交易产业链的最低端。如果中国不加快发展碳金融，建立一个包括碳排放在内的统一的排放权市场，中国议价的动力和能力都会弱化。而碳金融体系的建立，有助于国际国内碳交易市场的一体化，促进国际合作的有效进行，促成国际买家与中国企业的对接，协助中国企业更好地了解国际规则，循序渐进地融入国际碳交易市场，进而改变我国在国际市场上的不利地位，规避各种排放权交易风险，顺应世界低碳经济的总体发展趋势。

三、北京市是否具备发展碳金融的优势？

显然，随着国际碳金融市场的兴起，中国也需要建立发展碳金融的中心城市。而这不仅取决于城市的主观愿望，还取决于客观发展基础和外界环境是否成熟，是多因素长期作用的结果。我们认为，北京具备发展碳金融的优势和潜力。

（一）强大的金融实力为碳金融的发展提供了产业基础

2008年，北京市一举创下法人金融机构数量、金融业增加值比重、金融资产总量、金融对经济的拉动系数、单一行业对国税贡献率等多项金融业指标全国之冠，足见其金融业整体实力和增速发展之势。2009年，全市金融业实现增加值1720.9亿元，同比增长13.5%；金融业在北京生产总值中比重为14.5%，对北京经济增长贡献率达16.7%，成为经济增长重要推动力量；金融业在北京服务业中比重达到19.1%，同比提高1个百分点，继续带动北京市服务业结构优化升级。金融业全年实现税收共计2624.6亿元，占全市三级税收比重达到43.7%，比2008年提高了7.4个百分点。全市金融从业人员25.13万人，劳动生产率49.38万元/人，居各行业之首。强大的金融实力为发展碳金融奠定了产业基础。

（二）完善的金融组织体系为碳金融发展提供了资源优势

北京是国家金融决策中心、金融管理中心、金融信息中心和金融服务中心，已形成了“一主一副三新四后台”相辅相成的金融布局及门类齐全、结构完整的金融体系。中央银行及银监会、证监会和保监会等金融监管部门，以及各大银行总行、各大证券保险投行总部都设在北京。同时，北京还汇聚了中央国债登记结算有限责任公司、中国证券登记结算有限责任公司、中国银行间市场交易商协会、中关村代办股份转让系统、北京产权交易所、中国技术交易所、中国林业产权交易所、北京环境交易所、北京石油交易所等一批要素市场高端资源，要素市场体系日益丰富。此外，北京建设具有国际影响力的金融中心城市也取得更大进展，吸引各类中外资金融机构纷纷进驻，各大国外金融机构代表处落户北京。2009年，北京营业性金融机构经营单位达到5700余家。金融中介服务体系日益健全完善，外资金融机构也持续增加，完善的金融组织体系为开展碳金融业务提供了资源优势，并注入了市场流动性。

（三）独特的政治、经济环境是发展成为碳金融中心的先天优势

由于应对气候变化和减排问题具有高度的政治经济战略意义，特别要在国家减排框架下借助国际气候谈判议程协商推进，环境容量的确定和减排资源的划分需要政府力量的干预和主导，通过制定规则、确立标准，达到国际协同和国内跟进。北京具有独一无二的政治、经济和社会环境，集合了政治中心、总部基地和金融机构汇集地的多重特点，是促使低碳经济发力的行政力量和市场力量的最佳结合点。

（四）碳金融领域的先期探索加快了碳金融中心建设的步伐

在以碳金融市场建设为核心的碳金融发展方面，北京已经开始成为全球重要的碳资产聚集中心。大量相关的外资碳金融机构已经入驻北京，国内各大金融机构都以北京为研发基地，研发和推出一系列的低碳金融产品；北京环境交易所已经成为国内碳交易市场建设和低碳金融发展领域的主要探索者和领导者。

（五）北京市政府的高度支持为碳金融的发展提供了政策保障

根据《关于促进首都金融业发展的意见》和《关于金融促进首都经济发展的意见》两份指导性文件，北京市政府明确提出了将北京建设成为具有国际影响力的金融中心城市的战略目标，并要求发展绿色金融，大力支持和倡导绿色信贷、绿色保险、绿色证券；鼓励和引导金融机构支持循环经济、节能减排环保项目融资，限制高能耗、高污染行业贷款和企业直接融资；利用各类专项资金不断加大支持节能减排力度，并将碳金融列为北京市支持低碳经济发展的十大支柱产业之一。2009 年，北京市已在全国率先成立金融服务工作局，推动发展“绿色金融、科技金融、人文金融”，服务建设“绿色北京、科技北京、人文北京”的战略目标。

四、北京市发展碳金融的战略目标与路径

北京发展碳金融应适应全国碳金融的发展阶段，树立两个阶段目标：国际化的全国碳金融中心和国际碳金融中心。

（一）第一阶段（2010—2015 年）：国际化的全国碳金融中心

应将发展成为“全国碳金融中心”纳入北京市“十二五”规划，而在“十二五”结束以前，我国碳金融市场的发展处在过渡期和示范期。

2010—2012 年的过渡期间，北京市应积极做好准备，首先要依托北京环境交易所的平台，积极争取国家建立“国际碳金融中心”的试点政策，并谋划碳金融布局。其次，对北京市相关部门和重点企业的管理者普及低碳经济理念和碳金融国际经验。同时，摸索每个阶段所需的政策边界和监管模式，并利用北京市金融总部集聚和政治中心的优势，推进北京市各类企业和金融机构在碳交易、碳金融工具开发应用和碳资产管理等方面进行先期探索和试点。

2013—2015 年的示范期，随着我国碳金融市场的进一步成熟与活跃，优势资源将向具备相当实力的北京、上海、天津等城市聚集，天津的优势在于国家给予的“先行先试政策”及天津市政府的大力支持，上海的优势在于其强大的金融产业实力和超常敏锐的金融发展视角。而北京要在碳金融领域拔得头筹，率先成为国际化的全国碳金融中心，应本着“金融体系服务产业升级、服务国家大局”的意识，积极推进新能源新技术的产业化发展和可再生能源技术创新体系的建立，推动北京乃至全国的产业升级和产业转型。同时，继续提升碳金融行业的竞争力。充分发挥集聚效应、品牌效应，将北京建设成为全国最重要的碳资产管理中心、主要的碳交易中心、碳金融信息中心和碳金融创新中心。此外，应站在国际化的战略高度，积极引进国际相关碳金融机构、非政府机构（NGO）入驻北京，加强与国际碳金融市场的经验交流，密切与联合国等境外组织和机构的合作。

（二）第二阶段（2016 年后）：国际碳金融中心

2016 年之后，中国进入“十三五”发展规划时期，中国的碳金融市场也将进入成熟期，而 2020 年之后全球碳金融市场将步入一个全面推动时期。

这期间，全球碳金融市场将可能逐步形成联动的市场，各市场之间可以进行直接的跨市场交易。北京市经过国际化的全国碳金融中心的发展步骤，应将建设成为“国际碳金融中心”纳入“十三五”发展规划，在2016年后逐步具备成为国际碳金融中心的实力，具体体现在：

第一，具备服务于国家产业升级的能力。积极推进新能源新技术的产业化发展和可再生能源技术创新体系的建立，加快产业升级和产业转型，并且在推动低碳经济的发展过程中，抓住机遇，加快自身国际金融中心建设的步伐。第二，具备高水平的碳金融工具开发与市场风险管理能力。建立完善的碳金融市场交易与服务体系，形成以碳货币为代表的新金融管理模式与交易制度；开发出基于各类碳排放指标与环境变化指标而设计的一揽子、系列化的交易产品。区别于传统金融产品，碳金融产品的交易规模、工具要求、服务能级、风险评级都将更加严格，北京作为金融监管中心，在这一时期已具备了高水平的市场风险管理能力。第三，具备超前的碳金融市场开放性思维与强大的国际互动能力。作为国际金融中心，应进一步完善我国碳金融信用环境，并以北京环境交易所为基础，建立开放的中国气候交易所平台，与其他国际碳交易平台建立联动关系；依靠市场机制，掌握更多的碳金融市场上的话语权和碳金融产品的定价权。

五、北京市为什么要树立“国际碳金融中心”的目标?

(一) 有利于形成新的经济增长点

碳金融交易是以碳排放权交易为核心的碳金融产品的交易，交易机制本身就比较复杂，交易过程中牵涉到的部门、机构、产业也比较多，除了直接参与传统金融证券产品交易的银行、投资银行、证券公司、律师事务所、政府监管机构、其他社会服务机构外，还有像碳评级和审计机构、碳科技研究机构、碳技术贸易机构、碳技术应用和实践企业、碳国际组织等参与其中。这些部门、机构、企业、组织业务活动的规模性收入，都可以为GDP做出贡献。根据一般规律，像国际碳金融中心这样的庞大碳金融交易体系一旦建成运营，至少会使传统金融服务业增加30%—50%的业务量和营运收入，如果仅仅计算传统金融服务业参与碳金融交易相关业务这一部分，并且以保守的30%增量和2009年的GDP计算，那么北京的GDP将有至少8%的增长。

(二) 有利于促进产业链的低碳转型

碳金融交易体系是整个低碳产业链的重要环节和组成部分，它跟传统国际金融中心和国际商品交易市场不同，在产业链中向前端和后端纵向延伸的长度都很长，例如，碳科技和碳减排实用技术的研发就是它向产业链前端延伸的一个重要领域；碳技术的转让和交易、碳减排产品设施的贸易，则是它向产业链后端发展的范围。所以，把北京打造为国际碳金融中心，可带动低碳产业链在本地的规模性延伸。

(三)有利于大力促进就业

国际碳金融中心的建成，将会大量增加北京的就业机会，繁荣北京的就业市场。由于碳金融交易是全新的业务领域，专业性强、工作量大，参与碳金融交易的传统金融业和服务业的企业机构，一定要增加人手和职位。另外，伴随着碳金融中心的建立和碳产业链在北京的深度延伸，与碳金融交易和低碳经济发展相关的新企业、新机构要大批设立，这都会增加北京的就业人口。在直接服务于碳金融中心的金融服务业就业增加30%、其他间接或社会保障服务行业就业增加10%—20%的情况下，北京总就业人数可以实现至少8%的增长。

(四)有利于提高在碳金融领域的国内竞争力

从区域比较来看，北京在证券、商品期货、金融期货市场上相比上海、深圳等城市已经落后，而碳金融中心的建立，可以成为北京加速建设国际金融中心、追赶上海、深圳的重要契机。目前，在低碳经济背景下，北京、上海、天津已依托各地环境交易所的平台，在碳金融领域展开了新一轮城市竞争。北京要想在竞争中脱颖而出，必须借鉴国际碳金融中心的发展经验，在以碳金融为标志的绿色金融领域有所作为，大力提高其绿色金融竞争力。

(五)有利于在国际竞争中脱颖而出

目前，全球主要有7个独立运行的碳交易市场，以配额为基础和以项目为基础的交易市场各自存在，各市场相互之间有一定联系，但迄今全球还没有一个国际碳金融中心，也没有一个统一的国际碳交易市场，因此北京应该抓住机会，从较高的起点规划建设全球最大的国际碳金融及碳交易中心。

六、什么是国际碳金融中心?

毫无疑问，气候谈判和低碳经济必将促进全球碳金融如火如荼地发展以及国际碳金融中心的崛起。碳金融发展的历史仅有十年的时间，全球尚未形成统一的碳交易市场，因此迄今为止还没有一个真正意义上的国际碳金融中心产生。但伦敦、芝加哥等城市已在崛起成为国际碳金融中心。作为北京市发展碳金融的战略目标，我们必须清楚地认识到什么是国际碳金融中心。

(一)必须具备低碳经济的经济基础

国际碳金融中心是基于低碳经济对碳金融服务的实际需求而形成的。低碳经济发展越快，企业、社会对资金的需求就越大，对碳金融中心的服务需求也越大，尤其是在低碳经济增长很快，企业之间、部门之间、地区之间的发展有较大差异时，碳金融中介在企业、部门和地区间所推动的资金转移的作用就越重要。总之，只有低碳经济快速发展，才能产生对碳金融产品的巨大需求，才能最终促进碳金融市场的发展。以伦敦为例，该城市碳金融发展在全球居于领先地位，这是因为其具备低碳经济的经济基础。伦敦市内设置了 10 个低碳区域，并计划到 2012 年将耗资 300 万英镑，实现减排 20.12%。在这一减排目标下是一系列促进就业、提高民生质量的政策措施，例如对下岗人群进行训练，使其成为能源评估者；在学校安装太阳能；创建一个生态园样板等。

(二) 必须是国际金融中心

国际碳金融中心就是碳金融体系运转的载体和空间，碳金融中心和碳金融体系健康运行所需要的基础条件，与国际金融中心的要求是高度重合的，至少应符合如下要求：

第一，金融机构集聚。这是国际碳金融中心运行的前提，也是其最重要的特征之一。随着机构的集聚，规模递增收益在碳金融中心的发展中起着重要的作用。而且，大批碳金融机构的集中和发展，为碳金融机构服务的相关辅助性产业或社会中介服务业也将得到迅速的发展。律师、会计、投资咨询、信用评估、资产评估、技术鉴定评估、外语及金融或碳金融专业技术培训等机构都将得到发展，并提供高质量的服务。

第二，金融市场体系完善。这是国际金融中心和碳金融中心存在的必要条件。金融市场体系由相关的金融子市场构成，包括货币市场、资本市场、外汇市场和黄金市场。碳金融市场也应由系列子市场组成，包括碳信用基础产品市场、碳期货市场、碳期权市场等，与货币市场、资本市场、外汇市场以及其他要素市场有着必要的联系。

第三，金融基础设施齐备。金融基础设施是国际金融中心运转的脊梁和赖以维系的基础，既包括金融结算系统、交易系统、托管系统、征信系统和信息系统等基础金融服务系统，也包括法律体系、审计体系、会计制度、金融监管和稳定的政治制度等保障服务体系，其完善程度与金融中心的良性运转是绝对的正相关关系。国际碳金融中心同样依赖金融基础设施运转，在国际金融中心基础上建立碳金融中心，可以直接运用金融中心的基础设施，不必独立重复建设，只是丰富内容、拓展功能、扩大服务范围即可。

第四，高密度的金融人才资源。国际碳金融中心在基础金融知识、基本操作技能和金融行业经验方面，对碳金融人才的要求比一般金融人才要特定一些，需要高密度的碳金融人才。原因在于，国际碳金融中心需要有碳金融机构的集聚作为前提条件，而集聚的碳金融机构需要一定密度的碳金融人才来运营操作。在金融人才资源密度方面，国际金融中心一般都拥有众多高素质的金融专业人才。

（三）必须拥有全球性的碳交易市场

国际碳金融中心跟世界上所有国际金融中心一样，必须依托于一个全球性的交易市场，也就是说，不仅需要搭建成熟的碳金融市场体系，更需要以碳金融市场的交易规模和交易量为支撑，这是衡量评估国际碳金融中心的一个核心要素。碳金融产品、碳信用的交易量和交易金额达不到一定规模的，就根本没有资格成为碳金融交易中心。而碳交易市场的规模又反映了碳金融市场的需求，反映了国际碳贸易对优质碳金融服务的需求，对低碳经济提供便利投资、融资的需求。

（四）必须具有地缘政治优势

由于应对气候变化和减排问题具有高度的政治经济战略意义，特别要在国家减排框架下借助国际气候谈判议程协商推进，环境容量的确定和减排资源的划分需要政府力量的干预和主导，通过制定规则、确立标准，达到国际协同和国内跟进。因此，国际碳金融中心应具有较为独特的政治、经济和社会环境。

此外，国际碳金融中心不可能孤立存在，必须与全球其他碳金融中心形成联接的市场。从时区上看，全球各地的碳金融中心应在时区上相互衔接，使全球碳金融体系保持 24 小时不间断运作。

七、北京市如何成为国际碳金融中心？

建设国际碳金融中心不是一蹴而就的，尤其是在北京目前的社会政治环境之下，形成社会共识已经不是容易之事。北京国际碳金融中心的建设是一个系统工程，它涉及政策、体制、行政、立法、市场、监管、税收、教育、与中央和地方政府协调等各个方面。具体来说，北京市政府必须从八个方面布局和规划，着手建设对北京经济发展和前途有重大影响的国际碳金融中心。

（一）分阶段发展低碳经济，促进节能减排

有发展低碳经济、节能减排的需要，才可能推动碳金融市场的发展。应该意识到，低碳经济的最终目标是提高民生，就业、健康、消费等才是被作为重点考虑的问题，而不是目前舆论所简单宣传的低碳生活。如果在国内考虑共同但有区别的责任，那么高能耗企业和政府的排放必须要首先考虑，最后考虑的才是民生排放。因此，北京发展低碳经济、实施节能减排的目标可划分为两个阶段：

第一阶段是针对高能耗行业的排放控制，如制造业、能源等，减排目标集中，见效快，目标控制就可以起到很好的作用。此外，政府部门的排放也应得到有效控制，政府部门的行动还将是最佳的减排表率，促使其他行业尽快加入到减排行动中。这一阶段，应出台气候变化及节能减排相关政策，建设碳排放监测、报告、考核体系，并着手在特定区域和行业试点碳减排交易。

第二阶段是进入针对分散目标的精细化管理阶段，需要深入到每个建筑、家庭、商业机构等，机构每年必须报告其能源消费情况，居民将必须评估未来的排放，购买碳排放权。这一阶段的减排属于精细化管理，除了循序渐进的设计减排目标外，更需要各种政策、经济分析和金融工具支撑。如英国鼓励面向家庭、商业机构等小规模可再生能源电力设施的应用，安装太阳能板的用户每年可以获得1000英镑的补贴，并免税25年，发电量可以上网。

（二）争取“国际碳金融中心”国家政策

在国家极力促进发展低碳经济的大背景下，要向中央政府充分阐明扶持国际碳金融中心的重要意义，建议有关部门批准将北京作为低碳金融创新试点城市，争取建设“国际碳金融中心”的先行先试政策，在市场建设、资金补助、税收优惠、机构和人才引进等方面给予倾斜支持，并大力推动北京市在碳金融领域的研究和试点工作，通过发展碳金融促进北京市经济结构和生活方式的低碳转型。

（三）加强碳金融市场交易体系建设

按照不同的组织形式，碳金融市场交易体系包括场内交易市场与场外交易市场两类，各市场涵盖了交易平台、交易机制、交易主体和交易产品等方面的要素。北京市人民政府及其有关部门应当按照国际碳金融中心的要求，规划形成多功能、多层次、国际化的碳金融交易市场体系，逐步完善场内交易市场，并活跃场外OTC交易市场。

（四）推动碳金融组织体系建设

北京市人民政府应当制定相关政策，加强碳金融组织体系建设，包括碳金融机构的引进和碳金融服务创新，以优化碳金融市场参与者结构，提高碳金融产业聚集度，增强北京国际碳金融中心的吸引力：（1）建立权威性注册与结算平台；（2）推动银行业的碳金融服务；（3）设立政府绿色引导基金；（4）鼓励发展碳保险业务；（5）吸引先进的国际碳资产管理公司，并培育本土的碳咨询机构；（6）发展市场化的碳信用评级机构；（7）扶植第三方核证机构；（8）成立专业的方法学研究机构；（9）提升北京碳金融整体创新功能。

（五）重视碳信息数据库建设

面对气候变化的风险，投资者在考查企业的风险和前景时，除考量企业的财务指标外，碳排放信息也已经成为一个重要的参考因素。因此，加强碳信息数据库的建设，应是北京作为国际碳金融中心所具备的功能之一。应提升企业进行碳信息披露的意识，提高企业碳排放数据的量化核算能力，并促使企业在对温室气体的量化核算的过程中提高自身的管理水平；处理好碳信息披露的公开性，在中国承担强制减排义务之前，将数据库分为可公开和不可公开两部分，并将可公开部分与国际金融经济数据对接。进一步完善信息通讯设施，以提高信息采集和处理效率，提高信息服务水平。

（六）支持碳金融人才建设

国际碳金融中心承担了碳金融战略决策、资源管理、资本运作、研究开发等重要职能，这些职能的实现特别依赖于创造性劳动。因此，碳金融人才特别是综合性高端人才是北京建设国际碳金融中心所必需的核心资源。必须全面实施碳金融人才发展战略，优化北京碳金融人才的发展环境。一方面，应培养具备碳金融专业背景，适合体制现实的管理队伍；另一方面，应打造高素质的研发队伍。

（七）鼓励碳金融国内合作和国际合作

首先，密切京津金融跨区域合作。一方面降低北京总部金融创新的成本和风险，另一方面这一跨区域合作也将得到环渤海的产业体系和基础资源的支持，对环渤海经济圈产生带动和影响。其次，加强碳金融领域的国际合作，为北京碳金融业参与国际市场创造平台和条件，使北京能够迅速汲取国际碳金融中心形成、发展和开拓的经验，明确应对战略，以谋求自身的跨越式发展。

（八）关注碳金融风险防范与法治环境建设

首先，建立碳金融风险防范机制。建立健全碳金融监管协调机制；健全碳金融稳定协调机制、完善碳金融突发事件应急预案和应急处置机制；建立完善碳金融风险监测信息系统和评估机制；支持碳金融风险管理工具及技术的开发和应用。其次，加强法治环境建设：（1）碳排放权交易制度的政府监管；（2）银行类碳金融产品及其业务的法律制度；（3）碳基金、碳保险的法律制度；（4）碳金融中介机构的行为规范。

参考文献

1. Bloomberg New Energy Finance, Carbon Markets-Global Deep Dive 2010 - 03 - 02. http: //www. newenergyfinance. com/

2. London International Financial Services. Carbon Markets & Missions Trading, 2009.

3. The world Bank. 10 Years of Experience in Carbon Finance, October 2009.

4. UNFCCC. Finance and Investment Flows to Address Climate Change, October 2007.

5. 陈波：《英国步入新的低碳经济发展阶段》，2010 年 4 月 8 日，http: //blog. sina. com. cn/s/blog_ 5e35e94a0100gyse. html

6. 韩良：《国际温室气体排放权交易法律问题研究》，中国法制出版社，2009 年。
7. 王遥、刘倩：《中国的低碳经济选择和碳金融发展问题研究》，《投资研究》，2010 年第 2 期。
8. 王遥：《碳金融：全球视野与中国布局》，中国经济出版社，2010 年。

（作者：王遥　北京财经研究基地研究人员　副研究员）

北京企业国际化经营研究基地

（对外经济贸易大学）

基地名称：北京企业国际化经营研究基地
依托单位：对外经济贸易大学
项目类别：国家社科基金项目

全球港机龙头振华重工国际化快速发展研究[①]

1992年，在交通部支持下，59岁的管彤贤以100万美元注册资本、三间办公室，成立了国有控股三资企业——上海振华港机有限公司(后更名为上海振华重工(集团)股份有限公司)，从上海浦东开始步入国际市场。新中国成立之初，中国港口机械相关装备制造业处于空白状态，大型港口机械长期依赖进口。世界集装箱码头上的集装箱起重机都是美国、德国、日本和韩国的产品，当时的国际市场完全被欧、美、日、韩产品垄断，占据了全球95%以上的市场，而且控制了核心技术。在随后日子里，依靠廉价劳动力优势和对技术的模仿与创新，管彤贤将振华重工打造为世界最大的港口机械及大型钢结构企业，在市场竞争中后来居上，成为全球集装箱起重机的主要供应商，主导产品为“ZPMC”牌，使中国由集装箱机械进口国变为出口国。在大型集装箱机械领域，振华港机实现了从“紧跟”到“全球领跑”，把自己打造成全球港机的龙头。

根据英国权威杂志《World cargo news》的统计，自1998年开始振华重工已经连续12年全球集装箱起重机订单排名第一，传统产品全球市场占有率连续第12年排名第一，长期占据了70%以上的世界市场份额，远远领先于其他竞争对手，公司产品已经进入76个国家和地区。从2008年开始在全球金融危机的影响下，航运业和港口码头建设、特别是集装箱运输业大幅萎缩，造成对公司主要产品港口机械的需求大幅萎缩，市场疲软、订单少、价格下滑，公司传统产品经营订单额受到巨大影响，根据振华重工2009年报可知，振华重工实现营业收入2756411.56万元，比上年同期增长0.44%，其中出口产品约占88.13%，内销产品约占11.87%，实现营业利润56311.31万元，利润总额76435.18万元。根据我国商务部合作司的统计，振华重工在2006年我国对外承包工程完成营业额排名第3，完成营业额21.92亿美元；2007年排名第3，完成营业额23.04亿美元；2008年排名第7，完成营业额12.86亿美元；2009年排名第4，完成营业额26.16亿美

① 本文是《我国企业发展国际品牌战略模式研究》项目的阶段成果，项目编号：10CGL023。

元，是我国重工产品制造商的模范。

仅用十几年时间，振华港机跨越了世界同行三四十年的历程，逐步打败了英国莫里斯、德国克虏伯、诺威尔、日本重工、三井、石川岛、韩国三星、现代等昔日强手，成为全球港机龙头。那么振华港机为什么能够以超常规的速度成长为全球龙头？其国际化快速成长的关键因素是什么？对中国装备制造业企业国际化经营又有何重要启示呢？

一、振华重工的国际化发展历程分析

（一）振华重工国际化发展总体分析

截止 2009 年底，振华重工的产品在全球市场占有率达 76%，远远高于其竞争对手，其全球市场占有率连续第 13 年排名第一。振华重工已经在阿联酋、土耳其、欧洲、美国、韩国、新加坡成立了 6 家海外分公司，振华重工的产品不仅覆盖了国内主要集装箱港口，也进入了 76 个国家和地区的各大港口，如加拿大温哥华；美国的迈阿密、长滩、奥克兰、塔克玛、西雅图、惠灵顿、威基尼亚、纽约；南美的巴西，委内瑞拉，哥伦比亚；欧洲的德国汉堡、不莱梅港，荷兰的阿姆斯特丹，英国，西班牙；亚洲的韩国釜山港、日本、新加坡、泰国、马来西亚、印尼、缅甸；中东的苏丹、阿曼、阿联酋国和中国的香港、台湾地区①。据统计，自 1997 年开始，振华重工的海外销售收入占总收入的 80%。其海外市场主要分布在欧洲、美洲、亚洲、非洲和大洋洲，如图 1 所示。

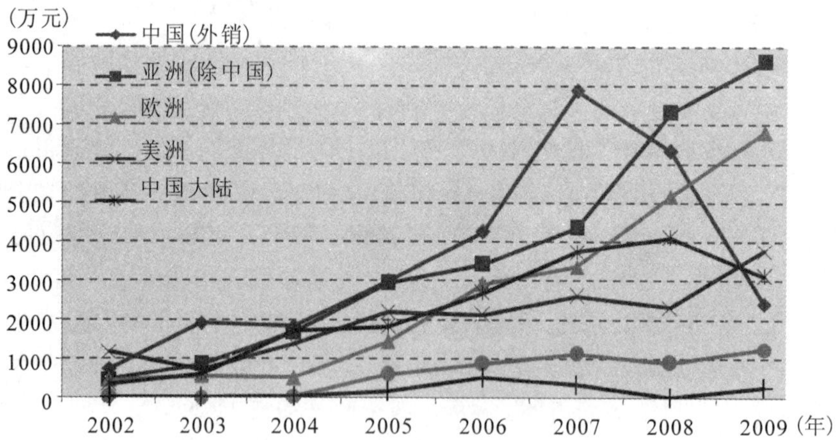

图 1　2002—2009 年振华重工在国际市场的成长情况

资料来源：根据 2002—2009 年振华重工年度报告

由图 1 可知，在 2002—2009 年期间，振华重工在亚洲、欧洲、美洲和

① 管彤贤：《上海振华港机的 10 年》，《经济管理》，2002 年第 21 期，第 36 页。

非洲市场都实现了较好的增长，甚至在全球金融危机爆发以后，振华重工在这个四个海外市场都保持较好的增长态势。其中在亚洲市场的增长势头最猛，在2002年振华重工在亚洲市场实现销售收入45361万元，占销售总收入的14.76%；2009年高达861557万元，年均增长55.62%。亚洲市场的销售收入占总收入的比例为32.84%，如表1所示。欧洲市场是振华重工的第二大国际市场，2002年的销售收入为43801万元，占销售收入总额的14.25%；随后两年发展比较平稳，2005年后在欧洲市场的销售收入快速增长，2005年销售额高达143380万元，但只占销售收入总额的11.84%；2009年销售收入快速增长到680417万元，年均增长58.07%，占销售收入总额的比例增长到25.94%。从整体来看，振华重工在美洲市场发展比较平稳，但在早期美洲市场为振华重工的海外销售贡献较大，在2002年美洲市场的销售收入高达117422万元，占销售收入总额的38.20%；在2003年振华重工在美洲市场的销售收入略有下降，只有71836万元，只占销售收入总额的15.52%；2004年后，振华重工在美洲市场的销售实现了平稳增长，由2004年的137952万元，增长到2009年的377192万元。振华重工在突破海外市场后，国内市场自然是不攻自破，2002年在国内市场实现销售收入33497万元，国内市场出口额为73975万元，而后都实现了较快的增长，2008年金融危机爆发以来，振华重工在国内市场的销量以及由国内出口海外的销售都受到影响，尤其是2009年受到影响相当严重，销售收入分别由2008年的411052万元和632404万元下降到2009年的311319万元和242115

表1　2002—2009年振华重工产品国际市场分布比例　　（单位:%）

时间 地区	2002年	2003年	2004年	2005年	2006年	2007年	2008年	2009年
中国大陆(外销)	24.06	41.29	25.82	24.70	25.40	33.62	24.19	9.23
亚洲(除中国)	14.76	18.36	23.57	24.29	20.36	18.64	28.01	32.84
欧洲	14.25	11.91	7.06	11.84	17.33	14.32	19.76	25.94
美洲	38.20	15.52	19.40	18.03	12.60	11.15	8.85	14.38
中国	10.90	12.91	23.87	14.99	15.95	15.98	15.73	11.87
非洲	0.19	0.01	0.27	4.92	5.24	4.83	3.45	4.75
大洋洲	0.00	0.00	0.27	1.23	3.12	1.46	0.02	1.00

注：地区分部报表中中国大陆(外销)项下列示金额为公司出口外销至子公司—上海振华重工集团(香港)有限公司或关联方和物产株式会社，再由其销售至国内客户相关项目的主营业务收入。

资料来源：根据2002—2009年振华重工年度报告

万元，分别占销售收入总额的 11.87% 和 9.23%，如图 1 和表 1 所示。非洲市场和大洋洲市场的销售收入占振华重工销售总收入的比例较小，其中非洲市场在这 8 年期间一直稳步增长，由 2002 年销售 585 万元增长到 2009 年的 124634 万元；大洋洲是振华重工在 2003 年新开辟的市场，从 2003 年只创造了 4 万元的销售收入，在国际金融危机影响和集装箱起重机需求疲软的影响下，2009 年销售收入仍然实现了 26226 万元。

（二）振华重工国际化发展历程分析

纵观振华重工的国际化发展历程，其经历一个国际市场→国内市场→全球市场的发展过程。根据 Oviatt 和 McDougall 提出的新企业国际化理论，他们认为最初 6 年是企业成型阶段，所以如果企业的国际化行为发生在成立之后的 6 年内，则该企业就被认为是“天生国际化”企业。振华重工恰恰是一个“天生国际化”企业，它就是先从国际市场干起，利用低成本优势，开辟了美洲和欧洲市场，然后再转战国内，再向全球市场扩张的发展过程。振华重工开拓国际市场的模式就是每年都开拓新国际市场，每年增加 4—5 个国家。

1. 从弱小“天生国际化”企业成长为全球港机霸主的国际化阶段（1992—1998 年）

振华港机成立初期，资金匮乏、技术落后，人才短缺，一年只能做一两个门吊和散货装卸机械。一边参照之前做散件时请教国外专家的资料，一边去港口实地参观学习安装的国外集装箱起重机。通过模仿，终于生产出一台完整的集装箱起重机。由于当时国内港机产业处于低谷，国际知名品牌港机占据了国内市场，而且国内港口偏爱国际知名品牌港机，不愿意尝试使用国产的港机。因此，振华港机的管理决定先从国际市场干起，由于振华在国际市场上既没有品牌优势，也没有技术优势，起初参与的 5 次国际投标都碰壁了，直到 1992 年底，振华凭着比竞争对手低 30% 左右的价格优势，获得加拿大温哥华港的第一张海外订单，正是抓住这个窄窄的机遇的“门缝”，振华港机挤入了竞争激烈的国际港口机械市场。由于振华重工做第一台集装箱起重机时，严格按照国际标准进行生产，凡是自己生产的关键配套零部件达不到国际标准，就一律购买世界名牌的配套零部件。正是高起点接轨国际标准，使振华重工获得了国际市场的通行证，在 1993 年，加拿大温哥华又从振华重工采购了一台起重机，如表 2 所示。

表 2　1992—1998 年振华重工的国际化经营业绩

时间	海外市场	国际化经营业绩
1992 年	加拿大温哥华港	销售 1 台集装箱起重机

续表

时间	海外市场	国际化经营业绩
1993 年	加拿大温哥华港	销售 2 台集装箱起重机
1994 年	美国迈阿密港	销售 4 台集装箱起重机
1997 年	美国的迈阿密、塔科玛、奥克兰，加拿大的温哥华，新加坡，印尼，泰国，巴西，苏丹及缅甸等港口	80% 的销售收入来自海外市场；ZMPC 集装箱起重机在全球市场占有率为 15%
1998 年	海外市场主要分布美国、巴西、阿曼等国家，并开拓了中东、非洲等市场	85% 的销售收入来自海外市场；ZMPC 集装箱起重机在全球市场占有率为 25%

资料来源：笔者根据相关资料整理

注：1998 年的业绩为 1998 年上半年的统计数据。

振华重工在挤进国际市场后，开始将目光瞄准集装箱机械的创始国——美国。振华凭借在加拿大获得的良好声誉、质量保证和价格优势，在美国市场取得重大突破，迈阿密港口一次性订下 4 台“ZMPC”产品，如表 2 所示，这是振华港机国际化经营的一个关键转折点。世界集装箱机械领域因为美国市场向振华港机开放，开始正视“中国制造”，因此，振华港机获得了参与国际竞争的通行证。很快，振华港机的产品成功进入美国的纽约、休斯顿、弗吉尼亚、长滩、奥克兰和西雅图等各大码头。

根据 1997 年上海振华港口机械股份有限公司(筹)B 股招股说明书，振华港机的产品已销往中国的天津、青岛、烟台、上海、南通、张家港、厦门、福州、湛江、汕头、深圳和香港，美国的迈阿密、塔科玛、奥克兰，加拿大的温哥华，新加坡、印尼、泰国、巴西、苏丹及缅甸等港口，振华港机的海外销售收入占总收入的 80%。据英国一家权威杂志统计，就订单数量而言，振华港机位居世界港机行业第三位，仅次于德国诺威尔公司和日本三菱公司。1998 年振华港机面对亚洲金融风暴带来行业价格普遍下滑、竞争激烈的不利因素，积极开拓国际市场，上半年振华港机实现销售收入 52620. 9 万元，利润总额 7503. 4 万元，其中 85% 的销售收入来自海外市场。(如表 2 所示)仅仅用了 6 年的时间，振华港机就成长为全球集装箱起重机霸主。

2. 自主创新稳居全球港机龙头的国际化阶段(1999—2006 年)

到了 20 世纪，随着世界贸易的发展，全球经济一体化进程的加快，海洋运输在世界贸易中的地位更加重要，水上运输集装箱化趋势日益明显，各国集装箱码头对港口集装箱起重机械的需求的装机数量大大提高，全球港口集装箱起重机械以 20% 的速度增长，这为振华港机的快速发展带来了巨大的机遇。根据英国 World Cargo News 杂志社统计，振华港机在 1999 年产品订单位居世界第一位，它生产的岸桥和场桥已经成功的销往加拿大、美国、新加坡、巴西、泰国、印尼、苏丹、哥伦比亚、阿联酋、委内瑞拉等国家和中国香港、台湾等地区，实现销售收入 136507.16 万元，海外市场销售收入达 131317.78 万元，占销售收入总额的 96.2%。同时，在 1999 年，振华港机先后与德国不来梅、汉堡和荷兰阿姆斯特丹签订了提供八台和九台岸边集装箱起重机械的合同，突破了欧洲市场，成为进入欧洲市场的第一家亚洲制造商(包括韩国和日本)，提升了振华港机在国际市场的知名度。德国是起重机的故乡，此次突破欧洲市场标志着振华港机已经置身于机械制造业强手如林的欧洲大舞台。

直到 2000 年之前，振华产品基本模仿国外，振华港机每年用产值的 2% 作为科技开发基金，创建了“盯住市场”的创新模式，加强与德国西门子、瑞典 ABB 和美国通用电气等国际巨头进行技术合作，在短短几年内实现了从全盘引进到消化吸收，再到二次开发，实现了通过技术创新拥有自主知识产权的飞跃，占领了世界集装箱安桥制造技术的制高点。如在 2001 年，振华港机将 GPS 技术应用于场桥产品，到 2008 年此款产品在国内外市场销售 278 台，实现销售收入 2.8 亿美元；在 2002 年，振华港机开发出超级电容 RTG，使起重机节能 30%，引起发达国家用户的广泛关注；2003 年振华港机开发出一次可吊两个 40 英尺箱的起重机，是集装箱装卸系统的一次革命，这种每台价值千万美元的自主知识产权产品，全球销量达 282 台，成为各地新建码头的首选。到 2004 年，振华港机的集装箱起重机已经在国际市场占据半壁江山；(如表 3 所示)2005 年集装箱起重机的国际市场份额约为 67%，龙门起重机的国际市场份额也超过 50%；2006 年振华港机世界首创使用市电替代柴油供电，使起重机的能耗成本大幅下降，成本只有原来的 18%，实现销售收入 254662 万元，其中来自海外市场的销售收入占总收入的 84%(如表 3 所示)，集装箱起重机的国际市场占有率高达 74%，已经连续 8 年位居全球第一位，远远高于其他竞争对手。

表 3　1999—2006 年振华重工的国际化经营业绩

时间	海外市场	国际化经营业绩
1999 年	与德国不来梅、汉堡和荷兰阿姆斯特丹签订了提供 8 台和 9 台岸边集装箱起重机械的合同。	海外销售收入占总收入的 96.2%；ZMPC 集装箱起重机全球市场占有率居第一位。
2000 年	主要分布在美洲、亚洲，开始突破欧洲市场。	海外销售收入占总收入的 90%；ZMPC 集装箱起重机市场占有率为 30%，全球市场占有率居第一位。

续表

时间	海外市场	国际化经营业绩
2001 年	在 2001 年，美国 6 大港口进行国际招标，振华港机力挫群雄、连中五元，获得美国市场本世纪最大的采购项目——长滩港 20 台超巴拿马型岸桥，总价值 1.4 亿美元。	海外销售收入占总收入的 90%；ZMPC 集装箱起重机占国际市场的 35%，全球市场占有率居第一位。
2002 年	获得法国诺曼底勒弗尔码头 10 台双小超巴拿马集装箱起重机项目，合同总价 7000 万欧元；同时大举进入欧洲 4 个国家（德国、荷兰、英国、西班牙）6 个码头。	海外销售收入占总收入的 90%；ZMPC 集装箱起重机占国际市场 35% 的份额，全球市场占有率居第一位。
2003 年	主要市场分布在美洲、欧洲和亚洲，并开辟了大洋洲市场。	海外销售收入占总收入的 87%；ZMPC 集装箱起重机国际市场份额 40%，全球市场占有率居第一位。
2004 年	主要市场分布在美洲、欧洲和亚洲，以及非洲和大洋洲市场。	集装箱起重机市场占有率为 50%，全球市场占有率居第一位。
2005 年	振华港机获得了总价超过 2 亿欧元的荷兰 ECT Euromax 自动化码头全套设备的订单。	海外销售收入占总收入的 85%；ZMPC 集装箱起重机的国际市场份额约为 67%，全球市场占有率居第一位；龙门起重机的国际市场份额也超过 50%。
2006 年	已销往北美、欧洲、南美、中东、亚洲、非洲等全球 37 个国家和地区的 150 余个码头。	海外销售收入占总收入的 84%；ZMPC 集装箱起重机的国际市场占有率为 74%，全球市场占有率居第一位。

资料来源：笔者根据相关资料整理

3. 港口机械与海上重工并重的国际化发展阶段（2007—2009 年）

2007 年底，振华港机开创了全自动化码头示范线，它改变了传统码头靠内燃机驱动的水平运输模式，彻底改观了常规集装箱装卸系统，对于码头作业无疑是一种革命性创举，振华港机的产品已经远销全球 65 个国家和地区；2008 年全球金融危机爆发以来，振华港机仍然实现了较好的增长，它在国际市场又开拓了 9 个港口，经过十几年的努力，“世界上凡是有集装箱工作的港口，都应有振华港机的集装箱机械”的抱负已经基本实现。受国际金融危机的严重影响，各国进出口贸易总体继续下滑，港口吞吐量不足的状况没有从根本上得到改变，传统产品的港机市场需求仍较弱，传统业务收入下降 23.7 亿元，但自 2008 年起重点发展的海工及钢结构业务在 2009 年度的收入分别增长了 16.5 亿元和 19.2 亿元。尽管受到国际金融危机的影响，2009 年振华港机继续巩固在港机市场中的全球龙头地位，基本上实现了全球布局，已经成功进入 76 个国家和地区的港口，如表 4 所示。

2006 年年末，振华港机传统业务的全球市场占有率已经超过 70%，其持续增长空间已经很小；2007 年振华港机开始需求新的突破方向，并确立两大新兴产业的发展战略，即“海工关键部件与桥梁大型钢结构并举”，形成两条发展路径：“先进军中东地区再向世界市场扩展”的海洋工程市场发展路径，以“美国新海湾大桥”为契机进军全球钢构大桥市场的路径。国际金融危机加速了振华重工的转型，它依托传统业务的优势，在 2008 年自主设计研发出亚洲最大的海上巨无霸 7500 吨全回转浮吊①。2009 年振华重工自主设计建造的 1200 吨大型综合铺管起重船以及海上风电机组安装平台、海洋工程船舶动力定位系统集成技术等，都为振华重工进军海工市场奠定了良好的技术基础。2009 年 7 月 20 日，振华重工与西班牙 ADHK 公司签署 22 亿美元出口销售合同，标志着它成功开启了国际海洋工程市场大门。

表 4　2007—2009 年振华重工的国际化经营业绩

时间	海外市场	国际化经营业绩
2007 年	振华港机产品已经进入欧、美、亚、非、澳 66 个国家和地区 120 多个港口；成功打破日本和韩国的市场壁垒，创造了全球港机市场的“中国神话”。	海外销售收入占总收入的 87.5%；ZMPC 集装箱起重机的国际市场占有率超过 70%，全球市场占有率居第一位。
2008 年	在国际市场又开拓了 9 个港口，基本上实现“世界上凡是有集装箱工作的港口，都应有振华港机的集装箱机械”。	海外销售收入占总收入的 84.27%；ZMPC 集装箱起重机的国际市场占有率为 78%，全球市场占有率居第一位。
2009 年	振华港机产品已经进入世界 76 个国家和地区；海上重工产品取得重大进展，与西班牙签署 22 亿美元出口销售合同。	海外销售收入占总收入的 88.13%；ZMPC 集装箱起重机市场占有率为将近 80%。

资料来源：笔者根据相关资料整理

① 这种浮吊是一艘在无限航区自航大型起重工程船，具备世界上最大的单机起吊能力，是振华重工又一次创造了世界第一，是我国迈向海洋装备制造强国的重要标志之一。

二、全球港机龙头振华重工国际化快速发展的关键要素分析

1992—2009 年，振华重工短短 18 年的国际化发展历程是非常成功的，只用 18 年就超越了世界同行三四十年的发展历程，从一家靠简单模仿的企业发展成为一家具有自主创新能力并居世界领先水平的企业，从一家江边作坊发展成为全球港机龙头、国际知名品牌的企业。本章将从以下几个方面总结振华重工国际化快速发展的成功因素。

(一) 自主创新打造的国际知名品牌是国际化快速发展的核心

纵观振华重工的国际化发展历程，实质上是一个技术创新、不断推出新产品的发展历程。从振华重工创建初始，通过“技术模仿”利用低成本优势开启了国际市场大门；然后通过与世界巨头的技术合作，从全盘引进到消化吸收再到二次开发，逐渐撬开了美国市场，是开拓国际市场的一个重要转折；进而通过自主创新开发具有完全知识产权的新产品，并引领世界港机技术，实现了在全球市场的布局。据振华重工 2009 年度报告，截止 2009 年振华重工共申请国内国际专利 304 项，其中国内发明专利 99 项、实用新型 107 项、外观设计 7 项，国际发明 84 项、国际实用新型 7 项；国内授权发明专利 43 项、实用新型 60 项、外观设计 7 项，国际授权发明专利 15 项、国际授权实用新型 3 项。

由上述分析可知，振华重工的自主创新历程主要经过以下三个阶段：

1. 技术模仿，国际市场的跟随者

1992—1999 年期间，振华重工基本上是靠模仿国外竞争对手进行生产制造集装箱起重机。集装箱起重机是钢件结构、电气驱动和控制系统的集成产品，需要宽阔的场地和较为复杂的焊接、装配工序，是劳动、技术、资本密集相结合的产业①。振华重工成立之初，来自发达国家的港机企业控制着核心技术，而且垄断了全球 95% 的市场。欲想在市场有立足之地，必须要掌握集装箱起重机的设计和制造技术，因此振华重工把科研开发和设计视为企业龙头，作为带动振华发展的源动力。振华重工选择接轨国际标准起步，首选学习并采用先进的国际标准，企业管理层与技术员工以“蚂蚁啃骨头”的精神吃透了 20 多种国际标准；花重金聘请业内专家讲解如何制定设计方案和工艺流程，并聘请外国监理监督制造过程，不断提升自身的工艺和技术标准；另外振华重工也要求其机电专业配套件企业一律采用国际标准进行生产，凡是国内生产的机电配套件达不到国际标准，振华重工一律不用直接进口世界名牌配套件。振华重工还曾拜日立为师，学习其先进的设计制造技术和工艺。经过长期的努力，在 5 年内成功研发出 30 多种

① 郑磊：《振华港机从江边作坊到全球霸主》，《新财经》，2007 年第 4 期，第 101 页。

机型和20多种需进口的附属零部件，随后又攻克集装箱起重机的关键部件，自行研制成功电气控制系统，显著提升了其产品的国际竞争力；在此基础上，振华重工追踪世界前沿技术的发展，不断开发出新产品；振华重工先后通过美国AISC、AWS、UL和欧洲CE等多项国际认证，获取了在国际市场竞争的通行证，并成功打开了加拿大和美国市场的大门，并在1999年突破欧洲市场的大门，在国际市场取得突出成绩，成功跻身于国际巨头行列。值得一提的是，1994年振华重工为了摆脱荷兰运输船公司的限制，牵头改造自己的整机运输船，顺利将4台起重机出口到美国迈阿密港口，为后期组建世界上最强大的整机运输船队奠定了良好的基础。

2. 技术引进→消化吸收→二次开发，国际市场的领先者

2000年后，振华重工通过与德国西门子、瑞典ABB、美国通用电气等世界一流的跨国公司进行技术合作，在学习追赶世界领先技术的过程中，自身技术水平不断得到提升，基本上实现了从全盘引进到消化吸收，再到二次开发的跨越。2001年，振华重工率先将GPS卫星导航和定位系统嫁接于集装箱起重机。振华重工组织5名技术人员和2名GPS专业人士组建联合小组，经过几个月的攻关，攻克DGPS+磁尺双定位的关键技术，开发出拥有自主知识产权、能够让场桥机电和GPS协调运行的控制软件(详见表5)，将重达几十吨的集装箱准确无误地放在规定位置上，误差只有15毫米，其定位精确性远远优于德国一家公司开发的类似场桥GPS控制系统[①]。振华重工的这项先进技术获得中国专利和国际专利。2001—2008年期间，使用此项技术的集装箱起重机已向海内外销售278台，实现2.8亿美元的产值，其中香港和记黄埔集装箱码头就先后采购了33台振华重工生产的装有GPS控制软件的集装箱起重机。正是这项技术帮助振华重工在美国6大港口的国际招标中力挫群雄、连中五元，获得美国市场21世纪最大的采购项目——长滩港20台超巴拿马型岸桥，总价值1.4亿美元，同时还帮助振华在世界其他市场获得先机，当年ZMPC集装箱起重机的国际市场占有率相对于2000年增加了5个百分点，国际市场占有率达35%。2002年振华重工成功设计了全自动化双小车中转接力方案，研制了全自动化码头双小车岸桥(详见表5)，大大提高了起重机作业效率，当年成功中标德国汉堡CTA码头的招标，获得汉堡港16台订单，还获得法国诺曼底港口5台全自动化双小车岸桥的订单，为振华重工实现1.84亿美元的海外收入。2002年振华重工还开发出超级电容RTG起重机(详见表5)，实现起重机节能30%左右，还降低了噪音并消除了黑烟污染，迅速得到欧美国家港口的广泛关注，美

---

① 王君：《从"紧跟"到"领跑"——振华港机是如何打造成中国装备制造业的"航空母舰"的》，《上海企业》，2008年第9期，第26页。

国西海岸港口开始使用这种环保起重机。

表 5　2001—2002 年振华重工的创新成果

时间	创新产品	创新技术
2001 年	场桥机构和 GPS 协调运行的控制软件	振华重工攻克了 DGPS + 磁尺双定位关键技术，实现了场桥精确定位、直线运行、自动纠偏、箱位管理四项功能，使得起重机定位精度提高了一倍以上。
2002 年	全自动化码头用的双小车岸桥	振华重工开发的全自动化双小车中转接力方案，创新地布置了两辆小车，通过中转平台接力，优化了吊运路径又提高了对位效率。
	绿色环保型起重机	振华重工将超级电容作为储能装置并入场桥电路中，实现起重机节能 30%，消除黑烟污染，降低噪音 4db。

资料来源：根据王玲玲：《王者之道　振华港机如何做成本行业世界第一的故事》，《装备制造》，2008 年第 2—3 期，第 27—28 页整理。

3. 自主创新，国际市场的引领者

经过长期的技术积累，不断引进、消化吸收世界领先技术，在振华重工培养造就的技术人才和骨干对世界领先技术的不懈追求下，振华重工最终实现了向完全自主创新的跨越。2003 年振华重工自主创新取得了历史性突破(详见表 6)，完全自行设计开发出双 40 英尺箱起重机，将起重机的生产效率提高了 60%，这款新产品作为 21 世纪港口机械更新换代的产品，正赶上了全球常规集装箱起重机更新换代的大好时机(世界各地集装箱港口约有 4000 台起重机需要更新)，于是产品一经推出，就受到全球各大港口的青睐①，广泛应用于阿联酋迪拜港、新加坡港、韩国釜山港、洋山港等世界知名港口，相对于传统起重机装卸 30—40 自然箱/小时的工作效率，它创造了每小时装卸 123 自然箱的世界装卸记录。振华重工凭借这一开创集装箱码头装卸系统革命的、完全自主创新产品抢占了很大国际岸桥市场份额，其集装箱国际市场占有率由 2004 年的 50% 快速增长到 2005 年的 70%，到 2009 年其国际市场占有率将近 80%。2004 年振华重工在综合双 40 英尺箱起重机和起重机优点的基础上，开发出了双 40 英尺箱双小车起重机，进一步提高了起重机的生产效率。

2006 年振华重工在全球首创了使用市电驱动的 RTG 起重机，大大降低了起重机的能耗成本，成本降幅高达 82%，并且降低了噪音和黑烟污染；

① 柯银斌、沈泱：《振华港机：一个明星产品的诞生及作用》，《上海资本》，2010 年第 3 期，第 63 页。

还将双40英尺集装箱起重机升级到3个40英尺箱集装箱起重机，进一步提高了起重机的工作效率，使其最大起重量提高到120吨。同时，振华重工在稳固全球港机龙头地位的基础上，利用其在集装箱起重机市场上的国际知名品牌和技术创新优势，大力拓宽产业链，在开拓新市场方面取得了突破（详见表6）：为广州救捞局设计制造了“亚洲第一吊”——起重量4000吨的全回转大型浮吊；获得美国西岸新标志性建筑——新海湾大桥全部钢构2.5亿美元的合同，打开了国际钢构市场的大门；并与伊朗IOEC公司签订价值1.66亿美元的4400T的多功能铺管船供货合同。

2007年振华重工开创了一项革命性创举，自行设计建造了世界上第一个高效智能型立体装卸集装箱码头示范区——长兴示范区，取消传统码头用内燃机驱动的水平运输，将集装箱传送分配用立体轨道的电驱动来实现，彻底改变了常规集装箱装卸系统，解决了对环境的污染，将生产效率至少提高50%，堆场的存箱量提高25%，并大大降低营运费用①，得到世界各地码头参观者的一致好评。

2008和2009年振华重工在海上重工领域取得重大的技术突破（详见表6）。在2008年振华重工又创造一个世界第一，自主设计研制了亚洲最大的海上巨无霸7500吨全回转浮吊，这种浮吊具有世界上最大的单机起吊能力，为振华重工打开了海上重工装备市场的大门，形成继集装箱起重机之后的新的强大的经济增长点；2008年振华重工揽下了“欧洲门户”荷兰鹿特丹港世界上最先进、规模最大的集装箱自动化码头Euromax码头总价超过2亿欧元的全部76台自动化设备，16台集装箱岸桥、58台轨道吊车和2台铁路吊车。在2009年，振华重工通过管理创新和工艺创新，攻克了美国新海湾大桥复杂异形钢构制造工艺技术，设计出抗震能力高于8级和寿命最长（150年）的桥梁，打开了世界钢构钢桥市场的大门；完全自主设计、建造了1200吨大型综合普管起重船“海洋石油202号”，填补了我国自主研制铺管工程船舶的空白；还自主研发了我国第一艘5000吨级、3MW海上风电机组吊装的特种安装平台，掌握了设计与制造大型海上风电机组特种安装设备的核心技术，缩短了与国外同行的差距；振华重工还打破国外技术垄断，攻克海洋工程船舶动力定位系统集成技术的三个关键技术瓶颈：加工大尺寸螺伞齿轮、深水密封和研制出水下大功率永磁电机，形成了具有自主知识产权的系列化大功率推进器及配套产品的核心技术和生产能力。

① 《振华重工2007年年度报告》，第27页。

表 6　2002—2009 年振华港机的自主创新成果

时间	创新产品	自主创新技术
2003 年	一次可吊起 2 个 40 英尺箱或 4 个 20 英尺箱的起重机	将起重机生产率提高 60% 以上，创造了每小时装卸 123 箱的世界纪录，常规起重机每小时装卸 30—40 自然箱，是对集装箱码头装卸系统的一次革命。
	八绳防摇系统	振华港机将传统的起升缠绕系统改为四个完全相同的倒三角形系统，使得集装箱最大振幅控制在 ±25mm以内，提高了对箱对位效率。
2004 年	双 40 英尺箱双小车起重机	综合了双 40 英尺起重机和双小车其中的优点，进一步提高了起重机的生产效率。
2006 年	将市电替代柴油供电	这项技术是世界首创，使用市电后，起重机的能耗成本大幅下降，成本只有柴油供电的 18%。
	开发出一次可吊 3 个 40 英尺集装箱的起重机	一次可吊 3 个 40 英尺集装箱或 6 个 20 英尺的集装箱，最大其中重量达 120 吨。
2007 年	世界首创全自动化码头示范线	自动化码头取消传统码头用内燃机驱动的水平运输，将码头装卸完全置于轨道上，并完全使用市电驱动，彻底改变了常规集装箱装卸系统。
	自行设计亚洲最大、世界第二的 4000 吨全回转浮吊	当时中国自行设计和建造的最大的起重工程船。
2008 年	7500 吨自航全回转浮吊	振华重工自主设计研制的亚洲最大的海上巨无霸浮吊，是一艘在无限航区自航大型起重工程船，可航行于无限航区，具备世界上最大的单机起吊能力，是我国迈向海洋装备制造强国的重要标志之一。
	国产化电控元件及系统	自主研制出中华牌的电控驱动系统，填补了国内起重机没有国产变频器的空白；缩短了产品生命周期，显著降低成本。
2009 年	美国新海湾大桥复杂异型钢构制作工艺技术	设计出世界上第一大单塔自锚抗震悬索钢结构的桥梁，设计难度和制造难度均属于世界顶级水平。
	1200 吨大型综合普管起重船	振华重工完全自主设计、建造的国内首艘综合普管起重船，填补了该领域的空白，增强了我国海洋工程装备设计和制造的核心竞争力。

续表

时间	创新产品	自主创新技术
2009 年	海上风电机组特种安装平台	振华重工自主研发的我国第一艘 5000 吨级、用于 3MW 海上风电机组吊装的特种安装平台，缩短了与国外的差距。
	航洋工程船舶动力定位系统集成技术	此项技术是发展深海作业不可缺少的关键性技术，振华重工已经解决三个关键技术瓶颈：大尺寸螺伞齿轮加工、深水密封和水下大功率永磁电机研制，打破了国外的技术垄断。

资料来源：根据王玲玲：《王者之道　振华港机如何做成本行业世界第一的故事》，《装备制造》2008 年第 2—3 期，第 28—29 页和《振华重工 2007—2009 年年度报告》整理。

（二）建立水边制造基地是振华重工国际化发展的重要基础

由于集装箱起重机体形庞大，公路、铁路均无法运输，只能靠水运，振华重工将安装制造基地建设在水边，使得振华重工拥有得天独厚的近水场地，使企业在规模扩展、生产能力提高方面具有先天的优势。截至目前，振华重工的生产基地主要分布于江苏的常州和江阴等地，主要有长兴基地、江阴基地、南通基地、常州基地、南通重齿工业园区、南汇基地和小南通基地。

其中长兴基地建于 2001 年，投资 12 亿元，目前占地 305 万平方米，拥有岸线 4.65 公里，是世界上最大、技术一流的港机制造基地。长兴基地合理设计了工艺流程，大大提高了生产率，可以承接竞争对手难以承接的大型订单，大大增强了振华重工的国际市场竞争力。目前长兴基地有 6 台起重能力从 600—4000 吨的大型浮吊；1 座承重 5400 吨单件的重型码头；7 座桥吊总装码头，可安放 100 台以上岸桥整机安装和调试，并以整机形态运往用户码头；还有 28 艘举世无双的六万吨级整机运输船，利用邻水优势，整机运往全世界。

（三）按国际标准建立的生产机电配套体系为振华重工国际化发展打造了成本优势

设计制造大型港机需要高质量的机电配套件，开始时，振华港机自己只能生产钢结构件，而特殊钢、油漆、电机、控制系统需从国外知名供应商采购，但国外配套件不仅价格昂贵，而且交货周期较长，甚至会影响到振华重工的生产。因此振华重工在成立之初，就把“利用主机制造带动国产配套件厂商发展”作为企业发展的原则之一。振华重工早期在国际市场依托低成本优势不断取得成功，主要得益于建成了自己的机电配套体系，因为振华港机开发出了可以与世界名牌配套件相媲美的国产件，但价格仅为进口件的1/2到1/3，获取了低成本优势。到目前为止，世界上尚没有第二家起重机制造商有这样强、这样完整的自我配套能力。在2004年振华港机持有国内仅有的一张世界权威美国AISC机构颁发的钢结构生产许可证，已经形成了自己的机电配套件体系，有效降低生产成本；在2006年，振华港机已有20余项产品与进口名牌相媲美，保证了短周期交货、降低配套成本和售后服务；近几年，国外已经有百台以上集装箱机械全部采用国产机电配套；2008年振华港机配套产品的国产化率达到了90%。

为取代国外机电配套件，振华港机通过自主创新研发出关键部件，通过外贸产品的辐射作用，一直在联合和扶持国内有潜力的配套件厂家，围绕振华重工已经形成了一个比较完整的集装箱起重机产业链，而其中有些厂家已经成长为行业内的明星企业。

最近在深圳证券交易所创业板上市的华伍股份就是随着振华重工的海外拓展而成长起来的企业，截止发行前，振华重工共持有华伍股份1000万股，持股比例为17.39%。公司主业为工业制动器及其控制系统的研发、设计、制造和销售，主要生产中、高端工业制动器产品，包括高速轴制动器、低速轴制动器、防风制动装置以及工业制动摩擦材料。公司主要产品的技术指标均为国内领先，部分产品已达到国际先进水平。公司是国内首家实现自主研发摩擦材料配方及生产的工业制动器生产企业，公司在摩擦材料方面的研发实力和技术成果均处于国内工业制动器行业领先地位。目前，华伍股份也与振华重工一同进入风电市场，在股市募集资金拟建立年产3.5万台(套)风电设备制动装置产业化建设项目。

振华重工在南通建立的南通振华重型齿轮箱厂以大型减速箱、大型锚铰机、动力定位系统等生产制造为主，同时有能力从事大型回转轴承的制造，具有生产多种工况的硬齿面高精度减速机，年生产能力达2万套，重量3万吨，已经是我国减速机行业的先进企业，满足了振华重工90%的减速机需求。17年来，具有多项自主知识产权和专利权的ZPMC品牌的减速机以良好的性能质量，跟随集团公司主产品出口73个国家及地区的近一百多个港口。

(四)越洋整机运输船队是振华重工国际化发展的保障

整机运输是国际集装箱起重机市场的普遍要求。而在90年代初，全球集装箱起重机整机运输业务被荷兰一家公司垄断，而创立之初的振华重工却遭受荷兰的运输公司百般刁难。一个港机企业能够接到多少订单，越洋整机运输能力是一项重要影响因素。可见集装箱整机运输能力成了制约振华重工盈利和发展的瓶颈，高额运费和诸多条款迫使振华重工走上了建立自主运输能力的道路。在1994年，振华重工通过改造一艘旧船及时将4台集装箱起重机运送到美国迈阿密港口，随后振华重工投入巨资组建自己的越洋运输船队；2000 年投资 6000 万元向振华船运注资，增加振华船运的运输能力，使得振华船运的运输能力提高 25%，承担集装箱起重机械远洋运输的能力大大加强，保障了振华港机产品的及时运送，特别是美国东海岸和欧洲订单的产品运送。目前振华重工的船务公司拥有 6 万—10 万吨级整机运输船 26 艘，其中两艘为半潜式自航船，每艘可装 4—6 台调试完好的集装箱岸桥和大件货物跨海越洋驶向全世界港口。该公司可为客户提供自装港至卸港的一体化整机运输服务。振华重工运费相比同类交易价格低 20% 左右，这是世界上其他集装箱起重机械生产商所不具备的有利条件。

三、发现与启示

（一）振华重工国际化快速发展走出了一条“技术模仿、全盘技术引进、消化吸收、二次开发、自主创新”的盯住市场创新模式

振华重工从一个最初没有参与国际竞标资格的小企业，经过 17 年的成长，成为一个全球集装箱市场的港机龙头企业。在这个成长过程中，振华重工通过向国际巨头学习，严格按照国际标准进行设计和生产，沿着国际巨头的足迹快速成长，走出了一条“技术模仿→全盘技术引进→消化吸收→二次开发→自主创新”的盯住市场创新模式，即创新的“灵感”来源于市场，反过来企业的所有创新成果再服务于企业。创新是振华重工快速成长的灵魂，在成立之初就将创新作为企业发展的源动力，董事会成员每年将 2% 的产值作为科研经费。

（二）振华重工开辟了一条“先开拓国际市场，再打造国际品牌，再全球扩展”的国际化战略与路径

振华重工在其技术创新的推动下开辟了一条“先开拓国际市场，再打造国际品牌，反过来再全球扩展”的国际化路径。管彤贤认为国际名牌必须是不断反映世界最新技术进步成果的产品，因此，振华重工的国际市场扩张都是以技术创新为核心的。技术创新一方面为振华重工持续赢得国际市场的认可，进而实现在国际市场上的扩张；另一方面，技术创新为振华重工开拓国际市场提供了有力而快速的产品支撑，使振华重工成为国际知名品牌，得到全球港口的认可，形成的国际知名品牌会进一步推动振华港机进行国际扩张，最终形成了全球港机龙头。

参考文献

1. 邹国庆、徐庆仑：《核心能力的构成维度及其特性》，《中国工业经济》，2005 年第 5 期。
2. 金碚、李钢、陈志：《加入 WTO 以来中国制造业国际竞争力的实证分析》，《中国工业经济》，2006 年第 10 期。

3. 慈玉鹏:《企业如何获取并保持竞争优势》,《财经界》(管理学家),2008 年第 3 期。
4. 王玲玲:《王者之道　振华港机如何做成本行业世界第一的故事》,《装备制造》,2008 年第 2—3 期。
5. 管彤贤:《企业的兴旺之途》,《装备制造》,2008 年第 1 期。
6. 管彤贤:《上海振华港机的 10 年》,《经济管理》,2002 年第 21 期。
7. 管彤贤:《ZPMC 产品终生保用新举措》,《港口装卸》,2007 年第 3 期。
8. 管彤贤:《"发展才是硬道理"在 ZPMC——记振华 13 年》,《港口装卸》,2005 年第 1 期。
9. 陈刚:《自主创新使我们的产品领先世界——上海振华港机自主创新报告》,《中国高新区》,2006 年第 7 期。
10. 王君:《从"紧跟"到"领跑"——振华港机是如何打造成中国装备制造业的"航空母舰"的》,《上海企业》,2008 年第 9 期。
11. 仝亚娜:《港机帝国探秘红海为何变蓝海》,《中国机电工业》,2008 年第 4 期。
12. http://www. zpmc. com 振华重工公司网站。
13. 振华重工招股说明书、各年度股东年会会议资料、各年度报告。

(作者:王分棉　北京企业国际化经营研究基地研究人员　讲师)

基地名称：北京企业国际化经营研究基地
依托单位：对外经济贸易大学
项目类别：国家社科基金重大项目

2009年我国企业出口100强排行榜评析报告①

随着经济全球化的推进和发展，越来越多的中国企业涉猎国际贸易领域，在更广阔的全球市场寻求竞争优势。本文将针对2009年我国出口企业100强作为分析样本，旨在较为全面地透析在2009年金融危机影响下各个出口企业的变化情况。

一、2009年我国企业出口100强排行榜及总体评析

(一)2009年我国企业出口100强排行榜

商务部对外投资和经济合作司根据每年各个企业的出口金额列出我国出口企业排名，表1为2009年公布的我国企业出口100强排行榜。

表1　2009年我国企业出口100强排行榜

排名	企业名称	排名	企业名称
1	达丰(上海)电脑有限公司	11	鸿富锦精密电子(烟台)有限公司
2	鸿富锦精密工业(深圳)有限公司	12	英顺达科技有限公司
3	仁宝信息技术(昆山)有限公司	13	英源达科技有限公司
4	富泰华工业(深圳)有限公司	14	中国石油化工股份有限公司
5	诺基亚(中国)投资有限公司	15	群康科技(深圳)有限公司
6	纬新资通(昆山)有限公司	16	中国机械工业集团公司
7	华为技术有限公司	17	鸿富泰精密电子(烟台)有限公司
8	名硕电脑(苏州)有限公司	18	昌硕科技(上海)有限公司
9	中国船舶工业贸易公司	19	惠州三星电子有限公司
10	中国石油天然气集团公司	20	中兴通讯股份有限公司

① 本文是《在全球金融危机下我国先进制造业发展战略研究》项目的阶段成果，项目编号：08&ZD039。

续表

排名	企业名称	排名	企业名称
21	纬智资通(昆山)有限公司	50	苏州三星电子液晶显示器有限公司
22	仁宝资讯工业(昆山)有限公司	51	广东省广新外贸集团有限公司
23	浙江省国贸集团	52	金士顿科技电子(上海)有限公司
24	北京索爱普天移动通信有限公司	53	伟创力实业(珠海)有限公司
25	广东省丝绸纺织集团有限公司	54	海尔集团公司
26	联想信息产品(深圳)有限公司	55	珠海三美电机有限公司
27	冠捷电子(福建)有限公司	56	友达光电(苏州)有限公司
28	伟创力制造(珠海)有限公司	57	中国海洋石油总公司
29	长城国际系统科技(深圳)有限公司	58	友达光电(厦门)有限公司
30	天津三星通信技术有限公司	59	神华集团有限责任公司
31	中国港湾建设(集团)总公司	60	海力士—恒忆半导体有限公司
32	英特尔产品(成都)有限公司	61	无锡尚德太阳能电力有限公司
33	深圳富泰宏精密工业有限公司	62	晟碟半导体(上海)有限公司
34	中国远洋运输(集团)总公司	63	广东省东莞机械进出口有限公司
35	中国航空工业集团公司	64	大连西太平洋石油化工有限公司
36	中国中化集团公司	65	深圳赛意法微电子有限公司
37	上海纺织(集团)有限公司	66	TCL集团股份有限公司
38	东方国际(集团)有限公司	67	中粮集团有限公司
39	仁宝电子科技(昆山)有限公司	68	乐金显示(南京)有限公司
40	摩托罗拉(中国)电子有限公司	69	安徽国贸集团
41	达富电脑(常熟)有限公司	70	江苏汇鸿国际集团有限公司
42	大连船舶重工集团有限公司	71	宁波奇美电子有限公司
43	苏州三星电子电脑有限公司	72	深圳市勤辉投资开发有限公司
44	中国电子进出口总公司	73	浪潮乐金数字移动通信有限公司
45	美的集团有限公司	74	威宇科技测试封装有限公司
46	深圳华为通信技术有限公司	75	英华达(上海)科技有限公司
47	星科金朋(上海)有限公司	76	中国通用技术(集团)控股有限责任公司
48	戴尔(厦门)有限公司	77	中国长江航运集团对外经济技术合作总公司
49	纬创资通(中山)有限公司	78	无锡夏普电子元器件有限公司

续表

排名	企业名称	排名	企业名称
79	苏州佳世达电通有限公司	90	乐金电子(惠州)有限公司
80	江苏国泰国际集团有限公司	91	保定天威英利新能源有限公司
81	江苏舜天国际集团有限公司	92	中国国际海运集装箱(集团)股份有限公司
82	高先电子(深圳)有限公司	93	恩斯迈电子(深圳)有限公司
83	宝山钢铁股份有限公司	94	爱普生技术(深圳)有限公司
84	富士施乐高科技(深圳)有限公司	95	建兴光电科技(广州)有限公司
85	江苏开元国际集团有限公司	96	山东电力建设第三工程公司
86	日立环球存储产品(深圳)有限公司	97	江苏新时代造船有限公司
87	苏州乐轩科技有限公司	98	富泰京精密电子(北京)有限公司
88	上海兰生(集团)有限公司	99	乐金飞利浦液晶显示(广州)有限公司
89	苏州进出口(集团)有限公司	100	中国北方工业公司

数据来源：商务部综合司进出口数据统计

(二)2009 年我国企业出口 100 强的总体评析

1. 2009 年我国企业出口 100 强整体态势

在上一年，我国企业出口 100 强的出口总额由 2007 年的 2739. 27 亿美元增长到 2008 年的 3067. 64 亿美元。2009 年我国企业出口遭遇了国际贸易环境恶化的挑战，企业出口 100 强的总出口额为 2706. 23 亿美元，下降了 11. 78%，甚至略低于两年前的水平(如图 1 所示)。

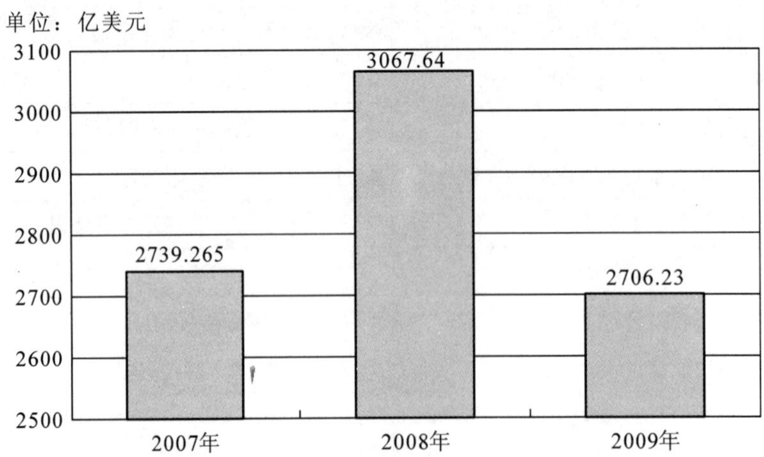

图 1　2007—2009 年我国企业出口 100 强的出口总额

数据来源：根据商务部统计数据整理所得

2009 年我国企业出口第 100 名的出口额为 97520.41 万美元，相比较 2008 年的 125077 万美元，降低了 22.03%。与 2007 年的 104128 万美元相比，2009 年的企业出口百强榜门槛略低于两年前的水平(如图 2 所示)。

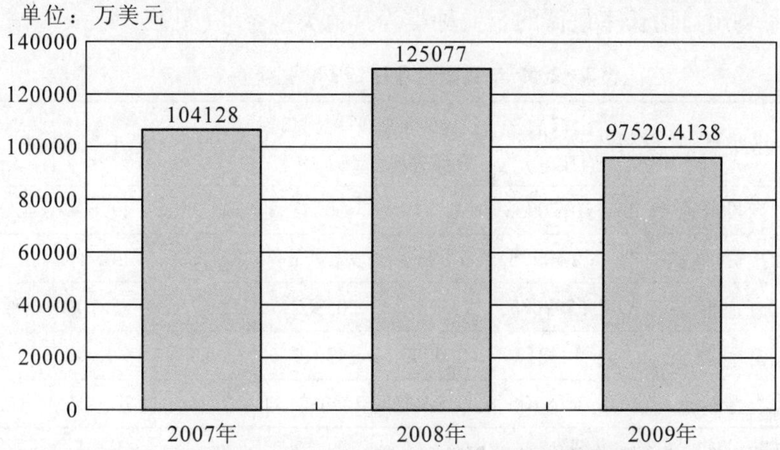

图 2　2007—2009 年我国企业出口第 100 名的出口额

数据来源：根据商务部统计数据整理所得

2009 年我国出口企业 100 强的出口总额为 2706.23 亿美元，占中国全年出口总额的 22.5%。而在 2008 年，我国出口企业 100 强的出口总额为 3067.64 亿美元，占当年全国出口总额的 21.44%(如表 2 所示)。在严峻的贸易环境考验下，我国企业出口额更为集中于大额出口企业。

表 2　2008 和 2009 年我国企业出口 100 强整体情况

年份(年)	我国出口总额(亿美元)	100 强出口总额(亿美元)	100 强占总额百分比	100 强平均出口额(亿美元)	比上年变化率
2009	12016.60	2706.23	22.52%	27.06	-3.28%
2008	14305.48	3067.64	21.44%	39.63	24.50%

数据来源：商务部综合司进出口数据统计

2009 年我国企业出口 100 强比起 2008 年的平均变化率为 -3.28%，相对于 2008 年 24.5% 的高增长，我国企业出口在 2009 年受到全球贸易衰退的影响可见一斑。然而比起 2009 年我国出口总额下降 16% 的变化率，出口企业 100 强的下降更为平缓。可见，相比较与大部分的中小企业，大额出口企业受到金融危机的影响不甚明显。

2. 所有制结构分析

在 2009 年我国企业出口 100 强的企业中，港澳台商投资企业有 22 家，外商投资企业有 34 家，国有企业有 32 家，民营企业仅有 1 家，其他类型企业(有限责任公司、股份有限公司和集体所有制公司等其他公司)有 11 家。

2009 年我国企业出口 100 强中不同所有制类型的企业表现亦不尽相同。平均出口额最高的企业种类为港澳台商投资企业，平均出口额最低的企业种类为民营企业；同时，民营企业是 2009 年平均出口增长率最高的企业种类，平均出口增长率最低的企业种类为其他类型企业(见表 3)。

表 3　2009 年我国企业出口 100 强所有制情况

企业类型	个数	出口总额（万美元）	占 100 强总的百分比	平均出口额（万美元）	最大涨幅	最小涨幅	平均涨幅
港澳台商投资企业	22	10120953	37.40%	460043.3	77.61%	-49.63%	4.06%
外商投资企业	34	7540226	27.86%	221771.4	78.16%	-49.91%	1.36%
国有企业	32	6569685	24.28%	205302.7	42.47%	-55.70%	-8.29%
民营企业	1	143212	0.53%	143211.6	15.89%	15.89%	15.89%
其他类型企业	11	2688206	9.93%	244382.34	10.94%	-70.34%	-17.31%

数据来源：根据商务部统计数据整理所得

3. 区域结构分析

2009 年我国企业出口 100 强遍布在 14 个省市和地区，其中广东省 29 家，江苏省 22 家，隶属中央的企业 16 家，上海市有 13 家，山东省有 5 家，福建省有 3 家，北京市有 2 家，浙江省有 2 家，辽宁省有 2 家，天津市 2 家，安徽、河北、湖北和四川各 1 家。

2009 年我国企业出口 100 强企业中，不同地域之间的企业亦有差别。来自上海的企业平均出口额最高，而河北的企业则平均出口额最低；进入企业出口 100 强中四川企业在 2009 年平均增长率最高，而安徽企业则是出口百强榜中平均增长率最低的省市(见表 4)。

表 4　2009 年我国企业出口 100 强所属地域情况

地区	个数	出口总额（万美元）	占 100 强总额的百分比	平均出口额（万美元）	最大涨幅	最小涨幅	平均涨幅
广东	29	7880188	29.12%	271730.62	77.61%	-49.63%	-5.28%
江苏	22	5296270	19.57%	240739.55	70.08%	-49.91%	-0.68%
中央公司	16	4712458	17.41%	294528.60	40.62%	-70.34%	-7.10%
上海	13	4982546	18.41%	383272.76	78.16%	-48.77%	3.56%
山东	5	1297118	4.79%	259423.50	18.28%	-13.88%	-3.31%
福建	3	612492	2.26%	204163.98	14.35%	-37.58%	-17.11%
北京	2	408916.7	1.51%	204458.36	33.34%	-17.88%	7.73%
浙江	2	445479.1	1.65%	222739.56	-41.00%	-18.53%	-29.76%

续表

地区	个数	出口总额（万美元）	占 100 强总额的百分比	平均出口额（万美元）	最大涨幅	最小涨幅	平均涨幅
辽宁	2	347067.6	1.28%	173533.81	23.00%	-31.83%	-4.41%
天津	2	477915.4	1.77%	238957.69	-14.36%	-18.89%	-16.62%
安徽	1	133376.8	0.49%	133376.76	-22.55%	-22.55%	-22.55%
河北	1	103868.4	0.38%	103868.40	-3.14%	-3.14%	-3.14%
湖北	1	121936.8	0.45%	121936.78	31.55%	31.55%	31.55%
四川	1	242649.5	0.90%	242649.49	54.82%	54.82%	54.82%

数据来源：根据商务部统计数据整理所得

广东企业、江苏企业、中央企业和上海企业在过去几年中都体现出极强的出口竞争力。从地域分布上看，我国企业出口 100 强多数分布于东部沿海城市和地区，尤其在各地的经济技术开发区、高新技术开发区和沿海港口城市集中了许多港澳台商投资企业和外商投资企业。一方面，地理位置优越，位处沿海地区为大型出口企业从事相关生产经营和销售活动节省了运输成本，提供了出口便利；另一方面，东部沿海城市物资充裕，很容易满足相关经营生产活动所需供给；此外，经济技术开发区的外商投资企业可以享受当地政府提供的鼓励性税收减免、优惠提供工业用地等优惠政策，此类地区往往地域开阔、设施齐全，可以促进当地经济发展并带动当地居民就业。

4. 行业结构分析

2009 年我国企业出口 100 强的企业分布在 7 个不同行业，其中，制造业企业以绝对优势占据了百名榜的三分之二，有 73 家制造型出口企业进入了出口百名榜，此外，从事商务服务类的企业有 14 家排名其次，采矿业企业有 3 家，交通运输、仓储类企业有 3 家，信息传输、计算机服务和软件业有 3 家，建筑业有 2 家，剩下 2 家企业主营从事的是电力、煤气及水的生产和供应服务。

根据 2009 年我国企业出口 100 强所属行业的具体数据，平均出口额最高的行业为信息传输、计算机服务和软件业，平均出口额最低的行业为电力、煤气及水的生产和供应业；就 2009 年出口额变化率而言，增长最快的行业是建筑业，出口额下降幅度最大的行业是电力、煤气及水的生产和供应业（见表 5）。

表 5　2009 年我国企业出口 100 强所属行业情况

行业种类	个数	出口总额（万美元）	占 100 强总额的百分比	平均出口额（万美元）	最大涨幅	最小涨幅	平均涨幅
制造业	73	20888588	77.19%	286145	78.16%	-70.34%	-2.68%
商务服务业	14	2576725	9.52%	184052	40.62%	-34.33%	-6.22%
信息传输、计算机服务和软件业	3	1252115	4.63%	417372	10.94%	-17.26%	0.24%
采矿业	3	1104079	4.08%	368026	26.64%	-45.29%	-5.28%
交通运输、仓储业	3	585778	2.16%	195259	36.39%	-18.37%	3.82%
建筑业	2	361002	1.33%	180501	13.40%	13.40%	13.40%
电力、煤气及水的生产和供应业	2	293994	1.09%	146997	-21.27%	-27.23%	-24.25%

数据来源：根据商务部统计数据整理所得

5. 出口企业 100 强排行榜典型性企业分析

2009 年我国企业出口额前 10 名中，仅有第七名华为技术有限公司、第九名中国船舶工业贸易公司和第十名中国石油天然气集团公司是我国本土企业，其他 7 家均为港澳台商投资或外商在华投资企业。尽管我国近年来出口情况欣欣向荣，出口总额与日俱增，但论及企业出口大户，仍是国外全球化经营体系十分完善的跨国企业在华公司独领风骚。我国本土出口企业还有极大的进步空间。在这一部分，本文将对出口竞争中涌现出的本土企业典型代表——华为技术有限公司、无锡尚德太阳能电力有限公司和海尔集团公司进行详细介绍和分析。

华为技术有限公司在信息传输、计算机服务和软件行业中是不可多得的佼佼者，在过去几年中均保持出口额第一的位置。2009 年，华为技术有限公司出口额增长了 7.03%，达到 698985.32 万美元，在企业出口百强榜中排名第 7 位。

华为技术有限公司是全球领先的电信解决方案供应商，其主要经营范围是交换、传输无线和数据通信类电信产品，并且在电信领域为世界各地的客户提供网络设备、服务和解决方案。目前，华为的产品已遍布全球 100 多个国家，服务全球运营商的 90% 和全球人口的三分之一。2009 年，华为跻身全球第三大设备商。国际市场早已成为华为销售的主要来源，2008 年华为国际收入占总收入所占比例超过 75%。华为在海外设立了 22 个地区部，100多个分支机构，17个研究所，36个培训中心。华为在过去多年当中一直坚持将不少于销售收入的10%用于研发投入，华为在众多新技术核心应用领域都先于其他竞争者成功推出了解决方案。华为技术有限公司作为我国代表性科技企业，其国际化程度已远超于其他同类竞争者。关注研发能力的不断提升、国际化步骤有条不紊进行的华为，正在大步跨入世界顶尖企业的行列，为探索在本土企业国际化道路上的民族企业起到了示范和榜样作用。

位于江苏省无锡市的尚德太阳能电力有限公司在2009年以145504.44万美元的出口额在我国企业出口100强中排名第61名。该公司主要从事晶体硅太阳电池、组件、光伏系统工程、光伏应用产品的研究、制造、销售和售后服务，是一家高新技术光伏企业。目前尚德在全球的分支机构遍及13个国家，其中包括3个地区中心，中国无锡、瑞士沙夫豪森和美国旧金山。尚德太阳能已成为全球四大太阳电池生产基地之一，正朝着全球三大太阳能生产基地努力迈进。随着新能源开发的不断提倡和低碳减排政策的不断推广，太阳能电力将成为未来极具潜力的能源领域。

坐落于青岛市高科园的家喻户晓的本土明星企业海尔集团公司，2009年以162064.78万美元的出口额位于企业出口排行榜第54位。跨国企业集团海尔集团的29个制造基地遍布全球，并有8个研发中心，19个海外贸易公司。海尔集团的白色家电全球市场占有率达到5.1%，海尔亦成为白色家电第一品牌，中国最具价值品牌。海尔集团公司主营产品为各类家电产品、通讯产品、IT产品等。海尔的国际战略从“出口创汇”到“出口创牌”，进而到“出国创牌”的转变。如今的海尔不再局限于出口大众产品到海外市场，而是努力开拓高附加值产品占领市场，实现当地化品牌。在2008年最后一个季度到2009年整年，海尔同其他家电类制造企业一样面临消费市场大幅度萎缩的问题，造成库存积压严重，难以收回应收账款等问题。为此，海尔集团应对危机时实行“现款现货”的做法，避免了许多损失。此外，海尔集团继续进行商业模式的创新和改进，提出“零库存下的即需即供”的大胆设想，取消仓库，围绕客户订单需求进行生产，通过建立高效迅捷的供应链，整合市场开发、研发、物流等环节，满足客户的即时要求。通过这些不懈的探索和实践，海尔集团会继续树立为民族企业的典范。

二、2007—2009年企业出口变化率排名及分析

在2009年的企业出口100强中，大多数企业的出口额都受到外部经济的影响，出现了负增长，然而仍有一部分企业，在这一阶段抓住机遇，大胆变革，出口额反而逆市增长，表现优异。

（一）连续三年出口额增长的企业分析

在 2009 年企业出口 100 强中，有 24 家企业在过去两年中出口额保持正向增长，本文列举出 2007—2009 年出口额平均增长幅度最大的十家企业。

表 6　2007—2009 连续两年出口额上升且增幅最大的 10 家企业

企业名称	2009 排名	2008—2009 变化率	2007—2008 变化率	2007—2009 平均变化率
惠州三星电子有限公司	19	14. 94%	290. 86%	152. 90%
纬新资通(昆山)有限公司	6	40. 51%	122. 85%	81. 68%
英特尔产品(成都)有限公司	32	54. 82%	85. 73%	70. 27%
纬创资通(中山)有限公司	49	77. 61%	60. 24%	68. 92%
仁宝信息技术(昆山)有限公司	3	70. 08%	38. 04%	54. 06%
友达光电(厦门)有限公司	58	14. 35%	85. 26%	49. 80%
达富电脑(常熟)有限公司	41	13. 54%	80. 30%	46. 92%
昌硕科技(上海)有限公司	18	37. 71%	49. 44%	43. 57%
中国远洋运输(集团)总公司	34	36. 39%	50. 33%	43. 36%
纬智资通(昆山)有限公司	21	9. 23%	74. 73%	41. 98%

数据来源：根据商务部统计数据整理所得

在过去两年中，平均增长率最高的企业是惠州三星电子有限公司，2007 年出口排名 129 名的惠州三星在 2008 年出口额猛增了 290. 86%，跃居出口 100 强的第 25 名，并继续在 2009 年保持出口增长的态势，以 386736. 63 万美元的出口额位列本年度出口企业第 19 强。惠州三星电子有限公司是韩国三星电子株式会社与惠州地产总公司联合建造的合资企业。三星集团在我国广设机构，其中生产企业在全国分布有 39 家，2009 年三星集团从中国大陆出口金额共为为 183 亿美元。

在所有出口企业中，这十家企业在 2008 年和 2009 年的出口规模都有过大幅度的飞跃。其中，有 9 家公司都是由外商或港澳台商投资建造的，从事通信设备、计算机及其他电子设备的制造型企业，还一家是从事交通运输行业的大型国有企业。在这 10 家出口额增长速度很快的企业中，有 6 家主要从事笔记本及相关产品生产的业务，其中 5 家为世界级笔记本代工企业在华建造的代工工厂。可见，我国已成为该行业重要的生产中心和生产基地，然而依靠大规模成本优势的贴牌生产加工获得的出口竞争优势显然不会维持很久，随着我国用工荒、用工成本上升，人民币升值压力大等问题的凸显，我国企业的对外经贸模式转型迫在眉睫。

(二)连续三年出口额减少的企业分析

在 2009 年企业出口 100 强中，有 16 家企业在过去两年中出口额连续负增长，本文列举出 2007—2009 年出口额平均跌幅最大的十家企业。

表 7　2007—2009 连续两年出口额下降且跌幅最大的 10 家企业

企业名称	2009 排名	2008—2009 变化率	2007—2008 变化率	2007—2009 变化率
中国国际海运集装箱(集团)股份有限公司	92	-70. 34%	-4. 26%	-37. 30%
友达光电(苏州)有限公司	56	-49. 91%	-10. 43%	-30. 17%
名硕电脑(苏州)有限公司	8	-21. 29%	-39. 03%	-30. 16%
仁宝资讯工业(昆山)有限公司	22	-5. 70%	-43. 86%	-24. 78%
摩托罗拉(中国)电子有限公司	40	-18. 89%	-29. 37%	-24. 13%
广东省广新外贸集团有限公司	51	-25. 52%	-22. 30%	-23. 91%
乐金电子(惠州)有限公司	90	-14. 86%	-31. 05%	-22. 95%
伟创力实业(珠海)有限公司	53	-18. 87%	-24. 01%	-21. 44%
恩斯迈电子(深圳)有限公司	93	-25. 28%	-15. 31%	-20. 29%
英华达(上海)科技有限公司	75	-23. 85%	-16. 67%	-20. 26%

数据来源：根据商务部统计数据整理所得

中国国际海运集装箱(集团)股份有限公司是 2007—2009 年我国出口企业中出口额平均跌幅最大的企业。由于所在行业的特殊性，该公司在 2008 年最后一季度就明显受到美国次贷危机引发的国际贸易萎缩的影响，出口额下降了 4. 26%，2009 年，中国国际海运集装箱(集团)股份有限公司的业务进一步受到影响，该年度出口额下降了 70. 34%，成为我国出口企业 100 强中出口额下降最快的企业。根据中集集团 2009 年财务报告，该年度美洲区域的营业收入比上年下降了 70. 67%，欧洲区域的营业收入比上年下降了 80. 69%，而营业主要收入来源亚洲区域则比上年下降了 32. 21%。随着经济环境的逐渐复苏，美洲、欧洲以及亚洲的贸易将会逐渐回暖，中集集团在 2010 年经营业绩将会有明显回升。

在过去两年中出口额都有所下降的 16 家企业均为制造型企业，其中，有 13 家为通信设备、计算机及其他电子设备制造型企业，其中的 11 家为港澳台商或外商投资企业。此外，还有一家为金属制品业，一家金属冶炼行业企业，还有一家从事的是农副食品加工业。在这些出口额连年下降的企业中，可以看到大多数企业都是生产液晶显示屏、显卡、鼠标键盘、多媒体播放设备等附加值比较低的电子零部件产品，这些产品单位价值低，利润微薄，在愈来愈激烈的国际市场竞争中优势逐渐降低，该行业的制造类企业必须在未来进行产业升级，向产品价值链的上端移动，才能增强企业未来的国际竞争力。

（三）受金融危机影响最大的企业分析

在入围 2009 年企业出口 100 强的企业中，有 42 家企业的出口额在 2008 年实现正增长，而在 2009 年出现出口额下滑，这些企业是最明显受到 2009 年贸易环境恶化影响的一个群体。本文列出这一部分企业在过去两年中出口额平均降幅最大的十家企业。

表 8　2009 年出口额增长率转负企业且跌幅最大的 10 家企业

企业名称	2009 排名	2008—2009 变化率	2007—2008 变化率	2007—2009 变化率
宝山钢铁股份有限公司	83	-48.77%	3.90%	-22.43%
鸿富锦精密工业（深圳）有限公司	2	-49.63%	13.20%	-18.22%
苏州佳世达电通有限公司	79	-38.83%	4.67%	-17.08%
东方国际（集团）有限公司	38	-34.33%	2.05%	-16.14%
戴尔（厦门）有限公司	48	-37.58%	6.47%	-15.56%
中国中化集团公司	36	-55.70%	30.24%	-12.73%
上海兰生（集团）有限公司	88	-31.66%	9.63%	-11.02%
美的集团有限公司	45	-27.36%	6.87%	-10.24%
江苏舜天国际集团有限公司	81	-29.29%	10.06%	-9.61%
中国北方工业公司	100	-26.16%	14.44%	-5.86%

数据来源：根据商务部统计数据整理所得

宝山钢铁股份有限公司是这 42 家企业中两年内的出口平均降幅最大的企业，2008 年出口额仍有 3.9% 的微弱涨幅，在 2009 年该公司的出口额骤然下降了 48.77%，在出口企业 100 强中排名第 83 位。根据宝山钢铁股份有限公司在 2009 年的财务报告显示，该公司 2009 年境外收入下降了 43.14%。金融危机导致了市场低迷，消费者各类需求急剧萎缩，处于现代工业上游的钢铁行业势必会受到影响。钢铁市场复苏是一个缓慢而又复杂的过程，随着家电、汽车等行业需求恢复增长，钢铁需求和钢铁行业有望保持低速平稳的增长。同所有钢铁企业一样，宝山钢铁也面临着产能过剩、成本压力等诸多问题，该公司规划将高端钢铁产品作为企业竞争优势作为今后重要发展战略。此外，低碳经济和环境保护的提倡和推广对钢铁行业提出严峻考验，同时也为大型钢铁企业提供了重要机遇。

三、结论与启示

本文通过对 2009 年我国企业出口 100 强企业进行整体描述和典型企业分析，得出如下结论与启示：

(1)我国企业的出口额近年来总体保持增长趋势，2009 年受金融危机影响比较明显。在 2009 年第四季度，企业出口额开始有所回升；外商投资企业和港澳台商投资企业仍然占据出口企业的主导地位，我国本土出口型企业相对落后。特别是民营企业趋于分散，缺乏高度国际化的大型企业；东部沿海地区企业国际化程度更高。相对于内陆省份，更多的出口型企业都位于东部沿海省份和城市的技术经济开发区；我国出口型企业大多数仍处于价值链的低端，通过利用低廉的原材料和劳动力进行产品零件的生产和组装，大批量生产通过出口创汇，缺乏核心技术的开发和应用。

(2)我国出口型企业应该调整产业结构，加速产品升级。当今世界经济格局更注重科技创新和突破，围绕着市场、资源、人才、技术和标准的竞争愈发激烈。我国本土企业必须意识到自身发展的局限和不足，鼓励技术创新，利用科技突破加快经济增长方式的转变；培养自主品牌，提升“中国制造”的产品质量和品牌形象，形成新的竞争优势。我国企业只有不断提高自身核心竞争力才能在愈加激烈的国际竞争中获得长期优势。

(3)政府应扶持民营企业和中小企业发展，解决融资困境。我国民营企业和中小企业出口成为我国对外贸易的重要组成部分，中小企业的提升和发展亦成为我国外贸增长方式转变的关键环节。我国中小企业面临严重的融资困难的问题，应尽快建立广泛的中小企业融资机构，优化出口信用担保制度，建立出口基金来分散中小企业的出口经营风险。随着民营企业国际化的逐步发展，我国民营企业和中小企业应当成为出口型企业的主体力量，更具活力和创新力的民营资本更能推动和加快我国本土企业国际化进程的步伐。

(4)我国企业国际化路径应实现多元化发展。对外出口只是企业国际化方式中最为传统和简单的一种，我国企业应借鉴国外优秀企业经验，将多种国际化战略运用于实践。有实力的本土企业应实施对外直接投资，在海外建立子公司或生产基地，进行本土化经营的创新和探索。或者利用我国外汇储备资源，在国际市场中并购海外优良资产，迅速获得国际品牌、先进技术，加快我国企业国际化扩展的步伐。

(5)政府应鼓励并扶持“朝阳产业”及相关企业的发展，给予一定的政策优惠，扶持此类企业对我国企业及经济的发展有着战略性的意义。此类新型产业如新能源、新科技的开发和应用等相关企业拥有了世界领先的科学技术，可以提高和推进我国整体科技水平的发展。

参考文献

1. 车辚：《船舶出口贸易的运作方式及程序》，《对外贸易实务》，2005 年第 11 期。
2. 课题组：《2009 年我国对外贸易形势分析和预测》，《国际贸易》，2009 年第 4 期。
3. 商务部服务贸易司：《大力发展服务贸易，努力扩大服务出口》，《中国经贸》，2009 年第 2 期。
4. 张嘉为、齐晓楠、张珣、郑桂环、徐山鹰：《全球金融危机对我国进出口贸易的影响分析》，《管理评论》，2009 年第 2 期。
5. 张瑞敏：《在“冬天”里创造“春天”——海尔集团以创新应对国际金融危机》，《求是杂志》，2009 年第 11 期。

（作者：武卫文　北京企业国际化经营研究基地研究人员　硕士研究生
林汉川　北京企业国际化经营研究基地首席专家　教授）

北京现代物流研究基地

（北京物资学院）

基地名称：北京现代物流研究基地
依托单位：北京物资学院
项目类别：研究基地自设项目

京津冀物流体系构建的经济环境研究①

京津冀都市经济圈，主要包括北京、天津、石家庄、唐山、承德、张家口、保定、廊坊、秦皇岛、沧州、邯郸、邢台、衡水。随着京津冀区域经济的快速发展和天津被确定为北方的经济中心，以及它的特殊地理位置（处于环渤海地区和东北亚的核心重要区域），越来越引起中国乃至整个世界的瞩目。2010 年 5 月，《京津冀都市圈区域规划》已上报国务院。

物流作为服务型产业，对京津冀经济发展起到重要的支撑作用。通过对京津冀都市圈经济环境的研究，分析京津冀物流体系构成的主要内容及特点显得尤为重要。

一、京津冀都市经济圈概况

（一）京津冀经济发展

2009 年，京津冀都市圈生产总值达 3.4 万亿元，较上年增长 11.8%，增幅高出全国水平 3.1 个百分点，分别高于长三角和珠三角 1.5 个和 1.2 个百分点。京津冀都市圈实现社会消费品零售总额 1.2 万亿元，同比增长 17.7%，增速比上年下降 4.5 个百分点，总额占全国的比重为 9.8%。

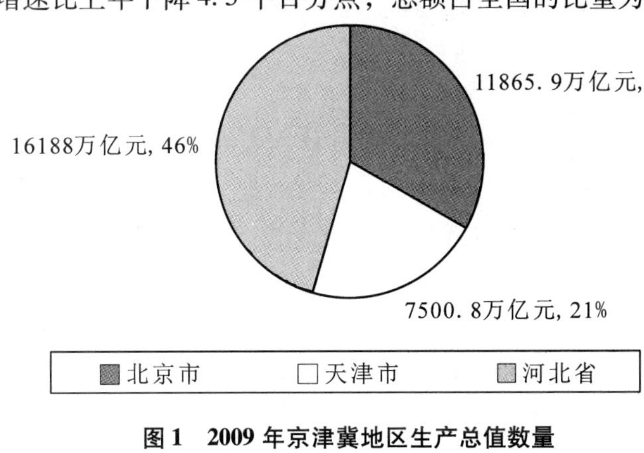

图 1　2009 年京津冀地区生产总值数量

① 本文是《北京流通体系与物流系统研究》项目的阶段成果。

（二）京津冀产业结构

2009 年，京津冀第一、第二、第三产业的结构比例为 5.6∶41.6∶52.9，第三产业比重大幅上升，较上年提高 2.3 个百分点。

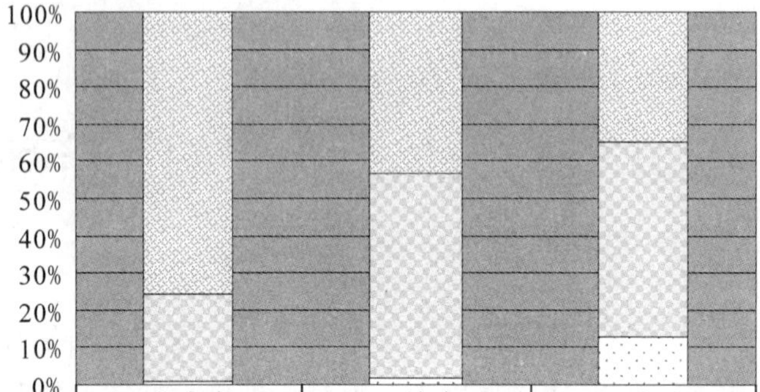

	北京市	天津市	河北省
第三产业占GDP比重	75.8	43.5	34.9
第二产业占GDP比重	23.2	54.8	52.1
第一产业占GDP比重	1.0	1.7	13.0

图 2　2009 年京津冀地区生产总值结构

从图 1、图 2 可看出北京市占区域 GDP 总值的 46%，在经济产量上占有明显优势，而且是以第三产业为主，三大产业比例为 1∶23∶76，而天津市与和河北省三大产业比例结构相近，以第二产业为主，其次是第三产业，其中河北省第一产业所占比例仍保持在 13%。

在我国以工业化为主导的发展阶段，京津冀都市圈第二产业在国民经济中的比重也远远落后于另两个三角洲都市圈地区。京、津、冀在长期的发展中逐步建立起自身相对独立的工业体系，并拥有其相应的工业主导行业。特别地，京津的工业主导行业雷同，通信设备、计算机及其他电子设备制造业、黑色金属冶炼及延压加工业、化学原料及化学制品制造业、石油加工炼焦及核燃料加工业等同为两地的主导产业。

（三）京津冀区域空间结构

与此同时，伴随沿海地区的空间推移和新经济增长极的出现，京津冀区域发展空间结构也得以完善。其一，滨海地区加大开发力度，逐步成为京津冀都市圈经济发展日益隆起的地带；其二，唐山、石家庄、廊坊三市市域经济的发展成就突出，张家口、秦皇岛、保定等中心城市的经济实力也有显著增强，这些经济中心为京津冀都市圈经济的相对均衡发展发挥了一定作用，河北拖累区域经济的忧虑也有所缓解。

（四）京津冀城市功能定位

已经提交国务院的《京津冀都市圈区域规划》，由国家发改委根据三地规划统筹而成。该规划对京津冀三地未来发展方向有明确定位：

(1)北京：国家首都、国际城市、文化名城、宜居城市，重点发展第三产业。

北京城市功能定位是国家首都、国际城市、文化名城、宜居城市，重点发展第三产业，以交通运输及邮电通信业、金融保险业、房地产业和批发零售及餐饮业为主。同时，充分发挥大学、科研机构林立，人才高度密集的优势，与高新技术产业园区、大型企业相结合，积极发展高新产业，以发展高端服务业为主，逐步向外转移低端制造业。

(2)天津：构建国际港口城市、北方经济中心和宜居生态城市。

天津城市的功能定位是构建国际港口城市、北方经济中心和宜居生态城市。天津主要发展航空航天、石油化工、装备制造、电子信息、生物医药、新能源新材料、国防科技和轻工纺织等先进制造业和现代物流、现代商贸、金融保险、中介服务等现代服务业，并适当发展大运量的临港重化工业。

(3)河北：原材料重化工基地、现代化农业基地和重要的旅游休闲度假区域。

河北省作为原材料重化工基地、现代化农业基地和重要的旅游休闲度假区域，是京津高技术产业和先进制造业研发转化及加工配套基地。此外，河北省在第一产业中着重发展农业和牧业，作为京津的“米袋子”和“菜篮子”。

二、京津冀一体化进程中存在的问题

(一)行政分割显著，区域协作度低

长期以来“京津冀”内部地区之间由于行政地位的对峙，导致经济分工—合作—共同发展的局面无法形成，单体城市或行政区经济封闭的旧有格局依旧有较强的影响力。在这样的情况下，京津冀区域内部产业布局在与“长三角”“珠三角”的对比中明显显现出协作程度低、发展不成体系的特点。

(二)梯度明显，层次不良

从京津与河北的经济发展水平来看，区域内部的梯度是明显的，而且由于回流效应大于扩散效应，使得这一梯度还有扩大的趋势。这种梯度所形成的大幅落差使得一方面京津的产业链无法广泛地在河北延伸，另一方面京津的周边城市圈也无法对其提供良好的支撑。虽然区域内部存在一定的梯度是必要的，但利用梯度来形成和强化产业链的发展是局部落后地区实现经济快速发展的关键，而梯度缺乏层次则是致命的。比如，目前京津的重要产业都在南方完成配套，比如汽车制造业，北京和天津是我国重要的汽车生产基地，对汽车发展配套服务的零部件生产有很强的市场需求，

但京津汽车产业发展所需的汽车零部件，有 80% 左右要由京津冀以外的地区供给，其中绝大部分来自长三角。今后应当进一步完善京津冀的内部产业链，构建完善的产业物流体系以保证产业链的完整、高效。

（三）“龙头”城市产业布局尚未实现优化调整

从协作实力看，北京和天津在产业布局等方面的交叉减弱了其整体对河北经济的综合拉动力。从目前来看，北京虽然已经形成了“三、二、一”的产业格局，第三产业的主导地位已经确立，但第三产业内部的结构调整远未完成，新兴服务业的竞争力仍需强化提高。在这样的情况下，由于首都经济与京津冀其他城市的差异性无法充分显现，进而可能影响河北产业结构的调整进程。

（四）发挥京津冀物流枢纽优势，提高区域整体竞争能力

北京的发展日益受到水土资源和能源的制约，人口与环境压力不断加大；天津雄厚的工业基础却难以更好地发挥作用；河北作为京津的腹地，在全国范围内看，算不上经济强省，经济尤需大力发展。而两市一省地域相邻，经济互补，各方面联系密切。

京津冀区域性基础设施网络对区域经济一体化进程的约束作用很明显，特别是在一些区域性港口、机场、跨地区高速公路等物流基础设施建设中，缺乏必要的统筹安排。另外，由于该区域一体化进程缓慢，市场机制的作用还不足以对京津冀都市圈的区域格局重组产生根本作用，因此该地区的经济一体化进程应该首先从基础设施建设一体化建设开始。加强两市一省的物流交流与合作，实行区域物流的一体化，构建我国最具国际竞争力的现代物流网络，发挥京津冀物流枢纽优势，必将大大提高京津冀区域整体竞争能力，也将会对国家现代物流发展战略产生重要的影响。

三、构建以服务区域经济为目标的物流体系

京津冀都市圈正处于工业化为主导的发展阶段，合理布局物流基础设施，不仅可以提升自身的集约化发展水平，还可以带动区域港口、产业及京津冀腹地经济在更高水平、质量和结构基础上发展，实现区域经济和产业结构的优化调整和经济增长方式转变。

（一）京津冀都市群与物流节点布局

在《物流业调整与振兴规划》中，北京市、天津市作为全国性物流节点城市，河北省的石家庄市及唐山市作为区域物流节点城市，承载了京津冀甚至是华北地区、全国的物流活动，因此要充分发挥其节点的流通、物流优势。

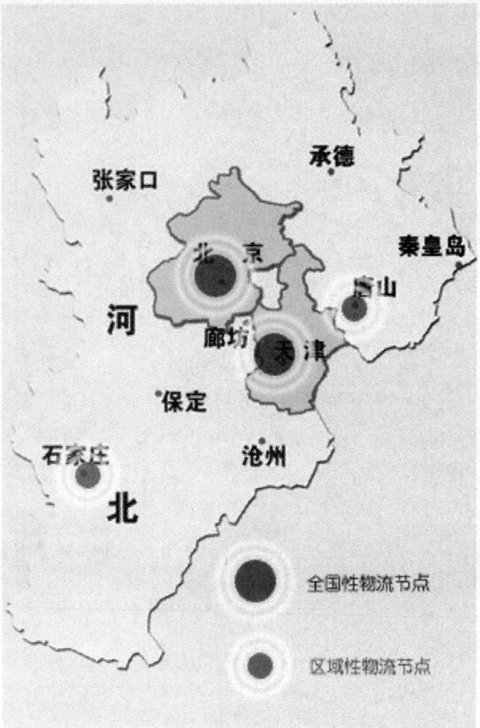

所在物流区域
华北物流区域
全国性物流节点城市
北京
天津
区域性物流节点城市
石家庄
唐山

图3　京津冀各类物流节点城市图

(二)京津冀公路运输体系

经过了“十一五”的建设，京津冀地区已初步形成了以北京为中心，辐射天津、秦皇岛、唐山、廊坊、沧州、石家庄、保定、张家口8个城市，连接周边山西、河南、济南、辽宁、内蒙古5个省区的高速公路网骨架。京津冀都市圈内基本实现了中心城市至地市高速公路连接，地市至县二级以上公路连接，乡镇通油路，村村通公路。随着现代交通体系的建设和延伸，即将步入“一小时经济圈”发展阶段。

表1　京津冀地区公路运输枢纽城市

省份	城市	数量
北京	北京	1
天津	天津	1
河北	石家庄　唐山　邯郸　秦皇岛　保定　张家口　承德	7

注：摘自交通运输部《国家公路运输枢纽布局方案》

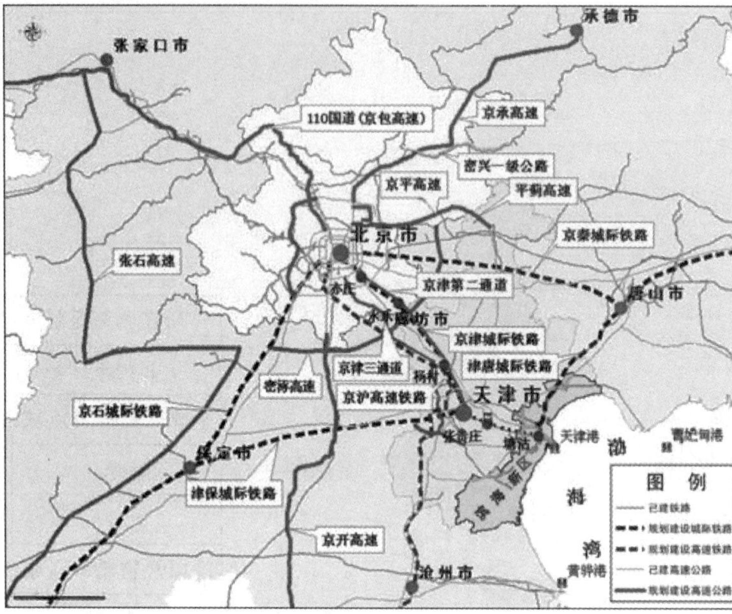

图 4 “十一五”期间京津冀都市圈交通路网示意图

注：摘自《北京市国民经济和社会发展第十一个五年规划纲要》

1. 北京——建“复式”高速路网

所谓“复式”，是指进京的每个方向都有不止一条的高速公路。根据《北京市“十一五”时期基础设施发展规划》，“十一五”时期，促进京津冀区域交通协调发展将成为重要一环。“基本形成以北京、天津为核心，方圆 500 公里区域内重要城市间的陆路‘三小时交通圈’”。北京已有京石、京沈、京津塘等 9 条高速公路建成通车，基本形成了放射状的高速路网。后陆续开工建设的京包高速（六环—德胜口）、西六环（良乡—寨口）、机场南线、京津第二通道、京承三期和京平高速 6 条高速公路建成后，各个方向进出北京都将形成“复式”高速路，北京与京津冀各主要城市间将真正实现高速交通。

2. 天津——建辐射型高速路网

“十一五”期间，天津市规划的高速路网已基本建成，形成“以中心城区和滨海新区核心区（含港口）为双核心，辐射东北、西北、华北腹地，沟通华东、华南，便捷连接京津冀都市圈各大中城市和交通枢纽”的高速公路网络。目前，天津市已相继建成京津塘、津沧等 10 条（段）高速公路，初步形成了以中心城区和滨海新区为中心的对外辐射型高速公路网络骨架。根据《天津市城市总体规划（2005—2020 年）》，天津市高速公路建设将重点强化与北京的联系，同时加强通往华北、西北、东北及沿海方向的直通通道建设。

3. 河北——联通全省，缓解北京压力

目前，河北省有十多条高速公路正在紧张建设中，其中大广高速与京开高速相接，建成后将成为北京正南方向的快速通道，大大缓解京石高速的交通压力。廊涿高速公路是规划中的密（云）涿（州）高速的河北段，该路的建设将实现京秦、京津塘、京珠等高速公路的有效连接，形成河北省会石家庄与廊坊的快捷通道。同时，廊涿高速公路对缓解北京市过境交通压力，加强和促进京津冀经济圈区域合作，具有十分重要的意义。

截至2009年底，全省公路通车总里程达到15万公里，其中等级以上公路14.3万公里，高速公路3303公里，实现了设区市市市通高速，所有县通二级以上高等级公路，所有乡镇通油（水泥）路，所有建制村通公路，其中98%的建制村通油（水泥）路。基本形成了以高速公路为主骨架、以干线公路为重要连接、以农村公路为毛细血管的较为完善的公路运输体系。

图5 环渤海（京津冀）地区高速公路网规划方案

注：原图摘自交通运输部《环渤海地区现代化公路水路交通基础设施规划纲要》，有所修改。

(三)基于港口发展京津冀物流体系

天津港以集装箱、外贸为主，发挥综合性强的优势，建设具有较强竞争力的国际贸易大港；秦皇岛将进一步扩大煤炭输出能力，同时优化货物运输结构，发展集装箱运输和其他的散杂货运输；唐山港充分发挥曹妃甸深水港的优势，重点发展大吨位的矿石、钢材及石油等的吞吐能力；黄骅港定位为以煤炭、石油化工产品、加工产品等运输为主的北方大型物流中心。目前存在的突出问题是：京津冀各港口都在加大建设力度，同时又有新的港口出现。而每个港口规划的发展前景，通常都是向着高效益的综合性港口发展，未来港口功能将可能全面重复。这对于腹地共享、服务对象有限的京津冀都市圈港口体系的发展而言，无疑将是巨大的浪费。

图6　京津冀地区沿海港口布局

注：原图摘自交通运输部《环渤海地区现代化公路水路交通基础设施规划纲要》，有所修改。

在京津冀地区的港口建设中，应通过统一规划、合理布局，形成以天津为枢纽港、其他港口各有分工的港口体系，并通过铁路、高速公路等把主要港口和以京津为核心腹地、以辽东和山东半岛为重要支撑的环渤海地区联系为一个整体，从而改变港口重复建设，低水平竞争，与腹地联系薄弱，后方集疏系统不能合理配套的局面。

(四)京津冀快递物流体系

2009年，京津冀地区快递业务量达到2.2亿件，实现业务收入55.5亿元，占全国快递收入的11.6%。经营快递服务的法人企业达593家，从业人员超过5万人，服务网点已覆盖到县及以上城市和大部分乡镇。形成以北京、天津为主核心，以石家庄、唐山为次核心，以北京—廊坊—天津—滨海新区为发展主轴，以北京—保定—石家庄和北京—唐山—秦皇岛为两大发展次轴，以曹妃甸—滨海新区—沧州—黄骅港为临海城镇新兴发展带，以张家口和承德为冀北发展带，以衡水—邢台—邯郸为冀南发展带，以广大腹地为农村快递发展区的发展空间布局。京津冀设区市已全面实现市内快递"当日达"、城区实现"12小时送达"。地区城市、城关地区和部分重点乡镇互寄快递实现"次晨达"或"次日达"。地区乡镇快递网点(直营、代营点)建设覆盖率达90%。建设适应电子商务发展的快速配送体系。发展生产性快递物流服务，重点发展与世界500强企业和国内大型制造企业的合作共同体。

四、京津冀重点项目与区域物流系统构建

进入21世纪，以京津冀为主体的首都经济圈发展迅速，成为继珠三角、长三角之后的我国第三大经济板块。在京津冀经济发展过程中，天津滨海新区、京津双核发展以及河北省保定市等都是潜力巨大、最具活力的发展区域与发展动力。

(一)天津滨海新区与京津冀区域物流系统构建

天津滨海新区已经纳入国家战略，并由国务院批准为综合改革试验区。推进天津滨海新区开发开放，是在新世纪新阶段，党中央、国务院从我国经济社会发展全局出发作出的重要战略部署。天津滨海新区不仅仅是天津的滨海新区，也是北京、河北的滨海新区。国务院对《天津市城市总体规划(2005—2020年)》的批复中指出，"天津市的规划建设要注意与京津冀地区发展规划的协调，加强区域性基础设施建设，促进产业结构的合理调整和资源优化配置。特别要注意加强与北京市的协调，实现优势互补、协调发展，提高为首都、环渤海以及北方地区服务的功能。"

对于发挥滨海新区优势，构建京津冀物流体系方面应开展一些工作：(1)以滨海新区开发为契机推动综合交通的统筹协调，推动京津地区甚至环渤海地区港口的协作与整合，规划疏理南北向大交通，谋划建设"曹妃甸—天津—黄骅"滨海通道；(2)协调与完善滨海新区各功能区的规划，形成既有整体，又相对独立的功能组团；(3)确定滨海新区核心区的空间骨架，对于工业用地、废弃铁路用地和港区用地进行整体设计。

(二)京津"双核"结构与京津冀物流体系构建

北京、天津两大直辖市同处京津冀区域，形成京津冀经济圈独特的"双核"结构，对区域发展具有举足轻重的作用。北京经济技术开发区和天津经

济技术开发区是两个国家级开发区，分别是两市高新技术产业密集区、开放型经济聚集区和经济增长点，同时也是中国北方地区最负盛名的京津塘高新科技产业走廊上的两个最重要节点和利用外资最为集中的地区。加上开发区的体制优势和政策优势，可以说，北京经济技术开发区与天津经济技术开发区的协调发展是推动京津冀区域经济一体化的一支重要力量，同时也带来了巨大的高附加值的物流需求。建设支撑“双核”的物流体系是京津冀物流体系建设的重要内容。

（三）京津冀流通领域合作与物流体系构建

1. 京冀商贸流通合作

北京市商务委和河北省商务厅签署的商贸流通合作协议，是落实两地政府深化经济发展合作框架、拉动内需、扩大消费的重要举措。根据协议，北京市鼓励大型商贸龙头企业以合资、合作等方式到河北投资办店；河北省对北京企业开拓河北市场在政策、项目上予以扶持。河北省支持北京在冀发展错季菜基地、有机食品基地、鲜活农产品基地，保障首都市场供应。此外，京冀两地还将信息资源共享并建立定期工作交流机制。

目前京冀两地商贸企业合作逐步加强，仅新发地农副产品批发市场，其一年的成交额中就有 40% 来自于河北省，三元、二商集团等已在河北建立了生产基地等。

2. 京津商贸流通合作

早在 2005 年，北京、天津两市就签署了《京津城市流通领域合作框架协议》，提出建立相互援助快速反应机制，共同构建相互支持的城市生活必需品应急保障系统。北京作为特大消费型城市，商品流通数量巨大、种类繁多，京津流通领域的合作不仅丰富了北京的商品，而且极大地拉动了天津的经济。

3. 津冀经济与社会发展合作

2010 年，天津市政府办公厅印发了《落实〈河北省人民政府天津市人民政府关于进一步加强经济与社会发展合作会谈纪要〉工作分工方案》的通知规定。双方将加强会展合作，提供各种便利条件。天津市为河北省优势企业和安全优质农副产品进入天津市场提供更多机会和便利条件；鼓励多种形式的合作：引导天津市有实力的大型农产品市场和商贸龙头企业到河北省投资，或以参股、联营等多种方式合作，兴建蔬菜种植基地和畜禽养殖场，建立长久稳定的产销合作关系；促进二手车流通合作：双方支持和鼓励有实力的企业在天津建立服务环渤海地区的新型二手车交易市场，组织两地重点市场对接洽谈，建立密切合作关系，推动市场资源整合；加强商贸流通和商品展销：鼓励天津市大型商贸流通企业参与河北省农村新民居建设，到河北省农村新民居示范村开办连锁超市，支持双方大型商贸企业联手举办商品大集和名优新特商品展销活动。

(四)保定“菜篮子”和“米袋子”工程与京津冀物流体系

河北省保定市将在“十二五”期间，大力发展高效农业，建设华北绿色农产品生产加工供应基地，为京津市民编织“菜篮子”和“米袋子”。公布的《保定市国民经济和社会发展第十二个五年规划纲要》(草案)中显示，“十二五”期间，保定将重点打造涿州、高碑店等13个粮食生产核心区，涿州定兴环京津优质精特菜、徐水温室西红柿等10大蔬菜生产基地，以及苹果、桃、梨等6大名特优果品生产基地。保定市将利用市区南部传统物流企业相对集中的有利条件，打造服务城市生活、活跃商品流通的城市配送型综合商贸物流基地；涿州、涞水、高碑店三县(市)将重点发挥近临北京和交通便利的优势，分别打造集货物流通加工、集散配送等功能为一体的枢纽型和城市配送型物流基地，以及环首都物流产业带上的重要物流节点和面向首都、辐射周边的蔬菜、食品、建材产品物流集散基地。

另外，白沟新城将重点发挥京津冀地区小商品集散地优势，打造以箱包、服装、原辅材料、小商品、灯饰等为主，其他货种为辅的物流基地和资源配置中心；涞源、定州两地将分别发挥山西、内蒙古等西北地区能源、资源外运和西煤东运、保南地区资源外运的疏解功能，打造面向京、津、冀、晋、蒙区域的资源型物流基地和集交通枢纽型、产业基地型和商贸集散型为一体的现代物流基地。

区域物流与区域经济之间存在着深刻的内在联系，它们相互依存、相互促进、协同发展，一方面区域物流的发展演变对区域经济发展进程产生积极的影响，另一方面由产业结构、产业规模以及产业政策等要素构成的区域经济环境，对区域物流的增长及其有序发展产生刺激和推动作用。京津冀区域物流合作是京津冀区域经济合作的基础和最佳切入点。虽然目前京津冀物流体系建设还存在着区域物流发展水平相对较低、区域经济发展不平衡限制了区域物流一体化发展、社会物流需求不足、物流资源规划和运营需进一步协调、合作政策相对滞后等问题，但随着物流资源布局与运营一体化、政策机制协调与对接一体化、公共信息共享与交换一体化的不断深入，京津冀一体化进程将不断加快。

加强京津冀区域物流合作，实行区域物流一体化，从区域经济协调发展的大局出发，充分发挥京津冀地区是我国北方重要交通枢纽的优势，将其货运优势转化为流通优势，配备相应的站场服务功能，如运输、装卸、包装、配送、加工、电子商务等，使物流畅通，并形成完善的综合物流服务体系。同时，打破行政分割，重塑市场经济条件下的新型物流区域合作关系，有利于加快京津冀区域物流的发展，促进本地区经济一体化的进程，使这一地区逐步成为新的经济高地，对国内其他地区特别是环渤海地区将产生强有力的带动和示范作用，从而带动整个环渤海地区经济的快速发展。

参考文献

1. 祝尔娟：《京津冀都市圈理论与实践的新进展》，中国经济出版社，2010 年。
2. 吴良镛等：《京津冀地区城乡空间发展规划研究二期报告》，清华大学出版社，2006 年。
3. 母爱英、武建奇、武义青等：《京津冀：理念、模式与机制》，中国社会科学出版社，2010 年。
4. 武志惠、徐扬、申金升：《京津冀地区物流业对经济增长的作用分析》，《物流科技》，2007 年第 4 期。
5. 杨志梁、张雷、程晓凌：《区域物流与区域经济增长的互动关系研究》，《北京交通大学学报》（社会科学版），2009 年 1 月。
6. 敖丽红、宋玉祥：《区域物流与区域经济发展》，《物流经济》，2007 年第 2 期。

（作者：孙前进　北京现代物流研究基地首席专家　副教授
孙　静　北京物资学院商学院　助理研究员）

CBD 发展研究基地

（首都经济贸易大学）

基地名称：CBD发展研究基地
依托单位：首都经济贸易大学
项目类别：北京市哲学社会科学"十一五"规划研究基地项目

楼宇经济：特点、成因与发展模式①

从产业发展的角度来看，城市化进程就是中央商务区(Central Business District，CBD)的发展进程，CBD进程就是楼宇经济的发展进程。作为高端要素聚集中心，CBD将产业链中最具附加值的要素集中在一个平台上进行展示和活动，这个平台就是一幢幢楼宇。因此，CBD的高端楼宇具备着巨大的经济价值，承载着城市产业发展和价值创造的人流、物流、资金流、信息流，也成为引领城市主流的中心，成为产业发展的前沿和高端载体。

现代城市最集中的特征体现在楼宇，现代城市又为楼宇经济提供了发展空间。作为一种现代城区经济发展的战略取向，近年来我国楼宇经济发展迅速。楼宇经济以商务楼或办公楼等功能性板块和区域性设施为主要载体，通过开发、出租楼宇引进关联企业，逐步形成资金密集、技术密集、服务密集、税收密集的经济地块并进而带动区域经济发展。

楼宇经济的崛起是城市现代服务业发展的必然结果。现代服务业的迅速发展，为楼宇经济发展提出大量需求。随着各大城市工业外迁和产业结构调整，现代服务业日益成为城市产业发展的支柱性产业。包括金融业、咨询业、广告策划、影视制作、网络公司、律师事务所、会计事务所、咨询中介公司、高科技企业、娱乐服务企业、房地产开发企业、旅游服务企业、交通通讯企业等国内外各类企业和公司在内的现代服务业不断集聚和发展，需要楼宇提供混合或专属的办公空间，因此楼宇经济在城市的产业结构升级阶段应运而生。

楼宇经济的崛起是价值链分解的必然结果。当前，经济全球化日益深入。借助于现代信息技术，跨国公司的产业分工链条得以在全球布局。在全球分工不断加剧的大背景下，价值链不同环节呈现出快速分解态势，管理与研发、生产、资本、服务等功能根据公司战略和区域成本分散设立。从全球经济发展来看，相同或相近的环节在同一空间中不断积聚，最终将

① 本文是《2010年北京CBD研究基地年度报告——中央商务区楼宇经济发展研究》项目的阶段成果，项目编号：10AfJG405。

会产生出现各种专业性的功能区域，企业由单一中心、独立行为、地方观念向多个中心、相互依存、全球观念转变。企业的管理功能更趋向中心，研发功能更趋向于专业科技园，生产功能更趋向于地价便宜的郊区或工业区。价值链各环节的分解和同类集聚，打破了过去传统的企业自建自用的办公场所，新的集聚需要新的商务楼宇提供空间支持。

纵览全球，由于正处于城市经济快速发展阶段，楼宇经济的崛起和发展在我国尤为迅速，相关学术研究也正处于起步发展阶段。本文结合既有的研究成果，针对楼宇经济的概念表述进行梳理，并归纳总结了我国楼宇经济发展的特点、发展成因和发展模式。

一、楼宇经济概述

(一)引言

楼宇经济是近年来我国城市经济发展中涌现的一种新型经济形态。这种提法始于20世纪90年代，是经济学界提出的一种复合概念。楼宇经济的概念和实践首先出现在深圳和上海，随后出现在沿海一些经济发达城市(宁波、福州、大连、天津等)，并逐渐被其他一些城市所接受①。近年来，很多城市的中心城区在发展CBD时把发展楼宇经济作为一种新的发展方向，积极推进，直接推动了城市的可持续发展。

21世纪以来，我国城市建设出现了CBD热。建设部城乡规划司2002年委托深圳市城市规划设计研究院对国内城市CBD规划建设情况进行专题调研的结果显示，截至2002年12月，全国359个20万人口以上城市中(不包括台、港、澳地区)，明确提出和正在实施CBD发展计划的有北京、上海、广州、深圳、无锡等36个城市，约占调研城市总数的10%，其中已经实施开发建设的有北京、上海、广州、深圳等8个城市，占调研城市总数的2.2%②。

由于CBD是一个城市发展到高级阶段的产物，我国很多地区的经济发展水平和发展阶段还达不到发展CBD的条件，因此我国提出发展CBD的城市较多，而现实实施发展并成功的较少。前期发展积累比较薄弱的城市，近年来兴起了一种新的提法——楼宇经济。楼宇经济具有知识含量多、创新能力强、地均产出和楼均产出非常高、产品附加值大等特性，据统计，一幢高级商务楼里众多公司所产生的效益与城乡结合部7.8平方公里内的经济效益相等。因此，我国一、二、三线城市的主要城区大都明确提出，要通过发展楼宇经济来促进城区产业和经济社会升级，提升城市形象。如天

① 杨全社：《楼宇经济与城市可持续发展》，《中国社科科学院研究生院学报》，2010年7月。

② 陈伟新：《国内大中城市中央商务区近今发展实证研究》，《城市规划》，2003年第12期。

津市河东区委、区政府组织力量科学构建了楼宇经济立体组织网络，成立了由区政府主要领导挂帅的楼宇经济领导小组、楼宇经济办公室、楼宇经济服务中心三个层次的工作网络；河南省郑州市金水区成立了楼宇经济工作领导小组，并建立了官方的楼宇经济网，并于2010年针对楼宇经济发展进行了专项规划；成都市在2003年召开了“21世纪楼宇经济论坛”；柳州城中区委、城中区政府于2008年9月举办了“2008楼宇经济论坛”，等等。这些情况表明我国的楼宇经济发展正逐渐波及全国并被迅速、深入推动。

（二）国内外楼宇经济发展概况

美国纽约的曼哈顿、法国巴黎的拉德方斯、日本东京的新宿、中国香港特别行政区的中环铜锣湾等城市CBD，都有设计先进、造型气派、设施智能、功能齐全的宏大商务楼宇群，在这些宏大的商务楼宇群中，凭借着便捷的交通条件、良好的配套设施、深厚的文化底蕴、丰富的景观资源和优越的投资环境，聚集了当今时代最先进、最发达的第三产业，如金融、保险、证券、商贸、经纪、咨询和房地产等产业。这些成规模的产业，勾联着国内外市场，释放了巨大的经济热能，形成了大都市核心圈层的特色经济——楼宇经济。根据有关资料显示，关于目前甲级写字楼的供应量，香港在670万平方米以上，东京也在4200万平方米以上①。

2009年，根据一项年度全球办公室租金成本调查，英国伦敦蝉联全球地王，为全球办公室租金成本最高的国家。香港、日本东京及韩国首尔的办公室租金大涨，香港更挤下巴黎，排名跃升至第二位，东京维持在第三位。据报道，Cushman & Wakefield Inc. 的调查指出，香港办公室租金暴涨75%，但仍较伦敦西区的成本便宜27%，而伦敦西区办公室租金上涨4.1%，每平方公尺高达1636欧元（约17000元人民币）②。

相比之下，国内的楼宇经济发展正处于迅速上升时期。例如，北京市朝阳区商务楼宇在其发展过程中呈现出高档写字楼数量多、经济总量大、经济发展高度集约、单位面积经济贡献大、商务楼宇聚集格局基本形成、各区域特色鲜明和总部经济特征明显、辐射带动作用较大等特点。

据初步调查，北京市朝阳区全区甲级写字楼占全市甲级写字楼总数的39.3%，面积688.2万平方米，占全市总数的41.3%③。经过多年发展，朝阳区商务楼宇目前已呈现一区、两轴、多中心的发展格局。一区指商务中心区（CBD），两轴指长安街及其延长线和东三环沿线，多中心指以CBD和长安街延长线、东三环沿线为基础辐射的燕莎—三元桥、望京—电子城、

① 刘磊：《上海城市圈层结构研究》，上海交通大学博士学位论文，2008年6月。

② http：//blog. sina. com. cn/s/blog_ 541eb1760100g8jg. html.

③ 数据来源：北京市朝阳区商务局。

朝外及建外等楼宇经济副中心。各商务楼宇聚集区显示出不同的特色与分工。CBD 区域总体档次高，呈现高端化和专业化发展方向，入驻企业以外商投资企业为主，在行业分布上则以商务服务、金融、文化创意等现代服务业为主。燕莎—三元桥区域总体档次高，物业管理优异，以韩、日企业为主，500 强企业云集。望京—电子城区域多为园区大型企业自建楼，形成以电子通信为主的高技术产业和跨国公司研发中心聚集区，园区由生产基地逐步向国际化经营性总部基地转变。

(三)楼宇经济基本内涵

楼宇经济是一种全新的经济概念，是一种都市特色经济。

所谓楼宇经济，是一种隐身于大都市中心城区高档商务楼宇或城市功能区办公楼宇中的经济形态，以商务楼宇和办公楼宇为载体，通过开发、出售或出租楼宇进行招商引资和留资，从而产生持续性的税源，并带动经济增长。

这里所说的楼宇，可以分为两类：一类①是指城市内占地面积较小、容积率较高、建筑面积较大并用于经营性的商务楼(写字楼)。另一类是指城市功能区的都市产业(如都市工业、文化创意产业、生态产业等)楼宇，占地面积较大，容积率较低，建筑面积较大。

也有学者认为，在我国城市经济发展过程中，凡是利用新开发楼盘或闲置用房，通过出租、售卖、合作等形式，引进现代服务企业和都市型工业，从而培植新税源和新经济增长点，促进城市经济发展的经济活动，统称为楼宇经济。楼宇经济是中心城区利用高端商务楼宇发展现代服务业企业产业集群，从而培植新税源和新经济增长点，以带动区域经济增长的经济活动②。

一般来说，楼宇经济的内涵主要包括三个方面③：

(1)楼宇经济是城市经济发展的高级形式。即由原来以简单的产业复制和粗放型的外延扩张的方式发展城区经济转向以楼宇为核心的集约型发展方式。

(2)楼宇经济是功能板块经济。特定的经济要素必须聚集整合形成一定的功能性板块，才能产生集约化效应。

(3)楼宇经济是环境经济。不同的经济要素对于诸如交通环境、人文环境、社区环境等各有不同的要求，城区的环境必须围绕楼宇承载的经济要

---

① 刘磊：《上海城市圈层结构研究》，上海交通大学博士学位论文，2008 年 6 月。

② 丁元：《成都市锦江区楼宇经济集聚发展研究》，电子科技大学硕士论文，2009 年 6 月。

③ 洪田芬、杨毅栋：《楼宇经济空间发展体系研究——以杭州市为例》，《城市规划》，2010 年第 1 期。

素实施特定的优化，方能吸引相应的经济要素的进入。

(四)楼宇经济发展类型

楼宇经济的发展类型，从狭义上来说，就是写字楼、商业楼、城市综合体；从广义上来说，还应包括如科技孵化器、工业遗产、历史建筑、标准厂房和SOHO(small office，小型办公；home office，在家办公)等现代产业发展中的新兴楼宇类型。本文的研究取楼宇经济发展的广义类型，分三个层次进行。

1. 基础类型

即狭义所指的楼宇经济类型。

其一，商务楼宇：不包括行政办公、事业单位和各类社会团体的自用办公用房。商业办公综合体按商务楼统计。

其二，商业楼宇：各类商业楼，但不包括各类已有特定投资和经营主体的新建、改扩建商场、市场等。

其三，城市综合体：城市综合体的狭义概念，即混合功能的建筑。

2. 拓展类型

主要指工业研发等新兴类型。如硅谷即为科技研发的楼宇集聚；而幕张副都心和横滨 MM21 等，是以高标准工业为基础实现的楼宇集聚。

其一，科研楼宇：除大专院校、科研机构外的各类研发、信息咨询等建筑，包括科技孵化器。

其二，标准厂房：仅指工业用地内的高标准厂房。

3. 城市特色类型

各个城市的特色产业作为城市经济发展的重点扶植对象，往往也会衍生为特色的楼宇经济。

其一，文化创意楼宇。进行影视传媒、动漫、古玩鉴赏、艺术绘画等文化创意产业发展的楼宇。

其二，保护建筑：各种历史建筑、工业遗产、校园遗产、农居保护建筑等经过功能替换后再开发利用。

其三，农居 SOHO：以不收税、不交级差地租为特点和优势，发展SOHO特色区。

二、楼宇经济发展要素

近年来，对楼宇经济的研究逐渐增多，很多研究者从不同的角度对楼宇进行了表述。这些定义，角度不同，侧重点也不一样，但是大多涵盖了如下要素："新兴经济形态""区域经济""以商用楼宇为载体""现代服务业""税源""产业集群""招商引资""集聚效应"等。综合来看，楼宇经济发展应具备以下发展要素：

1. 以商用楼宇和办公楼宇为基本载体

随着城市化进程的不断加速，城市的土地消耗殆尽，土地成本日益增高，因此，依托楼宇向空间发展，向楼宇和空间要效益，是城市发展路径的必然选择。楼宇经济是城市经济发展的必然趋势。在“楼宇经济”的概念中，广义的楼宇主要是指“商用楼宇和办公楼宇”，包括了商业楼宇、商务楼宇以及办公楼宇；狭义的楼宇主要是指商务楼宇，即写字楼。但是，在经济较为发达的城市，尤其是发展阶段较高的 CBD 区域，商业楼宇和商务楼宇往往连接在一起，不可分开，形成了良好的商业生态，在城市功能区，办公楼宇往往集聚着大量产业。因此，可以用“商用楼宇和办公楼宇”来指称这一载体①。

2. 以服务业和新型都市产业的发展为依托

城市的发展离不开产业的提升。随着城市经济的不断发展和升级，第三产业和新型都市产业在城市经济中的比重日益增加，因此，城市楼宇经济的发展大多以服务业和新型都市产业为依托，通过服务业和新型都市产业的发展提升经济的发展水平，促进就业，增加城市的辐射力和容纳能力。这些现代服务业和新型的都市产业范围广泛，包括金融企业、咨询公司、广告策划公司、影视制作公司、网络公司、律师事务所、会计师事务所、咨询中介公司、高科技企业、娱乐服务企业、房地产开发企业、旅游服务企业、交通通讯企业等国内外各类企业和公司。从某种意义上讲，楼宇经济就是财源经济、人才经济、信息经济、物流经济，是一个城市三次产业和城市新型工业的总开关。

3. 以产业集聚为经济发展基础

现代城市的商务楼宇不再是单纯的一个建筑物，而是人才、知识、信息、资本等集聚之地，具有占地面积少、知识含量高、单位产出高的特点，因此，楼宇经济具有很强的集聚效应。其具有极强的创新能力，并能提供高附加值的产品和服务，推动产业结构升级。一幢商务楼宇就像一个磁场，当大的企业、集团纷纷入驻后，大量的商品流、贸易流、信息流、资金流、人才流便开始在这里汇聚，从而形成一个内部互相交织的发达网络，产生巨大而显著的财富效应。

4. 以高税源为基本衡量价值

从 CBD 到楼宇经济，虽然其发展的载体不变，但是，却体现了城市地方政府思路的转变，即将楼宇从单纯的形象工程转变为实实在在的税源。通过调研可以发现，很多地方发展楼宇经济，其初衷都是要通过发展楼宇，发展第三产业，进而发展地方经济，带动税收的增加。这是地方政府推动

① 由于一般指商务楼宇，因此下面除特别说明外，本文所述楼宇经济均表示商务楼宇发展。

楼宇经济发展的原动力。

5. 以政府推动为迅速发展前提

这一特点和我国当下的发展阶段分不开，同时也和楼宇经济作为地方的税源经济这一特征密不可分。由于城市地方政府有发展经济、获取税源的动机，因此，很多地方政府通过建立招商机构和楼宇经济办公室，通过财政补贴、税收优惠等措施，大力招商引资，引进商家入驻，从而迅速推动地方楼宇经济发展。

三、楼宇经济基本发展特点

楼宇经济具有产业集聚、人才集聚、信息密集、资金汇聚等一系列特点，以其投入产出比高、占用土地资源少、带动力强的优势，不断推动周边地区餐饮、购物、休闲、旅游、会展、房地产等产业的蓬勃发展。楼宇经济的发展推动了城市新的商务功能区、金融功能区、文化创意功能区的形成，优化了城区的产业布局，增强了中心城区的核心竞争力。楼宇经济呈现出前瞻性强、产出规模大、建设标准高、区位优、配套全和功能多的特点。

1. 依托特色区域

楼宇经济是城市发展到一定阶段，人流、物流、信息流、资金流相对集中，形成一定商圈的基础上产生的，它必然在区位上依托于特定的城市商圈之中，以商务楼或办公楼为最基本载体。依托性是楼宇经济最基本的特征。

2. 突出产出效益

楼宇经济集聚区内，企业既能最大限度地获取中心城市发达的现代服务、密集的智力资源、便捷的通讯信息、敏捷快速的物流等资源优势，又能最大限度地利用生产基地廉价的土地、劳动力、能源等要素优势，最大限度地降低成本；同时，企业总部集聚发展产生竞争效应、示范效应、溢出效应等①，有利于企业创新能力增强、竞争力提升和品牌影响力增强，从而进一步提升企业的产出效率和收益能力。据发达地区有关方面统计，一幢高级商务楼所创造的效益，与城郊几平方公里范围内的商户所产生的效益相等，因而被称为垂直的商务街、金融街。

据测算，一座占地十亩左右的普通写字楼年税收可超过千万元，其税收产出相当于一个占地近千亩的普通工业园，上海静安区的面积仅 7.62 平方公里，已启用商贸商务楼 230 余栋，全年创造区级税收 13.8 亿元，占区

① 丁元：《成都市锦江区楼宇经济集聚发展研究》，电子科技大学硕士论文，2009 年 6 月。

级财政收入的50%以上①。

3. 集约利用土地

楼宇经济集约利用土地和资源，实现了城市经济从外延式扩张向内涵式深化转变的新型经济形态，通过把平面土地和空间概念联系起来，充分利用空间资源，使土地要素得以拓展，提高了土地使用率和产出率。

集约利用使得楼宇经济占地面积少，知识含量高。这与中心城区土地资源有限、地价昂贵相适应，使黄金地段能真正发挥寸土寸金的效益，确保经济社会的可持续发展。由于知识含量高，从而附加值高、产出投入比高，有利于加快发展新经济。

4. 集聚高端要素

作为企业价值链的高端环节的集聚地，楼宇经济集聚区还具有非常密集的高端要素。尤其是人才、信息、金融等高端要素和战略资源都纷纷流向楼宇经济聚集区。

楼宇经济具有产业集聚、人才集聚、信息集聚和资金集聚等功能，一幢商务楼宇就像一个强力磁场，集聚了大量的商品流、贸易流、信息流、资金流、人才流等，形成了巨大而显著的财富效应。据统计数字显示，入驻于一幢高档商务楼宇里的众多企业所产生的经济效益，可以和城乡结合部7.8平方公里范围内的所有商户所产生的经济效益相等。

5. 辐射效应明显

商务楼宇内旺盛的人气、财气及较高的消费能力，能大大带动楼宇自身及周边地区的商业、会展、旅游、文化娱乐、休闲和餐饮业等发展，加快形成功能良好、配套齐全的商圈，同时扩大住宅需求。

6. 服务体系发达

楼宇经济能够有效地带动城市现代服务业发展，入驻楼宇的企业具有管理、研发、营销、投融资、采购等不同职能，这些职能的实现对相应的服务业产生强烈的市场需求，成为这些服务业发展的重要市场动力。不仅金融保险、会计审计、法律服务、信息技术、广告、中介咨询等现代服务业快速成长，餐饮、快递、超市等传统服务业也得到提升，楼宇经济集聚区成为城市服务业体系最完整的区域。

四、楼宇经济发展成因

楼宇经济是城市经济发展到一定阶段的必然产物。楼宇经济在20世纪90年代中后期产生并蓬勃发展，是我国城市发展产业结构大调整、大力发

---

① 段超：《地方政府招商引资优化土地资源配置研究——以长沙市F区政府为例》，中南大学硕士论文，2009年3月。

展第三产业特别是现代服务业的产物，有着多方面的发展成因。

1. 土地资源高度紧缺迫使经济发展立体化

目前，我国大城市如北京、上海、广州、深圳等地的土地资源十分紧缺，地价昂贵，特别是中心城区，经济的进一步发展受到土地资源稀缺的极大限制。化解经济发展与土地资源日趋紧缺的矛盾，最佳的途径就是发展楼宇经济，变平面发展为立体发展，变实体经济为虚拟经济，向空间求发展，向楼宇要效益。

2. 产业结构调整和现代服务业发展促使楼宇集聚

随着我国大城市产业结构的升级调整，北京、上海等地纷纷实施核心圈层"退二进三"战略①，越来越多的著名公司和会计师事务所、律师事务所、金融服务和技术咨询机构等其他中介服务组织都入驻于繁华城区的高档商务楼，成为CBD区域内现代服务业的集聚中心，促进了楼宇经济的发展。从支撑楼宇经济的产业基础看，楼宇经济是城市现代服务业集聚的产物。

3. 产业分工日益细化要求楼宇经济集中

在全球分工不断加剧细化的大背景下，价值链的不同环节呈现出快速分解态势，而相同或相近环节在同一空间中不断地积聚，以至出现各种专业性极强的功能区域。在经济发展早期，企业在办公空间上是一体的，管理、研发、设计、生产等都位于同一办公地点。但随着企业价值链的分解，管理与研发、设计、生产分离。企业由单一中心、地方观念、独立行为向多个中心、全球观念、相互依存转变。企业的管理功能更趋向于城市中心，而研发功能则更趋向于专业科技园，生产功能更趋向于人力与物力资源便宜的郊区或工业区。价值链各环节的分解和同类的集聚，打破了过去传统企业自建自用的办公场所，新的集聚需要新的商务楼宇提供空间上的支持。

4. 城市政府规划引导推动楼宇经济崛起

城市政府为了促进本城市、本地区经济的可持续发展，越来越加强规划引导。城市政府根据本地产业发展规划和城市功能区的集聚规划，确定了各式各样的城市功能区，而要相应实现各功能区的规划功能，必然要通过楼宇的建设提供空间载体。

五、楼宇经济发展模式

纵观国内外大城市楼宇经济的发展过程，可以总结出城市楼宇经济发展的普遍模式：

---

① 刘磊：《上海城市圈层结构研究》，上海交通大学博士学位论文，2008年6月。

1. 多核多中心发展

纽约、东京、伦敦、香港等国际大都市以及我国国内北京（CBD、金融街、丰台丽泽金融商务区等地的楼宇逐渐各自成核发展）、上海（浦东、浦西两大商务商业集聚区和各区分散发展）等地已经形成了多核、多中心分散发展的特点。

2. 结合交通干线发展

楼宇经济往往结合地铁、公交路线等主要交通干线延伸发展。例如香港的商务中心均为大型交通集散枢纽；伦敦也是以地铁网络为基础、地铁站点为节点构建的楼宇经济网络。

3. 多元化业态发展

在楼宇经济发展的多核多中心结构中，分化出的次级中心一般体现出与原中心高低互补、类型互补的产业特征。如纽约曼哈顿，老城保留金融交易功能，中城以行政管理功能为主；而布鲁克林、长岛、皇后区等以后台服务功能为主，实现功能和层次的互补。

4. 规划引导发展

城市次核的建设，一般都是政府为疏解老城区的压力，引导新城区开发的重要手段。规划和政府引导在发展前期起到了非常重要的作用。

参考文献

1. 陈伟新：《国内大中城市中央商务区近今发展实证研究》，《城市规划》，2003 年第 12 期。
2. 丁元：《成都市锦江区楼宇经济集聚发展研究》，《电子科技大学硕士论文》，2009 年 6 月。
3. 段超：《地方政府招商引资优化土地资源配置研究——以长沙市 F 区政府为例》，《中南大学硕士论文》，2009 年 3 月。
4. 洪田芬、杨毅栋：《楼宇经济空间发展体系研究——以杭州市为例》，《城市规划》，2010 年第 14 期。
5. 刘磊：《上海城市圈层结构研究》，上海交通大学博士学位论文，2008 年 6 月。
6. 杨全社：《楼宇经济与城市可持续发展》，《中国社科科学院研究生院学报》，2010 年 7 月。

（作者：张杰　CBD 研究基地研究室主任　副教授）

首都社会安全研究基地

（中国人民公安大学）

基地名称：首都社会安全研究基地
依托单位：中国人民公安大学
项目类别：国家社科基金青年项目

诉讼证明标准研究①

诉讼证明标准不仅是中国的问题，也是一个世界性问题；不仅是一个重要的理论问题，也是一个实践性极强的问题。在21世纪初，我国学术界对诉讼证明标准的讨论形成了争鸣之势，出现了不同的观点乃至流派。这充分反映了在社会和法律的转型期人们理念的改变。理论上的争论也影响到了司法实践，在诉讼证明标准的理解与运用上，司法人员也出现了不同的认识。因此，对诉讼证明标准立足中国、放眼世界进行研究是非常有意义的。

一、证明标准的理论基础

近十来年我国的证据法学发展迅速，传统的观念、理论不断受到挑战，新的观点不断提出，几乎在每一个问题上都有不同的观点和争论，出现了百家争鸣的局面。这对于学术研究来说是有积极推动作用的。研究充满争议的证明标准就必须明确证明标准在整个诉讼证明体系中的地位，即厘清证明标准与相关概念的关系。我国证据法学理论研究对证明标准的定义经历了三个阶段的发展变化：“证明任务”型；“证明标准、证明要求、证明目的、证明任务”等同型；证明标准独立型。证明标准是承担证明责任的证明主体对证明对象进行证明所需达到程度或尺度。证明标准是诉讼证明体系中的一个独立概念和范畴，与证明任务、证明要求、证明目的等概念不同。证明标准是诉讼证明体系中的一个重要的独立范畴。随着证据法学研究的深入，应当对诉讼证明的体系和范畴等进行梳理，将一些无关紧要的概念剔除，确立对证据法学深入研究具有意义的范畴。在诉讼证明体系中，应当包括证明、证明主体、证明对象、证明责任、证明标准这样几个范畴。而证明要求和证明任务则不属于基本范畴，应当从研究中剔除，这是证据法学发展到一定阶段提出的必然要求，也是证据法学发展到一定阶段的标志。诉讼证明标准具有模糊性、主观性和客观性的属性。证明标准在诉讼

---

① 本文是《诉讼证明标准研究》项目的最终成果，项目编号：05CFX019。

中具有以下功能：指引裁判者认定事实；在刑事诉讼中指引控辩双方的诉讼活动；在民事和行政诉讼中指引当事人举证、质证。

可以毫不夸张地说，关于证明标准的讨论参与学者之多，观点分歧之大，论证力度之深，在我国诉讼法学研究史上可谓前所未有。之所以会爆发这场轰轰烈烈的争论，依我们看来，有以下几个方面的背景和原因：首先，证明标准问题本身具有复杂性和重要性；其次，诉讼模式进行了改革；再次，我国的证据立法运动声势浩大；最后，诉讼价值多元化的兴起。在这场争论中，理论界先后提出了法律真实说、相对真实说等不同的学说，并对客观真实说进行了批判。相应地，客观真实说在回应其他学说的批判时，自身也进行了一定的修正。考察上述诸种不同的诉讼真实观，我们发现他们之间存在的根本性分歧表现在：诉讼中作为本源事实的案件客观事实真相能否被发现，裁判者能否知道自己裁判所依据的事实是否是案件的本源事实。当然，从表面上看，上述几种诉讼真实观似乎水火不容，尖锐对立。然而，仔细比较，我们会发现，这些学说也存在许多相容或相同之处：(1)诸种诉讼真实观都属于认识的客观主义流派；(2)基本上认可在诉讼中追求客观真实的价值；(3)一致认可绝对地、完全地查明案件的所有事实真相是不可能的，也是没有必要的；(4)基本上认可诉讼证明标准是主客观的统一。除了上述几个相同点之外，几种诉讼真实观之间还存在一些误解，常常是直接攻击对方并不认可的论点。当然，还有一种原因可能是被质疑的一方也在不断地修正自己的观点。因此，这些问题表面上存在分歧，但实质上是一定程度上的共识。这体现在：(1)关于法律真实与客观真实的关系；(2)都承认程序公正及证据规则的价值；(3)落实到具体的证明标准的运用上，诸种真实观之间有相互接近的趋势。

证明标准构建的理论基础有认识论基础、价值论基础、目的论基础。这些均对多元化证明标准产生了影响。(1)哲学中的认识论被运用到诉讼中就是诉讼认识论，哲学中的认识与诉讼中的认识是一般和特殊的关系。因此，诉讼中的认识论应当以哲学中的认识论为指导。任何高明的法官、任何专业的裁判都不可能也没有必要完全再现案件的全部细节。诉讼所追求的客观真实只能是绝对真实和相对真实的统一，是向绝对真实不同程度的接近与拟合，程度可能不同但不影响客观真实的性质，如同“$1/\chi$”向零的无限靠近一样，1/900 与 1/1000 尽管有量的差别但无疑都是对零的一种靠近和拟合。客观真实与绝对真实拟合的程度不同，其中所包含的绝对真实和相对真实的含量就不同，对证明标准的要求也就有差异。在各类诉讼中，由于诉讼的价值追求、诉讼的目的、诉讼指向的权益各不相同，诉讼所追求的客观真实与绝对真实的拟合程度就不同，所要达到的证明标准也就不同，于是就会产生多元化证明标准的需求。(2)哲学上价值论的发展状况直接影响到诉讼价值的发展。我国传统的诉讼理论研究侧重对认识论的研究而忽视对价值论的研究。20 世纪 80 年代在我国哲学领域掀起的价值论研究高潮，逐渐引起了诉讼法学者的关注。在 20 世纪 90 年代，诉讼法学者开始对诉讼的价值进行研究。诉讼价值是指诉讼活动及其结果满足民众、社会和国家之需要的程度。对于诉讼价值的内容，学术界有不同的认识。我们认为，诉讼价值主要包括公正、效率和秩序。这些诉讼价值既是目的价值，也是手段价值。不同的诉讼价值对证明标准有不同的要求，公正、秩序、人权要求提高证明标准，而效率则要求降低证明标准；三大诉讼对诉讼价值的追求存在差异，刑事诉讼强调公正、秩序和人权，民事诉讼强调效率和公正，行政诉讼则强调秩序和公正，价值追求的差异决定了对证明标准要求的差别；此外，证明价值——诉讼所要处置的权益和维护的秩序，相对于诉讼价值差别更大，对证明标准也提出了不同的要求。(3)在诉讼法哲学体系中，诉讼目的居于核心位置。它是诉讼程序和制度设立的起点和归宿，它决定着诉讼程序和制度的构造与模式，决定着各个诉讼主体之间不同的权力(权利)配置和关系图式以及诉讼原则的设立。诉讼目的具有一般目的的共同属性。诉讼目的作为诉讼法学的一个基本范畴，是人们在有意识的法律活动中，根据自身需要，通过对客观事物认识后对自身行为所作的预先设计，是诉讼程序的创设者通过诉讼所要达到的一种目标，是对诉讼结果的一种预先设定。我们认为，作为一种解决社会系统中利益冲突的机制和一种专门法律活动，无论刑事诉讼、民事诉讼还是行政诉讼，其共同的目的都是要发现真实、促进诉讼公正。三大诉讼应实行不同的证明标准，最显著的原因是三大诉讼处理的案件性质不同，而案件性质的差异与诉讼目的的不同选择息息相关。因此，分析三大诉讼处理的案件性质的差异是探讨诉讼目的对证明标准影响的关键环节。总之，客观真实是绝对真实和相对真实的统一，客观真实与绝对真实接近程度的差异使证明标准的多元化成为可能，使我们可以拆除一元化证明标准“线上是真理、线下是谬误”的樊篱。诉讼价值和诉讼目的在三大诉讼之间的差异，以及诉讼价值和目的对证明标准的不同要求，为证明标准的多元化提供了理论基础和司法实践的现实需求。

二、多元化诉讼证明标准的构建

我国多元化诉讼证明标准的构建具体包括：三大诉讼的证明标准不同，同种诉讼中也存在不同层次的证明标准。

(一)多元化刑事证明标准的构建

在刑事诉讼的证明中由于存在不同的证明对象及其价值选择，因此，在各国的刑事诉讼证明标准中都不仅仅存在一个单一的证明标准，而是呈现出不同的层次性。我国刑事诉讼核心证明标准的表述仍然应当采用“事实清楚，证据确实、充分”的表述。理由如下：内心确信与我国的诉讼文化传统难以契合；排除合理怀疑不具有更大的优越性；“事实清楚，证据确实、充分”符合我国的历史传统和文化习惯；对“事实清楚，证据确实、充分”的理解曾经存在片面性；正确解释“事实清楚，证据确实、充分”仍然能够解决问题。

刑事诉讼中不同犯罪构成的证明标准不同。(1)犯罪主体的证明标准。关于“谁是犯罪的实施者”这一事实必须查清，必须证明到 100%，即要达到唯一性、排除其他可能性。如果证明不到这一程度，不能完全确定犯罪行为是被告人实施的，应按无罪处理。这一点在一般的刑事案件中(适用简易程序除外)是无可置疑的。对于犯罪主体刑事责任责任能力的证明无须、也不可能达到 100%，达到高度盖然性即可。(2)作为犯罪客观方面的犯罪行为必须查清。首先，犯罪行为的存在与否必须查清，即达到 100%。这是无辜者不受追究的保障(基于刑事政策的需要使用推定的除外，因为推定本身就存在一定的盖然性)。其次，犯罪行为是如何具体实施的，不需证明到 100%，只需达到高度盖然性即可。(3)司法实践中对“故意的内容”、“是否明知”等主观方面的证明很困难，借助推定往往更利于问题的解决。

在我国的刑事诉讼证明中，根据案件的性质和严重程度可以大致划分为三种类型：判处死刑立即执行案件；普通案件(指按照普通程序审理的判处死刑立即执行以外的案件。)；按简易程序审理的案件。就定罪的证明标准而言，判处死刑立即执行案件和普通案件的定罪标准应当是相同的，而简易程序案件则可以低一些。

一般情况下法定情节的证明标准要高于酌定情节的标准。法定情节中的证明标准又可以分为三个层次：死刑立即执行案件中不利于被告人的情节；一般案件中不利于被告人的情节；有利于被告人的情节。判处死刑立即执行的案件中不利于被告人的法定情节的证明标准应当规定为“事实清楚，证据确实、充分”，即与定罪适用相同的证明标准；其他案件中不利于被告人的法定情节的证明标准应当规定为“事实清楚，证据确凿”；其中有利于被告的法定情节的证明标准可以适当降低一些，规定为“证据明确、令人信服”。酌定情节的证明标准与法定情节相比可以低一些，“大致可信”即可，当然这里面不利于被告人的酌定情节应当略高于有利于被告人的酌定情节，这由法官自由裁量掌握即可，不必从文字上再作更细的区分。

在我国，被告人一般不承担证明责任，但也有一些例外。在巨额财产来源不明罪的证明中，首先应当由控诉方证明被告人是国家工作人员，其财产或支出明显超过合法收入，差额巨大。这时，被告人应当对巨额财产或收入的合法性承担证明责任。此时，被告人进行证明所达到的标准应当低于控诉方的证明标准“事实清楚，证据确实、充分”。“高度盖然性”的标准更为可取。在非法持有国家绝密、机密文件、资料、物品罪的证明中，首先应当由控诉方证明被告人不该持有而持有属于国家绝密、机密文件、资料、物品；接着，被告人应当承担说明来源与用途合法的证明责任。基于上述理由，被告人进行证明应达到“高度盖然性”的标准。

（二）多元化民事诉讼证明标准的构建

随着审判方式的改革、诉讼观念的变化等，人们开始对传统的一元化证明标准提出质疑。尽管观点不尽相同，但是对于民事诉讼的证明标准应当低于刑事诉讼的证明标准的提法理论界的认识比较一致。但是，究竟应当如何表述呢？理论和实践也在不断探索。在探索重构我国民事诉讼证明标准的过程中，有学者主张我国应当确立优势证据的证明标准。我们认为，优势证据标准不适合作为我国民事诉讼的核心证明标准。理由如下：(1)实行优势证据标准不利于法律效果与社会效果的统一；(2)优势证据标准在实践中难以把握；(3)我国没有与优势证据标准配套的证据规则和审判方式；(4)实行优势证据标准不利于树立司法权威。我们认为，高度盖然性应当成为我国民事诉讼证明标准的表达，理由如下：(1)符合证明标准多元化的要求和趋势；(2)符合我国探求事实真相的司法传统与发现真实的价值追求；(3)符合我国的大陆法系传统；(4)符合民事诉讼司法实践的需要。

应当构建多元化的民事诉讼证明标准体系，即将高度盖然性确定为我国民事诉讼证明的一般标准；对有影响重大的事项，适当提高证明标准；对有些事项的证明适当降低证明标准。这里的难题是，究竟哪些事项应当提高证明标准，哪些事项应当降低证明标准。由于民事案件类型很多，即使是一种类型的案件争议事实上也不尽相同，证明责任的承担也比较复杂，相应证明标准问题也就很复杂。这需要不断对实践经验进行总结、归纳，是一项长期、艰巨的任务。我们通过长期调查研究对民事侵权案件、民商事合同纠纷案件、劳动争议案件、婚姻家庭案件的证明标准进行了一些总结归纳，但是不能穷尽所有的情形，还需要更多的理论界与实务部门进行总结。

民事侵权案件的证明标准。侵权案件的原则证明标准为高度盖然性；对侵权案件某些要件的证明应当提高或降低其证明标准：(1)在举证责任倒置的特殊侵权案件中，如医疗纠纷、环境污染纠纷案件中，被告人对自己的行为与原告所受到的损害不具有因果关系承担举证责任，该证明标准要高于一般的高度盖然性标准。(2)对损害后果中的无形性损失的证明比较困难，可以适当降低证明标准或使用推定。对一般侵犯人身权、财产权的案件，当事人多能够提供医疗费、误工费等证据加以证明，但是在肖像权侵权、知识产权侵权中，由于财产的无形性，原告难以提供证据进行证明，并且达到高度盖然性的标准。因此，应当降低证明标准，达到优势证据即可，必要时可以进行推定。(3) 对有些因果关系的证明可以适当降低证明标准。

民商事合同纠纷案件的证明标准。(1) 民商事合同中对合同成立、生效、履行、违约等事实的证明应当达到高度盖然性的标准。(2) 在格式合同中，对免责条款的证明应当达到高度盖然性的标准。(3) 对订约及履约事实的证明应当达到高度盖然性的标准。(4) 对不安抗辩事由的证明应达到高度盖然性标准。

劳动争议案件的证明标准。劳动争议案件中，就劳动关系存在与否，对于双方的证明要求有所不同。确定用人单位与劳动者的身份上的隶属关系，劳动法学界以"控制标准论"为通说，即如果一个人的工作是单位业务的组成部分时，可以认定双方形成劳动关系。对于劳动者而言，如果其提供了劳动报酬证明，或劳动者的劳动是用人单位业务的组成部分或劳动者实际接受用人单位的管理约束，或用人单位向劳动者发放"工作证"、"服务证"等身份证，填写"登记表"、"报名表"，以及允许劳动者以用人单位员工名义工作而不为明确反对等，均可认为劳动者就劳动关系成立已提供了必要证据，达到了较高盖然性——低于高度盖然性。因为劳动报酬争议、解除劳动关系纠纷等，由于用人单位控制着劳动安排、财物及工作流程，行使管理职责，相关档案由其保存管理，劳动者要举证证明其主张较为困难。就用人单位而言，其否认劳动关系的反证则必须达到高度盖然性。

婚姻家庭案件的证明标准。婚姻家庭案件主要包括离婚、确认婚姻关系无效、确认亲子关系等。准予或不准离婚以夫妻感情是否破裂作为区分的界限，而判定夫妻感情是否破裂，一般应当从婚姻基础、婚后感情、离婚原因、夫妻关系的现状和有无和好可能等方面综合分析。《婚姻法》第 22 条规定了 5 项离婚的具体条件，即重婚或有配偶与他人同居的；实施家庭暴力或虐待、遗弃家庭成员的；有赌博、吸毒等恶习屡教不改的；因感情不和分居二年的；其他导致夫妻感情破裂的情形。那么，以上事实的证明标准则可以视为夫妻感情破裂事实的证明标准。本着既尊重婚姻自由，又兼顾婚姻的社会责任，避免草率离婚及故意设置离婚障碍等原则，对以上事实应当采用高度盖然性的证明标准。对于确认婚姻无效案件，《婚姻法》第 10 条规定了四项具体条件，即重婚的；有禁止结婚的亲属关系的；婚前患有医学上不应当结婚的疾病，婚后尚未治愈的；未达到法定婚龄的。由于确定婚姻无效具有溯及既往的后果，影响重大，对以上事实，应当采取高于高度盖然性的证明标准。在婚姻案件中，常常涉及当事人主张婚姻关系有效存在，其须提出婚姻登记机关出具的结婚证书或查证登记册，也应当达到比高度盖然性高的证明标准，但在特殊情形下可适当降低。

(三)多元化行政诉讼证明标准的构建

考虑到行政诉讼的目的、证明责任、行政行为多样化与复杂化的特点以及现行宪政体制下行政权与审判权的关系，我们主张确立多元的、有层次的行政诉讼证明标准①，具体如下：(1)“事实清楚，证据确实、充分”是行政诉讼中的最高标准，等同于刑事诉讼的核心证明标准，适用于那些限制人身自由如劳动教养、行政拘留、强制治疗、强制戒毒等行政行为；(2)“接近事实清楚，证据确实、充分”的标准。对责令停产停业、吊销许可证或者执照、较大数额罚款等、没收较大数额违法所得、没收较大数额非法财物等对行政相对人人身权或者财产权益有重大影响的案件，应当适用“接近事实清楚，证据确实、充分”的证明标准。(3)高度盖然性标准。对行政裁决或类似案件、行政赔偿案件、行政机关情况紧急下采取的一些行政强制措施等应当适用高度盖然性证明标准。(4)优势证据标准。优势证据标准则主要适用于按照简易程序当场作出具体行政行为的情况。

三、诉讼证明标准多元化的影响及适用证明标准困难的解决

证明标准多元化以后会带来一系列的影响：(1)不同诉讼的证明标准不同将导致对同一事实的认定可能出现不一致，辛普森案“刑事无罪，民事有责”的情况在我国也有了理论上的可能性。案件发生以后，在特定的时间内所能够收集到的证据是一定的(由于不同诉讼的要求不同，具有可采性的证据可能会有一定的差异)，但是，运用证据进行证明所要求达到的标准或程度是不同的，基于相同的证据，证明标准要求低了可能就能够认定所要证明的事实；如果证明标准要求高了可能就无法认定所要证明的事实。证明标准多元化以后，由于通常情况下刑事证明标准将高于民事证明标准，因此，在同一事实引起的刑事诉讼和民事诉讼中对同一事实的认定就可能出现这种情形：刑事诉讼中认定被告的犯罪行为不成立，而民事诉讼中却认定其承担赔偿责任。(2)既判事实的预决力需要重新梳理。现行法律规定对于三大诉讼既判事实的预决力并没有做区分。这在三大诉讼采用一元化证明标准下是可行的，但是诉讼证明标准多元化的实行必将对此产生影响：不同事实适用的证明标准可能不同，其对今后其他案件的预决力也可能不同。一般来说，证明标准越高，既判事实与案件事实的一致性程度越高，对后案的预决力就越强。在构建多元证明标准的探索中，一般认为刑事诉讼的证明标准最高，民事诉讼证明标准最低，行政诉讼证明标准介于二者

① 由于对同一事实的证明行政程序证明标准与行政诉讼证明标准的一致性，如果将来行政诉讼证明标准修改行政程序标准也应当相应修改，这里为了讨论的方便，仅以行政诉讼证明标准为例进行设计。

之间。因此，刑事既判事实就比民事、行政既判事实更接近客观事实，其预决力就比较强。但是，我们也不能简单地认为所有刑事既判事实的预决力一律大于行政既判事实的预决力，行政既判事实的预决力一律大于民事既判事实的预决力。对于既判事实的预决力应当进行细致化研究。(3)诉讼法典中“事实清楚”的有关表述需要改变。作为体现证明标准的法条被修改以后，重构的多元化证明标准还要不要在法律条文中体现呢？我们认为，层次性的证明标准还是应当在不同诉讼中设计专门的条款进行规定，这一方面便于公安司法人员适用，另一方面便于当事人适用。当然，多元化、层次性的证明标准从理论落实到法条还需要一些时日。

证明标准本身具有模糊性和主观性，再加上具体案件中证据情况(数量、质量等)各不相同，因而在具体案件中判断对特定证明对象的证明是否达到法律规定的证明标准时常常会遇到困难。为了解决这一问题，除了应当从理论上探讨、从立法上细化不同对象的证明标准，即实现证明标准的多元化、层次化以外，还应当建立证明标准的判例指导制度、积极运用司法认知、合理运用事实推定、适当运用诉讼调解、建立有限的控辩协商等，以便在一定程度上克服证明标准适用上的困难。

（作者：李玉华　首都社会安全研究基地研究人员　教授
陈学权　对外经济贸易大学　副教授
张贵军　河北省石家庄市中级人民法院　法学硕士
刘　昂　北京市政法干部学院　讲师
杨军生　辽宁省服务业委员会　副主任
彭海青　中国法学会　副教授
武　楠　北京市朝阳区人民法院　审判员）

基地名称：首都社会安全研究基地
依托单位：中国人民公安大学
项目类别：国家社科基金项目

城市农民工与市民社会距离的实证研究[①]

一、研究状况与问题的提出

自20世纪末至今的二十多年里，中国社会发生了巨大的变化。土地制度改革释放了大量的农村剩余劳动力，农村管理体制、粮油票证制度和户籍制度的改革，为农村人口向城市流动创造了条件。为了寻求生存与发展的机会，越来越多的农村人开始向城市流动。

最初，农村流动人口（以下简称“农民工”）仅仅从事一些拾遗补缺的职业，他们并没有给城市社会经济、文化、交往、政策带来太大的影响。当时的城市市民比较同情农民工，对农民工的态度也比较宽容。之后，随着大量农民工向城市流动，城市社会结构发生了根本性的变化。由于接触机会的不断增加，原本生活在两个不同世界的农民工与市民在心理文化层面上发生了冲突。资源紧张及其双方对资源的竞争，持续上升的犯罪率及其市民安全感的降低，改变了城市市民对农民工的态度。市民对农民工的歧视与排斥发生在城市生活的许多方面，他们之间的冲突也由心理层面转向行为层面。针对农民工与市民的这种紧张关系，有学者使用社会距离（Social Distance）的视角对农民工与市民之间的对立与冲突进行解释[②]。

社会距离是西方社会学研究种族和阶层关系的重要理论视角。马克斯·韦伯（Max Weber）、齐梅尔（Georg Simmel）、帕克（Robert Ezra Pack）等人对社会距离都有很精深的研究[③]。帕克将社会距离定义为“存在于集团与个人之间的亲近程度”[④]。美国社会学家博格达斯（E·S·Bogardus）在帕克研究

① 本文是《城市农民工与市民的社会距离：一个制度分析》项目的阶段成果，项目编号：04csh002。

② 李强：《关于城市农民工的情绪倾向及社会冲突问题》，《社会学研究》，1995年第4期。

③ ［美］刘易斯·A·科塞著，石人译：《社会学思想名家》，中国社会科学出版社，1990年，第207页，第251页，第400页。

④ ［美］刘易斯·A·科塞著，石人译：《社会学思想名家》，中国社会科学出版社，1990年，第400页。

的基础上提出了“社会距离测量法”[①]。

对社会距离产生的原因有多种解释。社会地位差异是社会距离产生的最主要的因素。帕克认为，种族意识就是人群之间的社会距离，偏见是本能保持社会距离的倾向，歧视是指处于不同社会地位的群体之间保持距离的正常现象，对抗和冲突是地位秩序发生变化、社会距离不能有效维持的前奏[②]。韦伯指出，地位群体是由共同的生活方式观念和所受到的社会评价而聚集到一起。社会距离是地位群体得以维持的重要条件[③]。

文化差异对种族社会距离有很大的影响。帕克指出，语言、社会习俗、道德、习惯和思想的差异对种族关系具有很大的影响。他指出，一个种族在和其他种族的交往中可能会产生文化残留(remnants)现象，它将维持种族的一些文化特征，并保持种族认同[④]，这就是一种距离。有人研究了文化传统、文化异质性对种族社会距离的影响[⑤]。有人在研究当地人对外来人的反应时，将外来人(Stranger)与当地人文化上的相似程度(种族、语言、宗教、地区、价值取向)作为重要的变量来考虑[⑥]。由此可见，非正式制度对社会距离的影响也很大。

帕克还指出，孤立(isolation)具有两层社会学的含义：地理空间隔离(Segregation)和交往的孤立。孤立的根本特性就是从交往中被排斥出去。孤立意味着人与人之间接触、竞争、参与的缺失。[⑦] 由此揭示了地理空间因素、接触频率与交往之间的关系。

制度有助于维持地位群体之间的社会距离。韦伯认为，地位团体经常使用法律、常规或抑止性规范来维持他们的地位。通常，同一地位者保持联姻关系，相互往来(如聚餐)频繁[⑧]。这是正式制度对距离产生影响的重要论述。

综上所述，社会距离产生和维持的原因有社会地位差异、文化差异和制度限制、空间隔离等因素。上述因素在本研究中归纳为制度性因素和非制度性因素。本文主要的旨趣在于应用制度经济学和社会距离的理论，解

---

① Bogardus, E. S. Measuring social distance Journal of Applied Sociology 9, 1925, pp. 299—308.

② ［美］刘易斯·A·科塞著，石人译：《社会学思想名家》，中国社会科学出版社，1990 年，第 400—402 页。

③ ［美］刘易斯·A·科塞著，石人译：《社会学思想名家》，中国社会科学出版社，1990 年，第 251 页。

④ Robert Ezra Park: Race and culture , New York, The free press, 1950, p. 84.

⑤ Jeanne E. Gullahorn and Charles P. loomis, A Comparison of Social Distamce Attitudes in the United States and exico, pp. 89—103.

⑥ 成伯清：《格奥尔格·齐美尔：现代性的诊断》，杭州大学出版社，1999 年，第 141 页。

⑦ Robert E. Park and Ernest W. Burgess, Introduction to the science of sociology including the original index to basic sociological concepts. The university of Chicago press, 1969, p. 435—443.

⑧ ［德］马克斯·韦伯著，林荣远译：《经济与社会》，商务印书馆，1997 年，第 337—339 页。

释我国大城市市民与农民工之间的冲突与关系失调问题，检验和发展西方社会距离理论，并在此基础上提出一些政策建议。

二、研究假设、变量与方法

（一）研究假设

从西方学者对社会距离的研究状况来看，制度在维持社会距离方面具有重要的作用。很多中国学者在研究农民工问题时，也经常将农民工问题产生的根本原因归结于制度。从制度经济学的角度看，制度是由人制定的规则[①]，它包括正式制度和非正式制度。正式制度是指国家以法律的形式公布的成文规范，非正式制度主要由价值观念、伦理规范、道德观念、风俗习惯、意识形态等因素构成。非正式制度是正式制度的基础，它在形式上构成正式制度的先验模式[②]。社会地位、文化水平或教育水平、空间隔离等因素都属于正式制度的范畴，偏见、歧视和同情与价值观和意识形态一样，属于非正式制度的范畴。结合西方社会距离理论和制度经济学关于制度的研究，本文提出了制度总假设。

制度总假设包括四个子假设。社会地位假设、文化假设、空间隔离假设、非正式制度假设。社会地位差异假设指出，市民与农民工的社会地位差异越大，互相理解和信任的程度越低，交往频率也越低，社会距离就越大。社会地位较高的市民喜欢与社会地位较高的农民工交往。社会地位较高的市民与农民工的社会距离大于社会地位较低的市民与农民工的社会距离。

文化差异假设指出，文化程度较高的市民比文化程度较低的市民更加同情农民工；而文化程度较低的市民则会更加排斥、疏远农民工。对于农民工而言，文化程度越高的农民工越能够得到市民的尊重和认同，他们与市民的社会距离就越小。反之，文化程度较低的农民工与市民的社会距离就很大。

空间隔离假设包括职业隔离和居住隔离两个子假设。职业隔离假设指出，我国城市农民工与市民处于隔离状态。由于受到自身素质和城市就业政策等因素的影响，农民工就业领域与农民工身份之间存在某种对应关系，如农民工主要在建筑业、商业服务业、餐饮业、保安业等职业领域工作，这就是职业隔离现象。职业隔离影响了农民工与其他行业市民的接触和交往，从而产生和维持了距离。居住隔离假设指出，农民工聚居的生活方式导致农民工与市民的居住隔离。居住隔离一方面产生了农民工内群体交往

---

① ［德］柯武刚、史漫飞：《制度经济学》，商务印书馆，2003 年，第 23 页。

② 卢现祥：《西方新制度经济学》，中国发展出版社，1996 年，第 21 页。

的特征，另一方面阻碍了他们与市民之间的正常交往，影响了农民工与市民的相互融合。

非正式制度假设。非正式制度假设指出，对农民工偏见程度越深的市民与农民工的社会距离越大，反之亦然。制度总假设认为，制度对于市民与农民工的社会距离形成和维持具有根本性的影响。

（二）社会距离的操作定义与指标设计

所谓社会距离，就是因为社会地位差异和文化差异等因素造成的人与人之间，或群体与群体之间在态度（Attitude）和行为（Behavior）上的亲近（Nearness）与疏远（Closeness）的等级（Grades）和程度（Degrees）。西方学者将态度和情感偏好（Attitude and Preference）所对应的距离称之为主观社会距离[①]，本研究则将交往行为所对应的距离称为行为距离或客观距离。

本研究的因变量为主观距离和行为距离。主观距离的测量指标有信任程度、理解程度、情感偏好、各种交往意愿；行为距离的测量指标是社会支持、言语交流、娱乐参与、做客次数。自变量为社会地位（收入水平、农民工享受福利待遇程度、农民工工作时间、农民工职位提升状况）、文化程度、空间隔离（职业隔离、居住隔离）、市民的社会偏见与歧视性态度等。

（三）调查与样本

本文所使用的数据分别来自于笔者 2002 年在北京市海淀区和 2005—2006 年在北京、广州、石家庄三大城市的两次入户问卷调查。2002 年北京市海淀区的调查样本来自于海淀区的五个社区。样本的抽取采用整群抽样和分层抽样相结合的方法。调查对象为市民和农民工。最后得到市民样本 212 份，农民工样本 257 份。

受国家社科基金资助，2005 年 11 月至 2006 年 4 月，笔者首先在北京市丰台区的花乡、石景山区的四个街道进行了入户问卷调查。这次问卷调查的抽样方法采取了随机抽样、整群抽样、分层抽样相结合的方法。调查地区的选择主要根据研究者的主观判断。调查区域确定以后，采用随机抽样的方法从抽样城区的所有街道中随机抽取调查街道，然后采取分层抽样和整群抽样的方法抽取样本。北京市的调查活动共得到市民有效问卷 301 份，农民工有效问卷 306 份。2006 年 4 月份在广州市白云区的问卷调查共得到市民有效样本 86 份，农民工有效样本 72 份。2006 年 5 月份在石家庄市桥西区的问卷调查共得到市民有效样本 66 份，农民工有效样本 80 份。最后共得到市民样本 453 份，农民工样本 458 份。

---

① Edward O. Laumann, Subjective Social Distance and Urban Occupational Stratification, American Journal of sociology, Volume 71, 19965, pp. 26—36.

三、统计描述

根据2006年三大城市的调查数据，本文将从社会距离的等级、类型、特征和发展趋势四个方面描述市民与农民工的社会距离状况。

（一）市民与农民工社会距离的等级

市民与农民工社会距离的等级是指不同的市民群体或阶层与农民工的亲近、疏远程度。本研究将通过对通婚意愿的测量来观察市民与农民工的社会距离等级。

婚姻意愿是测量社会距离的重要而敏感的指标。西方社会学家一般用之测量群体或种族之间的融合程度。本研究在市民调查问卷中设计了这样一个问题：您最愿意哪种人成为您的女婿或儿媳妇？选择答案为：公务员、司机、教师和科研人员、企业或公司老板、菜市场摊主、饭店服务人员、公司或企业职工、建筑工人、其他。前五类职业的就业人员主要为市民，后四种职业的就业人员主要为农民工。

数据分析结果显示，公务员频率最高，其次是教师、科研人员、企业老板。频率最低的是饭店服务员和司机，其次是建筑工人和市场摊主。也就是说，市民最喜欢的职业主要是市民就业比较集中的行业，如行政机关干部、教师和科研人员。市民最不喜欢的职业就是农民工就业比较集中的行业，如建筑业、饭店服务业等。见表1。

表1　市民与农民工的通婚意愿（单位：%）

	职业	频率
1	公务员	48.2
2	教师和科研人员	19.3
3	企业老板	8.2
4	企业或公司职工	7.6
5	建筑工人、菜市场摊主	0.6
6	饭店服务员、司机	0.3

（二）市民与农民工社会距离的类型

齐美尔将距离分为近距离、中距离、远距离。近距离是指彼此非常熟悉、知彼知己，彼此相互了解的关系状态；远距离是指萍水相逢、素不相识的关系状态；中等距离是指不是特别熟悉，相互之间没有充分的了解，各自在对方心中的形象还没有定型的关系状态①。

① 成伯清：《格奥尔格·齐美尔：现代性的诊断》，杭州大学出版社，1999年，第154—162页。

2002 年的调查结果显示，市民与农民工的社会距离类型以中、远距离为主。36.5% 的市民认为他们对农民工一点都不熟悉，素不往来；有 51.5% 的市民认为有一些了解，有一些交往；有 12% 的市民回答非常了解，经常交往。除了有一半多的市民与农民工保持一种若即若离的距离外，有三分之一多的市民与农民工的社会距离很大，只有十分之一的市民与农民工保持比较亲近的关系。

（三）市民与农民工社会距离评价的非对称性

数据分析发现，农民工与市民在社会距离的评价上存在一定程度的矛盾和不协调，即非对称性。为了进行对比分析，本研究在市民与农民工问卷上都设计了以下四个相同的问题：

（1）同事关系评价：好、一般、不好。

（2）同事娱乐行为评价：经常娱乐、偶尔娱乐、没有娱乐。

（3）相互了解程度：了解、有些了解、不了解。

（4）关系类型评价：很了解、经常交往；有些了解、有些交往；不了解、没有交往。

表 2　市民与农民工社会距离评价的非对称性　（单位:%）

距离等级	同事关系		同事娱乐行为		相互理解程度		关系类型	
	市民	农民工	市民	农民工	市民	农民工	市民	农民工
远距离	3.9	7.7	60.4	35.5	38.7	18.9	36.5	19.8
中距离	62.7	56.4	31.7	40.5	53.8	55	51.5	58.1
近距离	33.3	35.9	7.9	24.1	7.5	26.1	12	22.2
总体	207	255	207	255	206	255	206	255

表 2 数据分析显示，在对同事关系、同事娱乐的评价上，市民与农民工的态度基本一致，多数市民和农民工都认为他们与对方的同事关系比较友好，但相互之间缺乏更深入的交往。在理解程度、关系类型评价上，二者之间却出现了不协调和非对称性。较多的农民工认为他们对市民比较了解，但市民的回答却恰恰相反。从关系类型评价上看，大多数市民认为他们与农民工的社会距离很大，但大多数农民工认为他们与市民的社会距离很小。这种认识差异与交往的非对称现象反映了市民和农民工在思维方式、交往方式和交往期望上的巨大差异。

（四）市民与农民工社会距离的发展趋势

为了更为全面地了解市民与农民工的社会距离状况，本研究考察了北京市农民工与市民社会距离的变化趋势。在 2002 和 2006 年的市民问卷中，笔者都设计了这样一个问题：您认为您对待农民工（市民）的态度与三年前有无变化？答案为：比原来好、没有变化、比原来差。

调查结果显示，市民与农民工的距离以中等距离为主，回答“比原来好”的市民多于回答“比原来差”的市民。也就是说，自2002年到2006年，虽然市民与农民工的社会距离仍然以中等距离为主，但二者的距离有缩小的趋势，双方开始出现一定程度的融合现象。见表3。

表3　市民与农民工社会距离的变化趋势　　（单位：%）

年份	2002年	2006年
比原来好	18.2	22
没有变化	65.2	57.4
比原来差	16.7	20.6
总体	206	453

四、假设检验

(一)社会地位对社会距离的影响

城市农民工每天平均工作10个小时，几乎享受不到节假日休息，也几乎享受不到与市民同样的社会福利待遇，职位提升的机会也非常有限。较低的社会地位影响了他们与市民的交往与融合。2006年三大城市的调查结果显示，农民工享受福利待遇状况、工作时间长短、职位是否提升等因素对他们与市民的社会距离有很大影响。数据分析结果也说明，职业地位越高的农民工越能够得到市民的尊重和认同，双方交往频率就越高，社会距离就越小。

表4　社会经济地位对社会距离的影响

		Coefficient	Sig	N
农民工享受福利待遇状况	农民工交往市民朋友数量	.324**	.000	394
	农民工参加社区市民娱乐活动的频率	.245**	.000	428
农民工工作时间	农民工对市民的理解程度	.145**	.009	227
	农民工与市民同事的关系亲密程度	.139**	.005	405
	农民工与市民的冲突频率	.164**	.001	428
农民工提升职位状况	农民工对市民的信任程度	.165**	.001	396
	农民工喜欢市民的程度	.148**	.003	390
农民工收入水平	农民工与不同收入水平的市民的交往意愿	.194**	.000	424
市民收入水平	市民与不同收入水平的农民工的交往意愿	.251**	.000	341

** <0.01，* <0.05，2-tailed

表4数据分析结果还显示，经济地位越高的市民，越愿意与经济地位较高的农民工交往；反之，经济地位较低的市民比较愿意与经济地位较低的农民工交往。实际上，经济地位比较高的农民工更加容易融入城市社会。

（二）文化差异对社会距离的影响

从2002年北京市海淀区市民调查数据显示，文化程度较高的市民与农民工的社会距离小于文化程度低的市民与农民工的社会距离。文化水平越高的市民越同情农民工，越认同农民工给城市社会做出的贡献和提供的便利。反之，文化水平较低的市民则更加歧视、排斥农民工。

表5　文化水平与社会距离的相关性

相关性		Correlation	sig	N
2002年	市民文化水平与市民对农民工为城市提供便利的看法	.183**	.009	203
	市民文化水平与市民对农民工阻塞交通的看法	.147*	.037	203
	市民文化水平与市民和农民工聊天频率	.140*	.046	203
	市民文化水平与市民交往的农民工朋友数量	.156*	.027	201
2006年	农民工文化程度与农民工和市民同事娱乐频率	.337**	000	416
	农民工文化程度与农民工去市民家里做客频率	.257**	000	396
	农民工文化程度与农民工交往的市民朋友数量	.336**	000	407

** $p<0.01$，* $p<0.05$，2-tailed

从表5可见，文化程度对农民工与市民的交往有明显的影响。文化程度越高的农民工行为上越能够得到市民的接纳，行为距离就越小。反之，文化程度比较低的农民工就不容易得到市民的接纳和认同。显然，市民对于文化程度较高的农民工还是持接纳态度，市民的排斥对象主要是文化程度比较低的农民工。所以，缩小距离、促进融合的重要举措是改革教育制度，提高农民工的文化素质。

（三）空间隔离对社会距离的影响

为了证实空间隔离假设，本研究在2002年北京市海淀区调查问卷和2006年三大城市调查问卷中，设计了“你的工作单位农民工多吗”、“你所在的居住区农民工多吗”两个问题，将单位和居民生活区农民工数量作为职业隔离和居住隔离的测量指标。

1. 职业隔离对社会距离的影响

2006年三大城市市民的调查数据显示，职业隔离与主观距离之间存在较强的相关性。工作单位农民工数量越少，市民与农民工的相互理解程度和信任程度就越低，市民对农民工的感情就越淡漠，在与农民工接触时，市民就越会感到拘束和别扭。见表6。

表 6　农民工的职业隔离与社会距离的相关性

	Coefficient	Sig	N
市民工作单位农民工数量与市民对农民工的理解程度	.219**	.000	413
市民工作单位农民工数量与市民对农民工同事的信任程度	.255**	.000	411
市民工作单位农民工数量与市民对农民工的喜欢程度	.263**	.000	398
市民工作单位农民工数量与市民和农民工交往时的心理舒适程度	.321**	.000	414

** < 0.001, * < 0.05, 2-tailed

2002 年海淀区农民工调查数据也证实，农民工的职业隔离与交往意愿、娱乐频率有很强的相关性。无论是市民还是农民工，他们都感到农民工的集中化就业影响了市民与农民工的深入交往①。

2. 居住隔离对社会距离的影响

在城乡结合部聚居是收入水平比较低的农民工的主要生存策略。聚居的结果是形成了聚居区农民工与聚居区外市民的隔离。居住隔离降低了市民与农民工的交往频率，导致市民与农民工之间的距离不断扩大。2006 年三大城市的市民调查数据分析证实了居住隔离假设。

表 7　居住隔离对社会距离的影响

	Coefficient	Sig	N
市民居住区农民工的数量与市民喜欢农民工程度	.160**	.001	425
市民居住区农民工的数量与市民和农民工的冲突频率	-.154**	.001	444
市民居住区农民工的数量与市民去农民工家做客频率	.165**	.001	403

** < 0.01, * < 0.05, 2-tailed

从表 7 可见，聚居对社会距离的影响是减少了农民工与市民深入交往的机会。由于缺乏深入的交往，市民在情感上更加疏远和排斥农民工，并容易与农民工发生冲突。此外，居住隔离还影响双方更深层次(私人领域)地接触。

总之，农民工集中化就业和聚居现象阻碍了农民工与市民的正常交往，不利于加深双方的相互理解和形成亲密的关系。农民工集中化就业产生的原因一方面可以归结于农民工职业技能的缺乏，另一方面可以归结于城市政策的限制和排斥。聚居是流动人口和世界移民普遍采取的生存方式，也是流动人口抗拒当地人排斥和歧视、寻找群体归属感和安全感的重要手段。

① 卢国显:《我国大城市农民工与市民社会距离的实证研究》,《中国人民公安大学学报》,2006 年第 4 期，第 95—104 页。

实证调查说明，职业隔离比居住隔离更加不利于农民工与市民的融合，更加不利于城市新秩序的建立。

(四)非正式制度对社会距离的影响

本研究在2002年海淀区市民问卷中列举了社会上比较流行的七种观点，要求调查对象回答自己对七种观点的看法，以此测量市民对农民工持有的偏见和同情态度。这七种观点分别是：外地人为北京的发展做出了巨大贡献(贡献态度)；外地人为市民提供了便利(关于便利的态度)；对外地人的各种限制太多(关于限制的态度)；外地人抢了北京人的工作机会(关于就业的态度)；外地人的增加使治安状况变坏(关于治安的态度)；外地人多造成北京交通堵塞(关于交通的态度)；外地人影响了城市环境卫生(关于环境卫生的态度)。答案为非常同意、同意、中立、不同意、很不同意。因变量包括农民工对市民的信任程度、市民与农民工的相互理解程度，以及市民与农民工的五种交往意愿(是否愿意一起吃饭、是否愿意将房子租给农民工、是否愿意与农民工一起工作、是否愿意与农民工交朋友、是否愿意自己的子女与农民工通婚)，以及四种交往频率(市民与农民工同事的娱乐频率、市民参与农民工家庭聚会的频率、市民与农民工语言交流的频率、市民对农民工经济支持的频率)。

市民对农民工的偏见与同情程度与主观社会距离之间存在较强的相关性。市民关于环境卫生的态度与各因变量之间都存在较强的相关性。关于治安的态度、交通的态度、就业的态度与多数因变量之间存在较强的相关性。关于贡献的态度、便利的态度与农民工对市民的信任程度、市民的交往意愿存在一定的相关性，与相互理解程度和婚姻意愿没有相关性。市民对于城市政府对农民工的限制多少不感兴趣，关于限制的态度只与信任程度和交友意愿有相关性，与其他主观距离指标没有相关性。见表8。

表8　非正式制度对主观距离的影响

	贡献	便利	限制	抢工作	治安	交通	环境
信任 Correlation Sig. N	.210 * * .003 203	.166 * .018 202	.232 * * .001 202	.142 * .043 203	—	—	.190 * * .007 203
理解 Correlation Sig. N	—	—	—	—	.342 * .001 92	.295 * .004 93	.298 * * .004 93

续表

	贡献	便利	限制	抢工作	治安	交通	环境
吃饭意愿 Correlation Sig. N	.166 * 0.018 203	.144 * .040 202	—	.263 * * .000 203	.358 * * .000 202	.307 * * .000 202	.409 * * .000 203
租房意愿 Correlation Sig. N	.188 * * .008 196	.208 * * .003 195	—	.162 * .023 196	.263 * * .000 195	.236 * * .011 195	.300 * * .000 196
工作意愿 Correlation Sig. N	.247 * * .001 201	.252 * * .000 200	—	.253 * * .000 201	.344 * * .000 201	.340 * * .000 200	382 * * .000 201
交友意愿 Correlation Sig. N	.244 * * .000 204	.217 * * .002 203	.171 * .014 203	.410 * * .000 204	.363 * * .000 203	.345 * * .000 203	.433 * * .000 204
子女婚姻意愿 Correlation Sig. N	—	—	—	.339 * * .000 189	.455 * * .000 188	.438 * * .000 188	.530 * * .000 189
政策支持意愿 Correlation Sig. N	.397 * .000 204	.268 * .000 203	.320 * .000 203	.270 * .000 204	.398 * .000 203	.283 * .000 203	.434 * .000 204

* * $p<0.01$， * $p<0.05$，2-tailed

市民关于贡献的态度和关于限制的态度与各交往行为之间都存在相关性。关于环境卫生的态度除了与市民对农民工经济支持没有相关性外，与其他变量都有相关性。关于便利的态度除了与市民参与农民工家庭聚会没有相关性外，与其他变量都有相关性。关于就业和交通的态度只与其中两个变量有微弱相关。关于治安的态度只与市民与农民工语言交流有微弱相关。见表9。

表 9　非正式制度对行为距离的影响

	贡献	便利	限制	抢工作	治安	交通	环境
单位娱乐	.234	.320	.255	.221	.247		.263
Correlation	*	*	*	*	*	—	* *
Sig.	.020	.001	.011	.028	.014		.008
N	99	98	98	99	98		99
一般娱乐	.211	.1948	.231	.209	—	.146	.236
Correlation	* *	* *	* *	* *		* *	* *
Sig.	.003	.006	.001	.003		.040	.001
N	201	200	200	201		200	201
家庭娱乐	.198	—	.284	—	—	.150	.241
Correlation	* *		* *			*	* *
Sig.	.005		.000			.033	.001
N	202		201			201	202
闲暇聊天	.151	.254	.171	—	.150	—	.162
Correlation	*	* *	*		*		*
Sig.	.031	.000	.014		.033		.020
N	204	203	203		203		204
经济支持	.196	.186	.253	.168	—	—	—
Correlation	* *	* *	* *	*			
Sig.	.005	.008	.000	.017			
N	201	200	200	201			

* * $p < 0.01$，* $p < 0.05$，2-tailed

总之，市民对农民工的偏见越深，他们与农民工的社会距离就越大；市民越同情农民工，他们与农民工的社会距离就越小。市民对农民工的排斥与接纳的程度说明了城市制度对农民工的支持与限制程度。与其说是作为强势群体的市民在排斥农民工，毋宁说是制度在排斥农民工。

五、讨论

数据分析结果证实，在很大程度上，西方社会距离理论可以用来解释当前中国城市市民与农民工之间的社会距离。制度总假设基本得到证实。

在影响市民与农民工社会距离的诸多因素中，制度和政策因素无疑具有重要的作用。经济地位差异、文化差异、空间隔离、社会偏见等因素确实阻碍了市民与农民工的正常交往。身份地位的差异对两大群体社会距离的产生影响很大，文化差异、空间隔离、偏见与歧视性态度也妨碍了市民与农民工的相互融合。在诸多因素中，文化水平差异导致农民工较低的职业地位和就业隔离，而较低的职业地位又导致农民工的居住隔离。经济、文化差异产生的主要原因是制度非均衡与制度供给不足。教育制度供给不足导致城乡居民的文化差异，而户籍制度、就业制度和社会保障制度的供给不足导致农民工与市民社会地位的巨大差异。近年来，正是因为政府进行了一系列的政策调整，市民与农民工的社会距离才呈现逐渐缩小的趋势。

从历史的角度看，市民与农民工的关系经历了隔离、冲突与融合三个阶段。农民工初到城市的时候，市民与农民工的距离建立在城乡分割被固化的基础上。当时的农民工并没有期望从城市获得更多的利益，市民也没有认识到农民工会给城市带来一系列的影响。二者之间并没有出现激烈的对立和冲突。后来，由于农民工规模不断增加，市民感到农民工的到来给他们带来了一定的生存压力，城市政府利用各项政策限制农民工的就业与生活，双方的对立与冲突才逐渐加剧，社会距离才逐渐扩大。之后，由于政策不断调整，农民工权益逐渐得到保障，二者之间的社会距离才渐渐趋于缩小。

参考文献

1. Robert E. Park and Ernest W. Burgess, Introduction to the science of sociology including the original index to basic sociological concepts. The university of Chicago press, 1969.
2. Bogardus, E. S. Measuring social distance Journal of Applied Sociology 9, 1925.
3. Robert Ezra Park. Race and culture, New york, The free press, 1950.
4. Jeanne E. Gullahorn and Charles P. loomis. A Comparison of Social Distamce Attitudes in the United States and Mexico, Studies in Comparative International Development, Volume 2, 1966.
5. Edward O. Laumann. Subjective Social Distance and Urban Occupational Stratification, A-merican Journal of Sociology, Volume 71, 1965.
6. [美]刘易斯·A·科塞著，石人译：《社会学思想名家》，中国社会科学出版社，1990年。
7. [德]马克斯·韦伯著，林荣远译：《经济与社会》，商务印书馆，1997年。
8. [德]柯武刚、史漫飞：《制度经济学》，商务印书馆，2003年。
9. 李强：《关于城市农民工的情绪倾向及社会冲突问题》，《社会学研究》，1995年第4期。
10. 成伯清：《格奥尔格·齐美尔：现代性的诊断》，杭州大学出版社，1999年。
11. 卢现祥：《西方新制度经济学》，中国发展出版社，1996年。
12. 卢国显：《我国大城市农民工与市民社会距离的实证研究》，《中国人民公安大学学报》，2006年第4期。

（作者：卢国显　首都社会安全研究基地研究人员　副教授）

北京影视艺术研究基地

（北京电影学院）

基地名称：北京影视艺术研究基地
依托单位：北京电影学院
项目类别：研究基地自设项目

2009 年度中国电影声音艺术创作回眸[①]

2009 年，是新中国成立 60 周年的华诞之年。而这一年，也是中国电影全面产业化改革的第七个年头，更是中国电影大丰收的一年。据官方统计数据表明：2009 年中国电影的年产量是 456 部，全国城市的电影票房收入达到 62.06 亿元，相比 2008 年全国城市电影 42.15 亿元的票房收入，同比增幅达到了 42.96%；而综合收益达到了 106.65 亿元的历史最高水平，同比增幅 26.47%[②]。在全球金融危机的冲击下，中国电影市场不但没有受到严重的影响，反而创造了一个更为繁荣辉煌的新时代。

如今，在大力发展文化产业，激发全民族文化创造力，更加自觉、更加主动地推动文化大发展、大繁荣的时代背景下，电影的发展正日趋成熟。而电影声音工作者们如何以成熟的步伐，以其敏锐的艺术直觉和扎实的技术基础，迈向崭新的 3D 时代，这是所有电影人面临的课题。市场虽然不是检验电影成功与否的唯一途径，但它是推动电影发展的肥沃良田。值得一提的是，美国高科技电影《阿凡达》的出现，给中国电影市场带来了巨大启示。当然也为进一步关注和探讨中国电影声音创作质量，拓宽了思路，打下了基础。为此，我们从 2009 年出品的 456 部国产影片中挑选了 5 部较有代表性的作品，从电影声音创作的角度对影片进行简要分析，试图从中了解其发展走向，从而对未来国产电影的声音艺术创作形势和特点进行可持续性地研究。

一、《战争中的女人——沂蒙六姐妹》[③]声音分析

(一)概述

《战争中的女人——沂蒙六姐妹》不同于以往的战争片，导演王坪将视

---

① 本文是《电影声音艺术与技术》项目的阶段成果。

② http：//ent. sctv. com/DY/201001/t20100109_ 296822. shtml

③ 编剧：思芜；导演：王坪；出品：山东电影制片厂、北京金典影业有限公司、华夏电影发行有限责任公司等。

角对向了战争中的普通农村女性，虽然影片中描写战场上枪林弹雨、烽烟滚滚、横尸遍野的场面并不多，但以其真实的手法，通过六个人物所经历的种种，体现战争的残酷，以及中国军民的伟大。带给观众的除了感动，更多的是对祖先的崇敬，以及对如今和平、安定的生活环境的感慨。

本片改编自真实的故事，讲述在解放战争时期，以春英（刘琳饰）、月芬（李念饰）、兰花（范志博饰）、秀秀（张璇饰）、黑燕（曹苑饰）、小鹤（王莎莎饰）为代表的沂蒙山区人民努力为解放军做好后勤工作，并积极参加战斗，为孟良崮战役的胜利起到了至关重要的作用。

（二）语言

影片以第一人称的回忆为主线，在月芬（李念饰）的画外音中，发生在60年前的关于战争、关于爱情、关于分离的凄美故事被娓娓道出。片中夹杂着山东口音的语言，增强了感染力。尤其是臭儿奶奶（曹翠芬饰）、秀秀爹（李心敏饰）、小鹤爷爷（裴永宽饰）等人操着一口略带山东口音的普通话，极具生活气息，更加贴近真实，让人不得不佩服这些老艺术家们精湛的演技和对角色尽善尽美的追求。

本片的语言，除了再现真实之外，还担当了制造悬念、推动剧情发展的作用，如影片开头臭儿看着自己母亲抓鸡时说“要是俺叔在，就好了”，奶奶回答道“要是你叔在，咱就不用麻烦他（公鸡）了”；而黑燕婆婆（师杰强饰）总是和黑燕（张璇饰）说“兰花就盯着咱了”、“她（兰花）跟咱家有仇”的话，引起观众的好奇，抓公鸡和叔在不在有什么关系？兰花和黑燕家到底有什么过节？吸引观众继续看下去，以找到答案，随着剧情的发展，剧中人物的语言让我们知道了：因为新郎不在，所以才按照当地风俗抓公鸡和新娘拜堂；兰花父亲在给解放军送情报的途中因黑燕爷爷告密被捕并至死，所以黑燕婆婆才说兰花和他们家有仇。

通过语言，观众更直接地了解到了剧中人物的性格及内心活动。秀秀爹自己对革命积极，但却不舍得儿子上战场，不惜让儿子大壮背负“逃兵”的罪名，“大壮，爹对不住你就这一回，咱老韩家就你这么一根苗，咱不能对不起祖宗，打完这一仗我就放你走，爱上哪上哪”，通过这样的对白，我们看到的是可怜天下父母心，也看到了人民面对无休战争的无奈；兰花是革命积极分子，对未婚夫四喜的后进是又气又急，“就是因为你，咱村参军人数总比那东村少一个”、“你看看人家各家的男人，再看看你，人和人可比着呢”；而四喜因为对兰花的爱，想要不停追赶她前进的脚步，通过“俺都参加担架队了，连死活都不顾了，你让俺亲一下不行么”，将一个窝囊，但却又为爱豁出去的男人形象刻画了出来；春英在得知自己丈夫已经牺牲的消息后，强忍悲痛，请求兰花“求你个事，别告诉俺婆婆，更别告诉月芬”，将柔弱女人的坚强表现得淋漓尽致。

女人们上了战场，欲为战士献血被阻时，月芬用尽全力喊出“你瞎了么？俺们沂蒙山的男人都在前线呢”，这句话的混响被加大，震彻山谷的回响显得悲壮无比，同时也用这样震撼试听的方式再次呼应本片主题——战争中的女人。

（三）音乐

在影片的有源音乐中，出现多段民间小调，有传统风格的地方民歌，如“竹杖草鞋轻如马，披着蓑衣走天下啊”；还有专门为战争而创作的歌曲，如在月芬婚礼上姑娘们唱的“根据地里新气象呀，庆祝新郎和新娘呀，咱们大家喜洋洋呀，庆祝你俩好榜样呀，不穿裙子不坐轿呀，打破封建理应当呀，扭起秧歌来唱歌呀，咱们青年得解放呀”；欢送部队时唱的“春风吹，柳叶青，我送哥哥去当兵，哥哥你参军去远方，我在后方生产忙，冬有棉衣夏有粮，请你把心放，送哥哥到军营，参加队伍真光荣”；军民为战时鼓舞气势而唱的：“开春不久忙支前，推磨压碾烙煎饼，军鞋做了三百三”等。这样的音乐，再现了战时人民的真实状态，也展现了优秀的民歌文化，让影片充满了地域色彩。

该片的无源音乐，主要以山东民歌《沂蒙小调》的旋律为基础，进行多次变奏，适时地出现，既与故事的发生与发展应时应景，同时也成为影片感情主题的表达者。当月芬在进村的部队中穿行，渴望见到自己未曾谋面的丈夫时；当她得知丈夫已到家，为了见他一面，在荒野上狂奔时；当春英告诉月芬自己丈夫已死的消息时，类似的旋律都会缓缓响起，平淡而哀伤，将女人们对丈夫的牵挂与思念表达得淋漓尽致。尤其是片尾男中音略带哭腔的吟唱“人人那个都说哎，沂蒙山好，沂蒙那个山上哎，好风光……”，既是对已逝者的哀悼，也是为因战争而失去一切的人们无奈地叹息，渲染了感情，升华了主题。这样的音乐风格，让人不由得联想到电影《红高粱》，同样是女性题材，同样是战争背景，同样是地域民歌的使用，但一个热烈、一个悲切，达到了完全不同的艺术效果，却同样让人难忘。

（四）音响

本片在音响创作上最大的特点就是画外音响的使用。全篇出现了很多次微弱的炮弹爆炸轰鸣声：在月芬和南成的婚礼上、在村民们热火朝天地为部队准备军需的夜晚以及寂静的清晨。由于主题的要求，表现战场上厮杀的场面并不多，但这些若隐若现的炮声，却给了观众以充分的想象空间，战争就在不远处，危险随时会到来，这样的表现手法，给人以更加强烈的震撼感受。

而在声音细节的刻画上，该片也相当细致，如柴火燃烧声、摊煎饼声、纳鞋底声，这些看似平常、与战场无关的琐碎声音，真实地再现了战争后方的人民积极应战，为军队更好地发挥战斗力所作出的贡献，使得整部影片更加真实、可信。

二、《南京！南京!》[①]声音分析

(一)概述

《南京！南京!》是陆川继《寻枪》和《可可西里》之后又一重要的作品。影片用黑白的视角解读南京大屠杀下民众的抗争，利用情节充分表现出每一个人物鲜明的性格特点，使人物的性格和矛盾冲突在故事情节的推动中得到升华和宣泄。该片在拍摄时进行了大量的历史考证，还原了70年前南京城遭沦陷时遍地荒凉以及横尸遍野的真实场景；利用电影特有的视听语言和场面调度，再现南京大屠杀的残酷。由于该片融入了纪录片倾向的写实风格，因此在声音的创作上不带任何明显的个人情绪，以客观、冷静、隐忍的基调去表现，然而如此克制的艺术风格，却带来了更加能够打动人心的力量。

(二)语言

在剧作中，语言对塑造人物性格特点起到十分重要的作用。演员通过自己的精湛演技以及对人物角色性格的揣摩和语言的把握来塑造角色。本片通过日本兵角川的视角去讲述南京大屠杀的过程，对该人物矛盾性格的塑造通过他在教堂里枪杀民众后所说的话(角川：我不是故意的)，以及他在和拉贝先生、姜老师的对话中反复说的一句英文台词(角川：I am study in church)，他在第一次进慰安所和百合子的对话，以及在他得知百合子死后让老鸨为百合子修建坟墓中的台词(角川：她曾经是我的妻子，她曾经是我的妻子)。到最后他以自己的队长身份要求手下放走小顺子和小豆子后说的话(角川：活着比死更艰难吧)角川在太鼓祭祀中的呐喊也属于人物内心的独白，等等，进行表现。这些人物角色的语言把角川的身份背景以及性格特点表现得淋漓尽致。此人物的塑造，并非在讴歌侵略者的人性，而是因为他独特的身份背景：在教会长大，是一个基督徒、一个有信仰的人，通过一个人物的塑造，看到当时同样被征召为日本兵的那些人在战争中的恐惧、矛盾和无奈。同样的，唐先生、小江以及其他人的语言表现，把人物内心的矛盾、挣扎、恐惧、蜕变、坚强的特点都表现得恰到好处。也使观众在观赏过程中内心随着主角的语言对话而汹涌澎湃，揪心、失落、痛苦、愤怒、无助、希望的情感在随着故事情节的发展而一触即发。

(三)音乐

本片的主题曲出自国内著名的作曲家刘彤的笔下。这位号称“人谦曲

---

① 编剧：陆川；导演：陆川；出品：中国电影集团公司、星美(北京)影业有限公司、江苏省广播电视总台、寰亚电影有限公司、上海百量投资咨询有限公司等。

卓”的作曲家曾先后和多位知名导演合作，创作过大量脍炙人口的电影音乐。在《南京！南京!》中，他根据影片的类型特点，用冷静、客观的基调带人们走进那一段历史中。整部影片的音乐主要采用弦乐、打击乐予以表现。刘彤用“克制”“严肃”来形容这段旋律，克制是为了不带个人的情绪，带观众进入那一个时空，让观众仿佛身在其中，又仿佛是那个历史时间中的旁观者，审视那段历史。“严肃”是为了让人们勇敢面对那段历史，不再逃避。哀伤、悲怆、孤独、无助、痛苦地接受并妥协的情绪牵动着每一个人的神经，这段音乐贯穿于故事的始终。大提琴的悠扬凝重展现人们在逃亡中的慌乱，与人声哀鸣的结合则刻画了大屠杀的凄惨、战争的残忍、人们内心的悲愤；用太鼓、军鼓等配器和主题曲旋律穿插在一起，把战争的场面真实而残酷地表现出来。这段音乐在片中带给人最大震撼的部分就是在国人遭受大屠杀时高呼“中国万岁！中国不会亡!”时，音乐响起，随后机关枪扫射的声音，让人悲痛，强烈的爱国情愫满上心头。这段配乐还在妇女被日本兵强暴的段落里缓缓出现，当中国妇女在教堂中举手愿意为了救难民营里的孩子，甘愿牺牲自己去当慰安妇的时候，这段旋律缓缓响起，不同的是，是以小提琴为主调。虽然同样是哀怨绵绵，但却多了一份崇高之情。音乐与画面的完美配合，使人久久不能忘怀。

此外，这部片子的片头、片尾钢琴曲选自罗伯特·舒曼的《Winter Time》，他的作品特别注重刻画人物内心的情感，这首曲子也曾出现在影片中慰安妇被国人用板车运回去的段落里强调战争的无奈和残酷。

(四)音响

本片运用了现场录音进行后期处理、混录以及后期录音制作几个环节，充分表现大屠杀以及妇女被强暴的场面，声画对位的表现强烈刺激观众的心灵，让人无法忘记历史的耻辱和深刻的仇恨。片中两处音响的使用具有明显的特点：

(1)太鼓乐器的声音表现。当日本军攻入南京城后，太鼓的声音响起，节奏较快。摇镜头，展示沦陷后成为废墟的南京城，片名字幕出现；当陆建雄带兵作战失败成为战俘后，日本兵在进入南京城内烧杀掳掠时太鼓的声音再次响起，伴随着枪杀和太鼓的声音，让人为南京城内民众的生命安危担忧；当陆建雄等人被带到被屠杀的地方时，只听到空气的声音，以及日本兵排列准备射杀的脚步声，接下去便是民众的呼喊声和枪杀的声音，当伊田走上高处时，太鼓的声音又一次地响起。镜头推进，略俯，横尸遍野，触目惊心。

(2)日本兵大肆屠杀的片段中，声音的处理十分精彩。战俘和民众的脚步声、被推挤的声音、铁桶在地上滚动的声音、倒油气的液体声、军用车的声音、木头着地的声音、狼狗的叫声、风吹动芦苇的声音、大海波浪的声音、踩在泥地里的声音、空气的声音，当日本军挥旗示意后，所有声音全面爆发：用钉子封死木门的声音、子弹快速上膛的声音、子弹疯狂的射杀声、火燃烧着的声音、刀刺进身体又拔出的声音、炸弹声、铲子埋活人的声音、尸体倒入水中的声音、波浪拍打在尸体上的声音，等等。这一段对于声音的强弱对比处理地非常生动，震撼人心！

三、《十月围城》①声音分析

（一）概述

曾经执导过《神偷谍影》、《紫雨风暴》、《特务迷城》等影片，擅长动作、枪战题材，被称为香港“实力派商业导演”的陈德森，经过十年的筹备，历经艰难，终于在2009年将自己心中“有点意义、有点内涵”的电影——《十月围城》搬上了银幕。

该片改编自1974年拍摄的一部以保护孙中山为题材的电影《赤胆好汉》，讲述1906年在香港中环，一群来自四面八方、不同阶层的义士，在清政府和英政府的双重打压下，浴血拼搏，保护孙中山的故事。虽然在此之前，歌颂革命者的影片已有很多，类似的主题也早已不再新鲜，但众多实力派演员的加盟，香港街区的真实再现，精彩不落俗套的60分钟打戏，成就了这样一部具有精神追求的动作电影。该片入围2010年第四届亚洲电影节，将参加最佳电影、最佳男主角、最佳男配角、最佳新演员、最佳美术指导及最佳造型设计等六个奖项的角逐。

（二）语言

该片的语言相当精炼，在只言片语间就把人物性格刻画了出来。李重光（王柏杰饰）作为一个从封建礼教严格的家庭走出来的公子，虽然对父亲唯命是从，但他却也是热血的青年一辈，渴望积极投身革命，在游行的途中遇到父亲，却一反常态，冲着父亲大吼“我不做亡国奴”，刻画了有国家责任感与社会使命感的年轻一代的形象。阎孝国（胡军饰）虽然残忍地将义士们一个个杀害，是一个十恶不赦的反面形象，但他是对朝廷忠心耿耿的臣子，一心想要报效朝廷，“军人当死于边野，何须马革裹尸”，这样的语言，使他变成了有血、有肉、有感情的硬汉。刘郁白（黎明饰）因爱上自己父亲的女人而痛不欲生、放浪形骸，哪怕是当李玉堂请他去保护孙中山时，他都不问什么，只是自顾自地说“男人爱女人有错么？”基于此，观众看到了

---

① 编剧：郭俊立、秦天南、陈嘉仪；导演：陈德森；出品：中国电影集团公司、上海文广新闻传媒集团、江苏省广播电视总台（集团）、广东南方广播影视传媒集团、广东雅信文化传播有限公司、上海天娱传媒有限公司、北京保利华亿传媒文化有限公司、万企控股集团有限公司、人人电影有限公司、北京保利博纳电影发行有限公司等。

一个万念俱灰的浪子，他已不再留恋人生，渴望一死。就是几句简短的对白，把人物的来龙去脉、喜怒哀乐展现在了观众面前，义士们的形象因此变得生动，他们不是不食人间烟火的圣人，而是有血有肉、平凡而简单的人。

语言的使用，也阐明了人物性格的转变。李玉堂(王学圻饰)起初并不想参与革命，只是想出钱买个安定，所以当陈少白(梁家辉饰)跟他兴奋地说孙文来港的事情，他才会不耐烦地说“你又要多少钱?”“到底要多少”，而到后来却转变成了接替陈少白安排保护一事的积极革命者，并在报社重复陈少白劝过他的话“这么伟大的行动，发源地就在我们这儿，我们报社，我们都是其中一份子”，并说“我李玉堂一定会领着你们，保护好孙先生”。沈重阳(甄子丹饰)因嗜赌而尊严丧失，在受到阎孝国手下侮辱后，仍然笑眯眯地说“有事尽管找我，我什么都做”，直到他得知李玉堂的女儿是自己的骨肉后，发生了巨大的变化，在暗处帮助着义士们，即便到了生命弥留之际，都不忘将布娃娃交给李玉堂，并喃喃“交给念慈”，这样的转变，让人物形象变得更加真实而生动。

影片中的语言，还起到了点明主题、提炼内涵的作用。从杨衢云(张学友饰)对学生说出自己心中“民主之国”含义开始：“为民所有，为民所治，为民所享，这个理念，就是我心中真正的民主之国，真正人民的国家”，用简短的对白揭示了该片主题：每个人都在为建立一个真正人民的国家而努力着。同时也起到了交代历史背景的作用。而在故事进行到117分钟前，核心人物与被保护者孙中山先生，都是“只闻其声，不见其人”，当义士们与阎孝国(胡军饰)殊死搏斗时，孙先生的画外音再次响起：“欲求文明之幸福，不得不经文明之痛苦，这痛苦，就叫做革命”，扮演孙中山的张涵予用沉稳的声音，将人们心中伟岸的革命先驱形象刻画得淋漓尽致。这样精炼、不俗的开场与结束，将本片的主题悲壮却真实地表达出来，也将影片的内涵加以了升华。

(三)音乐

片中无源音乐的使用极其丰富，除了小调性交响乐的铺垫外，多种乐器音色的加入，对于情绪的渲染、情节的烘托、人物内心的刻画，起到了不可替代的作用。方红因不理解父亲而与他吵架时，吉他声响起，琴弦的轻拨，营造了暴风雨来临前隐藏着不安的宁静；当李玉堂在游行的队伍中看见儿子李重光，因命令其回家却遭拒绝，一气之下，对儿子大打出手，吉他声再次响起，用缓慢从容的旋律来展现父子之间的冲突，这样的反衬像某种预示，预示着两人的冲突最终将变成遗憾；当李玉堂在戏院门口捡到陈少白的钢笔时，吉他声再次响起，表达了此时李玉堂内心的紧张和不安。风笛的加入，让香港这一殖民地的地域气息更加明显，当史密夫查封报馆被李玉堂阻挠时，二人当街对峙的片段，风笛声响起，象征地表现了革命党人与英政府间激烈的冲突。鼓的使用，加强了节奏感，也增加了紧张感，如：在清军突袭戏班的段落中，出现了急促的鼓点，疾风骤雨般与打斗的节奏相契合，扣人心弦。刘郁白与阎孝国正面交锋时，鼓声再次出现，强烈的鼓点声让人窒息，将生与死就在一瞬间的危机感表现出来。音乐中还加入了民族乐器——埙，当陈少白被跟踪时，低沉沙哑的旋律响起，暗示着不祥与恐慌；沈重阳被同党侮辱，终于忍无可忍，大打出手时，埙的声音再次出现，显得凄凉与不安。片中出现两次女声的轻吟，一次是当方红从昏迷中醒来，看到了戏班成员已经全部阵亡时，女声轻盈的哼唱声出现，像圣歌一般，仿佛是在为义士们的死而哀叹，又是为义士们圣洁的灵魂而歌颂，让他们的死变得更加圣洁；当刘郁白以一敌百时，女声再次出现，歌颂的是他高超的武艺，惋惜的是他那段痛不欲生的爱情。

影片中有三处地方的无源音乐是不能不提的。其中一处是阿四拉着李玉堂经过大友记照相馆和躺卧在地上行乞的刘公子处所用的音乐。李玉堂要为阿四找个先生，音乐响起，悠扬的弦乐、钢琴的搭配以及小提琴缓缓升起(经过大友记和阿纯默契的对视)，大提琴紧接着(阿四将铜钱抛给刘公子并被接住)，随之钢琴接上。这一段音乐的创作使用非常细腻，乐器使用的衔接也恰到好处，将阿四对阿纯的感情以及刘公子的沧桑表现得淋漓尽致，令人感慨难忘，归功于作曲人细腻的情感和敏锐的洞察力。这一段音乐旋律的使用也在李重光和孙母谈话以及阿四和刘郁白的死时出现，悲凉与哀伤，浪漫与伤感，或许生于鸿毛，但却死于泰山。还有两处的音乐利用电子音乐制作带有金属摇滚色彩的段落成为影片配乐的华彩和灵魂，令人难忘。段落分别为孙文到达香港坐上人力拉车去报社，男声的嘶喊，利用乐器快速的节奏，造成人心理极度的慌乱，暗示了前路危机重重。埙的加入、琵琶快速拨动琴弦所造成的不稳定、不固定节拍的鼓声以及电子吉他有节奏的表现，整个配乐利用不断丰富的配器来衬托画面，将不安、紧张、压抑的情绪表现出来，让观众为之捏一把汗，仿若身置其中。此外，还有相同利用电子吉他配乐的片段在孙文母亲房子外面，刘郁白对战清廷走狗的一幕。一人对战多人，电声吉他根据画面双方对峙的镜头衔接，音乐的节奏点和画面的节奏完美结合，随着一组温暖的和声，仿若来自天外之音，将人物的气宇不凡以及随之而来的命运给予暗示。

(四)音响

该片在几场打戏中所呈现出来的层次丰富、充满质感的客观音响声，对增强影片的试听震撼效果起到了非常重要的作用，如清军突袭方家戏班一场戏中，兵器碰撞发出的共振声、玻璃碎片落地的声音、弯刀刺进身体的声音清晰而真实，重点音效突出，造成了危机感，增强了现场感。在保护孙中山时发生的多场激战中，剑从耳边呼啸而过的声音，南瓜砸到人而破碎的声音，竹竿裂开的声音，铁链抖动的声音，所有的细节音响都被清晰地再现了出来，立体感极强的声音效果，带来了真实的听觉感受。

影片中主观音响的设计也极具特色。由于整个故事发生时间是从孙中山先生到港前四天到送孙先生离开四天之前内，所以片中三个关于时间的转场都采用了画面定格方式，配以打烙印的声音，将时间的紧迫感夸张地表现了出来。沈重阳因得知李玉堂的小女儿其实是自己的骨肉而幡然醒悟，奋力保护他，致使自己生命垂危，这时他眼前出现了自己一家三口幸福的画面，周围所有的声音都没有了，只剩下了沈的呼吸声，此处主观音响的加入，真实地再现出人在濒临死亡时的临界状态。当义士们进到孙母（吕中饰）家中，要在此拖延十五分钟时，时钟滴答、窗外刘郁白和清军决斗发出凄惨的叫声，混响被加大、延长，这样突出的声音，既描写出决斗的惨烈，也描写了此时义士们高度紧张的情绪和度秒如年的急迫。

四、《二十四城记》[①]声音分析

（一）概述

《二十四城记》是第六代领军人物——贾樟柯导演 2009 年的最新力作。本片在延续他一贯的纪实风格的基础上，以纪录片的形式，通过剧中九位人物（四位专业演员、五位真实原型）的口述回忆，在这些小人物的喜怒哀乐、悲欢离合的故事中，将 420 厂（成发集团）半个世纪以来，从迁厂建立到被房地产公司购买，从繁荣到衰败的过程，真实地展现在了观众面前。贾樟柯导演在这部影片中所做的不仅仅是历史的回忆与再现，而是引领观众去思考与反省：该如何面对像“成发”这样，为共和国建设做出过巨大贡献与牺牲的功臣，与现代化进程之间的巨大矛盾。

本片采用的是板块式结构，以谈话为主，通过老、中、青三代的讲述，将整个故事逐渐填充完整。无论是影像还是声音，都饱含着怀旧的色彩，既是对往昔的追忆，又是对当下的反思，充满了社会意义。

（二）语言

语言是这部影片中非常重要的部分，起到了两方面的作用。一是还原历史，交代剧情。通过关凤久（原厂党委副书记）的回忆，让我们了解到了 420 厂的由来；在大丽（吕丽萍饰）的故事里，我们看到了当年大批职工从东北迁往成都的过程；从何锡昆（420 厂职工）的描述中，我们知道了当年工人们认真地工作风貌与简朴的精神品质；侯丽君（420 厂下岗职工）和小花（陈

---

① 编剧：贾樟柯、翟永明；导演：贾樟柯；出品：上海电影集团上海电影制片厂、北京西河星汇数字娱乐技术有限公司、华润（集团）有限公司等。

冲饰)告诉了我们420厂由胜到衰的转变；而赵刚(成都电视台主持人)和苏娜(赵涛饰)，则暗示了420厂的后代们，已经不再和这个与他们的父母一生都息息相关的地方有太多的瓜葛了。通过人物的一点点介绍，420厂的历史脉络逐渐清晰，整部影片所要传达的主题也随之愈加明显。二是刻画人物性格，例如大丽拎着吊瓶在宋主任办公室里所说的话“现在上班都让化妆啊?”“外企？这不是国企么?”表现出了这一代420人的保守、与世隔绝；小花在谈话中所说的“我现在就算不是什么‘标准件’，我也不是一个‘报废件’，我有我自己的标准尺度”，表明了她对于感情的态度；而当坐在公车上的侯丽君平静地说出“不论顺境还是困境，我都要勇往直前”、“人有事做，老得慢一点”时，我们被小人物的坚忍不拔与自强不息深深打动。

本片语言最大的特色是将导演与人物对话时的画外音也收录了下来，这样的“问答”形式，与人物带有方言口音的讲述形成互动，使其更具真实感，也更容易让观众信服。

(三)音乐

片中音乐的使用相当丰富，无论是客观音乐，还是主观音乐的使用，都恰如其分地渲染了情感、深化了影片主题。

影片开头，当厂领导召集职工召开大会时，职工们唱起了《歌唱祖国》的千人大合唱，这首歌曲已被深深地刻上了上个世纪八九十年代的烙印，而作为客观音乐使用在此处，可以唤醒人们的记忆，只要是从那个时代生活过的人，对这样的场景、这样的旋律都感触颇深，强烈的视听造型，不仅在影片开始给人留下了深刻的印象，也更深刻地表现在如此西式与现代的社会里，仍旧有人活在十几年、几十年前的环境之中。侯丽君谈话段落结束后，两位中年妇女在楼梯上自我陶醉地唱起了《今夜无眠》，这首周冰倩在1999年国庆五十周年庆典晚会上演唱的歌曲，放在此处，表达了为生活所迫的工厂下岗职工们“今夜无眠”的担忧，又是对420厂职工自娱自乐的业余生活地展现，同时也暗示出了420的与世隔绝，身处其中的人们依旧生活在过去的时光里。而采访小花的段落开始，人们演唱了越剧《红楼梦》中的《天上掉下个林妹妹》和《葬花》两段，在表现420厂中上海职工们的娱乐活动的同时，对小花的命运也是种呼应：虽有着美丽的面容，但感情之路却多舛。

导演贾樟柯对于通俗歌曲的运用独特且恰到好处，本片也不例外。片中主观音乐绝大部分都选自曾经红极一时的通俗歌曲，这些歌曲片段的使用，既是导演对曾经岁月的凭吊，也是剧中人物对情感的宣泄。在宋卫东段落结束时，响起了由山口百惠演唱的日本电视剧《血疑》的主题歌《我衷心感谢你》，同时画面上出现了爱尔兰诗人叶芝《The Coming of Wisdom with Time》(随时间而来的智慧)的诗句“秋叶繁多，根只有一条/在我青春说谎的日子里/我在阳光下招摇/现在 我萎缩成真理”渲染了他对于成长的记忆、初恋的无奈和在成熟之后对于过去种种的淡然；当值班的工人伴着夜色巡厂的时候，响起了由叶倩文所演唱的粤语歌曲《浅醉一生》，恰当的歌词，煽情的曲调，表达了职工们对于日夜相伴的 420 厂的不舍与眷恋，渴望着一切都永不改变，这里永远是 420 人的归宿；由李谷一演唱的《妹妹找哥泪花流》是电影《小花》(1979 年)的主题歌，在本片中被用在了小花一个人站在厨房发呆的桥段，既是对这一人物被人们叫做“小花”的对应，也烘托了她由于感情一直不顺的无助与落寞之情；在赵刚讲述完他因离家读书而发生的思想转变之后，随之由齐秦演唱的《外面的世界》徐徐响起，恰如其分地表达了当生长在 420 厂的年轻人见识了外面的世界后内心发生的冲突与变化。

本片原创主观音乐的使用篇幅较少，却对气氛的表达起到了不可或缺的作用。一段旋律低沉、气氛悲凉的管弦乐在片中共三次出现，分别用在片头展示破旧的厂房、展现 420 厂普通职工的面貌和即将被拆除的车间时，如同一位老者的低吟与诉说，诉说着这座工厂曾经的辉煌，如今的落败，和对于承载着无数喜悦、辛酸的 420 厂即将消逝的惋惜；当滑旱冰的小女孩(杨梦月)在画面出现时，响起了一段动感十足的电子音乐，暗示着 420 厂更加年轻的后辈已经和他不再有太多的瓜葛，他们表现出更多的是现代社会的气息；最后，这段音乐伴随着引自诗人万夏《本质》中的诗句“成都，仅你消失的一面，就够我荣耀一生。”再次出现，并变奏成了影片主题歌《未来在哪里》，既是对曾经辉煌的 420 所发出的感叹，也是面对 420 厂即将融入现代化改革洪流中的反省与发问：未来在哪里？

(四)音响

音响作为环境的写照，有着不可替代的作用，而本片中的写实音响则为影片的纪实性加分不少。片头工厂门口大喇叭里传出的小号声，既是 420 厂上班的集结号角，又是影片开始的象征，用这样独特的声音造型开场，很快就将那些曾伴随着这段声音日复一日、年复一年地劳作、生活过的人们带入了昔日的回忆当中，起到了使观众感同身受的作用。影片在片头展现工人日常工作、成发集团搬迁前等场景时出现四次工厂做工的声音，艰涩难听，却真实再现了车间热火朝天的工作原貌，是生产中里最具生命力的声音，此时的聒噪与影片后半部分厂房即将被拆除时的冷清、凄凉形成了鲜明对比，不禁让人有隐隐地心痛。而在影片后半部分，各种大型机器拆除厂房的时候，虽然机器的工作声富有节奏性，但已失去了往日的火热，透出一种落寞之感。

五、《斗牛》[①]声音分析

(一)概述

《斗牛》凭借独特的电影风格和叙事手法、荒诞的故事内容，在悲情中带着一丝幽默。本片展现了在战争的年代，一个人和一只牛的“爱情”故事。导演兼编剧管虎其细腻的表现手法以及演员黄渤和闫妮的精湛演技，将那个年代民不聊生的痛苦以及农民的朴实、忠诚、忍耐、坚守等“人性美”真实地展现在观众面前。

据导演介绍，他在沂蒙山区拍电视剧的时候，听当地老乡说了一个真实的故事，后经多方打听，完成了《斗牛》的剧本。一向以情感细腻著称的管虎终于没有辜负影迷的期望，《斗牛》确实感动了千千万万的观众，也在国际影坛引起了极度关注。

(二)语言

本片对白极具特点，剧中人物都操着一口沂蒙话，相当生活化。时代性和地域性极强的方言，增强了真实感。如：“你叫你娘了个脚”“自主个腚”等。另外，对白设计合理，将剧情之间的联系以及人物的性格充分地表现出来，丝毫不做作。比如村子里的人好奇这从来没见过的奶牛，以及对八路军委托养牛的事情高度重视，将之视为神圣的任务，通过台词表现出来。“吃啥草？这牛是吃面的。”(面在当时是非常珍贵的)“这都接了两盆子了，这奶就跟河水一样流不尽啊。”“按了手印，就死活借了脑袋，牛二今天做壮士，借头为盟，决不反悔。”“这个不要腚的玩意儿，还敢摸那奶牛的奶子，这也是他摸得？除了八路，谁也不能摸。”“这个八，是分开的，人是合起来的，加一横是大，加二横是天。”这样的语言不仅为剧情的发展埋下伏笔，为影片结束时牛二找到人们解放军交契约做铺垫，而且也表现出了村民质朴的性格特点。

本片的对白设计对人物性格的塑造以及对剧情的发展都起到至关重要的作用，而且在紧张的气氛中，幽默的语言调整了观众的情绪，而这幽默又如尖刀一般刺着剧中人的心，刺着观众的心，让人笑中带泪。

(三)音乐

本片音乐的使用数量较少，却都是点睛之笔。音乐有解释、烘托、渲染气氛的功能，同时也让观众贴近故事情绪。音乐本身能带动人的情绪，但若过于强调音乐，就会影响观众的情感，会直接导致观众的情绪不是受影片剧情发展的影响，而是靠音乐去左右，这不是导演所要的最终效果，

---

① 编剧：管虎；导演：管虎；出品：长春电影制片厂、虎翼天下影视文化有限公司、北京光线影业有限责任公司等。

从某种程度上说，是叙事的失败。而这部影片本身就是希望去表现一个真实的、荒诞的故事，过多的音乐铺垫会影响观众的情绪以及影片叙事的发展。然而，在关键的时候，需要观众为之共鸣的时候，还是会有低沉哀鸣的音乐响起来，带领观众去感受那种悲怆与枉然的忧伤之情。一旦故事继续推进，音乐就会马上消失，绝不会成为叙事上的累赘。可以断定，该片的音乐是经过精心设计的。如影片中牛二被日本兵刺中，在石间小路上，音乐响起，再到他在山上大叫“九儿”时，镜头俯拍旋转拉至大全景，音乐响起并随着镜头发生节奏的变化；牛二用绳子鞭打在牛的身上让它起来时，音乐响起，不禁让人心酸；在山上，躺在积雪的地上，牛过来，轻轻的几个音符发出的旋律，使画面更加写意；特别是在影片结尾的时候，牛二对牛说“别害怕，什么都能过去呀！”停顿，笑。这时低沉的音乐响起，那种悲凉、心酸的感觉一触即发，以至于当观众从电影院出来的时候，还是保持着那份难以表达的复杂感受。

(四)音响

本片的音响效果很有特色。在影片开始部分，强化呼吸声、咽口水的声音、脚步声等一些主观音响声，而弱化风声和落叶的声音等一些客观音响声，加上影片利用跳阶式镜头和特写镜头，以及略晃动的拍摄方式，给人在心理上造成强烈的不安感，并为影片的发展制造悬念。本片特意加强和放大人物动作发出的声音，在这个全村都死了，就只剩下一头牛和一个人的村子里，感受那种原本静悄悄中突然猛烈的爆炸声带来的视听震撼，让观众有身临其境的感觉。

六、结语

自 2002 年确立中国电影产业化发展思路以来，2009 年是第 8 个年头，这一年，值得我们回顾与展望。纵观这一年国产电影的声音创作境况，冷静的创作态度和独立创作的实力是中国电影声音人的关键词。

在以往的国产影片创作中，走国际化的路线、请外国作曲家加盟声音艺术创作的不在少数，这些虽说给我们带来了一种新的制作模式，但毕竟是中国电影的神韵、人文精神和审美需求，影片的作曲却不是中国的音乐人，也算是个小小遗憾吧。值得欣慰的是，在近几年国产电影的发展中，电影艺术创造中新生代已经逐步崛起。从 2008 年到 2009 年比较有代表性的国产影片，不难看出中国电影声音的创作显现出了一定的规律特征。它们从制作角度、声音创作和审美趋向方面，都在慢慢形成吸收、融合却还保持着自身的独特风格，这是好的趋势，不能一味的照搬好莱坞的大制作、大动态，好莱坞电影的成功不是想象中那么简单的一些模式，再好的电影都要和观众交流，只要讲故事就有情节线，牵动情节线的动力就是情感。

电影声音艺术创作就是通过丰富多彩的声音元素，去刻画人物性格、烘托气氛和钩锁场景。

回顾2009年，在外来影片的冲击下，中国电影表现出了顽强的生命力，多类型、多品种、多样化的创作格局逐渐形成。电影声音作为电影创作中的重要元素，要求我们要具备高素质的创作团队，相信在新的一年里我们的国产电影一定会有一个光明的前景。一分耕耘，一分收获，现在是播种的季节，当洒下了汗水，丰收的喜悦即将扑面而来。为了国产电影的蓬勃兴旺，努力吧！

参考文献

1. 姚国强等：《审美空间延伸与拓展——电影声音艺术理论》，中国电影出版社，2002年。
2. 姚国强：《影视录音——声音创作与技术制作》，北京广播学院出版社，2002年。
3. 姚国强：《影视声音艺术与技术》，中国广播电视出版社，2003年。
4. 姚国强：《银幕写意——与中国当代电影作曲家对话》，中国电影出版社，2009年。

（作者：范琳琳　北京影视艺术研究基地研究人员　四级录音师
陈丽丹　浙江工商大学　助教
郝　昕　浙江工商大学　讲师、三级导演）

北京学研究基地

（北京联合大学）

基地名称：北京学研究基地
依托单位：北京联合大学
项目类别：研究基地自设项目

加强地方文化中的文化态度层面研究
——以永定河文化研究为例①

近年来，国内地方文化的研究呈现出蓬勃发展的形势。人们在下力量发掘整理各地的地方文化资源的同时，也关注到地方文化在现代化和城市化大潮中所面临的种种问题。本文以永定河文化研究为例，强调加强地方文化研究中的文化态度层面。

一、永定河文化研究中的一点情况

永定河是北京的母亲河。

永定河文化在北京城市发展史上具有母体文化的重要地位，是北京历史文化不可分割的一部分。

永定河文化研究已经有了不少进展和积累。其中门头沟区首先明确提出将打造永定河文化品牌，作为促进门头沟区发展的重要措施，永定河文化研究、古村落研究、京西古道研究，多个方面逐步深入，成果迭出。北京市社科院尹钧科、吴文涛两位学者则捧出了他们钻研多年的系统性认识——《历史上的永定河与北京》一书，该书作为国家社会科学基金资助项目的成果，堪称永定河文化研究的标志。它不仅深刻阐明了历史上的永定河及其与北京的关系，还首次提出了永定河文化的十大内涵。一批学者和实际工作者围绕永定河文化这个主题作了大量工作。

本文想强调的是，在以上工作和成果的基础之上，永定河文化研究需要加强一个重要方面——文化态度层面。为叙述方便，本文以门头沟区的实际情况为主进行分析，也会涉及永定河流域内的其他地方。

根据尹钧科、吴文涛的定义，“何谓永定河文化？永定河文化是对在永定河流域的地理环境中，人类利用各种自然资源和人文资源，世世代代所

① 本文是《中日韩比较研究——“传承·技艺”文化中的学习样式与终身学习现代课题的相关比较》项目的阶段成果。

创造的区域历史和区域文化的总称”①，并指出它涵盖自然和人文两个方面。笔者认为，这里所讲的两个方面中的自然，主要不是指自然本身，而是指人在与自然的相处中产生的认识，产生的感情，产生的相处之道，产生的后果，也就是产生的文化。这些认识、感情、相处之道及后果，还会随时间而变化，也就是它也会形成自己的历史。以山水文化为例。在永定河流域，人们怎样利用永定河干流与支流的水，为自己造福谋利，又怎样同永定河的洪水或者地区的干旱做斗争，以减灾避患，这就是永定河流域水文化的主要内涵。而名山文化则是指与名山相关的名人、事件、文物、古迹、诗词、文章、民俗、特产等为内容的文化。实际上，山本无所谓“名山”，只有在人对它有所认识、欣赏、宣传、利用之后才会“出名”。说这些，只为一个目的，即想强调，在讨论永定河文化（讨论其他地方文化也一样）的语境下，自然资源、人文资源都是相对于人而言的资源，都是人作用的对象，作用的结果是产生文化，其过程则形成历史。所以，我们目前所从事的研究对象的核心是“文化”。我想，这大概也是大家同意将我们的这个研究对象用“永定河文化”这个名称来表述的原因。

二、永定河文化的几个基本性质

永定河文化具有几个最基本的性质，即区域性、乡土性、遗产性。

区域性，即地方性，指以永定河流域为范围的区域性。这个性质，不必多讨论，只指出一点，门头沟区的永定河文化研究具有相对的独立性。也就是说在整个永定河流域内，永定河穿越“百里山峡”这个自然属性以及地近京城这个地理区位，带来了它文化的特殊性。所以讨论门头沟区的永定河文化，不仅仅在于一个行政区划单元的意义，更主要在于一个文化地理单元的意义。对这个问题的认识，会随着研究的深入而更趋明显。或者说，它本身就是永定河文化研究的一个方向。与其他区域相比较，它有自己的个性，当然也有共性。

乡土性，也就是民间性、草根性，是相对于宫廷、官府、文人的文化而言的文化特性。由于永定河流域中包含有北京、大同、涿鹿三座古都，尤其是北京城作为都城影响尤为深远，永定河文化中含有一定数量和级别的宫廷文化、官府文化和文人文化。以门头沟区现存古迹为例，有金代皇家游览胜地仰山，明刘定之《重修仰山栖隐寺碑记》云：“……（寺）创始于金时。金之诸主，屡尝临幸，有章宗所提诗在焉”；有金太祖完颜旻第八子完颜窝鲁欢之墓、清初靖南王府耿聚忠暨柔嘉公主合葬墓、清太宗皇太极四世孙显亲王丹臻墓、慈禧太后之父承恩公惠征之墓等历代王室宗亲墓；有

① 尹均科、吴文涛：《历史上的永定河与北京》，北京燕山出版社，2005 年。

民国初期来京为退位的宣统帝教授英文的苏格兰人庄士敦的别墅；有与朝廷关系十分密切的寺庙潭柘寺和戒台寺等①。尽管如此，永定河流域广大区域地处山区、农村，其世代传承的地域文化更具有强烈的乡土性。门头沟区的古村落、古民居、古道无一不是在老百姓的生产、生活中发生和发展，并形成了自己独特的品格。妙峰山的庙会被视为华北民俗文化的圣地，其兴盛尽管与乾隆皇帝封妙峰山娘娘庙为金顶有关，但是其核心内容是民间信仰和民间花会。流传至今已被列入非物质文化遗产保护名录的千军台、庄户村的古幡会、古幡乐和大峪村的太平鼓都源于民间，传承于民间，娱乐于民间。再举一个典型案例——蔚县上苏庄村拜灯山②。蔚县地处永定河右岸最大的支流壶流河流域，属于河北省张家口市。上苏庄村是建于明嘉靖年间至今已有450多年历史的一个古堡，拜灯山是其代代相传的民俗社火活动，现在是国家级非物质文化遗产，其核心内容是敬祀火神。拜灯山的过程包括点灯山、拜灯山、耍社火、唱大戏四个部分，每年农历正月十四、十五、十六举行时，人们按照传统方式，酬神娱人，处处充满着乡土气息。

遗产性，笔者将其概括为三层含义。第一，由于社会的进步、人们生产、生活方式的改变，原有文化中的相当一部分趋于衰微甚至消亡。举例来讲，门头沟区的煤业文化，自辽代采煤开始，到清末进入近现代采煤业阶段以至到现今，采煤业在门头沟区全面停止，其相应的文化随之不断变化。其中的生产组织形式、窑神崇拜以及约定俗成的某些习俗失去依托而趋于消亡。现代交通的产生使得原来运煤古道上的“蹄窝”不可能继续发生和发展而只能成为历史的遗迹。这种变化，可以认为是文化赖以生存的环境变了，文化本身必然会发生重大变化。第二，由于社会的进步、科技水平的提高、人们思想认识的改变，原有文化中的一部分发生了功能的转变，由原有的传统意义上的功能转换成现代意义上的功能，或者处于这种转换的过渡状态。例如今天妙峰山的庙会固然有很多的传统文化要素包含其中，但不可否认，今天参加活动的民众与一百年前民众的想法已经有了巨大的不同。今天这个庙会既有传统内涵丰富的民间信仰和民间习俗的性质，又是适应现代人追求自然与人文双重享受的文化节庆。也就是说，它的文化功能已经发生了某种程度的改变。第三，包括前两层意义在内，所有的文化现象都会随时间进程而变化。一般来说，时间距离越大，历史上形成的文化的变化就越大，遗存至今的文化的稀缺性就越明显，这也就是我们所讲的遗产性。以古村落为例，著名文化学者冯骥才先生指出：“最大文化遗

① 北京市门头沟区文化文物局：《门头沟文物志》，北京燕山出版社，2001年。

② 候秀丽：《原生态是民俗的生命，民众是民俗的灵魂——09元宵节蔚县民俗活动考察记》，《古村落》，2010年第2期。

产是古村落”，而“如今它正在发生质的变化。愈来愈多的村落因农民外出打工而出现空巢现象。有的古村落经年历久，多已破败，重修无力……”门头沟的爨底下、灵水村、琉璃渠，之所以能够位列中国历史文化名村名单之中，不仅是因为它们有着历史文化的丰富内涵和鲜明特色，还因为它们是不可多得的历史遗产。物质文化遗产是如此，非物质文化遗产也是如此。在某些特殊的历史阶段(如发生战争、重大政治变故或重大自然灾害)，原来文化会遭受更集中、更严重的破坏，文化的历史遗存就会更加稀缺。永定河文化十大方面中的相当部分具有这种遗产性。

三、地方文化面临的新问题

以上是永定河文化三个最基本的性质。以此为基础，我们可以分析在当今形势下，地方文化所面临的问题以及人们采取的文化态度。

毋庸讳言，在“文革”中达到登峰造极的“左倾”思潮对地方文化的冲击，其影响是严重的。永定河文化也在其中。好在人们经过总结和反思，已经重新认识地方文化在社会发展中的重要作用。文化遗产日的设置，一系列文件和法规、规划的制定，国家和地方文化遗产名录的整理，一系列保护、发展措施的推行以及多项重大文化工程的出台，加上学界的推动，中国在地方文化保护与研究领域，已经出现了一个令人鼓舞的新局面。现在的问题是，在国际、国内新的形势下，又出现了新的问题。概括地说，一方面是西方文化作为强势文化随着经济全球化的浪潮，对中国影响越来越大；另一方面是国内快速发展的现代化和城市化进程对地方文化的冲击也越来越大。这两股力量共同作用的结果，以农村为例，就是引发农村生产、生活方式的巨大变化，造成大量年轻人进城或者进企业而脱离传统农业生产。电视、网络等媒体的普及以及文化娱乐形式的多样化等，都造成了对地方文化生存空间的挤压。可以认为，“文革”的“阵痛”已经过去，消除其后遗影响还需很大努力，而当前更主要的负面影响则源于上述两股力量。这是包括永定河文化在内的中国地方文化在当今所面临的局面。

再说得具体一点，永定河文化也与其他中国传统文化一样，面临着保护与开发这一对两难的矛盾。这一对矛盾，一头连着传统文化的保护，这个保护由于人们对“文革”的反思而愈显突出和重要；另一头连着地方社会经济的发展，这个发展由于现代化与城市化目标的指引和提高老百姓生活水平的鼓励而具有了充足的动力。问题是，保护有保护的原则，开发有开发的目的，两者从目标到实践，均存在明显的悖论。

就开发来说，近些年来地方对于开发本地的传统文化，可能的目的大概有以下几种。一是弘扬地方文化，这是最好的一种。其目标是发掘地方文化，提高地方的知名度，为地方社会经济的发展寻找历史文化上的渊源、动力和特色。尽管这种做法之中也有着谋取商业利益的因素，但是毕竟弘扬地方文化是一件好事，只要在开发中保持文化的主体地位并能避免盲目开发、过度开发就行；二是急功近利，打着文化的旗号为地方经济招商引资。这一种是前些年在很多地方普遍存在的现象，其标志性口号就是“文化搭台，经济唱戏”。在这种指导思想下，文化作为配角，不仅仅要立竿见影地服务于招商引资这个主角，而且在经济利益驱动下，人们还会根据需要随意改动甚至制造假的文化遗产；三是纯粹的商业利益推动，这是最不好的一种，它往往由商业利益集团操作，对文化的随意性更大，破坏性也更大。这一种不是开发地方文化，而是糟蹋地方文化；还有一种情况就是几个地方“争”同一个文化遗产，如卧龙岗之争、杜康酒之争、梁祝之争以及近来的赵子龙故乡之争等。这种情况比较复杂，弄清史实是好事，发扬地方文化也是好事，如果出自上述第二、三种目的，就不好了。

就保护而言，近些年来，各地对地方文化的保护是有较大力度和取得重大进步的。主要的问题有几个。第一，哪些一定要保，哪些保不了，哪些可以不保，从理论和政策上并没有完全明晰的根据，造成实践中的困难。第二，保护工作的速度和力度赶不上现代化、城市化的进程。第三，保护的方式和途径还有待进一步明确指导思想和积累经验。第四，非物质文化遗产保护工作中的传承人工作，方向已经明确，而大量实际问题有待进一步研究解决。

四、加强文化态度层面研究的必要性

根据以上分析，可以将地方文化研究概括地分为三个层面：即文化资源层面、文化态度层面和文化实际工作层面。可以认为，就整体而言，在当前的地方文化研究中，有必要强调加强其中文化态度层面的工作。

以永定河文化研究为例。一方面如前所述，《历史上的永定河与北京》一书堪称永定河文化研究的标志性成果，它是对永定河文化资源全面、深入地发掘和系统地梳理，并确立了永定河文化作为北京城市发展史上的母体文化地位。另一方面，以门头沟区为代表，既大力推进了发掘、整理资源的工作，如出版了一批丛书，也十分重视实际工作层面的工作，包括保护传承和开发。问题是，前述各地地方文化在保护传承和开发中所遇到的问题同样存在于永定河文化研究之中。而解决这些问题的出路离不开加强其中文化态度层面的工作。

笔者认为，这里所采用的“文化态度”的说法，无论是从术语用词上，还是在学术内涵上，都还有很大的不成熟性，还需要进一步斟酌。目前只是从研究的逻辑和工作环节上认为迫切需要加强这么一个环节。它以资源层面为基础，而它又是实际工作层面的基础。只有加强它的研究，资源层面的丰富内容才有可能在当今社会发挥作用，而实际工作层面中所遇到的种种难题才有希望逐步解决。例如，深入分析各类地方文化资源形成的社会发展背景条件以及这种社会发展背景条件在当代的变化，也就是分析清楚各类地方文化资源所赖以生存和发展的土壤是否发生了重大的变化和发生了什么样的重大变化，这才能明确前述哪些一定要保，哪些保不了，哪些可以不保的问题。又如，对于由于时代的前进，某些文化所赖以产生和发展的生产、生活方式不再存在，造成某些历史上的地方文化以“活态”形式保护不了也不必活态保护的，经过研究，需要明确对其以博物馆形式保存起来；而另一些历史上流传下来的地方文化类型则可以赋予其新的时代功能。再如，说到保护的原则，在讨论世界级文化遗产以及适当扩大的范围内，以整体性和原真性为标准是必需的，但也必须承认，在讨论很多地方的地方文化的时候，坚持这两条是很困难的(包括文化生态保护区、生态博物馆等形式在内)，当地居民要求享受现代生活方式的要求是正当的，寻找既能保护、传承地方文化，又能满足当地居民正当要求的“双赢”之路是必要的，而这条道路的诞生一定是以深入研究和认识地方文化(包括历史的和当代的)为基础的。还如，对地方文化要真正处理好保护和开发这一对矛盾，继承、发扬地方文化优势，在现代化、城市化大潮中保持充足的动力和明显的特色，就一定要注重内核、提炼精华、古为今用、不断创新。

总之，本文强调的是，对地方文化，人们通过研究，梳理资源，产生认识，形成态度，推进保护、传承和开发工作。在目前的实际中，更需要加强的是处于中间环节的文化态度层面的研究。

（作者：张妙弟　北京学研究基地首席专家　教授）

基地名称：北京学研究基地
依托单位：北京联合大学
项目类别：国家自然科学基金面上项目

基于租金的北京城市办公活动经济空间结构解析①

一、引言

经济空间是经济客体在空间相互作用时所形成的空间集聚形态以及分工组织形式，其结构是指在一定地域范围内经济要素的相对区位关系和分布形式，它是在长期经济发展过程中人类经济活动和区位选择的累积结果。回顾以往的研究，多是从宏观地域来探讨经济空间结构及其演化趋势，提出空间结构优化模式的建议，对城市内部经济空间结构的研究，也主要是从产业空间结构的角度，分析产业空间分布特征与规律，指出优化产业空间结构的调整方向。

随着城市经济的发展及产业结构的不断升级，办公业逐渐替代制造业成为城市经济活动的重点，办公活动空间成为城市新的经济空间构成，对城市的经济活动和空间结构产生越来越深刻的影响。早期，由于办公活动需要高频率的面对面交流，故产生了相对较高的交通成本，单就中心城市而言，在交通成本作用下，办公活动的区位选择更倾向于市中心，其竞标租金与距市中心的距离呈负相关。后工业化时代以来，服务业和信息化的迅猛发展，尤其是通讯及交通技术进步，办公活动开始出现离心化和扩散现象；与此同时，迫于租金成本的压力，一些公司开始搬离市中心，郊区办公活动有所发展。

国外对写字楼租金的研究主要是构建租金模型，探讨写字楼租金的影响因素，并检验某一因素对租金是否存在影响。如 Brounen 运用误差修正模型对美国 1990—2007 年间 15 个城市的写字楼租金进行研究，发现租金与就业和空置率有很强的相关性；Atilla 对伊斯坦布尔的写字楼租金进行因子分析，建立写字楼租金模型，运用线性和非线性回归，讨论各种模型的结果；

① 本文是《北京城市办公业的空间格局演变及其动力机制研究》项目的阶段成果，项目编号：40771063。

Gunnelin 采用回归分析，研究了斯德哥尔摩写字楼租金的影响因素，并对未来租金市场的调控提出了科学的建议。我国对写字楼租金的定量研究较少，其中有代表性的是对上海的实证研究，通过相关分析和回归分析，探讨了写字楼的租金差异及空间分布特点，解释了影响上海写字楼租金的主要因素。纵观国内外关于写字楼租金的研究，通过建立模型、解释租金的影响因素，而从空间角度，运用空间分析方法，辨析租金分布的空间格局与城市内部经济结构的研究较少。

本文尝试以写字楼租金为指标，通过空间分析方法，研究北京写字楼租金的空间分布特征及空间相关性，比较写字楼租金分布趋势与基准地价之间的关系，探讨地价、租金与城市经济空间结构之间的作用与反作用，以期拓展空间分析方法在城市地理学研究中的应用方向，完善办公业研究体系，同时，丰富城市经济空间结构的相关实证研究。

二、数据来源与研究方法

(一)数据来源

本文选取北京城六区已建成的商务写字楼为研究对象，研究数据为实测数据。课题组于 2009 年 7 月利用 Trimble Juno SB 手持 GPS 采集北京市城六区写字楼的空间点位信息，通过搜房网(http：//www. soufun. com)与焦点写字楼网站(http：//office. focus. cn)，查找对应写字楼的租金信息，对于租金信息缺失的样本，采用电话查询的方式予以补充，最终获得数据样本 1037 个(其中包含总部基地独栋办公建筑 188 个)，通过 Arc GIS 进行属性信息的空间匹配，并建立写字楼空间数据库，同时对北京主要道路和行政区划的底图进行数字化处理，得到地理信息系统分析底图。基准地价数据采用 2004 年北京市国土资源和房屋管委局组织编著的《北京地价》，其中基准地价级别图选取综合地价图为底图(综合地价包括了商务写字楼等办公科研类用途的地价信息)。

(二)研究方法

研究采用空间自相关方法。空间自相关的指标和方法很多，主要有连接统计(Join count statistics)，Moran's I，Geary's C 和 Getis'G 等，其中最常用的是 Moran's I。本文采用 Moran's I 指标进行显著性检验。通过全局空间自相关检验写字楼基于租金的空间分布是否具有显著性集聚；通过局域空间自相关(LISA)，运用 Geoda 软件探测出租金集聚区的具体空间位置。

全局空间自相关用于描述某一属性值的整体分布状况，及空间要素针对某一属性值所表现的相关联程度。其计算公式如下：

$$\text{Global Moran'}I = \frac{n}{\sum_{i=1}^{n}\sum_{j=1}^{n}W_{ji}} \times \frac{\sum_{i=1}^{n}\sum_{j=1}^{n}W_{ij}(x_i - \bar{x})(x_j - \bar{x})}{\sum_{i=1}^{n}(x_i - \bar{x})^2} \quad (1)$$

式(1)中，n 为研究对象的数目，此处为办公楼数目(1037)；x_i、x_j 为某属性特征 x 在空间位置 i、j 上的观测值，此处为各办公楼租金；$\bar{x}$ 为 x_i 的平均值；W_{ij}是研究对象 i、j 之间的空间权重矩阵。

全局 Moranx's I 的取值介于正负 1 之间。通过 I 值可以判断研究区的集聚水平。当 $I>0$ 时表示空间正相关，即研究区内办公楼租金具有显著的集聚水平；当 $I<0$ 时表示空间负相关，即相邻办公楼之间租金水平存在明显差距；当 $I=0$ 时表示空间不相关，即研究区内各办公楼租金呈现无规律的随机分布状态。

全局空间自相关只能说明研究范围中某种社会经济现象的整体分布状态及关联程度，不能说明属性相似集聚区的空间分布位置。而局域空间自相关可以揭示一个区域单元与其邻近单元就某一特征值所表现出来的相关程度，并可以采用地图等可视化表达。局域空间自相关(LISA)的计算公式如下：

$$\text{Local Moran's } I = \frac{n(x_i - \bar{x})\sum_{j=1}^{n}W_{ij}(x_j - \bar{x})}{\sum_{i=1}^{n}(x_i - \bar{x})^2} \quad (2)$$

式(2)中，n 为研究对象的数目；x_i、x_j 为某属性特征 X 在空间位置 i、j 上的观测值；$\bar{x}$ 为 x_i 的平均值；W_{ij}为空间权重矩阵。

三、北京写字楼租金的空间集聚格局

采用全局空间自相关，计算写字楼租金空间分布的整体相关性，通过局域自相关，探测集聚空间与异质空间的具体位置，分析写字楼租金分布的空间格局。

(一)写字楼租金分布的全局空间自相关

依据公式(1)，基于写字楼点位数据，计算得出北京市写字楼租金的 Global Moran's I 指数为 0.526，其中 $P < 0.01$。表明北京市写字楼租金的空间分布在 1% 显著性水平下存在较强的全局正自相关特性，即租金属性值相似(高租金与高租金或低租金与低租金)的写字楼在空间上集中分布，呈现较明显的集聚格局。

(二)写字楼租金分布的局域空间自相关

进一步运用局域自相关方法，推算聚集区(spatial hot spot)的具体空间位置。根据公式(2)，对北京市写字楼租金的点状数据分布模式进行局域空间自相关分析，在1%显著性水平下绘制局域空间自相关(LISA)集聚图如图1。

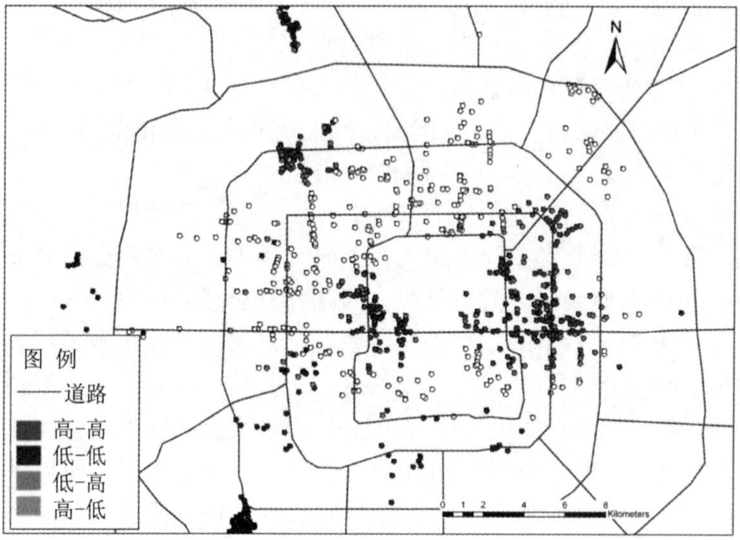

图1　北京城区写字楼租金局域空间自相关(点状数据)集聚图

图1显示，北京城区写字楼租金呈现出四种空间关联模式：一是高—高关联模式(H－H)，表示该写字楼租金与周围写字楼的租金均高于写字楼租金的平均值；二是低—低关联模式(L－L)，表示该写字楼租金与周围写字楼的租金均低于平均租金；三是低—高关联模式(L－H)，表示该写字楼租金低于平均租金，而其周围的写字楼租金却高于平均租金；四是高—低关联模式(H－L)，表示该写字楼租金高于平均租金，但是其周围的写字楼租金却低于平均租金。无颜色的点是没有通过显著性检验，其空间分布随机。“高—高”和“低—低”关联模式均说明基于租金属性值的写字楼空间分布具有较强的空间正相关性，即空间集聚分布显著，而“高—低”与“低—高”模式则存在较强的空间负相关，局域存在异质性。

(三)写字楼租金分布的空间特征

通过空间分析，可以总结出北京城区写字楼租金空间分布主要表现出如下特征：(1)租金属性相近的写字楼在空间上总体呈现较为明显的集聚分布格局；其集聚状态存在显著的热点区域。(2)写字楼租金分布格局的空间偏向差异显著，即空间分异显著。以长安街及其延长线为界，高租金写字楼主要集聚在北部，包括CBD、金融街、中关村及燕莎地区，而低租金在南部集聚显著，主要分布在南四环总部基地，并伴有少量零星分布在南三环与南四环之间及丰台丽泽地区，石景山八大处地区和海淀上地也为租金低值集聚区域；以北京城中轴线为界，东西方向亦呈现一定的差异性，以东地区的租金高值集聚显著，以西地区则表现为高值与低值交叉存在，呈现出"小集聚大分散"的特点。(3)高租金点位依托交通干线集聚。长安街及其延长线成为高租金写字楼集聚的东西向走廊，而南北方向则主要沿西二环、东二环及东三环分布，且向北倾斜显著。(4)高租金写字楼空间集聚特征明显，从集聚与分散的角度来看，高租金写字楼更倾向于集聚分布，而低租金的写字楼，除总部基地外，主要呈零散分布。(5)写字楼租金与距市中心的距离呈负相关。以天安门为市中心，高租金写字楼的空间分布具有明显的向心性，而低租金写字楼主要分布在二环以外。

(四)北京写字楼租金空间分布格局解析

为了进一步把握北京城市办公活动的经济空间结构，在写字楼租金点状数据分析的基础上，以北京城区街道为研究底图，提取出写字楼数量大于5的街道，并以坐落在街道中的写字楼租金平均值为属性值进行面状数据的局域空间自相关分析(图2)。

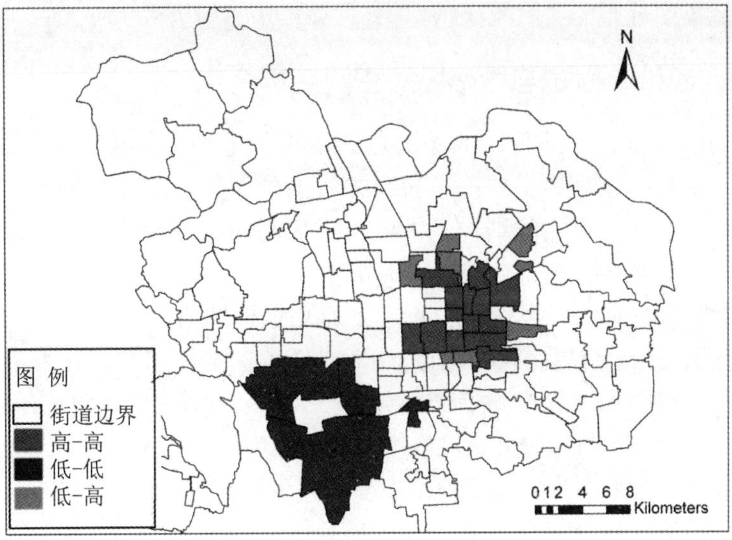

图2　北京城区写字楼租金局域空间自相关(面状数据)集聚图

如图2所示，基于街道面状数据的租金分布呈现明显的空间分异格局。高—高关联模式(H—H)集中分布在二环以里以及东二环与东三环之间的街道范围内，低—低关联模式(L—L)主要集中西南方向丰台区范围内的主要街道；而8个低—高关联模式(L—H)的街道镶嵌在高值热点区域外围，提示空间异质性的存在。形成这种经济空间格局的主要原因在于：(1)历史惯性。20世纪80年代，北京商务办公开始萌芽，由于东二环朝外至建外地区的涉外资源较为丰富，各国驻华使馆、高档酒店云集，同时临近机场高速与交通干线，使该地区成为跨国公司等外商办公的主要场所。在集聚效应的影响下，地价攀升，写字楼租金高涨，成为高租金写字楼集聚的热点区域；(2)规划引导。北京商务写字楼的空间分布，一方面受到市场因素的调节，另一方面，也受到城市规划的引导。《北京城市总体规划(1991 年至 2010 年)》即确立了中央商务区(CBD)范围，并规划建设了大量的写字楼，引导办公活动在此集聚，而金融街的规划建设同样引导大量写字楼的落成，使这些区域成为北京城市经济发展的核心区域；(3)事件推动。亚运会及奥运会的举办，加大了对北部城区建设的投入，商务办公环境和基础设施等条件不断完善，为该地区办公业的发展奠定了坚实的基础，进而吸引办公活动在此聚集，形成了新的高租金集聚区域。

办公活动的根本是信息交流与沟通并以此解决问题来获得市场收益，因此，对于办公区位来讲，便于交流是关键，而临近交通干道在很大程度上有益于提高办公活动的效率。长安街及其延长线是北京东西向联系的主要干道，其附近的地价相对较高，写字楼租金较高，出现了长安街沿线高租金区域集中分布的空间特征。

四、地价、租金与城市经济空间结构

土地的价格，即地价，本质上是资本化的地租，是构成租金的基础，反之租金又在一定程度上映射地价，并对地价调整产生反作用力。从城市内部分析，城市经济空间结构是由城市土地利用内在规律作用的结果，而城市土地利用规律首先符合同心圆状分布的杜能环理论。

以北京城区办公活动为例，运用普通克里格插值法(Ordinary Kriging)，利用原始数据和半方差函数的结构性，对区域变量的未知采样点进行无偏估值，通过已知点推导未知点的租金属性，得到写字楼租金的空间分布趋势面(图 3)。可以看出，北京城区写字楼租金空间分布趋势表现为：(1)租金大体呈同心环状分布，租金值由中心向周边递减；(2)高等级租金分布从西南向东北方向延伸，以长安街及其延长线为轴线，北部租金等级高于南部；(3)朝阳区 CBD、燕莎地区和西城区的金融街形成 3 个明显的租金最高等级的岛状结构；(4)租金次高等级的轴向分布方向与放射状城市对外交通干道方向一致，如机场高速和京藏高速(原八达岭高速)，说明交通干道对写字楼租金存在较为显著的影响。

基准地价是在城镇规划区范围内，对现状利用条件下不同级别或不同均质地域的土地，按照商业、居住、工业等用途，分别评估确定的某一期日上法定最高年期土地使用权区域平均价格。因此，基准地价在成为城市内部不同区域写字楼租金定价的依据的同时，也反映出北京城市经济空间结构的基本特征，即总体上呈现同心环状向心集聚，并沿交通干道和对外放射状道路延伸，同时，城区内存在明显的空间差异性。

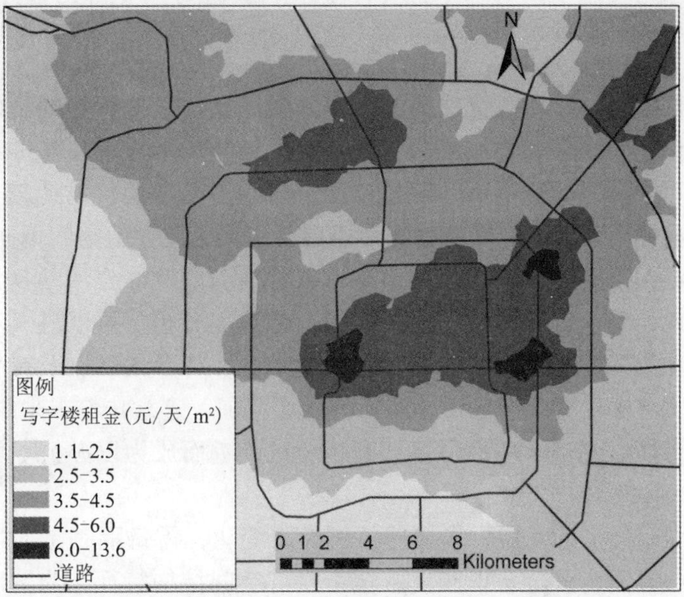

图3　北京城区写字楼租金空间分布趋势面

对比图3和图4可以进一步看出：(1)北京市写字楼租金与基准地价的综合地价在空间分布态势上基本吻合，即整体呈现同心环状由中心向外逐渐递减；(2)岛状分布的写字楼高租金区位包含在基准地价的一级地价范围内，与城市经济发展的热点区域相一致；(3)写字楼租金空间分布趋势轴向与基准地价偏向大体一致，且高租金写字楼主要分布在交通干道和环线上，与基准地价的交通干道延伸及环线热岛分布相一致，验证了交通是影响地价和租金的重要因素；(4)从写字楼租金趋势面分析，大屯地区、将台路地区以及崔各庄和东坝地区是写字楼租金次高等级趋势面的所在范围。

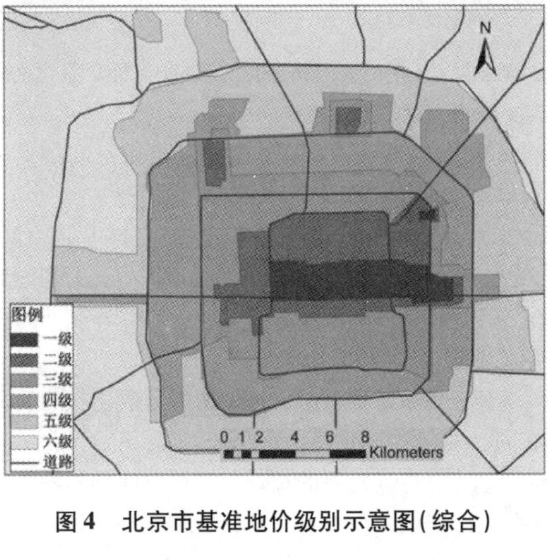

图4　北京市基准地价级别示意图(综合)

五、结语

租金作为办公活动区位选择的主要因素以及衡量地价和经济发展程度的重要指标，间接影响着城市内部经济空间结构的形成与发展。以北京城六区商务写字楼为研究样本，通过空间分析和与基准地价的比较分析，说明北京目前办公活动的空间趋势仍然以向心集聚为主，但空间偏向性显著，其原因主要在于历史惯性、规划引导、事件推动以及办公活动自身对交通和区位条件的要求。同时，从写字楼租金趋势面分析，可以进一步预测未来办公活动集聚区的走向，如北京的大屯地区、将台地区以及崔各庄和东坝地区是写字楼租金次高等级趋势面的所在范围，这意味着未来 3—5 年这些地区将可能形成一个新的写字楼高租金区，进而成为以办公业为主导的区域。

随着城市经济的发展，基准地价将随之变化，需每隔一定时期对其进行调整。一方面，重新认识和了解城市经济空间结构特征，为城市规划调整提供依据；另一方面，为政府对土地市场进行宏观调控提供数据支撑。

参考文献

1. 郑文晖、宋小东：《全球化下经济空间结构演化趋势的解析》，《城市规划学刊》，2009 年第 1 期。
2. 陆大道：《区域发展及其空间结构》，科学出版社，1999 年。
3. 李小建、樊新生：《欠发达地区经济空间结构及其经济溢出效应的实证研究——以河南省为例》，《地理科学》，2006 年第 1 期。
4. 陈修颖、于涛方：《长江三角洲经济空间结构最新发展及空间集聚合理度判断》，《经济地理》，2007 年第 3 期。
5. 聂华林、赵超：《甘肃经济空间结构的现状、问题与战略选择》，《人文地理》，2003 年第 4 期。
6. 唐承丽、李建香、李发俊：《湖南省经济空间结构演变及工业化主导因素分析》，《人文地理》，2008 年第 1 期。
7. 郭红、姜春晖、李晓越等：《基于 GIS 的东北地区经济空间结构演变与发展趋势分析》，《测绘与空间地理信息》，2009 年第 2 期。
8. 代合治：《山东省区域经济空间结构研究》，《地域研究与开发》，2001 年第 3 期。
9. 李秀伟、修春亮：《东北三省区域经济极化的新格局》，《地理科学》，2008 年第 6 期。
10. 仇方道、朱传耿、佟连军等：《淮海经济区县域经济差异变动的空间分析》，《地理科学》，2009 年第 1 期。
11. 冒宇晨、王腊春：《长三角城市群旅游经济结构的分散化和均质化趋势》，《地理科学》，2009 年第 5 期。
12. 谢景武、娄晓黎：《基于可持续发展的长春市产业空间结构特征及调控措施分析》，《地理科学》，2004 年第 2 期。

13. 谷秀华：《长春市可持续发展的产业空间结构调整与优化》，《地理科学》，2006 年第 2 期。
14. [美]阿瑟·奥沙利文：《城市经济学》，中信出版社，2002 年。
15. Gad G.. Office Location Dynamics in Toronto: Suburbanization and Central District Specialization. Urban Geography, 1985, (4)
16. J. B. Goddard, Diana Morris. The Communications Factor in Office Decentralization. Progress in Planning, 1976, 6(1).
17. David E. Dowall. Back-Office and San Francisco's Office Development Growth CAP. UC Berkeley. 1986.
18. Dirk Brounen, Maarten Jennen. Asymmetric Properties of Office Rent Adjustment. Journal of Real Estate Finance and Economics, 2009, (39).
19. V. Atilla Oven, Dilek Pekdemir. Office Rent Determinants Utilizing Factor Analysis-A Case Study for Istanbul. Journal of Real Estate Finance and Economics, 2006, (33).
20. Ake Gunnelin, Bo Soderberg. Term Structures in the Office Rental Market in Stockholm. Journal of Real Estate Finance and Economics, 2003, (26).
21. 石忆邵、范胤翡：《上海市商务写字楼租金差异及其影响因素》，《地理研究》，2008 年第 6 期。
22. 北京市国土资源和房屋管理局：《北京地价》，中国计量出版社，2004 年。
23. 王劲峰、李连发、葛咏等：《地理信息空间分析的理论体系探讨》，《地理学报》，2000 年第 1 期。
24. 邱灵、申玉铭、任旺兵：《北京生产性服务业与制造业的关联及空间分布》，《地理学报》，2008 年第 12 期。
25. 孟斌、张景秋、王劲峰等：《空间分析方法在房地产市场研究中的应用——以北京市为例》，《地理研究》，2005 年第 6 期。
26. Anselin L. Local indicators of spatial association-LISA. Geographical Analysis, 1995, 27 (2).
27. 张景秋、蔡晶：《北京城市办公业发展与城市变化阶段分析》，《城市发展研究》，2006 年第 3 期。
28. Daniels P W. Office Location: An Urban and Regional Study. London: G Bell and Sons Ltd, 1975.
29. 张景秋、贾磊、孟斌：《北京城市办公活动空间集聚区研究》，《地理研究》，2010 年第 4 期。
30. 杨吾扬：《区位论原理——产业、城市和区域的区位经济分析》，甘肃人民出版社，1989 年。
31. 汤国安、杨昕：《ArcGIS 地理信息系统空间分析实验教程》，科学出版社，2006 年。

（作者：张景秋　北京学研究基地研究人员　教授
陈叶龙　首都师范大学　硕士研究生）

北京党建研究基地

（中共北京市委党校）

基地名称：北京党建研究基地
依托单位：中共北京市委党校
项目类别：研究基地自设项目

论党的建设科学化：理论、制度、方法[①]

提出提高党的建设科学化水平，一方面是由于党的建设本身就是科学，我们党就是在科学理论指导下建立、发展起来的；另一方面是由于在新世纪、新阶段，党的自身建设面临大量新情况、新问题，只有强调提高科学化水平，按照客观规律办事，不断探索，才能取得应有的成效。如果忽视这一点，只讲重视党的建设，单纯依靠加大投入，可能事倍功半，甚至使党的建设流于形式。党建科学化命题的提出，反映了党在自身建设上的战略思考和远见卓识。

党的建设科学化重大命题的提出，既是对1988年来党加强自身建设的历史经验的提炼和升华，又是对世情、国情、党情深刻变化的自觉回应；既体现了科学发展观在党建领域的延伸与拓展，又奠定了科学执政的基础和依托。党的建设科学化的基本要素就是科学理论、科学制度和科学方法。根本目的就是在新的历史条件下，寻找一条可持续的自身建设路径，是理念、目标和过程的统一，其中蕴含着很大的理论和实践探索空间。

一、党的建设科学化的实质：照客观规律办事

科学化的实质就是照规律办事。不论什么性质的政党，无论面临什么样的历史条件和活动环境，政党自身建设中都有一些可以遵循的基本规律。能否认识和把握规律，能否自觉遵循规律，决定着一个政党的生存与发展。

党的建设科学化，根本要求就是认识和探索党的建设与其他方面的建设之间，以及党的建设系统内部诸要素之间固有的、本质的、必然的联系，把握规律性，并努力按照其内在规律来推进，从而防止主观性、片面性和盲目性。

作为现代社会中存在于不同历史环境中的重要政治组织，政党建设既有一般规定性，也有规律的特殊性。具体来说，可以从两个角度来认识和把握政党建设规律：第一，从规律普遍性的角度来看，就是要处理好政党

① 本文曾发表于《新视野》2010年第2期。

与国家、市场和社会之间的关系，科学界定政党活动的功能、方式与边界。作为生存于社会之中，以取得和长期掌握国家政权为主要目标的政治组织，最根本的规律就是通过自身功能的优化整合与充分发挥，坚持科学执政、民主执政、依法执政，最大限度地取得民众的认同和支持，不断累积执政资源，巩固执政的合法性基础。第二，从规律特殊性的角度来看，马克思主义政党建设与西方政党建设相比，有着特定的性质和宗旨，在价值取向、体制机制、工作方法等各个层面，都有其特殊性。对于中国共产党来说，就是要从具体国情、历史方位和中心任务出发，一是要科学处理好党的建设与政治、经济、文化和社会建设之间的关系，把党的建设置于中国特色社会主义总体布局中去筹划，而不是游离其外。比如，政治体制改革与党的领导方式、政治领域的人民民主与党内民主、党的意识形态与国家文化建设、社会领域的阶层分化与党的利益代表性等要素之间，都有着不可分割的内在联系。在执政条件下，即使党的意识形态的影响力和感召力很大，但如果经济建设搞不好，人民生活水平得不到提高；或者经济发展速度很快，而忽略了社会公平，执政党内部贪污腐化现象得不到有效遏制，都会给党的建设带来严重危害，都是背离规律的表现。二是科学处理好党的思想建设、组织建设、作风建设、制度建设和反腐倡廉建设之间的关系，这五个方面既有各自的特定目标和内涵，又有内在联系，必须统筹推进，使其相互协调、相互促进，有效防范“木桶效应”现象。三是要科学把握和处理好党的各项建设中基本要素之间的关系，比如，党的组织建设中，就涉及党员数量与质量、党员个体与组织、上级和下级、领导与被领导、民主与集中等要素之间的关系。

总的来说，党的建设科学化的实质，就是通过认识和把握上述诸方面、诸要素之间反映客观规律的内在的、本质的、必然的联系，并自觉遵循，使之贯穿于党的建设过程的始终。

二、科学理论指导是基础

以科学理论为指导是推进党的建设科学化的前提和基础。科学理论、科学制度和科学方法三者不是完全并列的而是有层次之分的，其中科学理论是起统帅作用的。科学制度之所以称为“科学”，就在于它是建立在科学理论基础之上，是符合实际需要的。至于科学方法，也只能来自科学理论。理论正确，方法才会科学，理论出现偏颇，方法必然失当。

科学理论是对客观规律的集中概括。其核心内容就是马克思主义的建党学说。根本任务就在于及时破解和回答时代变迁所提出的新问题。世界的大发展、大变革、大调整，全球思想文化和价值观念的交流交融与交锋碰撞，国内经济社会发展的阶段性特征所体现出的多元化格局，公民社会的发育，新兴媒体力量的崛起，党员干部队伍结构的深刻变化，使党的各项建设工作面临很多错综复杂、相互交织的新情况和新问题。这就要求我们坚持从实际出发，以科学的精神、科学的态度、科学的思维分析新情况，提出新办法，解决新问题，推进理论创新，实现理论指导与实践检验的良性互动。

坚持以科学理论为指导要善于正确总结和运用历史经验。党的十七届四中全会从建党88年、执政60年、领导改革开放30年这样三个时空维度上，探索形成了我们党作为马克思主义政党加强自身建设的基本经验。对此，可以概括为“六个坚持”：坚持把思想理论建设放在首位，提高全党马克思主义水平；坚持把推进党的建设伟大工程同推进党领导的伟大事业紧密结合起来；坚持以执政能力建设和先进性建设为主线，保证党始终走在时代前列；坚持立党为公、执政为民、保持党同人民群众的血肉联系；坚持改革创新，增强党的生机活力；坚持党要管党、从严治党，提高管党治党水平。这些概括，进一步从理论上回答了建设什么样的党、怎样建设党的重大课题，是把历史经验升华为客观规律的典范。这些规律，体现了政党建设的普遍规律与中国共产党自身建设规律的有机结合，是对执政党建设理论的新概括，必须始终遵循。

科学理论只有被广大党员干部全面准确地掌握，才能转化为自觉的行动。实践中产生的一些偏差和误区，很多是源自于对理论的教条化、片面化理解与运用。为此，要努力提高辩证思维能力，坚持用辩证法的观点认识把握党的建设中一些重大的尤其是容易出现偏差的理论问题。结合实际，具体来说，在思想理论建设方面，既要突出其首要位置，又要强调制度建设的根本性作用，既要反对封建落后观念，又要反对资本主义腐朽思想的侵蚀；在党群关系方面，要确立党离不开人民，人民也离不开党的观念，结合社会阶层多元化的新特点，既要巩固党的阶级基础，又要重视扩大党的群众基础，使党具有更加广泛的代表性；在干部队伍建设方面，要坚持德才兼备、以德为先的用人标准，既不能让老实人吃亏，也要防止一些不作为的“庸人”和丧失原则的“老好人”混入干部队伍中，坚持党管干部原则与群众公认的有机结合，全面落实好革命化、年轻化、专业化、知识化方针；在党内民主建设方面，要准确理解民主集中制的科学内涵和运作机理，把握好党内民主与集中统一的关系，不能因发扬民主而丧失集中，也不能因强调集中而牺牲民主；在反腐倡廉建设方面，既要坚定党有能力消除各种腐败现象的信心，又要增强忧患意识，认识到反腐败的长期性、复杂性、艰巨性，要全面看待干部队伍“主流”与“少数”的关系，坚持定性与定量分析相结合，绝不能丧失科学判断能力，陷入“越反越腐”的认识误区，等等。可以说，如果对这些问题的认识不准确不全面，科学理论的指导作用就会大打折扣，提高党的建设科学化水平就会流于空谈。

与时俱进是科学理论的固有品质。马克思主义执政党建设理论的科学性，正是在分析新形势、研究新情况、回答新问题的过程中得到展现的。必须随着时代变革，不断推进理论创新，赋予其新内容。为此，要按照十七届四中全会的要求，大兴学习型政党、学习型党组织建设，营造崇尚学习的浓厚氛围，积极向书本学习、向实践学习、向群众学习，掌握和运用一切科学的新思想、新知识、新经验，不断作出新的理论概括，增强理论说服力和感召力，加强科学理论的指导作用。

三、科学制度是保障

科学制度是推进党的建设科学化的根本保障。改革开放之初，邓小平就强调指出，“我们过去发生的各种错误，固然与某些领导人的思想、作风有关，但是组织制度、工作制度方面的问题更重要。这些方面的制度好可以使坏人无法任意横行，制度不好可以使好人无法充分做好事，甚至会走向反面”。比较起来，“领导制度、组织制度问题更带有根本性、全局性、稳定性和长期性。”①深刻揭示制度的根本特点，强调制度在党的自身建设中的重要地位，是邓小平执政党建设理论的突出特色。改革开放 30 多年来，我们更加重视制度建设，在党的领导制度、党内民主、干部选拔任用、加强党内监督、反腐倡廉等方面都制定了大量的法规、条例和规则，党内生活、党的建设各项工作的制度化、规范化建设取得很大进展，初步构建了相对完备的制度体系。但是也要看到，部分制度在实践中未能得到有效贯彻执行，有的制度甚至流于形式，在一些领域和部门，仍然不同程度存在着依赖于“领导人的看法和注意力”、依赖于约定俗成的惯例或者心照不宣的“潜规则”等不良现象，制度的刚性约束力不强，未能充分发挥好其规范、惩戒功能。究其原因，制度的科学化水平不高是一个重要因素。

以科学制度保障党的建设科学化，前提是提高制度建设的科学化水平。首先要从重要素建设向重体系构建转变。制度的体系性和严密性，是制度建设科学化水平的重要标准。科学的制度体系，是一个由各种制度要素(单项制度)相互衔接、相互配合、环环相扣、共同作用的有机体。任何一项制度的功能，都要在设计严密的制度体系中才能得以充分发挥；制度体系中的任何一个要素、环节的缺失，都可能成为制约体系运作的瓶颈。现实中，一些制度从个体角度看可能是合理的，但由于缺乏相关制度的配套支持，它就无法发挥应有作用。这说明，一项制度是否科学、合理，要放在整个制度体系中去衡量。从这样的角度来看，就不难理解现实中为什么会出现

① 《邓小平文选》第 2 卷，人民出版社，1994 年，第 333 页。

这样的现象：一方面是新制度不断出台，另一方面是新制度出台后热闹一阵就归于沉寂。这种“头痛医头”、“脚痛医脚”的做法必须纠正，否则，就谈不上提高制度的科学化水平。

其次，实体性制度建设与程序性制度建设并重。程序正义是制度正义的保证。离开了严密、公开的程序运作，制度的目标就可能因执行者的个人利益取舍或主观偏好而丧失或扭曲，甚至沦为某些人谋取私利的工具。在现实中，既要防止片面强调效率和成本而忽略或放弃制度运作程序的做法，也要防止执行程序过于烦琐、缺乏可操作性的现象。

再次，规范性制度建设与惩戒性制度建设并重。以往，在党内制度的制定中，有相当一部分制度侧重于规定应该怎么办或禁止做什么，而缺乏明确的违反规定的惩处性措施，使好的制度规定缺乏应有的威慑力，制度执行情况往往因一个单位主要领导者素质的高低而定，带有很大的随意性，时间久了，就会使制度丧失公信力，降低整个制度体系的成效。提高制度的科学化水平，就要实现规范性功能与惩戒性功能的结合，既要明确规定应该怎么办，又要明确违反规定又该怎么办，完善制度执行的监督、考核与责任追究机制，使党的各项建设制度得到普遍服从和执行。

最后，减少制度执行的自由裁量空间，提高制度执行力。制度的生命力在于执行。从一定意义上讲，制度执行比制度制定更为费力，更为重要，也更为紧迫。如果执行总是打折扣，再健全再完善的制度也只能成为摆设。党内制度的执行力不强，与上述三个方面的问题都有关联，需要强调的是，在制度建设中，要尽量减少一些笼统模糊的表述，少赋予一些“灵活处置权”，减少执行者的自由裁量空间，是提高制度的科学化水平的重要环节。

总之，按照党的十七届四中全会的要求，建立健全以党章为根本、以民主集中制为核心的制度体系，不断提高党内生活和党的建设的制度化、规范化、程序化水平，为提高党的建设科学化水平提供保障。

四、科学方法是关键

坚持科学方法是推进党的建设科学化的关键。科学方法是落实科学理论、执行科学制度的“船和桥”。现实启示我们，党的领导活动和党内生活中出现的很多问题，往往不是方向性的、理论性的、制度性的和政策性的，而是一些党员干部仍然习惯于用老办法解决新问题而导致的，存在着方法简单化倾向，因此，要把握新形势下党的建设规律和特点，积极应对社会组织结构和活动方式的深刻变化，继承和发扬过去的好方法，探索运用新方法，不断增强党建工作方法的科学性。

第一，继承和完善经受实践考验的行之有效的传统方法。建党 88 年以来，我们在党的建设方法上积累了丰富经验，形成了群众路线、思想建党、

“支部建在连上”等正确的原则方法。尤其是改革开放以来，在提高党建工作方法科学性方面进行了有益探索，在党内监督、干部教育培训、扩大干部工作中的民主、改进基层党组织设置形式、流动党员管理、城乡结对帮扶、开展“三级联创”活动等方面都积累了很多成功方法，应当继续坚持，并结合实际进一步丰富完善。

第二，把网络信息新技术手段运用于党的建设各个方面，推进工作方法现代化。现代网络信息技术的运用，既有利于丰富工作手段，提高效率、降低成本，又利于变革党建观念，推进理论创新和制度创新，是提高党的建设科学化水平的重要途径。结合实践，应在以下几个方面实现工作方法创新：一是宣传教育方法。要利用网络信息传递及时、便捷的特点，实现组织与党员之间的经常性、亲密性互动。比如，通过中国共产党新闻网站、设立网络新闻发言人等方式，发布传递党内信息，使广大党员特别是流动党员，随时随地能在网上了解党建信息。再如，设立开放式电子党务平台，通过采取电子邮件、视频对话、网上聊天、博客留言等多种方式，引导基层党组织、社会组织和党员群众同时进入党建信息平台进行交流，加强基层党组织、各类社会组织和党员、群众之间的随时互动交流，真正实现实时多方互动，使基层党建工作由单边“灌输”向互动交流转变。二是群众工作方法。通过互联网及时掌握社情民意，以及群众的多元化利益诉求，更充分发挥好党的利益表达与综合功能，开辟密切党群关系的新渠道。三是组织工作方法。探索通过组织工作信息公开化、网上评议、设立网络党校、在虚拟社区中设立党组织等形式，推进党员教育管理、服务党员、党务公开、组织生活等方法手段的现代化。四是纪检工作方法。近年来网络举报在揭露一些重大腐败案件中的作用启示我们，“网络监督”的形式，作为党的纪检工作的一种新方法，应当在网络举报和受理机制、网络信息收集和处置机制，防范信息失真等方面进一步规范和完善，使其成为有效防腐治腐的重要手段。总的来说，网络技术手段涵盖党的建设各个方面，这是一种发展趋势，有待开辟的空间还很大，需要在实践中进一步探索。

第三，探索运用心理学、管理学、组织学等科学方法，借鉴外国执政党建设的有益做法。多种学科之间、不同性质的组织之间，在理念与方法上的相互借鉴、交叉运用，是现代组织管理科学化的一个重要特点。党建方法的创新，也应当在这方面作出新的探索。比如，需求层次理论、组织扁平化管理、现代企业管理等方面的科学理念与方法。再比如，西方社会政党尝试通过建立“主题支部”、“主题委员会”、“主题俱乐部”以及“专题类基层组织”等方式激发党员的参与热情；在选择基层党组织活动的地点、形式上采取灵活的做法，如恳谈会、聚餐会等形式提高党员的参与意识等，[①] 在提高党的建设工作方法科学化水平方面，都有很多值得借鉴的东西。

（作者：姚　桓　北京党建研究基地首席专家　教授、博导
　　　　邹庆国　聊城大学思想政治与马克思主义学院　副教授）

① 中共中央组织部党建研究所课题组：《国外政党党内民主建设的实践探索》，《红旗文稿》，2009 年第 12 期。

基地名称：北京党建研究基地
依托单位：北京市委党校
项目类别：北京市哲学社会科学"十一五"规划研究基地项目

中国多党合作制度的成功实践[①]

中国共产党领导的多党合作和政治协商制度在中国已经实行 60 年，实践证明，当代中国政党制度是促进中国政党关系和谐发展的制度，是中国共产党人把马克思主义政党学说和统一战线理论与中国具体实际相结合的伟大创造，是中国特色政党制度的成功实践。2007 年 12 月 24 日胡锦涛同志在中共中央召开的各民主党派中央、全国工商联新老主要领导人座谈会上发表重要讲话强调指出，中国共产党领导的多党合作和政治协商制度，体现了我国社会主义民主政治的本质要求，符合中国特色社会主义事业的发展要求。要坚定不移地坚持长期共存、互相监督、肝胆相照、荣辱与共的方针，巩固共产党领导、多党派合作、共产党执政、多党派参政的多党合作的良好政治格局，发展我国各政党民主团结、生动活泼的和谐政治关系。这充分体现了中国共产党对多党合作制度以及执政党和参政党关系和谐问题的高度重视，也体现了中国共产党对马克思主义政党学说的继承和发展。

一、多党合作制度是中国共产党与各民主党派的共同选择

中国共产党领导的多党合作和政治协商制度是适合中国国情、具有中国特色的一项基本政治制度，它既不同于某些西方资本主义国家的两党制和多党制，也有别于某些社会主义国家实行的一党制。中国共产党正是从中国国情出发，积极吸收了世界政治文明的有益成果，借鉴苏联一党制和西方多党竞争制的优点，设计了符合社会主义民主政治发展要求的中国特色的政党制度。在这一政党制度的框架中，中国共产党是处在领导地位的执政党，各民主党派是处在合作地位的参政党。毛泽东说："共产党是真心实意想把国事办好。但是我们的毛病还很多。我们要加强党内教育来清除

① 本文是《北京市党员干部对多党合作和政治协商制度认知的调研》项目的阶段成果，项目编号：09AbKD078。

这些毛病，我们还要经过和党外人士实行民主合作来清除这些毛病。”①一个党只有一个鼻孔出气，呼吸就会不舒服，思想就会僵化，社会发展就会停滞起来，而民主党派则能够发现“我们所没有发现的错误和缺点，能够对于我们的工作作出有益的帮助”②。

中国共产党领导的多党合作和政治协商制度，并不是由某个政党的主观意愿所决定的，它是中国社会历史发展的必然结果，也是中国共产党和各民主党派的共同选择。中国近代以来的历史充分证明，照抄照搬西方政治体制的模式在中国是行不通的，如果不顾本国具体国情而盲目模仿西方，搞所谓的三权鼎立或多党轮流执政，中国就会大乱。历史选择了中国共产党作为领导核心，但是历史经验也昭示人们，中国的革命和建设仅仅依靠一个阶级、一个政党的力量是根本无法取得成功的。早在 1922 年中共二大召开前夕，中国共产党人就认识到了必须联合其他的革命力量，建立起革命的统一战线。1922 年 6 月 15 日，中共中央发表对时局的主张，明确提出要邀请国民党等革命的社会主义各团体开一个联席会议，共同建立一个民主主义的联合战线。这可以被看作是中国共产党最早提出的关于建立革命统一战线的思想。1940 年，毛泽东在《新民主主义论》中进一步指出：“我们共产党人对于一切革命的人们，是决不排斥的，我们将和所有愿意抗日到底的阶级、阶层、政党、政团以及个人，坚持统一战线，实行长期合作。”③在 1941 年 11 月 24 日举行的陕甘宁边区参议会上，毛泽东在演讲中再一次强调：“共产党的这个同党外人士实行民主合作的原则，是固定不移的，是永远不变的。”④可见，中国共产党与民主党派的合作和政治协商由来已久，并将长期存在。

1949 年 9 月 21 日，中国人民政治协商会议第一届全体会议召开。会议通过了临时宪法《共同纲领》，中国共产党就有关新政协的性质、任务、参加单位、召开时间和地点，以及成立新中国的指导原则和成立联合政府等重大问题，与民主党派进行了广泛的政治协商。各民主党派中的代表人物参加了《中国人民政治协商会议共同纲领》和《中央人民政府组织法》等文件的起草、整理、讨论和通过等全部程序。由于民主党派参加了制定《共同纲领》的全过程，就使得《共同纲领》能够在准确反映工农基本利益的同时，也能够准确地反映其他社会阶层的利益诉求，从而奠定了统一战线的政治基础。新政协的成立，标志着中国共产党领导的多党合作制度伴随着新中国

---

① 《毛泽东选集》第 3 卷，人民出版社，1991 年，第 810 页。
② 《邓小平文选》第 1 卷，人民出版社，1994 年，第 225 页。
③ 《毛泽东选集》第 2 卷，人民出版社，1991 年，第 683 页。
④ 《毛泽东选集》第 3 卷，人民出版社，1991 年，第 809 页。

的成立，已经初步建立起来。共同的目标、共同的利益极大地调动了人们建设新中国的积极性，在酝酿起草新中国第一部宪法的过程中，以毛泽东为主席的宪法起草委员会征集到的各方意见和建议竟达 110 多万条，全国上下更有难以计数的人次参与建言献策。民主党派代表人物和成员在中央和地方各级人民政府中参政议政，他们既是各自所属的阶级和阶层的政治代表，又是中国共产党的得力助手，大家同舟共济，为新中国成立初期的稳定市场、恢复生产、支援前线做了大量工作。

1956 年，随着社会主义改造的基本完成，民主党派过去赖以存在的阶级基础发生了重大变化，因而其本身的性质、地位以及作用也随之发生了质的变化，这就是伴随民族资产阶级和上层小资产阶级的成员在社会主义改造中逐渐变成社会主义劳动者的一部分，各民主党派也就自然成为了这部分劳动者的政党，成为了为社会主义服务的政治团体。1956 年 4 月，毛泽东在《论十大关系》的重要讲话中指出："在社会主义社会，究竟是一个党好，还是几个党好？现在看来，恐怕是几个党好。不但过去如此，而且将来也可以如此，就是长期共存，互相监督。"在这里，毛泽东还提出了"两个万岁"的思想，即一个是共产党万岁，另一个是民主党派万岁。同年 9 月，中共八大正式确定了共产党同民主党派"长期共存，互相监督"的方针，再次宣告了与民主党派合作，是中国共产党的一条"固定不移"和"永远不变"的原则，为我国社会主义时期长期实行中国共产党领导的多党合作和政治协商制度，以及正确处理共产党与民主党派的关系，奠定了基础。

1957 年 2 月，毛泽东在《关于正确处理人民内部矛盾的问题》一文中指出："为什么要让资产阶级和小资产阶级的民主党派同工人阶级政党长期共存呢？这是因为凡属一切确实致力于团结人民从事社会主义事业的、得到人民信任的党派，我们没有理由不对它们采取长期共存的方针。……所谓互相监督，当然不是单方面的，共产党可以监督民主党派，民主党派也可以监督共产党。"①在正确方针政策的引导下，民主党派对共产党的工作提出了一些意见和建议，其中大多数言辞中肯、切中时弊，对于共产党克服官僚主义、宗派主义和主观主义的不良倾向，对于改善党的领导，具有很大帮助。然而，令人遗憾的是，从 1957 年下半年开始，随着反右派斗争的严重扩大化，各民主党派受到很大冲击，民主党派的一些领导人和不少成员被错划为右派分子。在反右斗争中还简单地否定了 1956 年以来中国共产党对民主党派发生深刻变化的正确评价，并且粗暴地宣布同共产党长期合作的民主党派"过去和现在都是资产阶级性的政党"②，对民主党派"只有进行

---

① 《毛泽东文集》第 7 卷，人民出版社，1999 年，第 234 页。

② 《历次全国统战工作会议概况和文献》，档案出版社，1988 年，第 364 页。

根本的彻底改造”，否则其将“失去人民的信任和长期存在的可能”[①]。从此，中国共产党领导的多党合作制度的正常发展轨迹被扭曲，共产党与民主党派的互相监督变成了共产党对民主党派的单向监督。尤其是在“文化大革命”的十年中，民主党派被诬蔑为“反动组织”，“各民主党派和工商联被迫停止活动，很多成员遭到了残酷迫害”，成为了所谓的专政对象。在十年内乱中，中国共产党领导的多党合作和政治协商制度名存实亡。

二、多党合作制度是具有中国特色的一项基本政治制度

改革开放伊始，当党和国家的政治生活刚开始走上健康发展的轨道时，执政党和参政党关系的和谐问题就进入了人们的视野。1977 年 10 月 15 日，中共中央批转了中央统战部《关于爱国民主党派开展活动问题的请示报告》。同年年底，中共中央副主席、全国政协副主席叶剑英在讲话中充分肯定了人民政协的历史作用以及民主党派与中国共产党长期合作的立场，提出应当恢复民主协商的优良传统，继续执行中国共产党与各民主党派“长期共存、互相监督”的方针。党的十一届三中全会以后，从中央到地方的各级党委包括统战部门，本着实事求是、有错必纠的原则，为在“文化大革命”中被迫害致死的民主党派领导人和知名的无党派人士平反昭雪、落实政策、恢复名誉。与此同时，中央统战部与各民主党派和工商联的负责人就恢复有关活动的事宜进行了多次协商，最后确定把整顿组织、健全机构以及恢复日常工作作为重点，开展深入的工作。

1979 年 6 月，邓小平代表中共中央在五届全国政协二次会议上致开幕词，他认真分析了新时期民主党派的性质，指出：“我国各民主党派在民主革命中有过光荣的历史，在社会主义改造中也作了重要的贡献。这些都是中国人民所不会忘记的。”[②]同年 10 月 9 日，邓小平在接见出席各民主党派和工商联代表大会的全体代表时，又首次把中国的多党合作从方针政策提升到了政治制度的高度。1979 年 10 月 11 日至 22 日，中国的八个民主党派和全国工商联分别在北京举行了各自的全国代表大会，宣告了各民主党派和工商联 20 余年没有召开代表大会的不正常状态的结束，这也标志着中国多党合作制度的重新恢复。1980 年 12 月，中共中央作出了在各民主党派的各级组织中一般不再发展中共党员的规定。1982 年 10 月 15 日，中共中央批转了中央统战部《关于从民主党派撤出我党人员问题的报告》，决定新中国成立后派进民主党派的中共党员原则上都必须撤出。中国共产党的这两项决定体现了对民主党派的高度信任和支持，这对于民主党派加强自身建

① 《历次全国统战工作会议概况和文献》，档案出版社，1988 年，第 363 页。

② 《邓小平文选》第 2 卷，人民出版社，1994 年，第 186 页。

设、独立开展工作起到了很大的作用。

1981 年 12 月，第十五次全国统战工作会议首次提出了要同党外朋友建立“肝胆相照、荣辱与共”的关系。1982 年 9 月，党的十二大正式把“长期共存、互相监督”和“肝胆相照、荣辱与共”融为一体，使其作为一个完整的方针成为新时期多党合作的基本准则。从八字方针到十六字方针的变化，既是对中国共产党与民主党派长期合作的历史经验的最好总结，又是对中国共产党领导的多党合作制度在新的历史条件下的深化和发展。更值得一提的是，在 1982 年的新宪法和人民政协章程中，第一次将政协的作用写入了宪法序言，并且首次在政协章程中明确了政协的职能是政治协商、民主监督。1986 年 7 月，中共中央批转了中央统战部《关于新时期党对民主党派工作的方针任务的报告》，明确指出：“发展和完善多党派合作的政治制度，充分发挥民主党派的监督作用，是我国政治体制改革的重要内容之一”。这是中共中央文件中第一次把多党合作作为政治制度提出来，这对于进一步贯彻“长期共存、互相监督、肝胆相照、荣辱与共”的方针，发展共产党同民主党派的长期合作关系，促进执政党与参政党之间关系的和谐，具有特殊的意义。1987 年 10 月，党的十三大报告首次将中国共产党领导的多党合作和政治协商制度与人民代表大会制度并列，作为需要完善的社会主义民主政治制度提了出来。这对于推进政治体制改革以及社会主义民主政治建设，对于发挥民主党派和无党派爱国人士在国家政治生活中的积极作用，都具有重大的意义。

1989 年 1 月 2 日，邓小平在一份民主党派人士提交的关于共产党领导的多党合作问题的建议上批示：“可组织一个专门小组（成员要有民主党派的），专门拟定民主党派成员参政和履行监督职责的方案，并在一年内完成，明年开始实行。”①按照邓小平的指示精神，各民主党派领导人和全国人大常委会、国务院、全国政协、中共中央组织部、中共中央宣传部以及中共中央统战部等有关部门负责人组成了专门小组，经过长时间的深入研讨和修改，由中共中央统战部代中共中央起草的《中共中央关于坚持和完善中国共产党领导的多党合作和政治协商制度的意见》的初稿完成。党的十三届四中全会以后，根据新的中央领导集体对统一战线工作的指示，又组织专人对《意见》初稿进行了八次重要修改，在经过正式征求各民主党派以及全国工商联负责人和无党派人士的意见之后，这一文件在 1990 年 2 月开始实行。

从《中共中央关于坚持和完善中国共产党领导的多党合作和政治协商制度的意见》中可以看出，其第一次以中央文件的形式明确规定：我国实行的

① 《邓小平文选》第 2 卷，人民出版社，1994 年，第 432 页。

共产党领导、多党合作的政党体制，“是符合中国国情的社会主义政党制度”；第一次明确规定了我国各民主党派在国家政治生活中的地位和作用，即“中国共产党是社会主义事业的领导核心，是执政党”，“各民主党派是接受中国共产党领导的，同中共通力合作、共同致力于社会主义事业的亲密友党，是参政党”；第一次明确规定了民主党派参政以及发挥监督作用的总原则，即“参加国家政权，参与国家大政方针和国家领导人选的协商，参与国家事务的管理，参与国家方针、政策、法律、法规的制定执行”，要“在四项基本原则的基础上，发扬民主，广开言路，鼓励和支持民主党派与无党派人士对党和国家的方针政策、各项工作提出意见、批评、建议，做到知无不言，言无不尽，并且勇于坚持正确的意见。”在这里，“参政党”概念的首次提出，正是从理论上和实践上对中国共产党领导的多党合作和政治协商制度的重大发展，这标志着中国特色社会主义政党制度的进一步成熟和完善。

1992 年 10 月，党的十四大指出：“政治体制改革的目标，是以完善人民代表大会制度、共产党领导的多党合作和政治协商制度为主要内容，发展社会主义民主政治。”这次会议通过的《中国共产党章程》，第一次在总纲中载入了“坚持共产党领导的多党合作和政治协商制度”的内容，使其成为中国共产党全党的意志。1993 年 3 月，根据中共中央的建议，全国人大八届一次会议把“中国共产党领导的多党合作和政治协商制度将长期存在和发展”庄严地载入了宪法。从此，中国现行的政党制度上升到了人民意志和国家意志的高度，这就为坚持、完善和发展中国共产党领导的多党合作和政治协商制度提供了法律保障。

1997 年，党的十五大把坚持和完善中国共产党领导的多党合作和政治协商制度，提高到建设中国特色社会主义政治的高度，纳入中国共产党在社会主义初级阶段的基本纲领，这说明中国共产党对多党合作和政治协商制度重要性的认识又有了进一步深化。特别是经过 1998 年全国人大和全国政协的换届，第一次实现了八个民主党派中央主席分别担任了全国人大常委会副委员长或全国政协副主席；积极推荐和支持民主党派以及无党派人士在各级政府和司法机关担任领导职务的工作取得很大的进展；民主党派进行监督的内容更加充实，形式更加多样，渠道更加畅通。可见，随着改革开放的进一步深入，随着社会主义民主政治建设的进一步加强，多党合作和政治协商方面的有关工作已经取得了明显的成效，中国共产党和各民主党派的和谐关系也不断得到巩固和加强。

三、多党合作制度是促进中国政党关系和谐发展的制度

党的十六大召开后不久，胡锦涛同志立即走访各民主党派中央，仅

2003 年一年，中共中央与各民主党派中央的政治协商以及高层座谈会就有 19 次之多，其中的 11 次座谈会是有中共中央政治局常委参加的，胡锦涛同志亲自参加的座谈会共有 6 次。2003 年 2 月，在党的十六届二中全会上胡锦涛同志指出："中国共产党领导的多党合作和政治协商制度是我国的一项基本政治制度。……把人民代表大会制度坚持好、完善好，把中国共产党领导的多党合作和政治协商制度坚持好、完善好，对于发展社会主义民主政治、建设社会主义政治文明，对于巩固我们党的执政地位和我国社会主义制度，对于充分调动各方面的积极因素共同建设中国特色社会主义，意义十分重大。"这些论述体现出了中国共产党对于充分发挥民主党派的积极作用以及完善多党合作制度的信心和决心。

2005 年 2 月 19 日，胡锦涛同志在省部级主要领导干部提高构建社会主义和谐社会能力专题研讨班上所作的重要讲话中指出，"促进党和人民群众以及执政党和参政党、中央和地方、各阶层之间、各民族之间等方面关系的和谐，是构建社会主义和谐社会的重要保证。"促进执政党和参政党关系的和谐，是构建社会主义和谐社会的重要保证的论断，指出了政党关系和谐与构建社会主义和谐社会的密切关系。在 2005 年 2 月颁布的《中共中央关于进一步加强中国共产党领导的多党合作和政治协商制度建设的意见》中，中国共产党从民主党派构成的社会基础、民主党派与中国共产党的关系以及在致力于中国特色社会主义事业中的地位等方面，将新的历史时期民主党派的性质概括为三句话，即"民主党派是各自所联系的一部分社会主义劳动者、社会主义事业建设者和拥护社会主义的爱国者的政治联盟，是接受中国共产党领导、同中国共产党通力合作的亲密友党，是进步性与广泛性相统一、致力于中国特色社会主义事业的参政党。"这份文件是继 1989 年《中共中央关于坚持和完善中国共产党领导的多党合作和政治协商制度的意见》颁布之后的又一个有关多党合作的纲领性文件。

在当代中国政治制度架构中，中国共产党领导的多党合作和政治协商制度，体现了社会主义民主的广泛性、包容性和协商性。2007 年 11 月，国务院新闻办公室发表了《中国的政党制度》白皮书，其中指出：20 世纪 90 年代以来，中共中央加强同各民主党派的协商，内容不断充实，程序逐步规范。1990 年至 2006 年年底，中共中央、国务院及委托有关部门召开的协商会、座谈会、情况通报会达 230 多次，其中中共中央总书记主持召开 74 次。近三年来，各民主党派、无党派人士在协商中就《中共中央关于加强党的执政能力建设的决定》、《中共中央关于构建社会主义和谐社会若干重大问题的决定》、《中共中央关于进一步加强中国共产党领导的多党合作和政治协商制度建设的意见》等许多重要文件的征求意见稿，全国人大、全国政协领导人选，宪法修改以及立法法、反分裂国家法、监督法、物权法等多部法律文件草案，《中华人民共和国国民经济和社会发展第十一个五年规划纲要》等国民经济和社会发展的中长期规划，社会主义新农村建设、国家金融体制改革、卫生体制改革和教育体制改革等关系国计民生的重大问题，提出意见和建议，其中许多被中共中央、国务院及有关部门所采纳。此外，各民主党派中央、无党派代表人士还向中共中央提出重大的书面意见建议200多项，内容涵盖了经济、政治、社会、教育、科技、文化、卫生、国防、外交、港澳台侨等诸多方面，如长江三角洲地区、环渤海地区、海峡西岸经济区、北部湾地区等区域经济社会发展问题，三江（长江、黄河、澜沧江）源地区、欠发达地区资源开发补偿机制改革等问题，深化文化体制改革、弘扬中国传统文化等问题。这些意见建议得到中共中央、国务院的重视和采纳，并产生了良好的社会效果。这些既是中国共产党与各民主党派共同努力的结果，也是中国政党关系和谐的具体体现。

和谐的政党关系需要和谐的政治理念的支撑，需要和谐的政治环境的护佑。当今，随着中国社会主义民主政治建设的不断发展，中国共产党领导的多党合作和政治协商制度也发展到了一个全新的阶段。在此基础上，更有必要强调要进一步建立和完善适应经济社会发展的参政议政、民主监督的机制，保障民主党派和无党派人士能够有效地履行协商职能。中国共产党作为执政党，要不断提高党的领导能力与执政能力，其中就包括正确处理政党关系以及领导多党合作的能力。

参考文献

1.《中共中央关于加强党的执政能力建设的决定》，人民出版社，2004年。
2.《历次全国统战工作会议概况和文献》，档案出版社，1988年。
3.《中央领导同志论统一战线》，中央编译出版社，2007年。
4.《中共中央关于坚持和完善中国共产党领导的多党合作和政治协商制度的意见》，1989年。
5.《中共中央关于进一步加强中国共产党领导的多党合作和政治协商制度建设的意见》，2005年3月21日。

（作者：丁青　北京党建研究基地研究人员　副教授）

北京交通发展研究基地

（北京交通大学）

基地名称：北京交通发展研究基地
依托单位：北京交通大学
项目类别：北京市哲学社会科学“十一五”规划研究基地项目

北京市轨道交通司机安全性评价与管理研究①

随着北京城市社会经济的快速发展和城市地面交通压力日益增大，各种稀缺经济资源以及交通运输资源开始在北京区域大规模集聚，城市轨道交通规划、建设、投资、运营、开发等已经进入到一个快速发展期。根据《北京市轨道交通近期建设规划》，2015 年北京将形成“三环、四横、五纵、七放射”的轨道交通网。在保障轨道交通大力发展的同时，如何确保轨道交通始终安全、平稳、高效运行，是轨道交通企业必须首先予以高度重视的现实问题。在所有与轨道交通运输安全相关的人员中，司机是最重要的组成部分，是行车安全系统中的核心子系统，在运行过程中起关键作用。司机各项素质水平的高低，如职业素质、生理素质、心理素质直接决定了列车是否能够正常运行、安全运行、事故发生比率等，这些素质与个体的安全管理是紧密结合在一起的。因此，加强轨道交通司机的安全性评价和管理，是确保城市轨道交通安全运营的根本举措，也是贯彻轨道交通公司“以市场为中心、以乘客需求为导向”服务理念的现实需要，同时，通过对轨道交通司机进行安全性评价，更能够科学地、全面地、客观地评价司机本身的素质与职业适应性，对于公司对司机各项指标的掌控和管理，对于行车安全等将起到重要作用。

本文从轨道交通司机工作环境和特点出发，采用行为事件访谈、问卷调查、主观评价、建模分析等方法，构建轨道交通司机安全胜任素质模型；以安全胜任素质模型为基础，结合轨道交通司机职业生涯特点，建立轨道交通司机安全性评价模型，并对模型的应用展开分析。

一、相关文献回顾及研究思路

（一）相关文献回顾

安全性评价概念和技术起源于 20 世纪 30 年代，是随着保险业的发展需

① 本文是《北京市轨道交通司机安全性评价与管理研究》项目的最终成果，项目编号：09AbJG294。

要而发展起来的，在20世纪60年代得到了很大的发展，首先使用于美国军事工业。此后，各种安全性评价方法和技术得到全面发展，陆续推广到航空、航天、核工业、石油、化工等领域，并不断发展、完善，成为现代系统安全工程的一种新的理论、方法体系，在当今安全科学中占有非常重要的地位。20世纪80年代初期，系统安全工程引入我国，受到许多大中型生产经营单位和行业管理部门的高度重视。通过学习、借鉴国外相关经验，机械、冶金、化工、航空、航天等行业开始在安全管理中应用安全分析评价方法。

在安全性评价研究与应用的早期阶段，设计与安全技术素质不如当今，大多数系统失效均与硬件失效或破坏性环境事件相关联，研究关注的重点是硬件可靠性对系统安全性的贡献。随着科技进步，工程技术克服了早期复杂系统中的许多问题，设备可靠性不断提高，运行环境得到明显改善，系统中人的因素显得愈来愈重要，学者们开始对系统中人的安全性进行评价。这方面的研究工作主要从两个角度展开：一是人因可靠性方面的研究；二是保障人的安全性的胜任素质方面研究。

1. 人因可靠性方面的研究

从20世纪50年代开始，有学者开始探讨人为差错对系统可靠性的影响，进而开展人因可靠性方面的研究工作。随着工业生产尤其是核工业的发展，安全性问题越来越突出，其中人的因素逐渐凸现出来，人因可靠性分析逐渐得到重视并发展。1973年，IEEE Transactions on Reliability 出版了关于人因可靠性分析的专辑，David Meister 对当时已经出现的人因可靠性分析方法进行了详细评述。20世纪80年代开始，出现了大量人因可靠性方面的研究，提出了很多人因可靠性分析的方法，如人误率预计技术、人的认知可靠性模型、事故引发与进展分析、人误分析技术、任职可靠性与失误分析方法，等等。同时，国内外学者针对驾驶类人员的人因可靠性也进行了探讨。Hudoklin 和 Rozman 对铁路运输的人因可靠性分析进行了研究，并使用斯洛文尼亚的铁路交通系统收集的数据对所建立的模型进行了检验。David Elms 对整个铁路系统的安全性进行研究的过程中，对铁路系统中人员的可靠性进行了分析，探讨了铁路人员可靠性对铁路系统安全的影响。随着铁路系统中人因可靠性研究的深入和完善，Kim，Baek 和 Yoon 提出开发计算机评价系统来辅助分析在铁路运营中的人因可靠性。在国内，周前祥、龙升照分析了航天员飞船系统的作用及其工作素质的影响因素，进而建立应激—强度可靠性模型，提出必须从人、机、环境三个方面进行综合考虑来提高航天员的工作可靠性。刘正江、吴兆麟等，刘玉增、张殿业分别对船员和汽车驾驶员的人因可靠性进行了研究；戢晓峰、吴其刚等指出应引进人因可靠性分析的理论与方法，将人因可靠性分析运用在铁路安全管理中，尤其对关键工种更需进行人因可靠性分析和作业人员应激分析。

2. 胜任素质方面的研究

胜任素质的概念由 1959 年 Robert White 提出，1973 年 David McClelland 发表的论文《测量胜任素质而非智素质》提出用测量胜任素质的方法代替传统的智力测验。此后，人们在差异心理学、教育与行为学、工业与管理心理学等领域对胜任素质进行了大量的理论和实证研究，取得了较为丰富的研究成果。由于胜任素质模型不仅可以辨别和发展个体胜任素质，而且可以作为招聘、选拔、人员配置、评估等人力资源活动的基础。Elkin 认为相比于绩效评估，胜任素质模型更加适用于人员的选拔与评价。随着社会经济和相关理论的发展，胜任素质模型在人员评价中得到广泛的应用。与人因可靠性分析相比，基于胜任素质的人员评价主要是从其是否具备胜任素质、能否取得优异绩效的角度来展开的，通过评价工作来区别绩效优异者与绩效一般者。Borman 和 Motowidlo、Russell、Jansen 等学者的研究结果都表明胜任特征会对工作绩效产生不同程度的影响，为基于胜任素质的人员评价提供了理论支持。而在人机环境中，人员的安全性是其绩效的重要组成部分，因此，对人员进行评价的过程包含对其安全性进行评价。基于胜任素质对人员安全性进行评价的研究思路也逐渐被提出并应用。

从前文分析中可以看出，学者们围绕交通系统中人因可靠性已经展开了大量的研究工作，得到很多有益的结论。但人因可靠性分析的对象是人的行为，由于人具有生理、心理、社会、精神等方面特性，导致人的行为具有多样性和较大的不确定性，人因可靠性方法还不能完全规则地、结构化地处理这些问题，有些方面还依赖于分析人员的主观理解、判断和经验，使得分析结果客观性不足。从胜任素质要求的角度对人员的安全性开展研究是一个新的视角，可以探索影响人的安全性的因素，分析人的可靠性不足的原因。但目前关于胜任素质模型的研究和应用主要集中在企业管理人员和公共部门人员层面上，基于胜任素质对交通系统，尤其是轨道交通系统中人员安全性评价的研究还比较少，本文将在这方面展开一些探索和研究工作。

（二）研究思路

本文的研究思路见下图 1 所示。

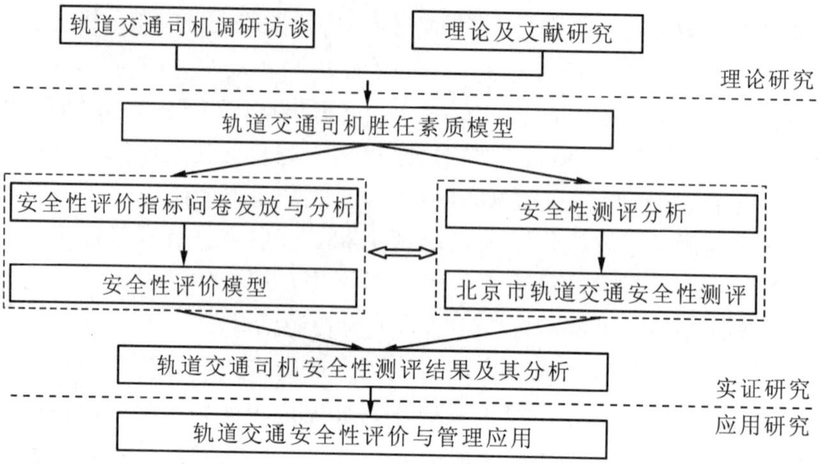

图1　研究思路

二、北京市轨道交通司机安全性评价模型构建

(一)轨道交通司机安全性评价模型构建思路

北京市轨道交通司机安全性评价模型的构建分为三个步骤进行:

第一个步骤是轨道交通司机胜任素质模型的构建;

第二个步骤是编制问卷。结合北京市轨道交通司机素质模型,编制北京市轨道交通司机安全性评价指标调查问卷,并在小范围内施测,对问卷进行修订,并进行探索性因素分析,逐步筛选维度和条目,寻求安全性评价指标体系的可能结构,使之符合心理测量学的指标,从而形成正式问卷;

第三个步骤是用正式问卷在大范围内进行施测,利用 SPSS 16.0 进行数据统计分析,验证北京市轨道交通司机安全性评价指标体系的信度和效度,构建北京市轨道交通司机安全评价模型。

(二)轨道交通司机胜任素质模型构建

从轨道交通司机的胜任素质入手,对其进行安全性评价和管理,无疑将从源头上消除安全隐患,保障行车安全。在研究轨道交通司机胜任素质时,本文通过对轨道交通司机的职业素质要求进行分析、总结,并结合北京市轨道交通司机的工作环境和岗位特点,在访谈和专家评价的基础上,得出北京市轨道交通素质模型(见下图2)。可以看出轨道交通司机素质模型包含 8 个维度,共 35 个指标,这些指标反映了轨道交通司机胜任工作岗位所应具备的素质要求,同时,这些素质要求为轨道交通司机安全性评价指标的提炼提供了科学的依据。

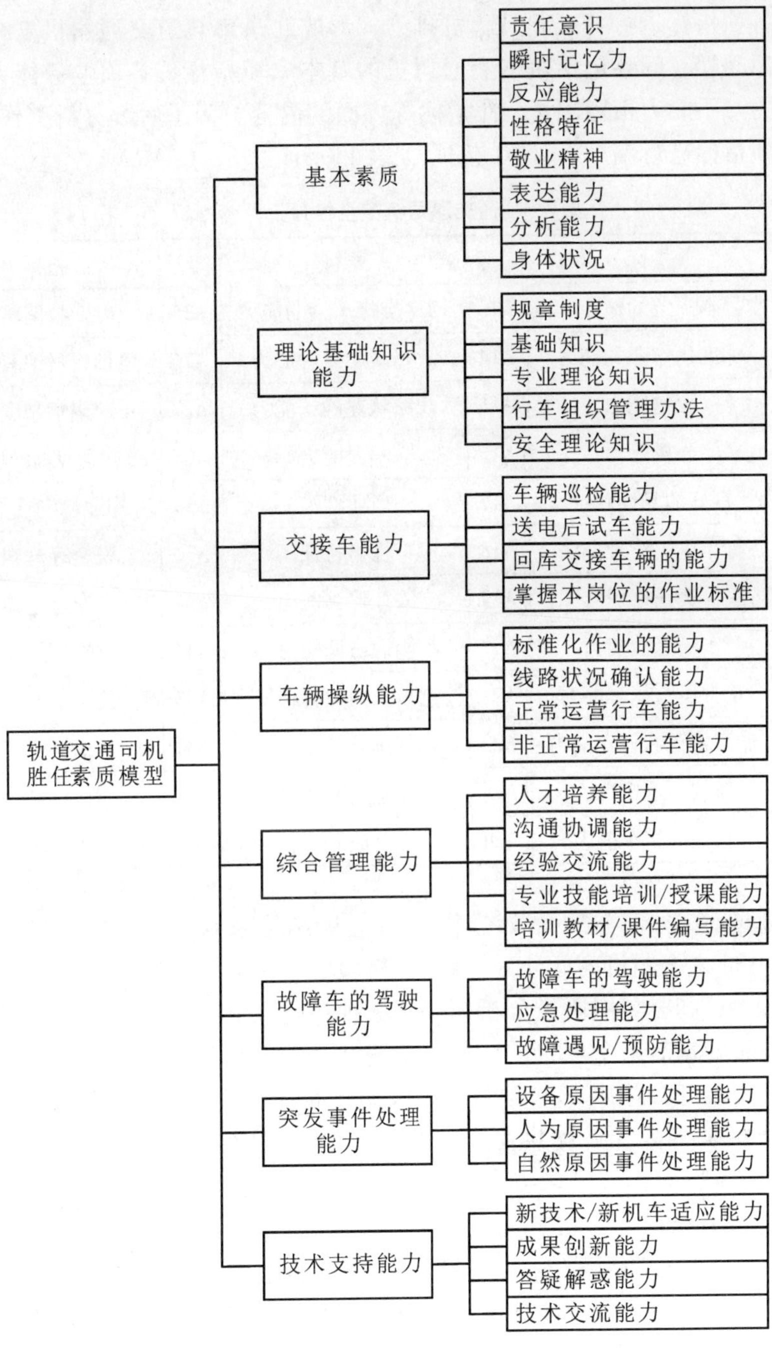

图 2　轨道交通司机胜任素质模型

(三)北京市轨道交通司机安全性评价模型

1. 问卷编制及发放

结合前文确定的北京市轨道交通司机素质体系和访谈记录，对胜任素质的各项指标进行释义并且随机排列，形成北京市轨道交通司机安全性评价指标问卷，问卷包括轨道交通司机的基本素质指标、各项业务能力以及相应的素质能力指标、安全性指标等方面的内容。为了后续分析工作方便，对各项指标进行编号，对应的编号如表 1 所示。

表 1　轨道交通司机安全性评价调查指标

编号	指标	编号	指标	编号	指标
A1	掌握本岗位的作业标准	A13	回库交接车辆的能力	A25	专业技能培训
A2	标准化作业的能力	A14	故障应急处理能力	A26	培训教材编写能力
A3	表达能力	A15	线路状况确认能力	A27	规章制度
A4	分析能力	A16	学习能力	A28	故障遇见/预防能力
A5	良好的身体状况	A17	敬业精神	A29	作业稳定性能力
A6	行车组织管理办法	A18	性格特征	A30	安全理论知识
A7	责任意识	A19	人才培养能力	A31	专业理论知识
A8	车辆巡检能力	A20	沟通协调能力	A32	成果创新能力
A9	正常运营行车能力	A21	注意力集中与转移能力	A33	答疑解惑能力
A10	非正常运营行车能力	A22	行车基础知识	A34	技术交流能力
A11	新技术适应能力	A23	经验交流能力	A35	瞬时记忆力
A12	送电后试车能力	A24	反应能力		

通过对初始问卷的发放统计，从 t 检验结果来看，A3、A5、A8、A13、A32、A34 六个题目高低分分组后，t 检验的 p 值大于 0.001，鉴别度较低，应该删除；同时参照因子分析结果，去掉项目共同度低、因素负荷低的项目，再请专家对每个项目的语义、普遍性及重要性逐条进行审核。最后汇总为 4 个维度，总共 22 个项目的正式调查问卷。本次调查对象为北京市轨道交通在职司机，调查共发放问卷 150 份，回收 138 份，其中有效问卷 120 份。

2. 项目分析

对样本进行项目分析，以司机安全性评价总分与安全性评价各项目的相关程度作为各项目的区分度。下面分别列出了对司机安全性评价测量问卷的 22 个项目所作的分析，分析结果见表 2。

表2　安全性评价项目与安全性评价总分相关性分析

项目	A1	A 2	A 4	A 6	A 7	A9	A10	A11
相关系数	0.418**	0.434**	0.298**	0.419**	0.492**	0.601**	0.333**	0.314**
项目	A14	A16	A17	A18	A20	A21	A22	A24
相关系数	0.503**	0.606**	0.513**	0.318**	0.431**	0.529**	0.527**	0.313**
项目	A27	A29	A30	A31	A33	A35		
相关系数	0.501**	0.469**	0.402**	0.361**	0.282**	0.459**		

*代表 $p<0.05$；**代表 $p<0.01$

为了使问卷的同质性更高，剔出区分度小于0.30的项目，即剔出A4、A33。在项目筛选后，对余下的项目做探索性模型修正。

3. *探索性模型修正和因素分析*

原有维度结构假设确定的情况下，采用AMOS对问卷样本结果进行模型修正。根据探索性模型提供的信息，剔除题目时，应该特别注意的问题：每剔除一个题目，重新运行程序；剔除的题目除了数值上的考虑外，必须是在意义上可以解释的；每个维度上最后至少要保留三个题目。

结合以上各个题目所反应的内容，通过逐步的删题和模型验证，我们删除A20、A27，共2个题目。对数据进行KMO和Bartlett检验，样本的KMO=0.799。根据Kaiser的观点，如果KMO >0.80，适合进行因素分析，因此，此样本适合进行因素分析。Bartlett球形检验值为1752.620，$p<0.000$，达到了极显著水平，表明适合因素分析。

根据主成分分析结果，以特征值大于等于1为原则抽取因子。确定从轨道交通司机安全素质测量问卷的探索性因素分析抽取出了四个维度，即安全知识、安全技能、安全行为倾向和职业心理素质，可解释总变异的82.38%，探索性因素分析表明这是一个比较理想的因素结构。数据结果见表3。

表3　总方差分解表

因子	特征根	方差贡献率	方差累计贡献率
1	3.582	46.566	49.189
2	1.822	11.436	62.432
3	1.764	9.684	71.832
4	1.545	8.687	82.38

在轨道交通司机安全素质的结构问卷中，总共抽取出了四个维度。第一个维度“安全知识”，维度包含A22、A30、A1、A31、A6共5个项目，每

个项目的负荷均在 0.498 以上，贡献率为 49.189%，主要是考察轨道交通司机对于安全知识了解程度。

轨道交通司机安全素质的结构问卷的第二个维度是“安全技能”，维度包含 A2、A9、A14、A10 共 4 个项目，每个项目的负荷均在 0.616 以上，贡献率为 11.524%，主要反映轨道交通司机在处理安全问题时的能力。

轨道交通司机安全素质的结构问卷的第三个维度是“安全行为倾向”，包含 A18、A7、A11、A17 共 4 个项目，每个项目的负荷均在 0.526 以上，贡献率为 8.687%，项目涉及内容为轨道交通司机遇到紧急情况是否会采取不安全行为。

轨道交通司机安全素质的结构问卷的第四个维度是“职业心理素质”，包含 A35、A16、A21、A29、A24 共 5 个项目，每个项目的负荷均在 0.598 以上，贡献率为 9.684%，项目涉及内容为轨道交通司机是否拥有很好地处理安全问题的职业素质和心理素质。

4. 验证性因素分析

用调查中的样本，对探索研究中得到的司机安全素质的因素结构进行检验。以确定探索性研究所得的结果是否稳定、可靠。运用 Amos5.0 统计软件对探索性因素分析得到的四因素结构进行验证，见表 4。

表 4　安全性评价四因素结构验证性因素分析拟合度指数

X^2	df	x^2/df	GFI	AGFI	IFI	TLI	CFI	RMR	RMSEA
239.562	131	1.823	0.891	0.897	0.894	0.967	0.8887	0.061	0.050

注：X^2、df、x^2/df、GFI、AGFI、IFI、TLI、CFI、RMR、RMSEA 分别代表卡方、自由度、拟合优度指数、调整的拟合优度指数、递增拟合指数、Tuker-Lewis 指数相对拟合指数、均方根残差、近似均方根误差。

在衡量模型的指标中，主观指标 x^2/df（卡方与自由度之比）越接近 0，观测数据与模型拟合得越好，$x^2/df<3$，表明整体拟合度较好，模型较好；$x^2/df<5$，表明整体模型还可以接受。GFI、AGFI、CFI 和 TLI 的变化区间在 0 到 1 之间，越接近于 1，拟合性越好，大于 0.90 以上，则认为模型得到较好拟合。RMR 和 RMSEA 的变化区间也在 0 到 1 之间，越接近 0 越好。按照通用标准，RMSEA <0.1，观测数据与模型较好拟合；RMSEA <0.05，观测数据与模型很好拟合。从上述指标看来，司机安全素质的四因素模型对数据的拟合较好，各项拟合指标均达到较好的拟合水平。说明观测数据较好地支持了构想模型，探索性研究的结果得到了验证。

因此本文认为，轨道交通司机安全素质是由四个因素所构成，如图 3。

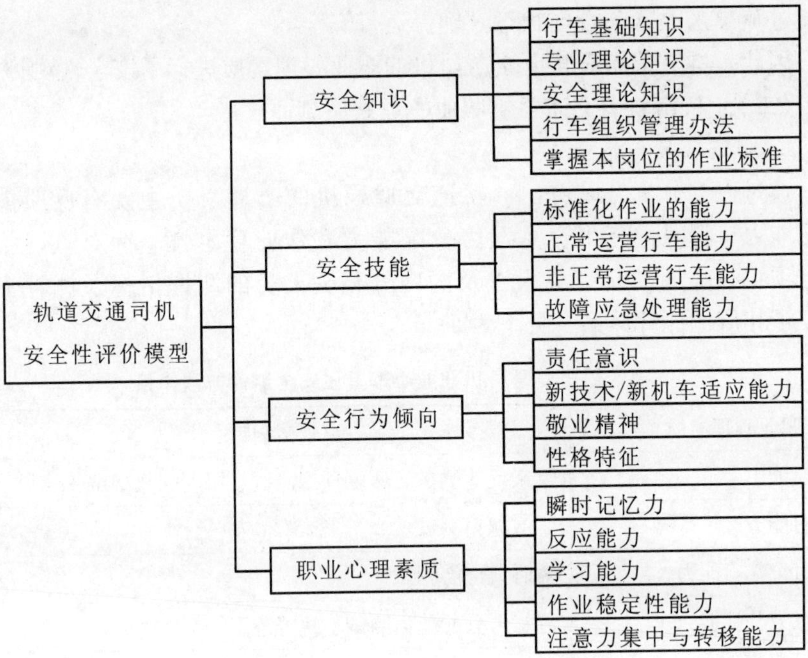

图 3　轨道交通司机安全性评价模型

三、北京市轨道交通司机安全性测评分析

(一)轨道交通司机安全性测评思路

由以上分析可以看出轨道交通司机的安全性评价指标体系包括安全知识、安全技能、安全行为倾向和职业心理素质四个维度，其中轨道交通司机在上岗前已经通过了理论考试、业务素质考核等选拔测试，其安全专业知识、技能已经达到了胜任轨道交通司机岗位的水平，而且这些素质随着轨道交通司机经验的增长在一定程度上还有可能增强；而随着轨道交通列车运行环境的变化，对作业人员的心理素质提出了更高的要求，特别是轨道交通司机，为保证行车安全要求他们具有良好的心理条件。因为职业责任心、劳动纪律、技术业务素质都和心理素质密切相关，实践证明，在危险、紧张的工作环境中，心理素质强就会激发斗志、振奋精神、增强信心、临危不惧，轨道交通司机的水平就会得到更好的发挥，并能更快、更正确地处理险情，确保运输安全和人身安全。此外，人的心理具有多变性、复杂性和随意性的特点，对轨道交通司机的心理素质进行安全性评价，采取一定的管理措施，对其进行安全监护和管理，让其严格地按规范、规定、制度来操作，对于减少事故的发生也具有较强的预防和控制作用；同时，人的心理具有可塑性，通过对轨道交通司机心理素质进行安全性评价进而对其进行素质监护与管理，在工作过程中，发现某人的心理状态不佳，就

可通过疏导来改善其心理状态，确保运行安全。

因此，本文重点对轨道交通司机的职业心理素质进行了安全性测评。

（二）北京市轨道交通司机职业心理素质测评

1. 测试项目与指标

通过以上分析可以看出：轨道交通司机的心理素质主要有反应能力、学习能力、瞬时记忆力、注意力分配能力和作业稳定性。针对上述指标，结合项目组前期的研究成果以及国内外相关人员的测评指标及测评方法，建立了相应的测评体系，见下表5。

表5　轨道交通司机职业心理素质安全测评方法体系

职业心理素质指标	测试项目
反应能力	复杂反应测试、速度预测测试、深度知觉测试
学习能力	学习能力测试
瞬时记忆力能力	瞬时记忆力测试
注意力分配能力	注意力分配能力测试、视野范围能力测试
作业稳定性	作业稳定性测试

2. 测评对象及测评结果分析

参加测评轨道交通司机中，中专、技校程度的人员占了一半以上的比例，高中及高中以下程度的人员所占比例较少，大专及大专以上人员占了35%；同时，参加测评的轨道交通司机工龄在0—4年的人员占13%，工龄在5—9年的人员占30%，10—14年的人员占31%，15—19年的人员占11%，20年以上的占15%，大多数轨道交通司机的工龄居于5—14年这个区域；轨道交通司机的日常工作表现评价中，良占的比例最大，达到64%，其次是优，25%，达标的人员占9%，不达标的人员所占比例最小，占2%。

通过对上述测评对象所有参与测试的轨道交通司机的各项指标总体情况如下表6所示：

表6　各项指标总体描述

	N	Minimum	Maximum	Mean	Std. Deviation
复杂反应错误次数	180	0	28	12. 13	9. 478
复杂反应平均反应时间	136	. 424	5. 5445	. 768316	. 614464
深度知觉平均距离偏差	180	. 55	36. 5333	5. 123514	4. 896885
速度预测	180	1. 6119	15. 6789	4. 017346	1. 988919
注意力分配	180	50. 6915	290. 839	99. 5785	27. 0136946

续表

	N	Minimum	Maximum	Mean	Std. Deviation
稳定性错误次数	180	1	1072	48.3	129.875
稳定性平均值	180	3.5	63.9286	36.43668	9.678967
顺背位数	180	0	11	8.118	1.798
倒背位数	180	0	12	6.13	2.643
总位数	180	0	22	13.89	3.682
学习能力	180	4	78	40.84	11.123
视野广度	180	0	12	8.11	2.792
有效数值	136				

从上表可以看出有些指标的人数是180，而一些则只有136，所有指标都有的数据总共有136个。从指标的最大值和最小值可以看出参加测试人员间存在较大的差距，如复杂反应平均反应时间最好的为0.4240秒，最差的为5.5445秒；学习能力最好的为78分，最差的为4分。通过对所有数据进行距离相关分析下的样本之间的不相似测量，发现样本间存在很大距离。

由于轨道交通司机在各个测试项目的得分存在如此大的差异，我们需要对数据进行分析，从而确定哪些指标是优秀的轨道交通司机所拥有的，哪些指标是合格的轨道交通司机所拥有的，以此来对轨道交通司机进行区分。因此，本文对各个测试项目的数据进行了分组描述统计、各个指标聚类分析以及司机主观评价与各个指标成绩吻合度分析，得出了相应的测评结论：在心理素质测试指标中，有四项对安全行车公里数有显著影响，还有四项对安全行车公里数影响不大，注意力分配与转移得分高的组其安全公里数多，得分与安全行车公里数存在正相关关系，复杂反应得分高的组其安全公里数多，得分与安全行车公里数存在正相关关系，学习能力得分高的组其安全公里数多，得分与安全行车公里数存在正相关关系，瞬间记忆力得分高的组其安全公里数多，得分与安全行车公里数存在正相关关系。

四、北京市轨道交通司机安全性评价模型的应用

通过以上分析研究，可以将北京市轨道交通司机的安全性评价模型应用到北京市轨道交通司机的安全管理，并得出相应的管理建议：

1. 对轨道交通司机职业生涯的管理建议

通过对轨道交通司机的安全性评价，可以对轨道交通司机的整个职业生涯阶段——选拔、培训、日常管理和退役进行相应的安全监护和管理，即在不同的职业生涯阶段对轨道交通司机的素质进行评价，找出其出现下

滑的职业素质指标，对其进行安全培训或心理疏导，对于其素质不能满足或胜任轨道交通司机岗位的司机，对其进行转岗或让其退役，保证行车安全，整个轨道交通司机的职业生涯管理构成了司机的管理系统，如图 4。

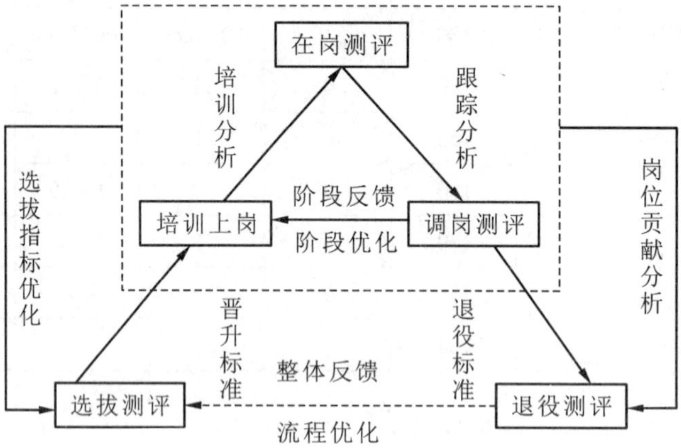

图 4　基于安全性评价模型的轨道交通司机安全管理系统

(1)选拔管理。在轨道交通司机的选拔上，要严格按照轨道交通司机的选拔要求，从职业素质、年龄、安全公里数等方面综合评定，同时，严格落实考核条件，从轨道交通司机的入门开始就对轨道交通司机的素质设定较高的要求和标准，确保轨道交通司机的素质水平。

(2)培训管理。研究发现胜任素质特征的可塑性有高低之分，重要性也有高低之分。对于轨道交通司机这一岗位而言，素质特征的重要性也有高低区分。对于可塑性高、重要性高即对于保证行车安全最为重要而又比较容易通过后天培养提高的胜任素质，应该开展集中、强度较高的培训，并辅之其他培养手段，让轨道交通司机快速成长。同时，在选拔测试中，应聘司机表现比较差的素质应率先培训，因为表现比较好的素质在行车过程中可以继续得到加强。通过调研以及数据分析发现，安全知识、安全技能是比较容易通过后天培养提高的，应首先加强这方面的培训，同时，非正常运营行车能力、故障处理能力等间接经验可以通过学习书本或者与优秀司机交流得来，而瞬时记忆力、作业稳定性以及学习能力对行车安全很重要，但这些素质的可塑性较低，所以可以重点放在在行车工作中提升。

(3)跟踪评价。轨道交通列车运行安全对司机的反应能力、心理稳定性有着较高的要求，要加强轨道交通司机队伍的心理素质定期跟踪，及时掌握轨道交通司机在工作岗位的心理反应，定期开展心理测试、辅导，为北京市轨道交通线路不断开行提供有力保证；同时定期对轨道交通司机执乘作业情况进行调研，结合轨道交通司机选拔过程中素质表现情况，对轨道交通司机在执乘中的生理、心理素质变化进行全面跟踪测试，了解轨道交通司机在作业过程中的生理、心理等素质变化，从而采取相应的方法提高其整体素质。

(4)退役管理。由以上分析可知，轨道交通司机的胜任素质随着轨道交通司机的驾驶工作、年龄以及身体状况的变化，会出现不同程度的变化。所以要定期对轨道交通司机进行胜任素质指标的跟踪分析，从年龄、身体素质、心理、职业技能等方面对轨道交通司机做跟踪分析，对在岗轨道交通司机进行鉴定，鉴定不合格者对其进行调岗或淘汰，形成逐级淘汰、逐级竞争上岗的良性发展机制。

2. 对轨道交通司机组合搭配的管理建议

从前面各项指标的情况可以看出有一部分司机在某些指标上表现不好但是在另一些指标上却表现出色。为了更好的保证行车安全，提高行车的质量，我们建议对司机进行适当的搭配，来达到优势互补，消除劣势。一个反应很快但容易出错的司机配上一个反应稍慢但准确率高的司机将提高他们的整体行车安全水平。可以说，司机的恰当搭配可以充分利用现有资源，在不增加新司机，不增加成本的情况下提高行车安全系数。司机搭配主要遵循以下几个原则：

(1)充分考虑行车安全。充分考虑行车安全是对司机进行搭配的总原则。司机搭配的最终目的就是有效地提高行车安全，这是分析数据的出发点和落脚点，也是对司机进行搭配时时刻要牢记于心的一点。

(2)优势互补，避免劣劣相配。在进行司机搭配时要实行优势互补，使得正副司机这个小系统的安全系数远远高于正副司机各自的安全系数，从而提高行车安全性。比如说，某正司机在稳定性测试以及复杂反应测试中都表现为反应慢但准确性高，这时应该给其配一个反应快但准确性方面稍微欠缺的副司机，这样两者互相取长补短就能够使得准确性以及反应速度都有所提高。

在进行司机搭配时要避免劣劣相配，这是指不要把有相同不足之处的司机搭配在一起。比如说，不要把两个反应都慢的司机组合在一起，也不要把两个错误率都高的司机组合在一起。当然在考虑各单项测试项目上的互相匹配以外，还要考虑整体表现的相互间搭配，可以考虑给综合评价为优的正司级配上一个表现为良或差的副司机，实行一帮一的提高。

(3)可行性原则。可行性是指进行司机搭配时要考虑到该种搭配的可行性，即实际操作的可能性、简便性、经济上的可行性。为了使得搭配简便可行，建议先重点关注表现不合格人员的搭配，即在搭配司机时优先考虑指标不合格数多的司机，然后再考虑不合格数少的司机，最后考虑全部合格的司机。总的来说，为了遵行可行性原则，在实际工作中要有的放矢，有重点，遵循成本—收益的规律达到经济上的可行性。

参考文献

1. Kirwan B, Gibson WH, Hickling B. Human error data collection as a precursor to the development of a human reliability assessment capability in air traffic management. Reliability Engineering and System Safety. 2008, 93(2).
2. Kim MC, Seong PH. PHA computational method for probabilistic safety assessment of I&C systems and human operators in nuclear power plants. Reliability Engineering and System Safety. 2006, 91(5).
3. Vaurio JK. Human factors, human reliability and risk assessment in license renewal of a nuclear power plant. Reliability Engineering and System Safety. 2009, 94(11).
4. 马丽英、李凤荣:《电力企业安全性评价改进》,《电力学报》,2009 年第 2 期。
5. 周志刚、王奕屏、龙科军:《基于运行速度的公路交通安全性评价方法》,《交通科学与工程》,2009 年第 1 期。
6. 戢晓峰、吴其刚:《人因可靠性分析在铁路安全管理中的运用》,《铁道劳动安全卫生与环保》,2007 年第 2 期。
7. 简炼:《完善城市轨道交通建设的市场化模式》,《地铁与轻轨》,2003 年第 3 期。
8. 焦桐善:《我国城市轨道交通的发展和相关政策》,《现代城市轨道交通》,2006 年第 5 期。
9. 张力:《概率安全评价中人因可靠性分析技术研究》,湖南大学博士学位论文,2004 年。
10. 沈斐敏:《安全系统工程理论与应用》,煤炭工业出版社,2001 年。

(作者:叶　龙　北京交通发展研究基地研究人员　教授
郭　名　北京交通大学经济管理学院　博士研究生
褚福磊　北京交通大学经济管理学院　硕士研究生)

首都高等教育发展研究基地

（北京航空航天大学）

基地名称：首都高等教育发展研究基地
依托单位：北京航空航天大学
项目类别：国家自然科学基金项目

青少年科技活动中的学生兴趣培养
——基于全国8个省市中学的调研与比较分析①

面向青少年开展科技活动，能促使他们深入了解科学知识、掌握科学方法、树立科学思想、培养科学精神，是我国培养基础研究后备人才和创新型科技人才的重要举措。创新人才及其创新人才所具有的特性的培养，不可能仅是在其成为一名职业的科研工作者后一蹴而就。创新人才必须具备的科学素养、创新意识等基本素质的培养需要一定的周期。在人才成长的不同阶段，所培养的素质也是不一样的。同时在创新人才成长的每一个阶段都会因教育和科技环境、条件等因素激发其创新潜能。而青少年时期科学探索精神的兴趣培养是至关重要的一环。

青少年科技活动是指学生在课外时间参加的科学技术活动，我国有多个部委与社会团体对青少年科技活动进行资助，如中国科学技术协会、教育部、团中央、科技部、中国科学院、中宣部、全国妇联等，国家自然科学基金委员会(以下简称基金委)是其中的一个重要资助方。青少年科技活动专项，是国家自然科学基金委一个重要的资助项目类别，在其资助下，各学校开展了不同年龄段、不同学历层次青少年的科技活动，主要有：全国青少年科技创新大赛(与中国科协合作资助)、选拔优秀高中学生参加国际学科奥林匹克竞赛、英特尔国际科学与工程学大奖赛、科技后备人才培养计划、研究生暑期学校(与教育部共同资助)、科技人才早期培养计划(与中科院合作资助)等。这些活动的开展在培养青少年的探索兴趣和创新意识，营造良好的成长环境等方面发挥了重要作用。在国家自然科学基金委的资助下，课题组对全国范围内8个省市14所中学的科技活动开展情况进行了问卷调查，对我国青少年科技活动的现状进行描述，并从保护和培植青少年兴趣的角度对我国青少年科技活动的成效、问题及其原因进行了分析，提出了青少年科技活动有效开展的对策思路。

---

① 本文是《国家自然科学基金青少年科技活动十二五发展规划研究》项目的阶段成果，项目编号：J0924017。

一、调研样本描述

在国家自然科学基金委的资助下，课题组在全国范围内随机选取北京、吉林、河南、宁夏、河北、湖北、内蒙古、海南 8 个省市 14 所中学的学生作为普通组，在北京地区选取人大附中、北京四中等 24 所中学的学生作为对照组，通过问卷调查、专访、座谈会、听课等多种手段对普通组和对照组的中学科技活动开展情况进行了调研，调研对象为所选中学的教师、学生及学生家长。其中，作为主要形式的问卷调查采用分层整群抽样方法，样本所处阶段分布合理，男女比例平衡，能够有效反应中学生对青少年科技活动的看法。本调研普通组与对照组分别回收问卷 3183 份与 142 份，用 SPSS13 软件对问卷进行了数据处理。

需要注意的是，普通组中学生所在学校均为省级示范中学，对照组中学生均是来自北京青少年科技俱乐部基地学校。科技俱乐部是我国著名天文学家王绶琯院士发起，61 名科学家联名倡议，在政府及有关部门支持下于 1999 年 6 月成立的，目的是为培育科学杰出后继人才铺路搭桥。科技俱乐部活动得到中国科学院所属科研机构和在京部分重点大学第一线科研团组的支持，科研机构推荐热心青少年教育的专家担任科技导师，指导学生的“科研实践”活动，科技俱乐部基地学校的辅导老师配合科技导师，做好学生的组织管理工作。因此对照组科技活动的形式、设计原则、条件、频率等都比较优越。

二、调研基本情况

(一) 中学开展青少年科技活动情况

1. 外部条件及开展频率

据调查显示，普通组 56.4% 的被调查中学生认为学校开展青少年科技活动的外部环境和硬件设施良好，对照组的这一比例为 73%。普通组学校开展青少年科技活动的频率所占百分比最多的为“每学期一次”，比例为 33.1%，对照组开展科技活动明显比普通组频繁，比例较大的是每周一次，占 43.9%，如图 1 所示。

2. 开展形式

普通组学校开展青少年科技活动的基本形式主要有科技竞赛、科学教育课程、科普知识演讲、制作科技小报，所占比例分别为 51.1%、49.7%、36.0%、33.1%。对照组则有所不同，基本形式中最多的是参观科技会展，比例为 63.4%，这一形式在普通组中的比例仅为 18.3%；其次是开设课程、科技竞赛、科技夏令营，所占比例分别为 47.2%、43.0%、33.8%，而科技夏令营是普通组中所占比例最低的形式，仅占 11.1%。从形式的对比可

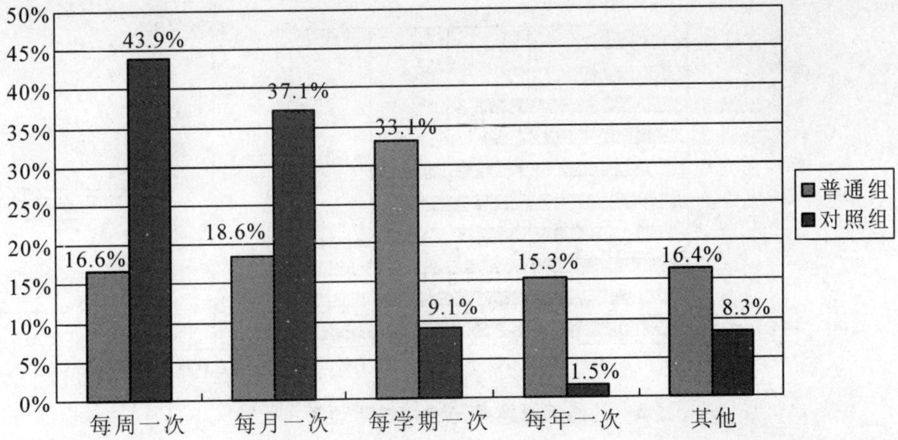

图1　普通组与对照组学校开展科技活动的频率比较

以看出普通组与对照组存在显著差异。

（二）中学生参与科技活动的原因及收获

根据问卷结果，学生参加科技活动的最大原因是“自己兴趣”，普通组66.8%的中学生因为兴趣参加科技活动，对照组这一比例更高，为95.1%；其次是“获取科学知识”，普通组比例为50.8%，对照组为66.2%；另外，普通组和对照组中均有10%以上的学生选择“升学加分”作为参加科技活动的原因。在参加科技活动后的收获中，普通组与对照组占百分比最多的都是“增长了科学知识”，比例分别为75%和94.4%。普通组收获中“对科学充满兴趣”的比例为44.6%，对照组为76.8%，其他收获所占比例也均在40%以上。男生和女生在参加科技活动的原因及收获方面没有太大差距。

通过参加科技活动，普通组29.3%的被调查者表示愿意在以后从事科学事业，14.3%表示不愿意，尚未考虑的占56.4%。值得注意的是，女生中表示愿意从事科学事业的比例为21.6%，比男生少14.4个百分点。对照组通过参加科技活动，56.7%的被调查者表示愿意在以后从事科学事业，4.3%表示不愿意，尚未考虑的占38.7%。女生表示愿意的比例为53.4%，男生60%，相较普通组男女差距有所减小。

（三）中学生愿意参与的科技活动形式

普通组和对照组学生愿意参与的科技活动形式排在前两位的都是科技夏令营和参观科技会展，比例均在50%以上。科技竞赛并没有受到太多学生的青睐，在普通组和对照组中排名第五和第四，比例分别为36.2%和42.3%，如图2、3所示。

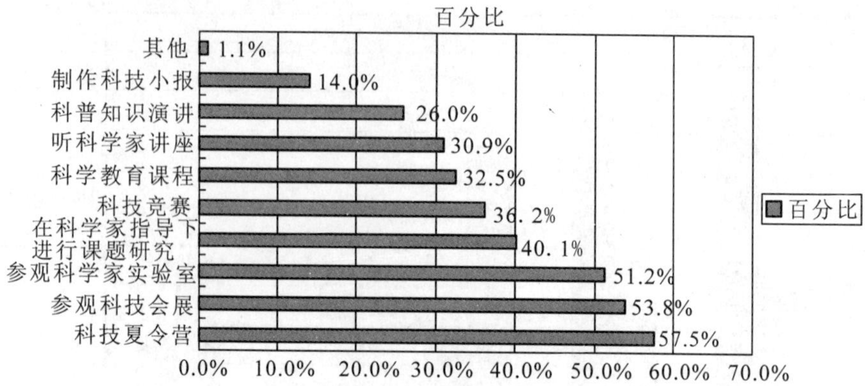

图 2　普通组愿意参与的科技活动形式比较

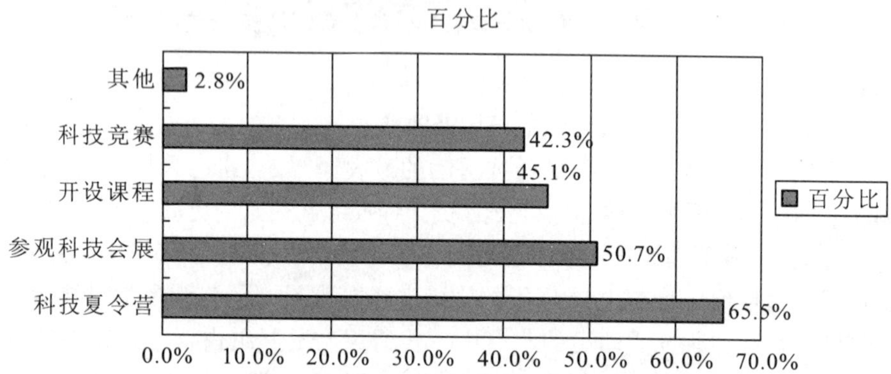

图 3　对照组愿意参与的科技活动形式比较

值得注意的是，男生和女生在愿意参与的科技活动形式选择中差异较大，普通组男女生差别最大的是夏令营，女生比男生高出 14. 8 个百分点；其次是科技竞赛，男生比女生高 12. 2%；再次是科学教育课程，男生比女生高 10. 4 个百分点。对照组男女生差别最大的是科技竞赛，男生比女生高出 22. 6 个百分点；其次是夏令营，女生比男生高 17. 9%；再次是科学教育课程，男生比女生高出 16. 9 个百分点，见表 1、2 所示。

表 1　普通组男女生愿意参加的科技活动形式比较

科技活动形式	女生	男生
科技夏令营	65. 5%	50. 7%
参观科技会展	55. 5%	52. 4%
参观科学家实验室	52. 4%	50. 8%
在科学家指导下进行课题研究	41. 9%	38. 9%
科技竞赛	29. 9%	42. 1%

续表

科技活动形式	女生	男生
听科学家讲座	26.9%	34.4%
科学教育课程	26.8%	37.2%
科普知识演讲	24.2%	28.1%
制作科技小报	15.7%	12.3%
其他	1.1%	1.2%

表2　对照组男女生愿意参加的科技活动形式比较

性别	开设课程	科技竞赛	科技夏令营	参观科技会展	其他
女生	36.2%	29.3%	75.9%	51.7%	1.7%
男生	53.1%	51.9%	58%	50.6%	4.9%

三、从学生兴趣培养角度对我国青少年科技活动的分析

毋庸置疑，青少年科技活动最重要的目的之一就是在尊重青少年认识特点和科学本质特征的基础上，保护和培植青少年对科学的兴趣，从而促进青少年科学素养的早期养成，为其终身发展奠定坚实的基础。青少年时期的显著特点是对新鲜事物拥有强烈的好奇心与求知欲，这正是青少年科学兴趣产生并维持的前提条件。而兴趣与实践是密不可分的，在好奇心和求知欲的驱动下，青少年通过科技活动进行一系列相关实践，如果实践能够不断满足他们在认知上的需要，则兴趣产生并得以维持，如果不能满足他们就会转移兴趣。我们从保护和培植学生兴趣的角度分析我国青少年科技活动，以期为其可持续发展提供对策和建议。

(一)参加科技活动会对学生兴趣产生影响

调查结果显示，学生参加科技活动的最大原因是“自己兴趣”(普通组比例为66.8%、对照组比例为95.1%)，且比例远高出排在第二位的“获取科学知识”(普通组高出21.6%、对照组高出17.6%)。而作为参与科技活动之后的收获，普通组中44.6%的中学生选择“对科学充满兴趣”，其中，因为兴趣参加科技活动的中学生中，有45.8%在参加过科技活动后对科学丧失了原有的兴趣，而因为非自身兴趣的其他原因参加科技活动的中学生中，在活动后有25.4%对科学产生了兴趣。对照组在参加科技活动后的收获中，76.8%的中学生选择“对科学充满兴趣”，其中，因为兴趣参加科技活动的中学生中，有22.2%在参加过科技活动后对科学丧失了原有的兴趣，而因为非自身兴趣的其他原因参加科技活动的中学生中，在活动后有57.1%对

科学产生了兴趣，见表 3 所示。可见参加科技活动对学生之于科学的兴趣有着一定的影响，中学生通过科技活动中的一系列相关实践，在近距离接触科学的过程中产生兴趣或者转移兴趣。

表 3　普通组与对照组学生兴趣变化的比较

	参加原因是否为兴趣	参加后是否有兴趣	占总体比例
普通组	是 66.8%	是 54.2%	36.2%
		否 45.8%	30.6%
	否 33.2%	是 25.4%	8.4%
		否 74.6%	24.8%
对照组	是 95.1%	是 77.8%	74.0%
		否 22.2%	21.1%
	否 4.9%	是 57.1%	2.8%
		否 42.9%	2.1%

（二）科技活动中影响兴趣的主要因素

比较表 3 中普通组和对照组的数据，普通组因为兴趣参加科技活动的学生中，参加后仍有兴趣的比例是 54.2%，占总体的比例为 36.2%，而对照组这两个比例是 77.8% 和 74%。普通组因为非自身兴趣的其他原因参加科技活动的学生中，参加后 25.4% 产生了兴趣，对照组的这一比例为 57.1%。以上对比表明对照组的科技活动较普通组能更好地满足学生在认知上的需要，在青少年兴趣培养方面效果更好。从前面调研情况的基本对比可以看出对照组在开展科技活动的各方面条件都优于普通组，虽然学生兴趣的转移或产生有许多原因，但不可否认青少年科技活动的形式、设计原则、条件、频率等都是影响学生兴趣的主要因素。

（三）目前开展的科技活动形式与学生愿意参与的形式差别较大

对比目前开展的科技活动形式和学生愿意参与的形式可以看出，多样化的科技活动从大的类别来讲基本能满足学生的愿望。但具体到某些类别，目前开展的形式与学生愿意参与的形式存在较大差距，这种差距在普通组表现得尤为明显。普通组中学生最愿意参与的科技活动形式为科技夏令营，比例为 57.5%，而目前开展的形式中夏令营的比例仅为 11.1%，远不能满足中学生的要求；其次是参观科技会展，中学生愿意参与的比例为 53.8%，但目前开展的形式比例为 18.3%；参观科学家实验室和在科学家指导下进行课题研究也是中学生愿意参与的形式，与目前开展的比例差距分别为 40%、29%。而科技竞赛、科学教育课程、科普知识演讲、制作科技小报等学生参与积极性不高的形式却是我国目前科技活动的主流，如科技竞赛目前开展的比例高达51.1%，但学生愿意参与的比例仅为36.2%，差距较大。相较普通组来说，对照组中科技活动开展的形式与学生愿意参与的形式差距较小，见下图4、表4。通过以上比较反应出我国科技活动的开展并没有完全以学生兴趣为出发点，对照组情况优于普通组，但仍需改进。

表4　普通组形式比较

科技活动	愿意参与比例	目前开展比例	△
科技夏令营	57.5%	11.1%	-46.4%
参观科技会展	53.8%	18.3%	-35.5%
参观科学家实验室	51.2%	10.3%	-40.9%
在科学家指导下进行课题研究	40.1%	11.4%	-28.7%
科技竞赛	36.2%	51.1%	+14.9%
科学教育课程	32.5%	49.7%	+17.2%
听科学家讲座	30.9%	26.9%	-4.0%
科普知识演讲	26.0%	36.0%	+10.0%
制作科技小报	14.0%	33.1%	+19.1%
其他	1.1%	4%	+2.9%

注：△ = 目前开展的科技活动形式比例与学生愿意参与的科技活动形式比例之间的差异。

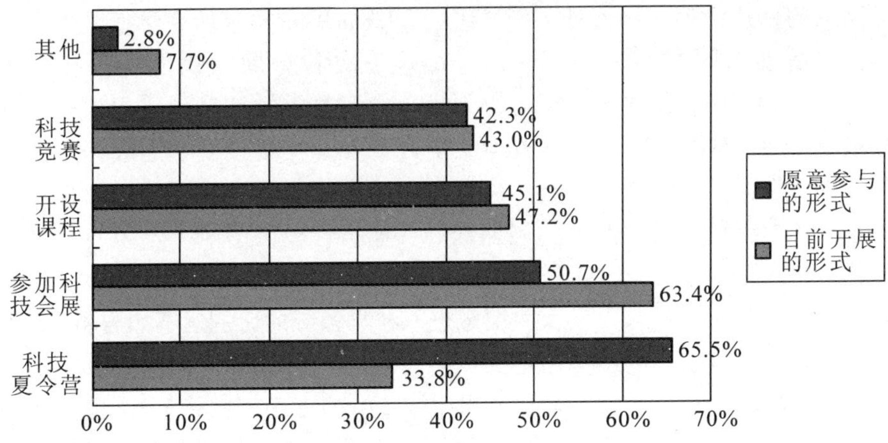

图4　对照组形式比较

（四）学校设计科技活动原则有偏差

课题组对学生所在中学的教师做了相关问卷调查，在教师组的问卷结果中，普通组与对照组的教师选择“学校设计科技活动的原则”时，仅有

68.5%和83.3%的老师选择“根据各年级学生的特点”这一选项，说明科技活动在设计之初就不是完全以学生为中心，这也从一个方面解释了目前开展的科技活动形式与学生愿意参与的形式差别明显的原因。

（五）学生参与科技活动所需条件不能很好保障

科技活动的性质决定了其开展必须具备一定的条件，包括配套的硬件设施、高水平的师资、充足的资金等。因为外部条件不具备，很多科技活动项目开展面不广且无法保证质量，使得学生不能参与自己喜爱的科技活动，或在参与活动的过程中没有达到自己期望的效果，因此使其科学兴趣受到影响。如受场地、经费的限制，学生喜欢的夏令营、参观科技会展等活动远不能满足学生需求，一些趣味性十足的科技活动因学校经费不足无法提供一定质量和档次的科技活动器材而搁浅等。调查显示，普通组与对照组分别有56.4%和73%的中学生认为学校开展青少年科技活动的外部环境和硬件设施良好，虽然两组的比例并不太低，但需要注意的是，本次调查选取的样本均来自省、市示范中学，代表了我国中学的较高水平。如果考虑全国各级各类普通中等学校的情况，与调查的结果还会有很大的差距，这也进一步说明我国中学开展青少年活动的外部环境和硬件设施等亟须改善并平衡发展。

（六）科技活动开展频率未能满足学生需要

青少年科技活动是一个完整的系统，它是由每一次有计划、有目的的活动，按照一定的结构、方式、特定的功能和目的组合建造起来的。要通过青少年科技活动培植学生对科学的兴趣，必须通过无数次相互联系、相互制约的科技活动才能实现。普通组中29.8%的中学生所在学校开展青少年科技活动的频率为每学期一次，每月一次和每周一次的百分比仅为16.7%和14.9%，从这些数字可以看出，大多数中学还未建立起比较系统的科技活动，这一方面因为学校不完全具备青少年科技活动连续深入开展的外部条件，但更多的是由于学校对科技活动之于学生发展的重要性认识不够。青少年科技活动开展的周期偏长、连贯性差，影响了学生对科学兴趣的维持。

（七）通过参加科技活动女生愿意进入科学领域的比例远不如男生

调查结果显示，通过参加青少年科技活动，普通组中仅有21.6%的女生表示以后愿意从事科学事业，比男生少14.4%；对照组53.4%的女生愿意日后从事科学事业，比男生低6.6%。可以看出与普通组相比对照组在保护和培植女生对科学的兴趣方面做得较好。这主要是由于男女生愿意参加的科技活动形式存在显著差异，男生比女生更愿意参加科技竞赛、科学教育课程，而女生对夏令营的积极性比男生高。而对照组开展科技活动的主流形式与女生的兴趣点较为吻合，且在参与活动的过程中更强调学生兴趣的培养、素质的提高而不是追求女生畏怯的排名、竞赛获奖等具有强烈竞争性和功利性的目标。从总体来看通过参加科技活动，女生相较男生对科学的兴趣度不高，愿意进入科学领域的热情不足。这是由男女生生理、心理的不同决定的。女生和男生相比，心思更细腻，有耐心，但多比男生自卑、多虑等。多数女生对待科技竞赛态度比较消极，因为竞赛的残酷竞争使女生产生畏难情绪，女生的性格多具有内向性又爱面子，认为与其参加不能获奖还不如不参与。加之女生对自我价值的认识通常受到外界评价的影响，她们比男生更倾向于注重他人对自己的评价，竞赛如果没有取得好成绩，男生可能抱怨试题不能公正地检验自己的水平，女生则更有可能对自己的能力产生怀疑，甚至做出离开科学领域的决定。

四、对策及建议

基于以上分析我们认为青少年科技活动发展规划的战略定位应在于：提高青少年参与科学活动的意识，加强科研与教育的结合，促进科学普及和科技拔尖人才的超前培养，储备后继科技力量。资助的主要目标应在于"激发、保护、创造未来人才对科学及研究的兴趣，为未来创新人才提供有效地发展路径和实施环境"。具体建议如下：

(一) 科技活动的开展应以尊重青少年成长规律为原则

遵循青少年心理和生理发展规律和人才成长特点，促进科学与教育的结合，调动和整合优质教育和科技资源，面向全体学生，覆盖所有区域，公平公正公开，基础学科和自然科学的后备人才培育，在青少年群体的科学研究能力培养中发挥自然科学基金的引领作用。从思维角度，青少年时期初中生主要是以经验型为主的抽象逻辑思维，到了高中阶段则主要是以理论型为主的抽象逻辑思维，表现为：能通过假设进行思维；思维具有预设性；思维的形式化；思维活动中自我意识或监控能力明显加强；思维的独立性、创造性迅速发展。尤其是高中生，不仅能够进行从特殊到一般的归纳，而且能够进行从一般到特殊的演绎。高中生在他们的实践和学习中已经能够完成从具体上升到理论，再用理论指导去获取具体知识的完整过程；同时他们也学会了用全面、动态、统一的眼光认识问题、分析问题和解决问题。青少年思维发展的特点和趋势，为他们科学意识的建立和科学方法的掌握提供了成熟的生理基础，加之青少年时期是智力发展的关键期，因此在这一时期进行科学兴趣的培养具有非常重要的意义。科技活动的开展应该在尊重青少年成长规律的基础上，保护和培植青少年科学家般的好奇心探究兴趣，很好地利用他们的创造性，促进其科学素养的早期养成，为其终身发展奠定坚实的基础。

（二）以学生兴趣为中心开展多样化的科技活动

从前面数据可以看出，学生参加科技活动的最大原因是“自己兴趣”，要想通过科技活动使兴趣维持并上升，必须使学生在活动中不断满足，并产生更深层次的需求和向往。这就决定了科技活动必须以学生为中心，在符合学生生理、心理发展规律的基础上，充分体现学生的主动性、自主性、探索性、实践性。科技活动开展的形式要由学生的需要和态度来决定，强调“学生的兴趣是唯一的标准”。只有学生感兴趣的活动才能调动起学生的热情和参与精神，增强学生的情感体验，从而促进学生的精神和品格成长。科技活动是为了保护和培植青少年对科学的兴趣、提高青少年的科学素养，因此活动是载体，而不是目的。青少年科技活动不能过分热衷其“实用性”和“功利性”，如竞赛获奖、升学加分、保送等，也不能对活动的重要性不予重视，将科技活动流于形式。学校应该结合学生特点有目的、有计划地精心组织和安排，教师也应在活动内容和设计中充分关注学生兴趣，开展学生欢迎、乐于参与的科技活动。

另外，青少年存在个性差异，爱好兴趣各不相同，兴趣的广泛性是青少年时期的显著特点。从前面中学生愿意参与和目前中学开展的科技活动形式的比较可以看出，目前开展的多样化的科技活动形式虽然从大的分类来讲基本能满足学生的愿望，但具体到某一种形式则还需要作一些调整。如科技夏令营、参观科技会展、参观科学家实验室、在科学家指导下进行课题研究等学生参与积极性很高的形式需要在更大范围内推广与普及，而科技竞赛、科普知识演讲、制作科技小报等学生不太愿意参与的形式则应重新审视其开展过程，如科技竞赛是否过于功利而失去了培养学生兴趣、提高学生科学素养的本性；科普知识演讲是否按照学生身心发展规律设计且具有趣味性；制作科技小报是否有合适的老师精心指导使学生有所收获，等等。

（三）增设有中学生参与的其他类别的科技活动

1. 面向中学生和中学科学教师共同研究类

此类别一般鼓励以大学和科研机构申请为主。面向对象为中学教师、中学生，可区域性可全国性。中学教师和中学生在申请机构申请接受培训。

鼓励的形式为对某研究专题或学科专题先进行中学教师的学习培训，在寒暑期组织受训教师对自愿参加的中学生进行培训，同时在申请机构的指导下进行共同研究。研究成果还可回归中学课堂。

2. 面向大学生以上学生参与指导中学生科技活动类

大学生、研究生参与对中学教师和中学生的培训、研究指导工作，同时大学生获取培训经历。此类别一般鼓励以大学和科研机构申请为主。大学生、研究生向申请机构申请加入指导。

（四）增加投入改善科技活动条件、提高开展频率

科技活动是现代教学体系的重要组成部分，由于其以实践为基础，因此对设备、师资、资金等有一定的要求，这些虽不是科技活动开展的充分条件，但却是必要条件。作为关系国家民族前途的大事，许多国家对青少年科技活动的开展、传播与普及给予了制度和财政等方面的大力支持。我国在青少年科技活动中的投入与国外相比差距甚远，国家应加大投入力度，改善我国科技活动开展的外部条件。但鉴于科技资源的有限性和地域发展的不平衡性，外部条件的改善需要过程，而青少年科技活动具有很强的系统性，需要把每一次的科技活动联系起来，深入持久地开展。所以这就要求各地提高开展青少年科技活动的频率，并根据学校的特色、传统，因地制宜，不要求全责备，一味要求硬件设施。农村可以结合当地的生产、生活技术搞一些科学研究活动，不要大的投入，城市学校可根据学校基础、条件，面向全体学生。

（五）科技活动中注重男女差异、关注女生科学兴趣的培养

青少年时期男女学生在身心发展上既有共性，也有各自的特性，这是一个基本的客观事实。这种差异不仅是生理学意义上的，而且是心理学和社会学意义上的，它们会在各方面影响科技活动目标的达成和科技活动过程的实施。承认这种差异是教育客观规律和教育科学发展的要求。这方面我国的教育理论远远落后于发达国家，有关性别差异的实践在学校传统教育中尚未开展。科技活动应该做出表率，借鉴国外的成功经验，率先尝试“因性施教”，在学生参加科技活动的过程中对男女生进行不同方式的引导与鼓励，让学生通过参加科技活动发现自己的长处和优势，进而培植对科学的兴趣。我国应通过科技活动对中学生尤其是女生科学兴趣的培养给予更多的关注。

（六）正确看待科技活动中学生兴趣的迁移

科技活动的作用是为青少年提供机会与平台，从而使充满兴趣的学生通过参加科技活动，对进入未来科学领域做出选择和做好准备。科技活动的目的并不是要所有的学生都对科学充满兴趣、将科学领域作为自己今后的发展方向。因此，学生在科技活动中兴趣的迁移或产生都是一种必然，我们应该正确看待科技活动中学生兴趣的迁移，从而使青少年科技活动发挥应有的作用。

（七）未来青少年科技活动资助计划的管理与保障措施

（1）设立有效申请类别，时机成熟时应提供所选择类别年度申请指南；

（2）确定资助的方式；

（3）确定相关评审程序、评审标准等价值评审准则；

（4）在原有的 NSFC 的信息平台基础上，形成与青少年科技活动资助特征符合的申报平台；

（5）建立资助项目的系统性和阶段建设绩效的评价机制，逐步形成规范化评价标准和要求，并具有可操作性。

对此提出五点建议：

（1）建议资助平台中能提供相关评价要求和规则，针对各种科技活动资助项目提出评价基本要求和规则；

（2）建议每个资助项目中，必须要求有一位教育专家（调查员）参加，其任务就是要进行项目提出、执行起始、中期、完成各实施节点活动对参与学生的兴趣、能力、选择等的影响评价，并提交自评价报告；

（3）建议要求承担基金项目人员具有指导青少年科技活动的法定责任和义务；

（4）建议要重视各个项目研究成果的知识产权规定；

（5）建议对申请青少年科技活动资助项目责任人不做限项要求。

参考文献

1. 沈之菲：《上海市中小学生科技活动现状调查》，《上海教育科研》，2000 年第 2 期。
2. 马林慧：《上海市青少年生物科技创新与实践活动现状的调查与研究》，华东师范大学，2006 年。
3. 林美玉：《淄博市青少年科技活动现状调查与对策研究》，《湖南科技学院学报》，2009 年第 6 期。
4. Science 专访 2009 年诺贝尔奖四位获奖女科学家。
5. http://www.bioon.com/trends/news/414495.shtml
6. http://www.nsf.gov

（作者：马永红　首都高等教育发展研究基地研究人员　教授、博导
王　敏　首都高等教育发展研究基地研究人员　博士研究生
杨晓波　首都高等教育发展研究基地研究人员　博士后
雷　庆　首都高等教育发展研究基地研究人员　教授、博导
李汉邦　首都高等教育发展研究基地研究人员　教授）

基地名称：首都高等教育发展研究基地
依托单位：北京航空航天大学
项目类别：北京市哲学社会科学"十一五"规划研究基地项目

基于内容分析法的北京高校定位研究[①]

目前学界和实践层面普遍认为我国高等学校存在定位雷同、定位不清的问题。学校的定位是对学校未来发展的思考与探索，数量众多的高等院校能否科学合理地进行定位，既关系着微观领域学校未来发展与走向问题，也关系着我国高等院校发展的宏观格局。北京高校定位也关系到北京高等教育结构问题，那么北京的高校是否做好了自身的定位？其定位是否合理？存在哪些问题？为了了解北京高校定位的现状，从而为学校自身的发展和政府的宏观调控提供依据，以形成北京高等教育结构的系统秩序，本研究对北京高校定位的现状、存在问题及原因进行分析。本文首先确定高等学校定位包括的主要内容，然后选取北京 58 所普通院校关于各自学校定位内容的表述为研究对象，运用内容分析法进行研究。

一、高等学校定位的主要内容

高等学校定位的内容应该包括哪些方面，不同的研究者提出很多看法，如高等学校定位应该从办学性质、服务面向、学科专业结构、培养目标和层次、办学特色、目标追求等方面来进行[②]；高等学校定位应该从办学目标、类型、层次、学科、服务、学校精神等方面展开[③]；高等学校定位主要是回答高等学校应该充当什么角色、承担哪些任务等问题，因此高等学校定位的主要内容大致包括学校类型和层次定位、总体目标定位、人才培养目标和层次定位、学科专业定位、办学思路和发展战略定位以及科研方向、服务面向定位等，其中最为重要的是人才培养目标和层次定位。[④] 由以上列举可以看出，不同研究者的看法大同小异，基本内容方面是相似的。从实践来看，北京市各个高等学校在表述自己的定位时，所涉及的内容包括办

---

① 本文是《北京高等学校分类和定位研究》项目的阶段成果，项目编号：07AbJY039。
② 李福华：《高等学校定位的几个问题》，《中国高教研究》，2001 年第 11 期。
③ 宋保忠：《关于高等学校定位的理性思考》，《陕西教育学院学报》，2003 年第 4 期。
④ 陈厚丰：《中国高等学校分类与定位问题研究》，湖南大学出版社，2004 年，第 37 页。

学类型定位、办学层次定位、学科结构定位、人才培养目标定位、服务面向定位、办学特色定位等。

高等学校定位主要是学校根据社会的需要、自身的条件，找准自己的位置，明确长远的发展方向和发展目标，研究者可以从不同的维度来论述高等学校的定位，并且学校也可以从不同的方面来践行和落实这种定位。参考研究者的提法和北京高校对自身定位的表述，我们从四方面分析北京高等学校定位的现状。

（一）类型定位

类型定位就是确定学校属于哪种范畴，是具有共同特征的高等学校所形成的种类，学校根据自己的条件、社会需要和国家发展对自己社会身份的界定和选择。

高等学校的类型定位是一个综合的概念，有着极其丰富的内涵。从某种意义上说，类型定位并不只是找到一个类型归属的问题，它涵盖了所有其他维度的定位。① 对于一所高校来说，类型定位是一项基本定位，是学校各类资源配置的主要依据，是学校建设与发展的路径。不同类型的高校，它的学术贡献、人才培养层次、对社会服务方式以及在高等教育系统中发挥的功能和作用也有所不同。虽然类型不同但其职能都是以育人为本，都具有教学、科研和为社会服务三大功能，在地位上没有高、低，优、劣之分，因为无论是现在还是将来，经济建设和社会发展都是既需要一大批从事科学研究的人才，也需要大量的在生产第一线从事生产、服务和管理等方面的应用型人才，不同类型的高校在高等教育中同等重要。

（二）办学层次定位

依据《高等教育法》，我国高等学历教育分为专科教育、本科教育和研究生教育三个层次。高校的办学层次定位主要是指高校根据自己的条件和社会需要对自己能够承担办学任务复杂等级的选择，确定培养各种层次人才的结构，也就是说在研究生、本科生、高职高专生等不同的人才培养层次中，界定学校以哪一层次的人才培养为主体，培养的各层面人才是个什么样的结构。

（三）学科专业结构定位

学科是高等学校的核心，是体现学校办学水平、办学特色和社会知名度的主要标志。高等学校发展水平的差异，很大程度上就是学科发展水平的差异，因此在高等学校定位中，学科定位一直是重点和核心。学科专业定位主要是指确定学校的学科结构，即学校的学科专业设置，学校各学科如何发展，各学科之间是什么样的依存关系。大体包括学科门类、一级学

---

① 曹赛先：《探论中国高等学校的分类发展》，《湖北行政学院学报》，2008 年第 1 期。

科、二级学科和学科方向。1997 年国务院学位委员会颁发的《授予博士、硕士学位和培养研究生的学科、专业目录》中，把学科分成 12 个门类(文、史、哲、经、法、教育、理、工、医、农、管、军事)，89 个一级学科和 386 个二级学科。这是以学科的知识体系为主，兼顾行业的特点对学科进行的归类。一级学科由若干二级学科组成，二级学科由若干学科方向组成。学科定位需要综合考虑多种资源可能提供的条件，突出重点，把握好已有的优势，有所为有所不为。

(四)人才培养目标定位

培养目标，是"根据一定的教育目的和约束条件，对教育活动的预期结果，即学生的预期发展状态所作的规定"①。它是教育理论研究和实践活动过程中的一个核心概念。

高等学校是培养高级专门人才的具体场所，培养什么样的人是高校发展中必须回答的重要问题。《中华人民共和国高等教育法》规定："高等教育的任务之一是培养具有创新精神和实践能力的高级专门人才"。"专科教育应当使学生掌握本专业必备的基础理论、专门知识，具有从事本专业实际工作的基本技能和初步能力；本科教育应当使学生比较系统地掌握本学科、专业必需的基本理论、基本知识，掌握本专业必要的基本技能、方法和相关知识，具有从事本专业实际工作和研究工作的初步能力；硕士研究生教育应当使学生掌握本学科坚实的基础理论、系统的专业知识，掌握相应的技能、方法和相关知识，具有从事本专业实际工作和科学研究工作的能力；博士研究生教育应当使学生掌握本学科坚实宽广的基础理论、系统深入的专业知识、相应的技能和方法，具有独立从事本学科创造性科学研究工作和实际工作的能力"②。

在北京高等教育进入普及化阶段，已不再是仅仅培养学术型研究人才，而是培养实用型、应用型、学术型等更多类型的人才。学校人才培养目标定位主要根据社会的需求而定，社会对这几种规格人才的知识、能力、素质的要求不同，高校在培养人才时要按照不同的规格来设计人才培养方案，才能保证人才培养质量的提高。

以上四项定位既各有侧重，各有内涵，又相互联系，形成一个整体，从而构成学校的总体定位，决定或指导着学校的建设与发展。类型定位具有战略性意义，对学校的建设与发展起着方向性引领作用；办学层次定位是围绕人才培养进行的，带有目标性和任务性，主要根据学校的办学力量

---

① 文辅相:《中国高等教育目标论》，华中理工大学出版社，1995 年，第 16 页。

② 《中华人民共和国高等教育法》，http://www.moe.edu.cn/edoas/website18/26/info1426.htm，2009—2—16.

而定；人才培养目标定位主要根据社会的需求而定；学科专业定位是学校的基础性定位，为学校人才培养工作提供依据，是学校办学特色的重要体现。

二、内容分析法的实施过程

内容分析，原为社会科学家借用自然科学定量分析的科学方法，对历史文献进行内容分析而发展起来的①。内容分析法目前是教育科学研究中常用的一种研究方法。

（一）确定研究范围和研究对象

本研究运用内容分析法研究北京普通院校的定位现状，首先需要搜集北京普通院校关于学校定位的表述。北京各普通院校关于学校定位的表述可能散见于各种资料中，为了使资料具有统一性和可比性，本研究使用56所北京本科院校在2007年结束的教育部本科教学水平评估自评报告中关于学校定位的表述。因此，本研究确定的研究范围和对象是北京56所本科院校，其中有36所院校属于教育部及其他部委所属院校，20所院校属于市属院校；有26所高校属于重点高校（“211工程”建设高校），30所高校属于一般院校（非“211工程”建设高校）。

（二）建构分析类目

内容分析法的核心在于建构类目体系，要做到在研究之前事先确定类目。本研究在分析之前所做的高等学校定位内容的研究实际上就是把北京高等学校定位的内容划分为了办学类型、办学层次、人才培养目标、学科结构四个一级类目。它们之间相互独立，达到了内容分析法的要求。由于二级类目的数量比较多，具体内容详见结果的呈现部分。

（三）选取分析单元

在北京普通院校关于定位的表述中，根据类目的不同，分析单元为能表达类目含义的词、短语或句子。如北京航空航天大学在学校简介中指出“北航是一所具有航空航天特色和工程技术优势的多科性、开放式、研究型大学”，则可选取“多科性”作为北航在学科结构上的定位表述，选取“研究型”作为学校类型定位的表述。

（四）建立量化系统

将分析单元置于内容分析类目，计算分析单元在每个类目中出现的频率。将选取的北京普通高校关于学校定位的表述，按照类目分解，填在Excel表格中，对于每个类目，在分析单元中若“提到”，则输入“1”；若“未提到”，则输入“0”。

---

① 李秉德、檀仁梅：《教育科学研究方法》，人民教育出版社，2001年。

（五）数据统计分析方法

内容分析中常使用描述性统计方法，如百分比、平均值、众数和中位数；也使用推理的统计方法，如方差分析、卡方分析、相关的回归分析。如果分析的是等距尺度和等比尺度类型的数据，则需用 t-检验、ANOVA 或皮尔逊 r－检验。此外，有些研究者还应用其他一些统计分析方法，如判别分析、聚类分析和结构分析①。本研究因是类目尺度，主要采用计算每个类目的提及率来说明研究问题。即通过统计类目被提及的次数，计算类目被提到的百分比来说明研究问题。

三、基于内容分析法的北京高校定位现状的统计结果

（一）办学类型定位的结果呈现

从统计结果来看（见表 1 和表 2），北京 56 所普通本科院校的办学类型定位是：研究型为 11 所，所占比例为 20%；研究教学型为 2 所，所占比例为 4%；教学研究型为 22 所，所占比例为 39%；教学型为 21 所，所占比例为 38%。目前是研究教学型，力争发展为研究型的有 2 所；目前是教学研究型，力争发展为研究型的有 7 所；目前是教学研究型，力争发展为研究教学型的有 3 所；目前是教学型，力争发展为教学研究型的有 10 所。可以看出，除去已经定位为研究型大学的高校以外，有 22 所高校都在追求办学类型的攀升，所占比例为 49%。可见北京市有近一半的高校都在追求办学类型的攀升。

36 所部属院校的办学类型定位是：研究型的有 11 所，所占比例为 31%；研究教学型为 2 所，所占比例为 6%；教学研究型为 18 所，所占比例为 50%；教学型为 5 所，所占比例为 14%。目前是研究教学型，力争发展为研究型的有 2 所；目前是教学研究型，力争发展为研究型的有 7 所；目前是教学研究型，力争发展为研究教学型的有 2 所；目前是教学型，力争发展为教学研究型的有 1 所。20 所市属院校的办学类型定位是：研究型和研究教学型的高校都没有；教学研究型为 4 所，所占比例为 20%；教学型为 16 所，所占比例为 80%。目前是教学研究型，力争发展为研究教学型的有 1 所；目前是教学型，力争发展为教学研究型的有 9 所。比较来看，在办学类型定位上，部属院校的办学类型定位明显高于市属院校。除去已经定位为研究型大学的高校以外，有 12 所部属高校在追求办学类型的攀升，所占比例为 48%；有 10 所市属高校在追求办学类型的攀升，所占比例为 50%。可见部属和市属高校都在相同程度上追求办学类型的攀升。

---

① 李本乾：《描述传播内容特征　检验传播研究假设：内容分析法简介》（下），《当代传播》，2000 年第 1 期。

26 所重点院校的办学定位是：研究型的有 11 所，所占比例为 42%；研究教学型为 2 所，所占比例为 8%；教学研究型为 13 所，所占比例为 50%；教学型为 0 所，所占比例为 0%。目前是研究教学型，力争发展为研究型的有 2 所；目前是教学研究型，力争发展为研究型的有 7 所；目前是教学研究型，力争发展为研究教学型的有 1 所。30 所一般院校的办学类型定位是：研究型和研究教学型的高校都没有；教学研究型为 9 所，所占比例为 30%；教学型为 21 所，所占比例为 70%。目前是教学研究型，力争发展为研究教学型的有 2 所；目前是教学型，力争发展为教学研究型的有 10 所。比较来看，在办学类型定位上，重点院校的办学类型定位明显高于一般院校。除去已经定位为研究型大学的高校以外，有 10 所重点高校在追求办学类型的攀升，所占比例为 67%；有 12 所一般高校在追求办学类型的攀升，所占比例为 40%。可见重点高校比一般高校更追求办学类型的攀升。

表 1　北京部属和市属院校办学类型定位统计结果

一级类目	二级类目	提及次数			提及率		
		56 所本科院校	36 所部属院校	20 所市属院校	56 所本科院校	36 所部属院校	20 所市属院校
办学类型定位	研究型	11	11	0	20%	31%	0%
	研究教学型、力争发展为研究型	2	2	0	4%	6%	0%
	教学研究型、力争发展为研究型	7	7	0	13%	19%	0%
	教学研究型、力争发展为研究教学型	3	2	1	5%	6%	5%
	教学研究型	12	9	3	21%	25%	15%
	教学型、力争发展为教学研究型	10	1	9	18%	3%	45%
	教学型	11	4	7	20%	11%	35%

表 2　北京重点和一般院校办学类型定位统计结果

一级类目	二级类目	提及次数			提及率		
		56 所本科院校	26 所重点院校	30 所一般院校	56 所本科院校	26 所重点院校	30 所一般院校
办学类型定位	研究型	11	11	0	20%	42%	0%
	研究教学型、力争发展为研究型	2	2	0	4%	8%	0%
	教学研究型、力争发展为研究型	7	7	0	13%	27%	0%
	教学研究型、力争发展为研究教学型	3	1	2	5%	4%	7%
	教学研究型	12	5	7	21%	19%	23%
	教学型、力争发展为教学研究型	10	0	10	18%	0%	33%
	教学型	11	0	11	20%	0%	37%

(二) 办学层次定位的结果呈现

首先从提及较高层次的研究生教育来看，表 3 显示，56 所高校的办学层次定位是：本科与研究生教育并重的高校为 15 所，所占比例为 27%；以本科为主，稳步发展研究生教育的高校为 12 所，所占比例为 21%；以本科为基础、积极发展研究生教育的高校为 24 所，所占比例为 43%；以本科为主、争取开展研究生教育的高校为 1 所，所占比例为 2%；仅以本科为主的高校为 4 所，所占比例为 7%。由此可见，北京大部分普通本科高校都重视研究生教育的开展，追求办学层次的提高。

36 所部属院校的办学层次定位是：本科与研究生教育并重的高校为 15 所，所占比例为 42%；以本科为主、稳步发展研究生教育的高校为 9 所，所占比例为 25%；以本科为基础、积极发展研究生教育的高校为 10 所，所占比例为 28%；以本科为主、争取开展研究生教育的高校为 1 所，所占比例为 3%；仅以本科为主的高校为 1 所，所占比例为 3%。20 所市属院校的办学层次定位是：本科与研究生教育并重的高校为 0 所；以本科为主、稳步发展研究生教育的高校为 3 所，所占比例为 15%；以本科为基础、积极发展研究生教育的高校为 14 所，所占比例为 70%；以本科为主、争取开展研究生教育的高校为 0 所；仅以本科为主的高校为 3 所，所占比例为 15%。比较来看，部属高校的办学层次定位高于市属高校，并且对市属高校形成了示范效应，市属高校也大都积极发展较高层次的研究生教育。

表 3　北京部属和市属院校办学层次定位统计结果

一级类目	二级类目	提及次数			提及率		
		56 所本科院校	36 所部属院校	20 所市属院校	56 所本科院校	36 所部属院校	20 所市属院校
办学层次定位	本科与研究生教育并重	15	15	0	27%	42%	0%
	以本科为主、稳步发展研究生教育	12	9	3	21%	25%	15%
	以本科为基础、积极发展研究生教育	24	10	14	43%	28%	70%
	以本科为主、争取开展研究生教育	1	1	0	2%	3%	0%
	以本科为主	4	1	3	7%	3%	15%

26 所重点院校的办学层次定位是(见表 4)：本科与研究生教育并重的高校为 15 所，所占比例为 58%；以本科为主、稳步发展研究生教育的高校为 5 所，所占比例为 19%；以本科为基础、积极发展研究生教育的高校为 6 所，所占比例为 23%；以本科为主、争取开展研究生教育的高校为 0 所；仅以本科为主的高校 0 所。30 所一般院校的办学层次定位是：本科与研究生教育并重的高校为 0 所；以本科为主、稳步发展研究生教育的高校为 7 所，所占比例为 23%；以本科为基础、积极发展研究生教育的高校为 18 所，所占比例为 60%；以本科为主、争取开展研究生教育的高校为 1 所，所占比例为 3%；仅以本科为主的高校为 4 所，所占比例为 13%。比较来看，重点院校的办学层次定位高于一般院校，同时一般院校竞相模仿，大都积极发展研究生教育。

表4　北京重点和一般院校办学层次定位统计结果

一级类目	二级类目	提及次数			提及率		
		56所本科院校	26所重点院校	30所一般院校	56所本科院校	26所重点院校	30所一般院校
办学层次定位	本科与研究生教育并重	15	15	0	27%	58%	0%
	以本科为主、稳步发展研究生	12	5	7	21%	19%	23%
	以本科为基础、积极发展研究生教育	24	6	18	43%	23%	60%
	以本科为主、争取开展研究生教育	1	0	1	2%	0%	3%
	以本科为主	4	0	4	7%	0%	13%

其次，从办学层次结构来看每个办学层次被提及的次数，表5显示，在56所高校的办学层次定位中，有56所高校提及本科教育，所占比例为100%；有52所高校提及研究生教育，所占比例为93%；有42所高校提及留学生教育，所占比例为75%；有52所高校提及继续教育，所占比例为93%；有11所高校提及高职教育，所占比例为20%；有9所高校提及专科生教育，所占比例为16%。由此可见，北京56所普通本科院校的办学层次结构追求全方位、多层次，尤其是研究生教育和继续教育出现了并重的局面。

26所重点院校的办学层次定位中，有26所高校提及本科生教育，所占比例为100%；有26所高校提及研究生教育，所占比例为100%；有24所高校提及留学生教育，所占比例为92%；有24所高校提及继续教育，所占比例为92%；有1所高校提及高职教育，所占比例为4%；有3所高校提及专科生教育，所占比例为12%。

30所一般院校中，有30所高校提及本科生教育，所占比例为100%；有26所高校提及研究生教育，所占比例为87%；有18所高校提及留学生教育，所占比例为60%；有28所高校提及继续教育，所占比例为93%；有10所高校提及高职教育，所占比例为33%；有6所高校提及专科生教育，所占比例为20%。由此可见，不管是重点院校，还是一般院校，既热衷于较高层次的研究生教育，也热衷于继续教育，所不同的是重点院校更多的提到了研究生教育和留学生教育，一般院校更多的提到了高职和专科教育。

表 5　北京重点和一般院校办学层次结构统计结果

一级类目	二级类目	提及次数			提及率		
		56 所本科院校	26 所重点院校	30 所一般院校	56 所本科院校	26 所重点院校	30 所一般院校
办学层次定位	本科教育	56	26	30	100%	100%	100%
	研究生教育	52	26	26	93%	100%	87%
	留学生教育	42	24	18	75%	92%	60%
	继续教育	52	24	28	93%	92%	93%
	高职教育	11	1	10	20%	4%	33%
	专科生教育	9	3	6	16%	12%	20%

（三）学科专业定位的结果呈现

学科专业定位（见表 6 和表 7），56 所高校的学科专业定位是：综合性的高校为 5 所，所占比例为 9%；如果将表述为多科性、以某学科为主的多科性和以某学科为主的多学科协调发展都认为是多科性的话，则多科性的高校为 33 所，所占比例为 59%；以某学科为主，发展其他相关学科的高校为 15 所，所占比例为 27%；单科性的高校为 3 所，所占比例为 5%。由此可见，北京大部分普通本科高校都追求学科专业的多科性。

36 所部属院校的学科专业定位是：综合性的高校为 4 所，所占比例为 11%；多科性的高校为 20 所，所占比例为 56%；以某学科为主，发展其他相关学科的高校为 10 所，所占比例为 28%；单科性的高校为 2 所，所占比例为 6%。20 所市属院校的学科专业定位是：综合性的高校为 1 所，所占比例为 5%；多科性的高校为 13 所，所占比例为 65%；以某学科为主，发展其他相关学科的高校为 5 所，所占比例为 25%；单科性的高校为 1 所，所占比例为 5%。比较来看，部属高校和市属高校在学科专业定位上的追求多科性基本是相同的。

26 所重点院校的学科专业定位是：综合性的高校为 4 所，所占比例为 15%；多科性的高校为 19 所，所占比例为 73%；以某学科为主，发展其他相关学科的高校为 2 所，所占比例为 8%；单科性的高校为 1 所，所占比例为 4%。30 所一般院校的学科专业定位是：综合性的高校为 1 所，所占比例为 3%；多科性的高校为 14 所，所占比例为 46%；以某学科为主，发展其他相关学科的高校为 13 所，所占比例为 43%；单科性的高校为 2 所，所占比例为 7%。比较来看，在学科专业定位上，重点院校比一般院校的多科性要强。

表 6　北京部属和市属院校的学科专业定位统计结果

一级类目	二级类目	提及次数			提及率		
		56 所本科院校	36 所部属院校	20 所市属院校	56 所本科院校	36 所部属院校	20 所市属院校
学科专业定位	综合性	5	4	1	9%	11%	5%
	多科性	2	1	1	4%	3%	5%
	以某学科为主的多科性	9	4	5	16%	11%	25%
	以某学科为主，多学科协调发展	22	15	7	39%	42%	35%
	以某学科为主，发展其他相关学科	15	10	5	27%	28%	25%
	单科性	3	2	1	5%	6%	5%

表 7　北京重点和一般院校的学科专业定位统计结果

一级类目	二级类目	提及次数			提及率		
		56 所本科院校	26 所重点院校	30 所一般院校	56 所本科院校	26 所重点院校	30 所一般院校
学科专业定位	综合性	5	4	1	9%	15%	3%
	多科性	2	1	1	4%	4%	3%
	以某学科为主的多科性	9	5	4	16%	19%	13%
	以某学科为主，多学科协调发展	22	13	9	39%	50%	30%
	以某学科为主，发展其他相关学科	15	2	13	27%	8%	43%
	单科性	3	1	2	5%	4%	7%

（四）人才培养目标定位的结果呈现

在人才培养目标定位中，各种表述比较多，经过分析后归纳为下表中的这些类型。表 8、表 9 显示，56 所普通本科院校在人才培养目标定位中，提到创新型的高校为 20 所，所占比例为 36%。但是“创新型”的含义并不明确，创新作为一种人才素质比较宽泛，“创新型”并不适合作为一种人才类型来使用，因此这些高校的人才培养类型并不明确。56 所普通本科院校在人才培养目标定位中，提到应用型人才的有 21 所，提及率为 37%。36 所部属院校提到应用型人才的有 6 所，提及率为 17%；20 所市属院校提到应用型人才的有 15 所，提及率为 75%。26 所重点院校提到应用型人才的有 3 所，提及率为 12%；30 所一般院校提到应用型人才的有 18 所，提及率为 60%。由此可见，在人才培养目标定位中，大部分院校不愿意将培养目标定位为应用型人才上，部属院校将人才培养目标定位为应用型人才上的比例明显低于市属院校，重点院校将人才培养目标定位为应用型人才上的比例明显低于一般院校。从表述中提及的拔尖人才、高层次人才、高素质人才、高级专门人才等这些词语来看，体现更多的是人才培养层次的高低，而没有明确说明培养的是哪种类型的人才，尽管提到创新型的高校为 20 所，所占比例为 36%。但是“创新型”的含义并不明确，并不适合作为一种人才类型。高校之间相互攀比的是人才培养层次的高低，而忽视了社会对各种不同类型人才的需求。

表 8　北京部属和市属院校人才培养目标定位统计结果

一级类目	二级类目	提及次数			提及率		
		56 所本科院校	36 所部属院校	20 所市属院校	56 所本科院校	36 所部属院校	20 所市属院校
人才培养目标定位	创新型拔尖人才	5	5	0	9%	14%	0%
	创新型高层次人才	6	6	0	11%	17%	0%
	创新型高素质人才	9	9	0	16%	25%	0%
	高素质人才	1	0	1	2%	0%	5%
	学术与应用型专门人才	3	2	1	5%	6%	5%
	高级专门人才	14	10	4	25%	28%	20%
	应用型、复合型人才	5	0	5	9%	0%	25%
	应用型高级专门人才	8	2	6	14%	6%	30%
	应用型高素质人才	5	2	3	9%	6%	15%

表9　北京重点和一般院校人才培养目标定位统计结果

一级类目	二级类目	提及次数			提及率		
		56所本科院校	26所重点院校	30所一般院校	56所本科院校	26所重点院校	30所一般院校
人才培养目标定位	创新型拔尖人才	5	5	0	9%	19%	0%
	创新型高层次人才	6	6	0	11%	23%	0%
	创新型高素质人才	9	9	0	16%	35%	0%
	高素质人才	1	0	1	2%	0%	3%
	学术与应用型专门人才	3	2	1	5%	8%	3%
	高级专门人才	14	3	11	25%	12%	37%
	应用型、复合型人才	5	1	4	9%	4%	13%
	应用型高级专门人才	8	0	8	14%	0%	27%
	应用型高素质人才	5	0	5	9%	0%	17%

四、北京高校定位存在的问题及原因分析

(一)存在问题

1. 类型定位追求“研究性”

从北京56所普通本科院校的办学类型定位情况来看，定位为研究型的有11所，这个比例是偏高的。因为从对北京高等学校分类的实证研究来看，只有8所高校符合定位为研究型大学的分类标准。而且从定位的表述可以看出，研究教学型的要力争发展为研究型；教学研究型也要力争发展为研究型或研究教学型。虽然目前定位为教学型的高校有21所，所占比例为38%，但是其中有10所明确提出今后要力争发展为教学研究型。因此可以看出，北京高校总希望在类型上具有“研究性”，似乎只有“研究性”才是评价学校好坏的唯一价值标准，由此也就导致了高校办学类型的攀升和趋同。

2. 办学层次定位追求“高而全”

北京56所普通本科院校的办学层次定位中，仅有4所高校没有提及发展研究生教育，其余52所高校的定位表述分别提到了本科生与研究生教育

并重、稳步发展研究生教育、积极或大力发展研究生教育、争取开展研究生教育。这些表述反映了北京高校在办学层次上的求“高”。

从本科生教育、研究生教育、留学生教育、继续教育、高职高专教育这些办学层次被提及的次数来看，很多高校在发展研究生教育的同时，还在追求发展继续教育、高职和高专教育。大部分高校都在“以本科教育为主，积极或适当发展研究生教育”的基础上，还要“开展继续教育，发展高职高专教育”，重点院校大都还提出要发展“留学生教育”。这反映了北京高校在办学层次结构上追求“全”。

当然也许我们并不能说哪些院校不能发展“继续教育”或者是“研究生教育”，哪些院校不能发展高职高专教育，但是学校在办学时一定要考虑到各个层次的“度”，重点发展哪个层次，适度发展哪个层次要根据学校的实际情况和社会的需求而定，并不能一味地追求高而全。

3. 学科专业定位追求“多而全”

北京 56 所普通本科院校的学科专业定位中，有一个很突出的特征，就是努力追求学科专业的“多而全”，表现在大部分高校都希望发展成“多科性”院校，或“多种学科协调发展”，至少也是要以某学科为主，发展其他相关学科，单科性高校仅为 3 所，所占比例只有 5%。尽管很多高校也强调要以某一个学科或某几个学科为重点，要发展自己的特色专业，但同时也提出在特色专业的基础上还要发展其他的学科，要“文理交叉，理工融合”。“文理交叉，理工融合”是绝大部分学校的一个学科基调。

“对于任何一所高校来说，学科特色都是其最鲜明的标志，是大学赖以生存和发展的前提和基础。高校应立足自己的优势学科，率先在优势领域做强做大，形成品牌”①。然而有的学校可能在这种追求“多而全”的风气下迷失自我，削弱了自己本来的优势学科，或者由于追求“大而全”盲目地办专业，不顾学校自身条件花大力气建设新的实验室，购买新的实验设备，导致整个高等教育重复建设的现象时有发生，不仅浪费了资源，而且由于新办学科专业引进师资困难等方面的原因从而使得办学效果并不理想。因此是不是所有的高校都适合搞这种“文理交叉，理工融合”的多学科发展是值得商榷的。

4. 人才培养目标定位重视人才培养层次的分级，而忽视人才培养类型的不同

在人才培养目标定位中，各个高校都用这样那样的词语进行表述，从表述中提及的拔尖人才、高层次人才、高素质人才、高级专门人才等这些

---

① 中华人民共和国教育部：《科学定位争创本类型一流大学》，http：//www. moe. gov. cn/edoas/website18/47/info1234767321250747. htm，2009—2—16.

词语来看，体现更多的是人才培养层次的分级，而没有明确说明培养的是哪种类型的人才。尽管提到创新型的高校为20所，所占比例为36%。但是“创新型”的含义并不明确，并不适合作为一种人才类型来使用。北京高校人才培养目标定位存在的问题是，高校之间相互攀比的是人才培养层次的分级，而忽视了社会对各种不同类型人才的需求。不同类型人才之间应该是平等的，但是很多高校却不愿意明确用“应用型”来表述自己的人才培养目标。高校人才培养目标更多地应该根据社会需求来定，而事实是北京高校人才目标更多的是根据自己的主观愿望来定的，难免造成人才培养与社会需求的脱节。

（二）原因分析

政府政策导向下的重点和部属高校的暗示效应是北京高等学校定位中存在问题的根本原因。从北京高等学校定位现状的统计结果来看，部属高校和市属高校相比，部属高校的办学类型定位更多地带有“研究性”；办学层次定位中的研究生教育规模明显高于市属高校；学科专业定位中的综合性和多科性明显多于市属高校；人才培养目标更少用“应用型”来表述。重点高校和一般高校相比，这种定位的差异就更明显。也就是说，部属高校和重点高校定位中的研究性、研究生教育层次的规模、多科性、非应用型的比例都高于市属高校和一般高校。

大家所熟知的是，部属和市属的划分以及重点和一般的划分，在我国是高等院校的行政级别和身份的一种特殊形式，对高校获取资源和发展空间发挥着重大影响。部属或重点高校往往处于资源配置中的有利地位，在资源条件、社会声望方面优于市属或一般院校。而从北京高校定位现状的统计结果来看，部属和重点院校的定位更趋向于综合性研究型大学，这就会对市属和一般院校形成一种强烈的暗示效应：即只有发展为综合性研究型大学，才能处于资源配置中的有利地位，才能获得更多的资源和更好的发展。因此，政府的政策导向造就了我国综合性研究型大学在资源配置中的特殊地位，暗示和吸引着众多院校竞相攀升为研究型和综合性。特别是对于北京来说，部属高校和重点高校的数量尤其多，暗示效应更加明显。可以认为政府政策导向下的重点和部属高校的暗示效应是北京高等学校定位中存在问题的根本原因。

（作者：雷　庆　首都高等教育发展研究基地负责人　研究员
宋中英　首都高等教育发展研究基地研究人员　讲师）